中国财政金融研究哲学社会科学创新基地
中国财政金融政策研究中心
中国人民大学财政金融学院

公共经济学评论

Public Economic Review

Vol.6, No.1, 2010

主 编 郭庆旺

副主编 朱 青 岳树民

中国财政经济出版社

图书在版编目（CIP）数据

公共经济学评论．Vol. 6，No. 1，2010/郭庆旺主编．—北京：中国财政经济出版社，2011. 9

ISBN 978 - 7 - 5095 - 3098 - 6

Ⅰ. ①公…　Ⅱ. ①郭…　Ⅲ. ①公共经济学 - 文集　Ⅳ. ①F062. 6 - 53

中国版本图书馆 CIP 数据核字（2011）第 183318 号

责任编辑：陈志伟　　　责任校对：徐艳丽
封面设计：邹海东　　　版式设计：兰　波

中国财政经济出版社 出版

URL：http：//www. cfeph. cn

E - mail：cfeph @ cfeph. cn

社址：北京市海淀区阜成路甲 28 号　邮政编码：100142

营销中心电话：88190406　北京财经书店电话：64033436　84041336

北京财经印刷厂印刷　　各地新华书店经销

787 × 1092 毫米　16 开　19 印张　　356 000 字

2010 年 12 月第 1 版　2010 年 12 月北京第 1 次印刷

定价：60. 00 元

ISBN 978 - 7 - 5095 - 3098 - 6/F · 2626

（图书出现印装问题，本社负责调换）

本社质量投诉电话：010 - 88190744

目　录

CONTENTS

可持续财政：研究综述、分析框架与政策启示

邓力平*

内容摘要： 本文讨论新战略机遇期中的我国可持续财政问题，既有对狭义可持续财政（财政可持续性）的研究，也有对广义可持续财政问题的探讨。作为一篇综合性文章，本文既归纳总结近年来国内外财政理论界对可持续财政问题的探讨，又系统地表述笔者近年来对可持续财政（特别是广义可持续财政）问题的一些观点。在对当前国内外可持续财政研究进行综述分析的基础上，提出了理解现阶段我国财政“四位一体”的基本分析框架，并运用这一框架对新历史条件下我国可持续财政的三个方面进行了探讨，提出了政策建议。

关 键 词： 可持续财政　研究综述　“四位一体”框架　政策启示

Abstract: This paper discusses the issue of fiscal sustainability, both narrowly and broadly defined, in China today. As a paper of literature review, it summarizes the current development in this field both at home and abroad, and it also put forward a "four - dimensional" analytical framework in this regard. By using such an analytical framework, the

* 邓力平，厦门大学/厦门国家会计学院教授。通讯地址：厦门市环岛南路，361005。Email：dlp@xnai.edu.cn。

paper discusses three aspects of fiscal sustainability in China during the current period.

Key Words: fiscal sustainability; literature review; a "four - dimensional" analytical framework; policy implication

可持续财政是当前国内外财政理论界关注的重要问题之一。从狭义的角度上看，可持续财政（fiscal sustainability）主要指的是主权国家财政（财政收支状况与财政政策运用）的可持续性问题，因此也称之为“财政的可持续性”；而广义的可持续财政（sustainability of public finance），研究的则是主权国家财政与可持续发展之间的关系。后者包含着两个相互联系的方面：一是这种财政应如何实现自身的可持续发展；二是这种财政又应如何促进国家经济社会的可持续发展。

必须指出，无论是狭义还是广义理解的可持续财政，都是对特定国家财政活动的描述与期待，研究的都是这种财政在特定国体政体、特定的发展阶段、所选择的主要资源配置方式、特定的对外经济联系程度等条件下所展开的活动。因此，对我国可持续财政问题的研究，其研究的起点就必须从我国的基本国情与发展现状出发。我们要研究的不仅仅是一般意义上的财政收支状况与财政政策运用的可持续性，还要研究在现阶段我国各种财政收入形式的可持续存在；不仅要研究社会主义初级阶段公共产品提供的可持续，还要研究在经济长期平稳较快发展过程中财政作用的可持续；不仅要研究财政在国内服务科学发展、构建和谐社会方面的可持续作用，还要探讨我国财政在实现国家和平崛起、倡导和谐世界方面必须承担的可持续贡献。

因此，本文讨论的是在全面建设中国特色社会主义的新战略机遇期中的我国可持续财政问题，这里既有对狭义可持续财政（财政可持续性）的研究，也有对广义可持续财政问题的探讨。作为一篇综合性文章，本文既归纳总结了近年来国内外财政理论界对可持续财政问题的探讨，同时也从中国国情出发，系统地表述笔者近年来对可持续财政（特别是广义可持续财政）问题的一些基本观点。在对当前国内外可持续财政研究进行综述分析的基础上，重点探讨三个问题：一是中国特色社会主义财政的基本特征是什么；二是这一财政自身应该如何做到可持续发展；三是在新的历史条件下，我国财政将如何为国家未来5到10年重要战略机遇期经济社会的可持续发展服务。

一、可持续财政：研究综述与概念界定

可持续发展理念自20世纪90年代传入我国，已成为我国经济社会发展的重要理念与时代特征。从可持续角度来看待财政，其要义就是将财政与可持续发展结合起来，就是要同时做到“财政自身可持续”与“财政服务可持续”，前者讨论的是财政的可持续性问题，而后者研究的则是财政在新战略机遇期中对国家经济社会可持续发展的贡献。换言之，必须讨论狭义的与广义的可持续财政问题。

（一）可持续视野下的我国财政发展

笔者认为，在构建中国特色社会主义财政的进程中，提出可持续财政这一基本命题，有着很强的理论与现实意义。无论从中国特色社会主义事业总体发展需要的角度，还是从我国财政自身发展的角度，无论是财政理论的研究，还是财政实践的呼唤，对财政发展可持续问题的深入研究都是必须的。

其一，可持续财政是贯彻落实科学发展观的基本要求。科学发展观是我国经济社会发展的重要指导方针，是坚持与发展中国特色社会主义必须坚持和贯彻的重大战略思想。毫无疑问，科学发展观也是财政部门“为国理财、为民服务”、促进国家社会经济发展的指导思想。党的十七大报告对科学发展观做了明确的阐述，“科学发展观，第一要义是发展，核心是以人为本，基本要求是全面协调可持续，根本方法是统筹兼顾”。在新的历史条件下，财政的首要工作就是要促进发展，就是要以人为本，要体现全面协调与可持续，要为经济社会的统筹兼顾服务。可持续是对国家经济社会发展的基本要求，也应是对财政发展的基本要求。

其二，可持续财政是中国特色社会主义财政建设的内在需要。提出可持续财政观，这是我们对中国特色社会主义财政认识的深化。中国特色社会主义财政是我们正在为之奋斗的伟大事业，回顾共和国建国六十余年与改革开放30余年的进程，有着成功的经验，也有着对教训的吸取，我们正在做与将要做的，就是要在新的历史条件下使这一事业可持续地向前发展。因此，在把握中国特色社会主义财政内涵的前提下，还要研究这种财政在新时期的可持续性问题。

其三，可持续财政是社会主义初级阶段基本国情的必然选择。胡锦涛总书记明确指出："必须牢记社会主义初级阶段基本国情，认清全面建设小康社会、实现我国基本现代化、巩固和发展社会主义制度的重要性、长期性、艰巨性，增强聚精会神搞建设、一心一意谋发展的坚定性，提高想问题、办事情决不可脱离实际的自觉性，清醒而又顽强地为实现党的历史使命而扎实奋斗、不懈奋斗。"可持续发展是我国在社会主义初级阶段经济社会全面发展的重要内涵，我国正处在经济起飞的重要阶段，工业化、信息化、城市化、市场化、国际化的任务繁重，资源与环境的压力很大，加快经济发展方式转变与经济结构调整的任务很艰巨，社会分配格局对公平的需求也越来越强烈。因此，对比发达国家来说，我国发展的可持续性显得更为重要、更为迫切。财政是我国经济社会全面发展的重要支撑力量，是实现上述任务的重要保障，同样对比发达国家而言，我国发展中的财政肩负的任务更为繁重，更必须花大气力来研究我国财政的可持续性问题。

其四，可持续财政是我国财政在新形势下发展的内在要求。在新的历史条件下，特别是在2009年应对国际金融危机以来，我国财政面对国内外严峻挑战取得了令人信服的成绩，但同时也越来越感到改革发展的压力，感到保持财政可持续发展良好势头的必要性。无论是财政收入的可持续性，还是财政支出的可持续性，无论是财政管理体制的高效持续，还是宏观财政政策的持续运用，无论是财政对发展与民生持之以恒的关注，还是财政对外交的有效配合，都要求我们要加强对财政自身可持续的研究，这体现着时代赋予财政人责无旁贷的历史重任。

其五，可持续财政是我国在开放经济下保持财政政策可持续性的重要基础。在经济全球化时代，各国财政政策的主权自主运用与必要国际协调是当今世界主权国家间财政关系的主旋律，而保持各国在财政政策上具有可持续能力的有效性，同时努力防范各国财政风险及其在区域乃至国际上的可能蔓延，是各国财政主管部门必须要始终关注的问题，是各国财政政策有效运用的重要前提。在这次应对国际金融危机的两三年内，我国实施了积极财政政策，既发挥了重大有力的刺激效应，又在防范与控制财政风险方面做了行之有效的工作，但是，我们仍要从国内外历史经验中，从对潜在财政风险的重视与防范中，始终关注财政政策的可持续性。近年来，一些发达国家因在扩张性财政政策实施中把握不当，出现了严重的财政困难乃至财政（主权债务）危机，更提醒并警示我们必须加强对财政政策运用可持续性的研究。

（二）国内关于可持续财政的研究

20世纪90年代中期以来，国内财政学术界对可持续财政问题不断进行了探讨，对此的梳理能得出一些有益的启示。总体上看，目前所做的主要是对“财政自身可持续”与“财政服务可持续”这两个方面相对“独立”的研究。

1. 关于财政自身的可持续发展

改革开放以来，我国经济社会得到了快速的发展，财政的职能在新的条件下得到了充分的发挥，所做的贡献有目共睹。而在这一过程中，特别是1998年应对东南亚金融危机首次实施积极财政政策以来，财政赤字逐步成为一种经常性现象，作为存量的债务规模也在逐步扩大，这引起学术界对于财政可持续性的关注。

郭代模等（1999）提出了可持续发展财政的理念，主要包括三个方面：一是财政体系的运行应尽可能建立在长期、稳固、健康、平衡的基础之上；二是财政政策的职能发挥要尽量与特定经济时期的现实需要相适应；三是财政制度必须成为促进经济政治社会可持续发展的机制之一。作者认为，经济增长方式、经济体制、财政吸取能力、国债风险、支出水平等是制约我国实现可持续发展财政的主要因素，并在此基础上提出了中国实现可持续发展财政的两个基本思路：一是通过优化经济与制度环境来健全财政体系，从而实现财政自身的可持续发展；二是特别重视科技进步等要求，通过全面提高经济质量来促进财政自身的可持续发展。应该说，这是较早提出财政自身可持续发展理念的文章，其提出的观点有启示意义。

孔艳杰（2000）从财政风险的角度去探讨财政自身可持续发展。根据世纪之交的中国财政现实，作者认为我国当时财政存在着一些潜在风险，包括财权分散的风险、财政困难的风险、债务（特别是外债）的风险、财政监管不力的风险，以及财政投资的“挤出效应”风险等等。针对这些已经存在与潜在的风险，作者从当时的历史条件出发，提出了一些改进与提高财政可持续性的措施建议。

张新平（2000）则试图从理论与实践的结合上探讨构建我国财政可持续发展的评估指标体系。作者讨论了构建财政可持续发展评估指标体系的重要性，提出了构建这种指标体系应该遵循的原则，例如科学性原则、全面性原则、动态性原则、可比性原则、特殊性原则等。最后，作者还从经济财政发展、税制改革、资源开发与利用、社会稳定与进步、生态环境保护等方面设计了具体的评估指标。

陈安众（2001）认为公共财政体制下，财政运行应围绕可持续性这一基点进行，既要使财政运行尽可能地满足现实财力分配的需要，又不至于损害财力继承的未来需要及后代人的利益，从而使整个财政运行有利于经济、政治、社会的可持续发展。作者据此提出了提高财政自身可持续发展的一些政策建议。

陈卫东（2001）讨论了宏观财政政策的可持续性问题。作者分析了当时在应对东南亚金融危机中积极财政政策的成效，同时根据变化的情况也提出了政策转向的建议。显然，对于宏观财政政策的判定是要根据特定历史时期的情况来做出权衡选择的，但该文能够提出从可持续的角度来看待财政政策的选择与调整，从一个特定角度体现了作者对于财政（特别是财政政策运用）自身可持续性的关注，值得肯定。此外，胡燕京（2004）从探析可持续发展与财政政策的辩证关系入手，结合相关财政理论，也对我国财政政策的演变和发展进行回顾，探讨了我国现行积极财政政策执行的可持续性问题。

还有不少学者从不同侧面分析了财政自身的可持续发展问题。张雪平（2001）、尹一妍等（2003）分析了制约我国财政（或地方财政）可持续发展的因素，提出了实现财政（或地方财政）可持续发展的对策建议。张学英（2003）考察了中国近20年财政收入的发展趋势，分析了税收筹划对我国财政收入的影响，指出税收筹划有利于我国财政收入的可持续增长。包世琦（2005）对农村税费改革后乡镇财政的可持续运转进行了分析。童伟（2006）通过对北京市财政收支进行实证分析，认为其财政收入的不可持续现象相对较严重，并提出要建立地方财政稳定机制，保障地方经济持续健康发展。李长健（2007）等研究认为“制度供给”是构建可持续发展的农村财政体制的现实走向。张志超等（2008）提出要以优化的政府间事权与支出范围的纵向配置、优化的财政收入权力的纵向划分和优化的财政转移支付体系为基础，建立可持续的财政分权管理体制。

2. 对财政可持续性的实证分析

如前所述，狭义可持续财政首先研究的是财政自身的可持续性。从一定意义上说，除了在理念上加强对财政自身可持续发展的认识外，的确还应该对财政活动的可持续性有量化的把握。应该说，长期以来，我国财政理论界在国家财政与财政平衡观的指导下，对财政收支活动动态平衡、财政政策的有效运用、可能财政风险的判定与把握，对财政赤字规模的把握等问题，已经取得了不少成果。例如，郭庆旺等（2002）分析了对我国财政赤字的主要影响因素，运用理论探讨与量化分析结合的方法，得出了我国在特定历史时期财政赤字仍然适度的结论，同时也提出了更加关注财政可持续性问题的必要性。欧林宏（2003）重点分析了我国的财政风险问题，将其归纳为效率性风险、分配性风险与摩擦性风险等三类。张虎等（2004）则对我国财政收支的长期均衡关系进行了一定的测算，得出我国财政收支仍然保持平衡与赤字规模基本适中的结论。王宁（2005）则主要对财政赤字与对应的政府债务规模进行了测定。

近十余年来，由于在应对东南亚金融危机中，我国开始实施了积极财政政策，开始有目的地运用赤字财政措施来防御危机与促进经济发展，使对我国财政可持续性的量化研究的必要性大大提升。与此同时，国外财政理论界对于美国与欧盟等发达国家财政可持续性的实证（或经验）研究方法逐步为国内财政学者所熟悉，形成了一些对于我国财政可持续性的量化研究报告。

周茂荣与骆传朋（2006，2007）在其系列文章中，借鉴了国外关于财政可持续性检验的基本方法，并主要以李卓（2000）关于欧盟财政约束的模型为基础，针对我国从 1952—2006 年的年度的财政收支数据，运用协整方法对我国财政收支的可持续性做了实证分析。他们的基本结论是，从计量技术的角度看问题，我国财政在 1% 的显著水平上是可持续的。因此，我国的财政不仅是可持续的，而且可持续的显著性水平较高。邹元婷与许莉（2010）基于我国 1952—2007 年的财政收支数据，也运用了相似的协整方法，得出了我国财政在整个观察期内基本是可持续的结论，但对于分阶段的情况而言，则得出了有些阶段可持续而有些阶段不可持续的结论。王晓霞（2007）对近年来我国财政学界在财政可持续性研究的现状做了有益的归纳，同时也考察了在特定博弈条件下的我国财政的可持续性问题。

笔者所指导的博士生胡巍（2010）在其毕业论文中，采用并拓展了 Haug（1991）的政府跨期预算模型，对我国 1980—2003 年的财政收支与累积债务等方面进行了协整方法分析。其得出的基本结论是，在观察期内，我国债务存量与财政差额之间存在着长期的协整关系；而从 2003 年到 2007 年，债务存量与财政差额的关系也没有发生显著变化。作者据此认为，改革开放以来，我国的财政总体上满足了政府跨期预算约束，我国现行的财政收入、财政支出、债务规模以及决定财政收入、支出与债务的财政政策都是可持续的。

3. 关于财政如何促进可持续发展

同样，近十余年来，在国内认真落实科学发展观、强调可持续发展的新条件下，国内学者也在讨论财政在促进我国经济社会可持续发展过程的作用，并就财政如何促进经济社会可持续发展或某个特定地区或行业的可持续发展提出了建议。

蔡秀云（1997）认为财政能够通过合理配置资源和推动产业结构合理

化、协调国民经济中的重大比例关系、自觉规范财税分配关系来促进经济社会可持续发展目标的实现，并从财政补贴、税制改革和财政分权等方面提出了政策建议。王琪（1998）认为可持续发展需要一个合理的产业结构，财政应当运用直接投资、财政补贴、税收等手段来引导产业结构调整，促进经济社会可持续发展。刘溶沧等（1998）提出人力资本投资和环境保护对实施可持续发展战略有着特别重要的地位，在强化人力资本投资方面，财政应该加大教育支出、征收教育税和公债、加强教育财政中央集权和争取国际援助；在环境保护方面，财政应该通过财政手段引导经济增长方式转变、矫正外部负效用，激励环保科技研发。周莉珠（1999）按照可持续发展的三个层次（生态、经济和社会）研究了生态可持续发展的财政手段、经济可持续发展的财政政策和社会可持续发展的财政制度。郭东海（2000）提出要将积极财政政策与经济结构调整结合起来，追求国内有效需求的持续性，从而实现经济的可持续发展。张艺雄等（2000）讨论了所谓生态理财观的建设，这实际上也是研究财政如何适应生态保护等新要求的问题。这种观念体现在财政支出结构，主要是要保证对生态品的有效投资，要加强对科技品的投资；而在财政收入结构的创新上，则要建立体现生态经济目标的特别税系，还要发行环保公债，筹集环保资金等。钟禾（2000）认为财政分配对可持续发展有四大关键作用：对计划生育工作的责任和作用、对教育科技的大比例投入、对地区间贫富悬殊的“均控”、对经济增长方式的转变。邓小明（2001）论述了财政在可持续发展中有五大作用：控制人口数量、提高人口素质、缩小贫富差距、转变经济增长方式、促进资源综合利用和企业技术改造。刘丽明等（2002）在对公共财政的机制与经济长期增长关系进行论述后，提出财政政策要对人力资本、技术进步进行支持。蔡自力（2005）从预算支出、环保基金、产业政策和投融资政策四个方面论述了财政政策如何促进经济可持续发展。李景华（2006）认为要以人为本，要尊重自然和经济规律，注重公平、强调创新，建设“无污染、有后劲、可持续”的绿色财政，促进经济社会的可持续发展。

相对而言，崔常丰（2006）对财政与可持续发展的关系提出了一些独特见解。作者认为，就中国来讲，既不能走西方国家先污染后治理的道路，又无强大的资金和技术实力在控制环境问题的同时进行现代化，选择可持续发展实属一种无奈的选择。而以财政的力量实行可持续发展，实际上即是将财政置于环境与市场之间的两难境地：要么增加税收以维护生态，从而阻碍市场的正常运作和发展；要么减少税收以发挥市场的效力，达到资源的优化配置，从而放任市场对生态环境的破坏。在我国，由于市场机制不完善、物质文明不发达等原因，以至于财政弥补市场不足的过程恰恰是抵消市场功效的过程。因此，在现代化的前提下依靠财政推行可持续发展不能完全遏制现代化的弊端，难以达到期望目标。

4. 简要评析

综上所述，主要基于我国实践，财政理论界已对我国狭义的与广义的可持续财政问题进行了研究，提出了许多观点，既关注财政自身的不可持续现象，又对财政如何促进可持续发展提出了意见，这些都为进一步的研究打下了很好的基础。但比较而言，笔者认为，现有国内研究中主要存在着三个方面的缺憾。

其一，在对狭义可持续财政（财政可持续性）的研究方面，现有文献或者主要针对现行财政政策措施的可持续性进行定性论证或经验分析，或者主要是根据现有的财政收支数据进行"纯粹"的实证研究，理论探讨与经验分析这两个方面的结合脱节较为严重。在许多实证研究中，虽然我国财政收支活动反映的国内经济社会发展在样本阶段中已经起了众多变化，但这些研究都没有（实际上也较难）反映出这些体制上的变化。例如，当一些学者将我国建国60余年的财政收支数据作为一个连续样本来研究财政可持续性时，显然无法把握我国改革开放前后在资源配置方式选择、经济发展水平变化、对外联系程度变动等重要国情因素的变化；当这些学者把针对一般政府的所谓"跨期预算约束模型"运用到中国实例时，显然无法将我国社会主义国体政体对财政收支活动的要求制约包含进模型中去。笔者这里无意低估计量研究的有益贡献，只是强调计量分析本身是无法穷尽特定国情下的财政可持续性问题研究，经院式研究的这种局限性必须时刻牢记。再如，对于笔者在前面所列出的初级阶段公共产品可持续提供、财政服务发展的可持续性问题、更加注重对国际公共产品的可持续提供等问题，我们更多需要的是基于我国国情的正确判断，是基于这些国情加以分析的政策建议，而不是纸上谈兵的数理模型运用。

其二，大部分的研究都还相对集中在"可持续发展"和"财政发展"两者的单向关系上，即相对独立地探讨着"财政"促进"可持续发展"或"财政"自身的"可持续发展"。因此，如何将两者有机地结合起来，更全面完整地看待"可持续发展"和"财政发展"的双向关系，值得做更进一步的探讨，而这些有赖于我们对于我国基本国情条件下财政特征的进一步把握。

其三，和第二点相联系，大部分的研究并没有将我们所讨论的现阶段我国财政之基本特征与可持续发展联系起来考察，无论在讨论狭义的还是广义的可持续财政问题时，都没有对正在发展中的我国财政做更全面、更能结合我国实际的考察。笔者的基本观点是，对现阶段我国财政基本特征的把握，是考察可持续财政问题的重要前提。我们期待自身能够可持续发展的财政究竟应该是什么，财政又是如何通过其不同功能（侧面）来作用于现阶段（或新时期）我国经济社会的可持续发展，这些问题都值得深入研究。

笔者（邓力平，2002）在讨论我国1998年起实施的积极财政政策中的财税措施搭配时，就针对当时积极财政政策运用中的可持续性问题提出了一些观点。此后，又进一步将“可持续发展”和我国现阶段财政的重要特征之一“公共财政”结合起来进行研究，提出了“可持续公共财政”的命题（2008a）。这一理念强调的是，在我国社会主义市场经济体系的逐步建立与完善过程中，应该辩证地把握“可持续发展”与“公共财政”的关系，既要研究公共财政应如何促进经济社会的可持续发展，同时还要注重实现公共财政自身的可持续发展，其中特别要注重的是社会主义初级阶段中公共产品的可持续提供问题。笔者（邓力平，2008b）还运用这一分析框架特别对改革开放以来我国地方财政的发展问题（包括下面将要论述的发展财政之重要侧面）进行了初步分析。最后，笔者（邓力平等，2009a，2009b）对国内现阶段关于可持续财政研究做了初步的文献综述与比较分析，并主要围绕可持续财政的基本内涵、可持续公共财政、可持续发展财政与可持续财政收入等四个方面对可持续财政的“双向”关系进行了初步探讨，还结合我国某些省份（福建、湖南等）的案例来探讨了这种可持续财政理念的运用与体现。当然，动态地看，笔者及其所带课题组所做的努力还远远不够，还没能在全面把握现阶段我国财政特征的基础上探讨财政与可持续发展的双向关系，还缺乏对基本分析框架的全面阐述，而当我们站在2011年这一新时点上时，我们应该结合新战略机遇期的要求，继续探讨可持续财政理念对财政政策运用与财政体制改革的政策启示。

（三）国外关于可持续财政的研究

总体上看，国外财政学界对可持续财政的研究主要集中在狭义可持续财政方面，尤其是对财政可持续性问题的实证研究。当然，随着人们对全球可持续发展问题的更加关注，以及各种全球新问题的不断出现，学界对于财政政策在促进国家乃至全球经济社会可持续发展方面的理论研究也在增加。

1. 财政自身的可持续发展

由于当今大部分国家都实行过赤字财政政策措施，20世纪80年代以来，各国更是普遍经历了一个公共债务较快增长的过程，因此，国外财政学界关于财政自身可持续发展重点就在于关注特定国家财政收支（以及所对应的财政赤字与公共债务）的可持续性。而对财政收支的可持续性分析，主要考察两者之间是否存在长期均衡协调关系，是否满足政府跨时预算约束。在其他条件不变时，肯定的结论则意味着现行赤字与债务规模与结构，以及决定赤字与债务规模与结构的财政政策是可持续的，进而能够得出某国财政自身是否可持续的论断。

目前国际上比较流行的检验财政赤字是否可持续的方法是检验政府的跨期预算约束（intertemporal budget constraint，IBC）是否成立，即在长期来讲，支出流现值是否等于收入流现值，这种方法始于 Hamilton 和 Flavin（1986）。而具体到对财政可持续性的计量研究方法而言，则主要有两种方法，一是对政府赤字与累积债务进行的“平稳性检验”，二是对政府收支的相关指标进行的“协整检验”。

Hamilton 和 Flavin（1986）、Wilcox（1989）的研究主要属于前一种方式。Hamilton 和 Flavin（1986）首次使用美国年度的数据对政府赤字与累积债务的平稳性进行了检验。Wilcox（1989）则对前者的模型进行了拓展，在模型中加入了随机利率等因素。但从总体上看，这些研究关心的主要是政府赤字的单变量属性。而从 Trehan 和 Walsh（1988，1991）开始，到 Haug（1991）、Smith 和 Zin（1991）等一系列研究，则开始关注政府收支之间是否存在一个长期、线性的协整关系。后来，Hakkio 和 Rush（1991）在假设存在一个外生结构突然发生变化的条件下检验财政收支的协整关系；Haug（1995），Quintos（1995），Camarero 等（1998），Makrydakis 等（1999），Martin（2000）进而考察了当结构突然发生的变化是内生给定时的情况。总体上看，这些协整研究的基本结论是，如果政府收入与支出之间存在着一定意义上的协整关系，则构成了财政可持续性存在的充分条件。此外，以上各种 IBC 检验方法的一个共同特点是假定财政支出和收入是线性相关的，而后不少学者开始注意到财政支出和财政收入之间可能是一种非线性的关系以来，最近的研究普遍开始采用这一假设，Oscar（2006）对此做了较全面的综述与比较。

必须指出，计量方法在经济研究中的重要性无须质疑，但这些方法也不是万能的，因为现实世界远比计量模型复杂的多。计量方法的不同决定了即使是采用相同数据其实证结果也可能是莫衷一是。比如同为对美国 1960—1984 年财政赤字的可持续性检验，尽管同样使用的是平稳性检验方法，Hamilton 和 Flavin（1986）的结论是可持续的，而 Wilcox（1989）的结论是不可持续的。而 Trehan 和 Walsh（1988，1991）改用了协整方法，所得出的结论又是可持续的。再如，Hakkio 和 Rush（1991）的研究认为，美国

1950—1988 年的整体样本是可持续的，而 1976—1988 年的子样本又是不可持续的。

由于国家不同，财政是否可持续的结论也有差异。Makrydakisa，Tzavalis 和 Balfoussias（1999）认为希腊的财政政策在长期是不可持续的，而导致不可持续的决定性因素是 1979 的政策体制改革。Bravo 和 Silvestre（2002）对欧洲 11 个国家 1960—2000 年的数据进行了分析，结果表明在奥地利、法国、德国、荷兰和英国财政路径是可持续的，而在比利时、丹麦、爱尔兰、葡萄牙、意大利和芬兰则是不可持续的。Koo（2002）通过可持续性测试证明韩国 1970—1999 年的财政政策是可持续性，但是自 1997 年经济危机之后，现行的债务水平过高、税率过低，这将会影响财政的可持续发展。Oscar，Carmen 和 Vicente（2006）分析得出在西班牙，如果财政赤字较"大"，当局必须削减财政赤字才能保证财政可持续发展，"大"的标准是在使用年度数据计算时财政赤字占 GDP 的比例不得超过 5.3%，按季度数据计算这一比例不得超过 7%。Baharumshah 和 Lau（2007）运用近 30 年的数据分析了东南亚五国的财政可持续性，结论是泰国和韩国的财政政策是可持续的，菲律宾和马来西亚只具有"弱"可持续性，而新加坡则是一个积累了大量盈余的国家。Kia（2008）研究了两个新兴国家——伊朗和土耳其的财政赤字，认为两国的财政政策是不可持续的。

2. 财政对可持续发展的支持

应该说，财政理论自产生之初就已经开始关注可持续发展的相关范畴，比如环境和生态问题，当然由于古典作家将主要精力放在了国民财富的性质与原因的研究，在"自发秩序"的完美信条中，一个廉价政府的财政，对于环境和生态等问题更多是一种"无为而治"的态度。直到 20 世纪初，这一状况才有所改变。而 20 世纪 80 年代以来，随着能源、资源、环境等问题的日益严重，以及边际革命之后经济学对于稀缺资源的关注，财政学者的研究开始涉及到可持续发展的几乎所有领域。这里既包括在财政与生态可持续两者关系的研究中，如何对传统的 Pigou 税收和 Coase 手段这两种方法在实践中进行深入探讨与实证检验，也包括对财政在经济社会可持续发展中的对于收入分配问题的关注。由于本文的讨论重点在于我国的实践，故对于这些问题不予展开（胡巍，2010），这里仅以对经济可持续中的政府支出增长性的实证研究为例来加以说明。

总体上看，国外学术界对于政府支出的增长性效应有三种不同的实证结果：一是政府支出与经济增长负相关。例如，Landau（1983）对 104 个国家 1960—1977 年的数据进行了分析，发现人均真实 GDP 的增长与政府支出占

GDP的比重显著负相关，因此得出了“政府支出的增长可能有损经济增长”的结论。二是政府支出与经济增长之间可能没有存在显著关系。例如，Kormendi 和 Meguire（1985）利用47个国家1961—1980年的样本，分析得出了真实GDP的平均增长率与政府支出占GDP比例及其增长率没有显著的关系，因此结论是“没有证据表明政府支出的增加不利于经济增长”。三是政府支出与经济增长存在着正相关。例如，Rubinson（1997）利用跨国样本数据分析得出政府收入占GDP的比重增加可以促进经济增长，尤其是在较穷的欠发达国家中更是如此，在一定程度上支持了财政在发展中国家经济起飞过程中可以发挥更多独特作用的观点。

当然，尽管各国学者对于作为整体的财政支出对经济持续增长的效用的实证结果各不相同，但在财政支出的许多重要方面（如教育、科技、研究与发展经费等）对经济可持续发展的重要方面的认识却相对一致。在许多学者的研究中，教育、科技等方面不仅是一国经济可持续增长的重要源泉，而且还是实现可持续发展政府所必需提供的公共产品。越来越多的研究在不断关注教育、研发和技术进步等方面的财政投入等通过对劳动投入质量（人力资本）等的影响来促进经济增长，来实现可持续发展，这里包括Romer（1986，1989）、Jones 和 Manuelli（1990）、Rebelo（1991）、Aghion 和 Howitt（1998）、Lucas（1998）等的研究。

二、可持续财政：“四位一体”框架的分析角度

本部分主要归纳与深化笔者近年来基于我国国情而提出的关于我国可持续财政发展问题的一些基本观点，主要包括三个方面：一是阐明笔者对于现阶段我国财政特征的基本判断；二是归纳中国特色社会主义财政“四位一体”框架的基本内涵；三是探讨运用这一体系来分析我国可持续财政问题的可行性与适应性。

（一）对现阶段我国财政的理解

我国现阶段财政的基本特征是什么，我们要求自身能够可持续的财政究竟是什么，能够为国家经济社会可持续发展做贡献的财政究竟具备什么时代与国情赋予的特征，对这一问题准确而完整的判定是研究我国可持续财政的

基本出发点。

长期以来，特别是在改革开放这30余年的历史进程中，我国财政理论和实务界始终认识到研究这一课题的重要意义。结合在不同阶段财政发展的诸多关键问题与特殊要求，许多专家和学者围绕这一课题进行了广泛而深入的讨论，进行了持之以恒的探索，也尝试着给出了各种不同的答案，不断丰富与发展着我国社会主义财政的理论体系与实践。在这中间，有用一以贯之地坚持并不断自我完善的“国家分配论”加以概括的，有用伴随着市场经济体系建立而提出并越来越为大众所知晓的“公共财政论”取而代之的，也有试图用财政应该如何在发展中国家发挥独特作用的角度进行分析的，还有从我国财政在开放经济条件下应该具有的新表现形式之侧面加以讨论的。

从国家财政的角度来看，自建国以来，我国财政理论研究的重心之一就是对“财政本质”的争论，简言之，最初是“国家分配论”与“货币关系论”之争论，之后又有“国家分配论”与“社会共同需要论”、“剩余产品论”、“社会集中分配论”之探讨，而伴随着我国改革开放进程的逐步启动与不断深化，在财政理论界最为著名的是长期坚持的“国家分配论”与不断兴起“公共财政论”之间的辩论、争议、交流与探索。争论的结果也正如大家所熟知的，长期以来，“国家分配论”（“国家本质论”）在众多老一辈财政学家和中青年学者的共同努力下，一方面始终坚持其基于我国社会主义国家财政发展实践的强大生命力，始终维持其在我国财政基本理论发展中的重要地位；另一方面又在我国的财政发展与改革实践中不断做着与时俱进的丰富调整与自我完善。这些学者始终以辩证唯物论与历史唯物论的基本方法，用与时俱进、求同存异的基本态度，在与不同流派观点的研究与探讨中一次次地力图证明“财政的本质就是以国家为主体的分配关系，只要国家存在，任何财政都是国家财政”。与此同时，我们也还应该清醒地看到，要使对财政本质或基本问题的讨论始终具有强大的生命力，就必须始终将这种研究与特定主权国家政治经济社会“制度”（system）的特征与发展联系起来，就必须始终与特定国家在不同阶段所采纳的不同资源配置方式等“体制”性因素（mechanism）联系起来。简言之，我们当前特别要研究的是，如何在坚持社会主义基本政治经济社会制度不动摇的前提下，在坚持现代市场经济体制作为资源主要配置方式的条件下，努力探讨国家财政在特定机制体制条件下的特定表现形式，特别是要不断探索国家财政与公共财政有机统一的表现形式。

而从公共财政的角度来看，自党的十四大明确提出建立社会主义市场经济体制以来，关于社会主义市场经济下的财政应是什么以及应该如何发展的讨论一直在进行，1998年中央提出要以构建与社会主义市场经济相适应的公共财政基本框架为改革目标，已经为这一讨论指出了明确的发展方向。总体上说，我们应该看到，一方面，我们对在现代市场经济条件下公共财政的建设方向必须坚定不移地加以推动。十年多来，公共财政理念已经成为基本共识，公共财政框架已经基本搭建，公共财政体系发展方向已经基本确立。概言之，“公共财政是市场经济条件下财政的主要表现形式”这一基本观点已经得到了学术界的广泛认同。但另一方面，公共财政建设还有很多具体工作要做，从理论上看，学者们对市场经济条件下公共财政表现形式的共性与个性的把握还不尽一致，对我国现阶段公共财政的基本定义与应有内涵还存在一些不同看法；而在现实上，公共财政的具体实践还有待不断发展与健全完善，这里既包括对公共财政涵盖范围的确定，对公共产品提供基本原则与政策力度的把握，也包括对与我国社会主义基本制度相适应的公共选择制度的坚持与完善，换言之，我们要特别研究的是，公共财政应该如何在实践中既努力体现着现代市场经济体制运行的基本特点，又能充分体现社会主义国家财政的本质要求。

我国是一个发展中国家，我们是在具有“人口多、底子薄”基本国情特征的社会主义初级阶段中发展现代市场经济与推进国家现代化建设的，因此，我们还应该特别研究财政在发展中国家特殊历史条件下与发展阶段中应该发挥的独特作用，这是时代与国情赋予我国财政理论与实践工作者责无旁贷的历史使命。自党的十二大提出“我国的社会主义社会现在还处在初级发展阶段”的基本论断，到党的十七大重申“中国仍处于并将长期处于社会主义初级阶段的基本国情没有变”，人们已经越来越充分地认识到，“社会主义初级阶段”、“发展中国家”就是中国的基本国情，也是当前及今后很长一段时间研究一切问题的出发点，还是我们探索我国现阶段财政问题的基本出发点。笔者（邓力平等，2009c）在研究现阶段我国非税收入的表现形式与规范管理问题时，曾经强调，“公共财政是一种与市场经济体系相适应的财政表现形式，但一般公共财政理论并不能唯一地解释伴随着中国特色社会主义市场经济进程而丰富发展的我国非税收入实践，那种用公共财政来否认国家财政存在的倾向有碍于我们从社会主义国家财政的角度分析非税收入问题，那种不顾发展中国家国情而生搬硬套西方公共财政理念的做法更是无法揭示现阶段我国众多非税收入形式的存在”。也正是因为“社会主义初级阶段”、“发展中国家”这一基本国情对理解现阶段财政理论与实践有着极为重要的意义，与“社会主义初级阶段”、“发展中国家”这一基本国情对应的发展财政问题也应该日益受到我国财政理论界与实务部门的关注。

同样，在我国不断实施对外开放并逐步全面参与经济全球化进程的大背景下，如何考虑不断深化的开放经济条件对我国财政发展的影响，也是一个必须深入研究的新课题。自党的十一届三中全会做出实行改革开放的重大决策以来，特别是2001年底中国正式成为世界贸易组织（WTO）成员以来，我国与世界经济的联系已经变得越来越紧密，一方面，我国对世界经济发展的影响也变得越来越大；而另一方面，伴随着经济全球化进程的加快，世界经济变化对我国经济发展的影响乃至制约作用也在不断增强。就财政领域而言，在经济全球化的今天，各国财政政策的“主权运用”与国际间财政关系的“国际协调”已经成为这一时代的主要特征。因此，我国在进行主权国家财政收支活动和制定国内宏观财政政策时，同样既要坚持以我为主，还要同时考虑经济全球化等外部条件的影响。我国财政在努力为国家经济与社会发展做贡献的同时，还应该更加逐步地关注不断增加的国际问题，更加关注并且逐步参与对国际公共产品的有效提供。毫无疑问，这些新的变化与发展趋势必然也让国际财政这一新兴领域逐渐进入了我国财政理论研究者的视野，我国财政的国际或对外侧面同样也是我们研究现阶段我国财政问题时所必须予以关注的重要方面。

归纳起来，我们要研究的是，如何在对我国社会主义基本政治经济制度的坚持中，如何在对我国市场经济资源配置方式已经初步建立并逐步完善这一现实的领悟中，如何在对我国依然长期处于社会主义初级阶段的基本国情的理解中，如何在对我国不断推进对外开放参与经济全球化进程的把握中，来全面分析与概括现阶段我国财政的基本特征，来回答新的历史时期中“我国财政是什么”这一源于我国发展实践的财政基本问题，来努力做到这样理解把握的财政自身的可持续发展，来努力发挥这样一种财政的职能来服务于国家经济社会的可持续发展。

（二）中国特色社会主义财政：“四位一体”框架的理解

2009年，在庆祝共和国建国60年与纪念改革开放30年的历史时点上，回顾我国财政60年走过的历程，回顾我国财政伴随着改革开放春风而实现的巨大发展，回顾我国财政在“最为困难”的那一年交上的“最令人满意”的答卷，笔者（邓力平，2009；邓力平等，2009a）提出了中国特色社会主义财政“四位一体”的分析框架，主要体现为“三个基本判断”。

第一个基本判断是“一个概括”。我国财政活动始终是与伟大祖国的发展实践与奋斗进程联系在一起的。可以说，共和国60余年、特别是改革开放30余年的我国财政发展，用一句话来表述，就应该是“中国特色社会主义财政”体系从不断探索、到初步建立、再到逐步完善的伟大实践过程，这就是一个可持续的发展过程。众所周知，中国特色社会主义这一提法，是在我国改革开放30余年进程中特别突出强调的。但放在共和国60余年的历史长河中来看问题，应该说，从共和国诞生到改革开放之前，尽管出现了一些挫折，尽管存在着一些失误，但我们始终都在不断进行具有中国特色的社会主义道路的求索。在我国财政战线也是一样，中国财政人始终在执著地探寻具有中国特色的社会主义财政体系的建设。建国之初，我们就很快确立了新的财政体制，拉启了新中国财政体系建立的大幕，而后随着计划经济资源配置方式的确立，我国又逐步建立了与之相对应的财政体系，并曾经发挥了重要的作用。当然，这种探索之路有过曲折与教训，特别是在“文革”十年动荡期间，我国财政体系建设受到了相当的冲击，其发展受到了制约与影响。然而，也正是这种曲折的探索之路始终在呼唤着新的改革与突破，并最终在1978年启动的划时代的改革开放进程中，我们始终不断探索具有鲜明时代特色的我国财政之路，逐步结出了丰硕之果，中国特色社会主义财政体系在承继中发展，在开拓中创新，被与时俱进地赋予了新的内涵，体现出了强大的生命力。因此，站在历史新起点的今天，从与时俱进与可持续的角度看问题，展现在世人面前的我国财政发展道路，就应该是一个不断探索的中国特色社会主义财政“可持续”的建设道路。这一提法是“中国特色社会主义”在财政发展上的集中概括。

第二个基本判断是“四个因素”。即从上述基本概括出发，我们应该找到能决定与影响“中国特色社会主义财政”形成的关键因素，应该从这些角度来提炼这样一种财政所具有的特定内涵。显然，我们所说的任何一个主权国家的财政，都包含着财政体制建立、财政收入实现、财政支出活动、政府间财政分配关系、财政政策运用、财政理论发展等一系列基本要素。而对于这样一种财政活动，至少存在着前述的四个主要的决定与影响因素。简言之，一是国家的基本政治经济社会制度（资本主义的还是社会主义的），二是主要的资源配置方式（计划经济的还是市场经济的）、三是国家的经济发展水平与阶段（发达国家还是发展中国家），四是国家的对外经济联系程度（封闭经济还是开放经济）。毫无疑问，站在今天这一历史时点上，简言之，我们已经有了一个很清晰的判定。那就是，就基本政治经济社会制度而言，共和国的60余年，我们是在社会主义旗帜下前进的。就主要的资源配置方式而言，前30年，我们选择了计划经济，而后30余年至今，我们已经初步建立并不断完善着市场经济体系。就经济发展水平与阶段而言，在共和国60余年乃至更长的历史时期里，我国依然并将继续是一个发展中国家。而就对外经济联系程度而言，在前30年，我们处在一种封闭半封闭的状态，而后30余年，伴随着对经济全球化进程的不断参与，我国经济的开放程度已经大大提高了。

第三个基本判断是“四位一体”。从上述这四个决定或影响因素来看问题，现阶段的“中国特色社会主义财政”应是什么呢？当我们去寻求这些基本的因素以及对应的财政内涵时，结论就是这显而易见的“四位一体”：从社会主义基本政治社会经济制度出发，对应的财政就是国家财政，就是体现社会主义基本要求的国家财政；从市场经济这种主要资源配置方式出发，对应的财政就是公共财政，就是一个与市场经济相适应的财政表现形式；从我国仍是发展中国家的基本国情出发，对应的财政就是一种发展财政，一种必须在发展中国家独特阶段发挥独特作用的财政；而从我国不断参与经济全球化、不断扩大对外开放的进程出发，对应的财政就应该具有国际财政的特质，即必须是一种不断的、更加关注国际问题的主权国家财政。简言之，我们所理解的“中国特色社会主义财政”可以归纳为“国家财政、公共财政、发展财政与国际财政”这四者的有机统一。

在这“四位一体”分析框架中，有四个基本问题是要说明的。

一是四者之间基础与延伸的关系。在四者中，有着三层依次递进的关系：第一层，国家财政始终是前提、基础与核心；第二层，公共财政与发展财政是我们在现阶段必须着重解决好的两大基本关系；第三层，国际财政是随着我国参与和推进全球化进程的加快，我们应该逐步更加注意的重要方面。这是我们从本质到现象，从历史到现状，从国内到国际的一种分析思路。

二是四者之间一般与特殊的关系。国家财政是“不同体制不同阶段财政”的“一般”，公共财政、发展财政和国际财政是“特定体制特点阶段财政”的“特殊”。以市场与政府的关系为例，公共财政指的公共产品提供“市场”退“政府”进，发展财政指的是“社会先行资本”提供“政府”适度代替“市场”的部分配置职能，国际财政指的是在全球经济化条件下，在以市场为主在世界范围内配置资源的前提下，主权国家“政府”如何发挥作用而使本国更为有利，同时更加关注全人类都必须共同关注的国际问题。

三是四者之间多重对子关系的把握。在四种财政理念之间，还存在着我们必须把握好的各种关系，如国家财政与公共财政的关系，国家财政与发展财政的关系，发展财政与国际财政的关系，公共财政与国际财政的关系等等。这种分析思路启示我们，可以先后从某一特定的视角（特定对子关系）来分析财政问题，而暂时抽象其他维度，这样可以增加我们对同一问题认识的深度。

四是四者之间综合与重点的关系。“四位一体”框架是提供了一个看待我国财政问题的综合角度，大到任何财政活动，小到每一分财政的钱，都是同时包含着我们所讨论的多种角度。与此同时，这是一种综合与重点的关系。不能说哪项活动是国家财政，哪项是公共财政，所以是一种有侧重多维的分析，这是很重要的观点。

（三）对可持续财政的分析："四位一体"的特殊视角

就本文研究的我国现阶段可持续财政问题而言，这种"四位一体"分析框架能够给我们带来什么独特视角呢。应该说，这里既包括对整个财政体系可持续发展的探索（财政如何可持续），也包括我们对其中每一财政侧面可持续发展（可持续国家财政、可持续公共财政、可持续发展财政与可持续国际财政）的认识，更包括我们运用这些财政职能来为新时期国家经济社会可持续发展服务的理解。

我们首先关心的是国家财政在新时期中的可持续发展。当前，我们要努力完成中央提出的关于建立与完善"有利于科学发展"和"有利于转变经济发展方式"的财税体制的历史任务，要始终研究国家财政在科学发展观要求下的可持续发展问题，包括要研究国家财政收支发展的可持续性，要研究国家财政在"做大蛋糕，促进发展"过程中持续发挥作用的能力，要研究"稳固、平衡、强大"的国家财政之目标实现的可持续性，要研究国家财政体制在新的历史条件下不断改革与创新的可持续能力。与此同时，通过对近年来我国应对国际金融危机挑战的积极财政政策实践的把握，我们还要特别注重研究这些宏观政策措施的可持续性，在国内外新的复杂形势下，一方面要研究积极财政政策的连续性与稳定性问题，同时还要与时俱进地把握积极财政政策运用的灵活性与针对性问题。笔者认为，我们对狭义可持续财政（财政可持续性）的研究，必须始终放在可持续国家财政观的角度下来看待，不论是传统的财政平衡观，还是当前较为时尚的针对国家财政收支的协整分析等各种计量方法运用，都不能脱离这样一个基本判断。

我们还要关心公共财政在市场经济体制条件下发挥作用的可持续。在我国社会主义市场经济从初步建立到逐步完善的进程中，我们已经逐步建立并逐步完善着与市场经济相匹配的公共财政框架，现在的重要任务就是要使这一框架能够可持续地发展与完善，就是要使财政体制能够持续地完善以适应市场为主配置资源的基本要求。当前，在财政收入方面，要研究如何真正做到"强化税收、规范收费"，一方面完善与强化税收在市场经济条件下财政收入的"主渠道"作用，不断按照"优化税制结构、公平税收负担、完善税权配置"的要求来持续地推进税制改革与完善；另一方面要按照"规范收入分配秩序"的要求，探讨政府参与国民收入分配的适当方式。在财政支出方面，要努力做到财政在市场经济条件下“提供必要公共产品、促进社会公平公正”方面的作用，尤其要研究与探索既符合现代市场经济要求又具有中国特色的初级阶段公共产品的提供方法，认真领会并实践中央提出的现阶段我国公共产品“广覆盖、保基本、多层次、可持续”的提供原则，保证中央各项惠民政策的可持续实施。

我们关心的第三个侧面是发展财政在初级阶段基本国情下可持续地发挥独特作用的问题。作为发展中国家的财政，我国财政将在国家全面建设小康社会与经济又好又快发展中履行必要的发展职能，而这种发展财政职能的履行必须始终与我国处在并将长期处在社会主义初级阶段的事实相适应。我们必须始终关注这种发展财政职能持续发挥作用的能力。可以认为，这种发展财政可持续性的核心，就在于我们对短期与长期、发展与民生等财政作用根本关系的正确把握与不断实践，这里既包括关于初级阶段公共产品持续有效提供原则的理解，也包括对在经济起飞特定阶段中财政充当的社会先行资本作用之可持续性的认识。

我们关心的第四个问题是我国财政在开放经济条件下发挥积极作用的可持续性。当前，我们应该研究财政如何可持续地为我国的“和平崛起”服务，如何在构建“和谐世界”的进程中发挥作用，如何有效地通过财经外交的形式为国家的总体利益服务。我们也应该研究财政如何持续地为我国有效地参与经济全球化服务，在我国已经加入 WTO 十周年的今天，特别要研究参与贸易自由化与投资全球化等进程的有效方法，研究如何有效地应对贸易摩擦等现阶段世界经济格局中的这种常态现象，可持续地为服务国内与国际两个大局服务。我们还必须研究主权国家财政如何在把握好国内发展与对外贡献的关系中，可持续地参与对部分国际公共产品的提供。在应对气候极端变化、减少有害气体排放、全球资源可持续使用等全球性问题的解决上，应当研究如何通过持续的财政职能的履行，来体现我国作为发展中国家在众多国际事务中承担起必须但有区别的责任。

运用这一“四位一体”的分析框架，我们可以较好地对我国现阶段可持续财政的这些方面展开研究。对于我国当前可持续财政发展中的一些重大问题，应该能够且必须同时从国家财政、公共财政、发展财政与国际财政相互联系统一的角度去考察，应能够在坚持国家财政的基础与前提下，妥善地处理好国家财政与公共财政、公共财政与发展财政、国家财政与发展财政、发展财政与国际财政等的辩证关系，理解相关财政活动及其作用的可持续发展问题。因此，笔者将在下面三部分中分别以财政收入形式的可持续、公共产品提供的可持续、财政政策运用的可持续为例，验证运用“四位一体”框架分析可持续财政问题的可行性。关于国家财政、公共财政、发展财政与国际财政的有关概念，笔者将在有关论述中分别择要地加以说明。

三、财政收入的可持续：对税与非税并存的理解

税收与非税收入并存，这是当前我国财政收入格局的重要特征。2010年全国财政收入为8.308万亿元，其中税收收入为7.32万亿元，非税收入0.988万亿元。虽然财政收入仍以税收为主，所谓“税性比”为88%，但相对于许多市场经济国家而言，我国非税收入仍然维持在一个较高水平上。理论界与媒体对此提出了种种看法，包括对非税收入所占比重过高且有增加趋势的担忧，对有些非税收入合理性的质疑，以及对非税收入管理与运用存在问题的关切。近年来，不断增加的土地出让金（收益）往往受到更严厉的批评，被认为是最不可持续的“土地财政”则被视为现阶段我国财政的一大难题。简言之，对现阶段我国税收与非税收入并存问题的讨论，从一个侧面集中反映了对我国财政收入可持续性的高度关注。

应该说，当今世界大多数国家的财政收入，都在不同程度上是税与非税的组合，关键是如何在不同的经济发展阶段中与不同的资源配置方式条件下，妥善地把握两者关系。众所周知，自我国走上市场经济导向的改革之路以来，有关税收与收费、预算内收入与预算外收入、税收与非税收入的争论就没有停止过，两者的关系始终处在变革调整中。多年来，笔者也对这一问题发表过一些观点，包括在税费改革中“税费归位”的提法，包括对中国特色预算体系之理论基础的论证。对于我国现阶段税与非税关系的探讨，对由税收与非税收入所构成的我国现阶段财政收入的可持续性问题，笔者的基本观点是，一定要从我国国情出发来把握财政收入形式并存的必然性，同时根据变化的形势，与时俱进地不断优化中国特色社会主义市场经济下的财政收入结构，保证我国财政收入来源的可持续性，更好地为国家经济社会可持续发展做贡献。

从胡锦涛总书记2010年1月8日关于新时期财税发展的重要讲话，到2011年初党的十一届全国人大四次会议通过的“十二五”规划中关于财税体制改革的全面论述，可以看出，现阶段我国财税改革的重要内容之一就是要“强化税收、规范收费”。在税收方面，要做到“优化税制结构、公平税收负担、完善税权配置”；在非税收入方面，则要求“规范政府参与分配的秩序”，总体目标是要构建与完善有利于“科学发展、加快转变”为主线的

财税体制，从而保证我国财政收入来源的可持续提供。对于这一任务要求，笔者认为，可以从国家财政、公共财政与发展财政辩证统一的理念出发来加以理解。

（一）在国家财政基础上实现公共财政与发展财政的统一：基本理念

改革开放以来，我们一直在探索现代市场经济条件下财税的表现形态。在坚持国家财政的基础上，将公共财政与对应的公共税收作为市场经济下财税的主要表现形式与改革方向，这是完全正确的。但还必须看到，在建立公共财政与公共税收体系方面，我们多年来参考借鉴的国家与地区主要都是发达国家与地区，而在这些国家与地区中，发展作为首要任务已经完成。而我国仍处在并将长期处在社会主义初级阶段中，发展（本质要求就是科学发展）始终仍是第一要务，发展仍是解决我国所有问题的关键。因此，还要同时研究财税在作为发展中国家的我国的独特作用，换言之，要在国家财政的基础上，很好地研究公共财政与发展财政的统一，为我们理解税与非税形式在财政收入中的可持续并存提供理论依据。

1. 公共财政的基本理念

笔者多年坚持的基本观点是，只要国家存在，任何财政都是国家财政；而市场经济下的财政可以“主要”地体现为公共财政这种表现形式。那么，现阶段我国公共财政的基本特征究竟是什么？笔者（邓力平，2008a）曾将其归纳为通俗易懂的三句话：第一句话是“纳税人的钱主要用于提供公共产品与服务”；第二句话是“纳税人的钱同样可以用于提供市场经济运作所必需的外部条件”；第三句话是“尽量不要用纳税人的钱去投资于一般性竞争领域”。笔者将这三句话形象地表述为“三个同心圆”，即如果把现代市场经济条件下政府应该履行的基本职能作为“圆心”的话，上述三句话就构成了从核心圆、居中圆与外层圆这三个依次向外延伸的同心圆，其中核心圆最大最厚实，这是公共财政的主要职能所在，居中圆次之，而外层圆是最稀薄的。

其一，以税收为主的各种财政收入主要必须用于提供公共产品与服务。什么是公共财政？当今的众多教科书列出了公共性、民主性、非盈利性等一系列特征，而在笔者看来，最主要的特征就是一个：公共性。关键在于对公共性的理解。笔者认为公共性的最主要内涵就“纳税人的钱主要应该用于公共产品与服务的提供”。多年来，我们在讨论公共财政与财政的关系时，一直在该词的译名上纠缠不休，从一个侧面反映了我们对公共财政公共性的认识问题。事实上，一个国家的财政（public finance）从来就是公共部门的财务，相对应于私人部门的财务（private finance），本身就是具有公共性的。正是基于这样一种理解，在改革开放初期，当主要在发达国家运用的公共部门经济学财政体系不断引入我国时，当一些学者强调要用公共财政来取代原有财政的概念时，引起了国内众多财政学者（特别是坚持国家分配论或国家本质论学者）的异议。这里的关键是，在中国特定的语境环境下，为什么我们要做这样同义的反复？笔者认为，关键在于30年来，我们是逐步从计划经济这种资源配置方式中走出来，逐步建立并完善了市场经济体制机制，因此，当对应的我国财政从在计划经济条件下的表现形式中逐步调整为在市场经济条件下的主要表现形式时，应该特别强调财政实现方式的不同，强调财政收入应该主要用于公共产品与服务的提供。当我们强调税收收入主要用于公共产品与服务的提供时，就有了“税收的公共性”这一概念，再简单些，这就是“公共税收”的概念；而由于在市场经济条件下税收一般成为财政收入主要来源时，“公共税收”就对应地有了“公共财政”的延伸。从这个意义上说，用公共财政这一提法来特别强调市场经济下的财政、强调这种财政的特征，是完全必要的，这样的同义反复有其特定的意义。

其二，以税收为主的财政收入同样可以用来提供市场经济运作所必需的外部条件。何谓外部条件？那些具有准公共产品性质的基础设施，带有公益性外溢出性的平台，那些有事情做的事业单位履行的职能，市场经济运作所必需的法制等基础环境等等，都是外部条件。有些公共财政学者认为这些都不应该纳入真正意义上的公共财政范畴，然而，这些是可以作为政府职能的一种体现或延伸，必须予以考虑。这里试举两例，一是通常说的“政府搭台、企业唱戏”的做法，这是市场经济运作所必需的，众多地方建设的软件园与高科技园区等都可以属于这样的范畴。二是我国事业单位改革的方向同样体现了对公共财政的这样一种理解。中央关于事业单位改革体现了这样的基本精神：政府该干的，请还给政府；市场可以做的，请交给市场；中介组织可以干的，应该鼓励中介组织发展；而对于那些具有“公益性”的事业单位，必须做到强化预算管理与推进人事制度改革。这最后一点就是对必要的“外部条件”的认同，强调的是将这些单位列入公共财政预算的合理性。

其三，应该尽量不用财政收入去投资于一般性竞争领域。这里讲的三层含义。一是对一般竞争性领域的理解，生产与供应私人产品的领域；二是这些领域市场经济与私人部门可以做得很好，政府（财政）就可以不要去；三是“尽量不去”的理念，即原则上不要去，但在一定条件下与一定阶段中，政府（公共部门）参与对部分私人产品的提供也不应是完全不行的。显然，这里谈的前两点应该都没有异议，但第三点可能有些不同看法，笔者却认为，对公共财政的这种理解是有理论依据与实践佐证的。理论依据在于“交叉提供”的存在，实践佐证在于许多国家都因国情存在而允许公共部门参与对部分私人产品的提供，关键是如何减少效率损失。中央提到的“国有资本从一般竞争性领域中退出来”针对的是我们从计划经济中走出来的国有部门在一般竞争性领域中过多的状况，并没有强调退光。在我国的国情下，在我国以公有制为主的经济体制中，强调这一点有助于我们对国资委下属许多企业属性与重要性的再认识。

2. 发展财政的基本理念

笔者近年来提出了财政在我国现阶段发挥独特作用的发展财政理念（邓力平等，2009a；邓力平，2010）。总体上看，发展财政包括三个方面：一是基本内涵；二是与公共财政的关系；三是在实践中应该注意的问题。

其一，发展财政研究的是财政在发展中国家中的特殊作用，其理论基础是在坚持市场为主配置资源的前提下特别注重政府调控的作用。发展财政指的是财政在发展中国家经济起飞过程中充当社会先行资本等独特作用的理论与实践，指的是有效地运用财政力量来满足发展中国家经济起飞的特定要求。在经济起飞阶段，社会先行资本的运用相当重要。对于发展中国家来说，财政不仅需要履行公共财政的要求，还应通过公共投资形式来完善各种基础设施，为国家长远发展奠定基础。换言之，由于市场体系不成熟或其他考虑，发展中国家为了加快发展，必须要比发达国家在资本形成方面做得更多。发展财政的这一定位对于现阶段我国显然成立。改革开放30余年的快速发展就是我国经济起飞的过程，而在新的战略机遇中，我国经济的科学发展还将继续诠释这一进程。在这一特定阶段中，财政就是要在促进市场机制完善、提供公共产品与促进公平公正的同时，做好社会先行资本的有效与可持续提供。这一理念的启示就是，在坚持市场经济的前提下，财政还要理直气壮地拿出一些钱来搞建设，谋发展，特别是用于加快发展、夯实后劲的基础设施等项目建设。对于我国计划经济下的财政特征，陈云同志说的好，就是“一要吃饭，二要建设”；而我们今天在发展中国家国情下搞市场经济，财政的特征就应是“一要吃饭，二要民生，三要建设”。在吃好饭的前提下，要民生，强调的就是公共财政，要努力用财政增量来提供各种公共产品；而要建设，强调的就是发展财政，就是要利用财政的力量来加快发展。

其二，处理好公共财政与发展财政的关系是当前我国财政发展的重要任务。我国实行市场经济，则公共财政方向必须坚持，而当我们把发展中国家与市场经济因素一并考虑时，这就有了发展财政运作的空间。在理论与实践上，公共财政与发展财政都既有联系，又有区别，两者有时可以统一，但许多时候存在矛盾，需要权衡统筹。一方面，无论从分析模式，还是所要解决的市场失灵来说，两者都有所不同；但另一方面，发展财政并不否定市场经济的主体地位，也不是要在公共财政之外另辟天地，而是考虑发展中国家市场不成熟的特点，突出政府的适当干预，让财政肩负着提供社会先行资本的职能。实践表明，在发达国家，基础设施的投入更多的时候是被当作一种公共产品，而在发展中国家，基础设施的投入却经常被作为一种保增长与促发展的重要手段。简言之，处于发展中国家经济起飞阶段中的财政，就一般性地有了公共财政与发展财政并存之必要，也就有了处理好两者关系的任务；而站在历史发展进程来看，当发展中国家的发展任务已基本完成、市场经济机制已基本完善，发展财政的使命必将逐步减弱，发展财政与公共财政的趋同与融合就成为必然，发展财政理念将最终退出历史舞台。

其三，对发展财政理念的坚持在现阶段有着许多重要的政策启示。我们对发展财政理念的倡导，对发展财政实践的探索，就是为了发挥财政在我国经济社会可持续发展中的作用。在本文第六部分中，我们将重点探讨运用发展财政理念应注意的其他几个主要方面，而在本部分中，发展财政理念的主要政策启示之一就是有助于我们全面与辩证地把握税收与非税形式的优化选择问题。

3. 发展税收的基本理念

在现代市场经济下，税收在财政收入中往往占据了主体地位，因此，当我们前面研究了“公共财政”范畴下的“公共税收”后，也必须在“发展财政”框架下研究“发展税收”。总体上看，发展税收既是与发展财政密切相关的范畴，但又有其独特的涵盖面。就共性而言，发展税收强调的是发展中国家市场经济条件对税收的“基本要求”，主要体现为税收公共性与税收发展性的统一；而就个性而言，强调的是发展中国家国情条件对税收改革与发展存在的“独特制约”，主要体现为税收渐进性与税收适应性的统一。

其一，发展税收强调税收公共性与税收发展性的统一。税收的公共性，实际上就是公共财政含义的延伸。在税收作为财政收入主要来源的前提下，公共财政指的就是“纳税人的钱主要由于提供公共产品与服务”，这就有了税收公共性（即公共税收）的提法。在发展中国家采用市场经济的条件下，这种思路必须坚持。但是，从发展中国家国情出发，从发展始终是发展中国家治国安邦第一要务的理念出发，税收同样应该具有服务发展的功能，即必须体现其发展性。实践表明，税收在发展中国家经济起飞阶段中的这种发展性，既体现为税收对经济发展的促进支持作用，也体现为税收中的一部分同样可以用来充当社会先行资本。对税收在发展中国家作用的这种理解，对我们研究税与非税形式选择有着重要的启示。

其二，发展税收坚持税收渐进性与税收适应性的统一。上面讲的是发展中国家在市场经济条件下对税收作用的“要求”，而这里讲的则是“制约”，即发展税收还要研究发展中国家国情对税制改革等的制约因素。税收渐进性，强调的是发展中国家的现实税制如何朝着理想目标的逐渐发展过程，由于存在源于发展中国家现实条件的种种制约因素（如纳税意识的缺失、征税手段的滞后、信息支持的落后等），发展中国家的税收发展与改革都是一个渐进次优过程。税收适应性，强调的则是在发展中国家条件下，税制设置与税收征管都必须对发展中国家的一些特性（如特定的文化与历史背景）有所迁就与容忍，理想化的税制是不存在的。显然，前者讲的是迫近，后者说的是包容，两者结合就是渐进性与适应性的统一。

（二）税与非税的可持续并存：基于公共财政与发展财政的启示

多年来，包括笔者（邓力平，1998）在内的许多学者都从公共财政的角度来解释市场经济下对税收与非税形式的选择。这些解释都有道理，但如果从公共财政与发展财政结合的角度来重新审视，就能得到更全面与辩证的结论。例如，在市场经济下，财政收入中的税性比是不是越高越好呢，仅从公共财政的角度看问题，答案是基本肯定的，但如果将发展财政的理念结合起来考察，答案则不然。道理很简单，我国税收体系的形成与非税收入的发展都与改革开放进程息息相关，都根植于在发展中国家建设市场经济的实践，而主要基于发达国家市场经济现实的公共财政理论无法唯一地解释我国税收的发展与非税收入的存在，无法解释将在我国现实中两种收入形式长期持续并存的合理性。

如前所述，改革开放30余年后的今天，在国家宏观层面上，税与非税并存已成常态。在地方层面上，各级政府财政账上一般都有两部分：一是以各种税收为主的预算内收入，主要用于保运行、促民生、保稳定；二是以土地出让金等各种基金为主的非税收入，主要用于做项目、搞建设、谋发展。可以这样认为，地方财政账中的这两个部分，前者依据的主要是公共财政，后者依据的则主要是发展财政。各地政府对这两部分收入的运用，以及在两者协调上的难度，已成为当前财政一直在力图解决的突出问题。2010年开始公布的、在2011年继续完善的中国特色社会主义“四位一体”的预算体系也同样清楚地显示出这样的格局，在该体系中，一般性公共预算与政府性基金预算并存，前者的理论基础主要就是公共财政，而后者的基础则主要是发展财政。

笔者认为，从公共财政与发展财政的角度来看待税收与非税收入这两种收入形式长期持续并存的必要性与未来改革方向，至少能得到以下五点启示。

其一，既然今天我国财政是公共财政与发展财政的结合，则现阶段我国财政应该同时具有提供公共产品与服务促进发展这两方面的功能，相对应的，各种财政收入形式，都要同时具备公共性与发展性之功能。哪一种财政收入形式更有利于同时发挥公共性与发展性的功能，这种形式的存在就是合理的，就有其生命力。基于此，财政公共性应是税收公共性与非税收入公共性的结合，同理，财政发展性也应是税收发展性与非税收入发展性的统一。必须指出，笔者近年来多次用发展财政的理念来解释当前非税收入的广泛存在，但并不是说税收只能用于公共产品的提供，而非税收入只能用于社会先行资本的提供。发展税收理念（特别是对税收发展性的认识）表明，税收在主要用于提供公共产品与服务的同时，也可以部分地用于社会先行资本的提供，或者在一定阶段中，某些特定税种可以指定作为社会先行资本来实现发展目标。这种强调同时表明，政府究竟是用税还是用非税形式来参与社会分配，需要在综合各种因素后统筹决定。从发展财政的角度看问题，税收与非税都可以用来服务于发展。下面将要论述，在未来的地方财政收入体系中，究竟要在多大程度上继续让土地出让金发挥作用，还是要逐步将对房屋持有阶段征收的房产税作为地方财政收入的重要来源，需要综合考虑，慎重运作，但对这两种形式都应同时服务于发展与民生的理念必须予以坚持，认识这一点，有助于我们更全面地理解税与非税并存的现实与改革方向。

其二，税收渐进性与税收适应性结合的特征决定了我们对税收的作用要有实事求是的认识。一方面，市场经济呼唤着公共税收，要求税收应成为财政收入的主要形式，税收的收入、分配与调控职能应得到充分发挥；但另一方面，我们对于税收在发展中国家中所受的制约要有足够的认识，既要反对税收无用论，在今天可能更要提防税收万能论，不能对税收在现阶段的作用寄予过高与不切实际的期望。在现实生活中，特定税种往往只能承担政府多重目标中的某一方面，而在存在制约的条件下，就是这某一方面目标的实现往往也只能仅是次优的。

其三，发展财政理念表明，现阶段非税收入的存在是一种常态，这是财政发展性的要求所致。在当今中国，对税或非税形式的选择，至少应该考虑几个基本要求，一是要符合市场经济的基本要求，要有利于市场经济行为主体运作，要能尽量减少效率损失；二是要有利于国家财政收入的获取；三是要有利于宏观调控；四是要有利于公平分配，能够为大多数群体所接受；五是必须具有可持续性。显然，这些要求往往难于同时实现，但至少应该统筹平衡。进而，我们还要认识到，税收固然具有发展性，但在现代市场经济条件下，其公共性往往是首要的，而作为现阶段我国发展财政主要表现形式的非税收入，较之于公共性，其发展性特征则往往体现地更为明显。基于此，我们要做出的应是有效“规范”而不是简单地“取消”非税收入，应妥善地确定税收与非税收入的比例，根据需要与可能来规范政府参与分配的秩序。

其四，我国发展进程中的中央地方财政关系决定了一定形式非税收入存在有其必然。发展财政理念的一个重要启示是对“各级政府财力紧运行”的判断。这一启示涉及的是发展财政的内部关系，主要体现为中央与地方在财力与事权上的匹配。实践表明，中央与地方存在着对各种财力资源的追逐与博弈，存在着在这种紧张状态下地方政府对包括土地出让金等发展财政收入形式的不断探索，各地对于发展的强烈诉求往往成为非税收入大量增长的重要动因。显然，从中央到地方这种对于发展经济的迫切需要与内在动力，这种对发展财政形式持之以恒的探索，事实上必然构成财力“紧运行”的状态，这些都需要我们从发展财政的视角来看待，要允许地方在维护国家宏观大局的前提下考虑一定的非税收入形式。没有土地出让，还可以其他经营城市的办法。地方非税收入的存在与发展，从根本上说，源于在改革开放进程中从中央到地方立足发展、加快发展时对于财政资金需求的迫切性，源于相对于发展需要而存在中央地方财政收入分配关系上的不平衡性。既然非税收入的形成主要源于发展的需要，则还必须且更应该从发展财政的角度来理解。总体上看，地方政府在税收拥有量有限的情况下，其可支配的税收往往既不足以满足地方公共财政的需要，更难以满足地方发展经济的需求。

其五，发展财政运用的一些特别要求同样决定了非税收入的范围必须有所控制，使用也必须有所限制，包括对其加强预算管理。既然从动态的角度上看，发展财政在完成其独特作用后将要职能削减并最终消亡，则作为发展财政重要表现形式的许多非税收入的运用范围就不应是无限制的，应有选择地运用，同时尽量减少其可能产生的对市场经济配置资源的冲击，并在有效完成职能后逐步淡出。换言之，发展财政运用是有其疆界的，这就要求非税形式的应用要有所限制，必须同时有利于市场机制配置资源的功能发挥与政府特定政策目标的实现。

（三）土地出让金与房产税：一种解读

站在2001年的时点上，关于我国现阶段税与非税之争的重要范例之一就是土地出让金（非税）与房产税（税收）的选择问题。应该说，两者本来没有互为替代的关系，土地按市场经济规律出让，在可持续的条件下成为政府的财政收入无可非议，而房产税作为一种财产税，世界各国都普遍征收，运用本是题中之义。但在我国目前特定的宏观背景与发展阶段中，特别是在抑制过高房价的调控进程中，在对前述地方财政账中两个部分的不同解读中，两者却事实上地连在了一起。虽然中央对规范土地出让金与推进房产税改革的分别要求是清晰的，但许多学者与媒体却认为，应用房产税去代替土地出让金并成为地方税系的主体税种。对这一问题，如果我们从公共财政与发展财政统一的理念去重新加以审视，应可以得到一些启示，从而更好地理解与执行中央的改革意图。

总体上看，选择土地出让金或房产税作为地方财政收入的组成部分，应该统筹考虑各种因素，经济行为主体能够负担的税费总量是不变的，就同任何税与非税形式一样，土地出让金与房产税两者没有绝对的优劣之分。我们要在中国特色社会主义财政体系建立的进程中去理解两者的特征，要在公共财税与发展财税的关系中去把握两者应用的范围，要在坚持中央地方财力事权优化匹配的方向中去把握两者的改革方向，要在新的条件下探讨土地出让金与房产税组合的新比例。

必须看到，土地出让金在我国近年来发展实践中起到了重要作用。许多地方的实践表明，地方一般预算在发展需要压力下通常处于或接近赤字状态，而地方政府获取的以土地出让金为代表的非税收入往往不仅平衡了预算赤字，还能为城市化与工业化进程、为各种重大投资项目提供了财力保证。换言之，土地出让金已成为发展财政在支持地方经济发展中的重要表现形式，成为地方政府在公共财政与发展财政中寻求平衡的有力工具。可以认为，以土地出让收益补贴工业化，以土地出让收益形成有利于发展后劲的基础设施，或用一次性的土地出让收益创造出未来更多地以税收为主的经常性预算收入，土地出让金在这些方面都充当了地方经济发展的先行资本作用。笔者据此认为，对土地出让金的认识至少应该包括三个方面：其一，这是现阶段中央地方财政分权关系的产物；其二，这是作为符合市场经济规律的一种地方财政收入形式；其三，这已经是地方实现其发展目标的重要财源。现行财政分税体制必然造成土地出让金在地方财政结构中比重的上升，而市场经济下的土地招、拍、挂，在符合规则的条件下将土地卖的好价钱是无可非议的正常现象，而作为地方搞建设、谋发展的主要财源，土地出让当然是越多越好。“土地财政”究竟是什么？至少有两层含义：一方面，它指的是一种来源于土地要素的收入形式。作为一种稀缺资源，它和劳动、资本等生产要素一样，同样可以成为是国家征收的税、费或租的对象，从这个意义上看，土地财政没有问题，这种收入同样应该从效率、公平、简便、可接受、可持续的角度来把握。另一方面，它指的则是地方财政收入全部或相当部分长期地依赖于土地这样一种财政模式，基于土地的稀缺与不可再生性以及地方利益的冲动，这种财政的不可持续性显而易见，近期理论界与新闻界对“土地财政现象”的披露与批评的主要是针对这后一方面，当然必须引起高度重视与研究解决。

那么，在新的历史条件下，如何才能有效“规范”土地出让金这种特定的非税形式呢？从发展财税的角度看问题，以下七个方面值得关注：一是要强调科学征收、可持续征收，土地有限，耕地要保，则应从土地的供给角度把关，既尊重经济规律，又在特定的历史阶段中辅之于必要的行政干预，来控制地方财政过于依赖土地出让金的现状，同时实现宏观调控目标，这是一种供给管理。二是要求地方政府坚持科学发展观，倡导可持续发展，社会先行资本的提供也需要可持续，基础设施建设也必须量力而行，要妥善地处理发展与民生、短期与长期的关系，这是一种源头管理。2011 年中央对保障性住房建设的强调就是这种思路的体现。在近年来铁路、公路与机场等基础设施已经大量上马后的今天，各级财力应该用来弥补近年来相对较缺乏的各类保障性住房建设。三是土地出让金的使用都要纳入预算，从 2010 年开始的政府性基金预算与各级人大对其的法律监督，都表明着这一趋势，这是法律管理。四是在特定的历史阶段中，要将土地出让金的收支协调起来考虑，例如近年来中央要求地方将土地出让金的特定比例用于保障性住房建设与农田水利建设等等，就是一种使用管理。五是从长远看，要从规范与完善中央与地方财力与事权匹配角度、从建立与健全地方税系的角度来看待土地出让金的改革方向，这是一种匹配管理。六是要设法减少居民购房的消费需求，通过调整消费需求来减少对用于建房（特别是高档商业住房）之土地需求，这是一种需求管理。七是在任何条件下，对土地出让金等非税收入都始终要坚持宏观管理，要符合宏观调控的要求。笔者多次指出，从一定意义上说，发展财政理念为我国较长期地使用积极财政政策提供了理论支持，这里讲的“较长期地使用”，既包括在经济形势趋好时，地方政府动用各种非税收入来扩大支出、来实施地方性的积极财政政策，也包括在经济出现困难时，国家为了应对挑战而在全国实施的积极财政政策。这次应对国际金融危机已过，但未来不确定因素甚多，财政政策的适时调整随时可能发生。历史经验告诉我们，当全国经济趋好进而可能最终发展为过热时，中央往往实施宏观调控，土地出让收益等地方非税收入在这时的使用要能与宏观紧缩政策保持一致；而另一方面，地方在谋求发展时要始终有所节制，要准备可能出现的扩张性宏观政策在未来的再次运用，做好地方财政在资金配套方面的准备。

可以认为，只要加强这些管理与调控，土地出让金这种非税形式仍然有其生命力，在可持续地供应土地的前提下，土地仍然应该“卖”的好价钱，土地租金在相当的历史阶段中，在风险可控的发展金融的支持下，仍然是我国城市发展、城乡一体化、工业化与城镇化，以及各种必要基础设施建设的重要来源，仍然可以是地方可持续财政收入结构中的组成部分。我们要坚持辩证唯物主义与历史唯物主义的观点，对于土地出让金与土地财政，既要认同其合理性，又要坚持规范、适度与可持续的原则，但决不能将其一棍子打死。同时，公共财政与发展财政的关系告诉我们，应该在税与非税优化协调的统筹中考虑每一项改革，土地财政的规范过程不仅仅是非税形式自身的调整，同时还应放在税与非税关系的协调中加以考虑。从这个意义上说，当前正在推进的房产税改革正是这一进程的必然结果。

刚刚通过的国家“十二五”规划明确提出要“研究推进房产税改革”。笔者理解，这一要求至少包含着三层含义：一是房产税有必要开征；二是这一开征要有试点并逐步推开；三是对房产税的职能要有一个全面的认识。

就房产税开征的必要性而言，主要体现为三个方面：一是调节分配；二是引导消费；三是有利于地方税系的建立。就第一点而言，在居民可支配收入提高与对住房需求增加的条件下，运用各国通用的财产税形式来实现政府目标，房产税的出台是必然的。而就第二与第三点而言，则同土地出让金的改革密切相关。例如，中央当前决策的目标，就是要引导住房消费的合理性，就是为了节约土地，使土地供应能够可持续，就是为了继续探索中央地方可持续财政关系的新形式。简言之，这种改革实际上就是在探索新条件下我国税收与非税组合的一种特殊表现形式，就是对新历史条件下我国财政收入可持续实现形式的一种探寻。

就房产税改革推进的路径而言，这同样是税与非税形式组合要考虑的问题。试点就是要寻求一个各方利益都可接受与理解的格局。从目前上海与重庆的试点来看，该税有指定用途，主要用于地方保障性住房建设。而从长远看，将来房产税的收支是否挂钩，也要在试点中加以摸索。和其他税种一样，在发展中阶段的我国，税收收入的使用既要体现公共性，还要体现发展性，因此，如果未来房产税最终要成为地方主体税种，则该税是否应该收支指定挂钩还要在统筹考虑。

就房产税的职能而言，应从长短期的结合看全面考虑。短期来说，该税虽然无法独自承担降低房价的众任，但仍然可以发挥一定的作用。“先试点、后铺开”的做法，本身就能对经济行为主体产生必要的纳税预期，有助于遏制过高的房价。而从长期看，应该很好地考虑其作为地方潜在主体税种的可行性。该税目前主要是调控与分配职能的结合，辅之于收入职能，而只有当该税的收入职能在未来提升到相当水平后，才可能成为地方的主体税种，也才能谈得上在全国范围内建立一个直接税、间接税与财产税相配套的税收体系。这些任务的实现任重道远。而在这进程中，公共财政与发展财政的辩证统一、民生与发展的辩证统一、短期与长期的辩证统一，必须始终给予高度关注。可以预见，在一定历史阶段中，土地出让金与房产税的长期共存仍是一种常态。而在经济全球化的今天，在国际金融危机根源没有根本消除、国际经济不确定性依然存在的今天，国家宏观财政政策随时都可能做与时俱进的改变，我们讨论中的这一特殊税与非税组合的表现形式也将必然不断地做出新的调整。

综上，在国家财政的基础上，用公共财政与发展财政的观点去看待土地出让金与房产税改革，我们就能得到一个较为全面辩证的认识，就能更好地理解与贯彻中央的一系列宏观调控部署，就能更好地从这一特定税收与非税关系来理解中央对“强化税收、规范收费”的改革要求，就能更好地坚持实事求是与积极改革的结合，更好更快地形成中国特色社会主义市场经济下的财政收入结构，更好地促进我国财政收入来源的可持续发展。

四、财政支出的可持续：初级阶段公共产品的可持续提供

改革开放30年来，随着我国经济财政实力的不断加强，财政收支规模不断扩大，支出结构进一步优化，财政支出中越来越大的份额投向了民生，提供了越来越多的公共产品，取得了令人民满意、令世界赞叹的成就。以刚刚过去的“十一五”时期为例，全国公共财政总收入达到30.3万亿元，年均增长21.3%，全国公共财政总支出31.9万亿元，年均增长21.4%。国家财政用于民生方面的投入大幅增加，城乡免费义务教育全面实现，城乡居民基本医疗保障水平显著提高，覆盖城乡的社会保障制度框架基本形成，公共文化服务体系建设明显加快。“十一五”时期，我国公共财政用于教育的支出为4.45万亿元、医疗卫生支出为1.49万亿元、社会保障与就业支出为

3.33万亿元、文化支出为0.56万亿元，用于“三农”的支出也达近3万亿元。而2011年中央财政支出中有2/3与民生相关①。笔者认为，上述这些成就的取得，首先是我们很好地把握了社会主义市场经济下财政的基本特征，充分发挥了财政的基本职能。多年来，我们强调的就是两句话的统一：一是构建稳固、平衡与强大的国家财政；二是构建一个与市场经济条件体制相适应的公共财政框架。这两句话的实践就构成了一个有机的整体，就是在把握国家财政与公共财政关系的前提下，努力提供更多更好的公共产品与服务。进而，我们还应该看到，这些成就的取得是在发展中国家的国情条件下实现的，“十二五”规划明确强调的对我国国情的两个基本判断是“我国仍处于并将长期处于社会主义初级阶段，发展仍市解决我国所有问题的关键”，因此，在讨论初级阶段公共产品提供时，当我们坚持国家财政与公共财政统一理念的同时，还要将国情制约的因素与发展财政的基本理念考虑在内。简言之，讨论我国初级阶段公共产品的可持续提供问题时，从国家财政、公共财政与发展财政三者结合的角度来加以分析，是正确与可行的。

（一）公共产品的可持续提供：基于三者结合的分析

在坚持国家财政的前提下，可持续发展与公共财政的结合同样有两个方面：一个方面是研究公共财政如何促进经济社会的可持续发展；另一个方面是研究公共财政自身发展如何实现可持续，而这两者都主要体现在公共产品的可持续提供上。给定财政收入的可持续提供，结合前面论及的公共财政“三个同心圆”定位，可持续公共财政的“使用”方面也自然可以表述为“三个同心圆”。一是其核心应该是公共产品的可持续提供，即公共财政一方面以提供公共产品的形式支持可持续发展；另一方面又要实现公共产品的可持续提供。二是居中的应是可持续地提供可持续发展的外部环境。三是最外围的应是可持续地促进国有资产等特殊部门的可持续发展。必须说明的是，从广义上来讲，“三个同心圆”的居中的提供可持续发展的外部环境和外围的实现国有资产等的可持续发展，实际上也是一种公共产品的提供，这是因为在市场经济条件下，实现可持续发展战略中依靠财政来保障的部分其本身就是一种公共产品，它同样满足公共产品非排他性和非竞争性的特征。比如说可持续发展导向下环境问题的外部性内部，用财政对于能产生环境正外部性市场主体的补贴和对产生环境负外部性市场主体的税收，其最终目的

① 财政部：《关于2010年中央和地方预算执行情况与2011年中央和地方预算草案的报告》，2011年3月5日。

仍然是为了提供可持续发展的环境，这属于公共产品的范畴；又比如说可持续导向下调节收入和财富的分配，用税收政策向高收入群体征税再通过转移支付的形式对低收入群体进行直接或者间接补贴，其最终目的是为了社会的和谐和实现社会的可持续发展，这同样属于公共产品的范畴；再比如说国有资产的可持续发展，在市场经济条件下，财政一般不投资于竞争性行业，但是对于关系国计民生的重点行业和重大企业政府仍然以资产所有者的身份参与管理并进行监督，对于这些国有资产的可持续发展问题，财政要做的不是干涉其按照市场规律运作，而是提供促进其可持续发展的外部条件，这仍然回到了公共产品的范畴。基于这样一种认识，对可持续公共财政的研究，重点要研究的仍然是其核心，即对公共产品可持续提供的研究。

在现代市场经济条件下，提供各种公共产品与服务，是采用市场经济作为主要资源配置方式的各国政府所必须履行的重要职责，而如何做到这种公共产品的可持续提供则始终是政府必须着力解决的问题。无论从国际经验还是从国内现实来看，我们都必须充分认识公共产品可持续提供问题上应认真解决的两个方面：即一边是可持续发展要求下公共产品“要提供”的艰难任务（例如，可持续发展往往要求生态环境的可持续发展、经济的可持续发展和社会的可持续发展，而这三方面的实现，都有赖于公共产品的提供）；一边是可持续性要求下公共产品“紧提供”的现实困境（这里既体现为一般意义上社会对公共产品的刚性需求，更体现在作为发展中国家的我国，公共产品的提供所面临着经济发展水平的制约），因此，我们要做的就是努力在“要提供”与“紧提供”之间保持适当的平衡与抉择。笔者认为，从本文倡导的国家财政、公共财政与发展财政结合的基点出发，从在发展中国家实现公共财政要充分考虑基本国情的基点出发，应该坚持公共产品可持续提供的辩证观，要努力探寻找公共产品可持续提供的基本原则。

（二）公共产品可持续提供的辩证观

笔者（邓力平，2007）曾经提出公共产品可持续提供的辩证观，即在中国特色社会主义的建设中，我们应该时刻牢记与认真把握现阶段中国的基本国情，既要在大力发展经济的前提下努力可持续地提供更多更好的公共产品，又要充分认识现阶段公共产品提供的紧张性与艰巨性，在“紧运行”的条件下实现可持续。

之所以提出公共产品可持续提供的辩证观，首先缘于笔者对胡锦涛总书记2007年在中央党校省部级干部进修班上所作“6.25”讲话的学习与思考，缘于对落实科学发展观与构建社会主义和谐社会基本要求的理解，也是基于对我国改革开放发展道路与市场经济下公共财政建设的认识。胡总书记讲话中有两部分论述是必须特别深刻领会的。一是与加强公共财政建设、服务和谐社会构建密切相关的。胡总书记明确指出，我们“要深化财税、金融、计划体制改革，形成有利于科学发展的宏观调控体系”，“要以解决人民最关心、最直接、最现实的利益问题为重点，使经济发展成果更多体现到改善民生上，尤其要注重优先发展教育，实施扩大就业的发展战略，深化收入分配体制改革，基本建立涵盖城乡居民的社会保障体系，建立基本医疗卫生制度，提高健康水平，完善社会管理，维护社会安定团结。”胡总书记讲话既有包括财政调控职能在内的公共财政体系建立问题，又重点列举了一系列构建和谐社会必须努力去完成的任务。而这些任务的完成，涉及到公共财政体制的建立，涉及到公共财政阳光的照耀，涉及到各类公共产品主要是基本公共产品的提供。二是对我国现阶段基本国情的认识问题。胡总书记明确要求我们，“必须牢记社会主义初级阶段基本国情，认清全面建设小康社会、实现我国基本现代化、巩固和发展社会主义制度的重要性、长期性、艰巨性，增强聚精会神搞建设、一心一意谋发展的坚定性，提高想问题、办事情决不可脱离实际的自觉性，清醒而又顽强地为实现党的历史使命而扎实奋斗、不懈奋斗。”胡总书记这一论述具有很强的针对性，核心在于强调了我国仍处于“社会主义初级阶段”这一基本国情，告诫我们对此要时刻“牢记”，办任何事情要“提高”自觉性。将这两段话联系起来看，笔者的体会是，我们要在把握现阶段我国基本国情的前提下，踏踏实实地加快公共财政体系建立的步伐，一切从实际出发，既努力加强对公共产品的提供，又认清现阶段影响公共产品充分提供的各种制约因素，为在2020年前实现全面建设小康社会的奋斗目标而不懈努力。

从这一基点出发可以认为，一方面，改革开放30余年来，我国已经逐步走出了一条中国特色社会主义的道路，市场经济体制已经基本建立，经济社会都得到了前所未有的发展；另一方面，我国仍然是一个发展中国家，仍然处在社会主义初级阶段中，国家的经济实力与广大人民群众不断增长的需求之间仍将存在相当的矛盾。一方面，公共财政的阳光正在越来越多地惠及广大人民群众，公共产品的提供正在不断加强；另一方面，广大人民群众对公共产品的要求仍在不断增加，而根据现有的国力与财力，要充分地、全面地、可持续地满足这些要求仍然是一个长期而艰巨的任务。一句话，我国现阶段财政面临的重大挑战仍然是不断照耀的公共财政阳光与广大群众对公共产品不断增加的需求之间的矛盾，是国家财力与公共产品提供的矛盾。这一矛盾是长期存在的，是由我国基本国情决定的，这不会因为某一段时期内我国财政收入的大幅度增加而从根本上得到改变。因此，我们现在要做的就是，如何在新的历史时期与我国的基本国情中，努力实现中国特色社会主义公共财政的可持续发展，继续支持改革开放，努力使国家财力越来越强大，公共财政阳光越来越灿烂。

在这个基本认识的基础上，笔者当时提出了“一个认识”和“三个提供”。

所谓“一个认识”，讲的就是现阶段公共产品“要提供”与“有困难”之间的关系。强调“要提供”，讲的主要是国家财政与公共财政的关系，认识“有困难”，讲的则主要是发展财政与公共财政的关系，而将“要提供”与“有困难”结合起来看，讲的就是在发展中国家具体国情与社会主义初级阶段中，要努力坚持国家财政、公共财政与发展财政这三者的统一。

“要提供”讨论的就是中国特色社会主义市场经济下政府的定位，就是政府与市场的关系，就是政府提供公共产品的责任。简言之，强调的就是国家财政与公共财政的关系。之所以在这里继续强调这样一种统一观，主要是要说明，公共财政要发展，公共产品与服务要提供，公共产品与服务提供要能够可持续，最终目标是为最广大人民群众的根本利益服务，而提供公共产品与服务的主体仍然是国家，提供的责任仍然在政府身上，公共财政阳光的照耀及其力度靠的仍然是政府，国家必须坚定不移地创造条件加大公共产品提供的力度与范围。进而，我们还应该努力探寻现阶段对国家财政与公共财政统一新形式的认识，这是我们研究公共产品提供的体制与时代背景，是我们把握政府在提供公共产品中发挥作用的重要前提。具体说来，在现阶段基本国情与社会主义初级阶段中，这种国家财政与公共财政的结合形式至少应该符合三个方面的要求：一是全面、协调、以人为本的科学发展观的要求；二是广大人民群众对公共产品提供不断增加的要求；三是在开放经济下对国家提供公共产品新形式的认识。

“有困难”强调的则是，市场经济条件下的公共财政当然是越强越好，财政用于提供公共产品的资金当然是越多越好，公共产品的提供当然也是越多越好，但关键是要对现阶段与基本国情下影响这种提供的制约因素有一个清醒的认识，要对可持续公共产品提供的长期性与艰巨性有一个清醒的认识，而这种认识的基点就是对在发展中国家实现市场经济与公共财政时对基本国情的把握，也就是对公共财政与发展财政关系的把握。

发展财政的重要启示之一就是“公共产品提供的紧运行”理念。该理念强调的是，在发展中国家一定的发展阶段上，给定经济蛋糕与财政蛋糕，用于发展财政的份额大了，可用于公共财政的份额就小了；在一定量的财政资金中，用于解决“发展构成要素”的份额大了，可用于提供公共产品的份额就小了。在发展中国家漫长的经济发展阶段中，也包括在发展中国家经济起飞、迅速发展的特定阶段中，这种矛盾都将是长期存在的。从一定意义说，发展财政是公共财政在发展中国家实现过程中的重要制约因素，这就是我们强调公共产品在现阶段提供“有困难”的要义所在。发展中国家的政府，必须始终努力解决发展财政与公共财政的辩证关系，必须发挥国家财政的巨大能动性，在把握好国家财政、公共财政与发展财政这三者关系的基础上，努力解决好公共产品“要提供”与“有困难”的对立统一。中国作为一个发展中的社会主义大国，同样面临着这样一种局面。从社会主义初级阶段的基本国情出发，从中国仍是一个发展中国家的现实出发，我们必须在相当长历史阶段中正确处理好财政支持经济发展与财政提供公共产品之间的关系问题。

而从上述基本认识出发，在社会主义初级阶段，我们要能不断可持续地提供公共产品，就必须始终致力于“三个提供”的有机结合，即“积极提供”、“紧张提供”与“合理提供”的结合。

所谓“积极提供”，首先强调的是从公共财政的基本要求出发，政府应该积极地为社会大众提供更多更好的公共产品，这是不言而喻的。进而我们要特别强调的是，市场经济作为一种资源配方式，其在当今世界的现实中有着各种不同的实现形式，与此相对应，现实中的公共财政也必然有着各种不同的实现形式。我们的公共财政是中国特色社会主义市场经济下的公共财政，这种公共财政既包括公共财政的一般特点，还有着其独特优越的制度特点，而这种特点应该而且必须有利于政府更积极地提供更多的公共产品。具体说来，我们的公共财政至少具有两个优越的制度特点：一是公有制基础上公共财政涵盖的范围要比私有制基础上的公共财政更广，换言之，从为最广大人民群众的根本利益服务出发，社会主义国家的政府应该力图能够提供更多的公共产品，应该提供更好的社会保障服务，应该在公共财政与国有资本财政建设的统一中创造出更多的财政资金来提供公共产品，一句话，公共财政的阳光应该更灿烂。二是社会主义公共财政依托的是更民主、更先进的公共选择制度。任何公共财政都是依托一定的公共选择制度的，我们的公共选择制度是“党的领导、人民当家做主和依法治国的统一”，应该而且必须为提供更多更好的公共产品提供先进的制度保证。

所谓“紧张提供”，强调的是发展中国家的特点，基点就是前述发展财政与公共财政的统一。既然社会主义初级阶段是一个长期的过程，既然对于发展财政与公共财政的统筹协调是财政工作必须着力解决的重要问题。我们就必须坚持现阶段公共产品“紧张提供”的观点，必须充分认识“紧运行”或“紧提供”是一种客观存在，是一种现实，是一种约束，这是我们理解中国特色公共财政发展的重要前提，对此应该随时保持一个清醒的头脑。

所谓“合理提供”，强调的是纳税人合理预期与政府积极提供的统一。一方面，政府要努力发展经济，创造条件积极提供更多更好的公共产品；而另一方面，我们广大群众、广大纳税人要对中国仍将长期处在社会主义初级阶段、仍然是一个发展中国家的现实有一个清醒的认识，对公共产品提供的可行性有一个合理的预期。经济学原理告诉我们，一个政策是否有效，民众的预期是很重要的。因此，政府要努力引导广大纳税人有一个正确的预期，经济理论学界与广大媒体同样也有这样一个责任。

（三）公共产品可持续提供的六点原则

具体说来，要做到公共产品的可持续提供，应该始终注重以下六条原则。

其一，公共产品不仅要提供而且要增量提供，要让人民群众分享改革发展的成果，这是公共产品可持续提供的目的论。与传统的发展模式关注的是“物”的增长，认为“物”是评价发展的尺度不同，可持续发展的最终目标是人的发展，是一种以人为本的发展，因此对于符合可持续发展要求的公共产品我们不仅要提供而且必须要随着两个蛋糕的增加体现增量。近十几年来，我国国民经济高速稳定增长，财政收入连年显著增加，在经济蛋糕和财政蛋糕越做越大的同时，人民群众对公共产品的需求尤其是对于符合可持续发展要求的公共产品的需求也在逐年提高，从“两个蛋糕”的增长情况与趋势来看，政府有能力也必须增加对公共产品的提供，“发展为了人民”，这也是公共产品可持续提供的基本出发点。

其二，公共产品的提供必须要有可持续财力作保障，而可持续财力的提供必须依赖于经济社会的可持续发展，这是公共产品可持续提供的财力论。我们讲的“做大蛋糕”，始终是“两个蛋糕”的理念，应是先有经济蛋糕，而后才有财政蛋糕。只有经济发展了，经济蛋糕做大了，用于提供公共产品的财力才有保障。因此，在努力提供公共产品的同时，我们也不能涸泽而渔，仍然要坚持以经济建设为中心，特别要重视财政“社会先行资本”的作用，实现经济的可持续发展。

其三，公共产品的提供必须坚持“广覆盖”和“可持续”的结合，我们是在“广覆盖”的前提下讨论“可持续”的，这是公共产品可持续提供的能力论。近年来，中央领导充分肯定的、财政部明确提出的公共产品提供之“广覆盖、保基本、多层次、可持续”的“十六字”方针就是这种理念的体现，必须加以理解与贯彻落实。我们讲“广覆盖”，主要强调两点，“广”作为副词来修饰“覆盖”这个动词，讲的是政府应该尽可能广地去

"覆盖"各种公共产品提供的领域；而"广"作为形容词来修饰"覆盖"这个名词，讲的则是在发展中国家国情的现阶段，政府还无法很快地、高质量地、全面完全地提供所有的公共产品，只能实现的是尽可能广的公共产品"覆盖"，或者说实现的是一种逐步的、在较低水平的全覆盖。而既然是"广覆盖"，则必然只是"保基本"，这里讲的基本就是由我国初级阶段国情发展所制约的"基本"，只能是强调公共产品提供的层次性，只能对基本与非基本的公共产品加以区分，按照轻重缓急，讲究循序渐进。只有在"广覆盖、保基本、多层次"这种现实性统一的前提下，我们才能谈"可持续"，才能实现"可持续"。"十六字"提供方针的提法顺序，也清晰地体现了这种能力论的要求。

其四，公共产品的可持续提供必须要制度化，要形成公共产品可持续提供的长效机制，这是公共产品可持续提供的体制论。由于现阶段公共产品的充分提供还存在很多约束条件，而公共产品提供往往都带有很强的刚性趋向，今年提供了以后每年都要提供，这也就决定了我们在提供新增公共产品时不仅要量力而行，而且还要引导人民群众的合理预期，要长期规划，逐步实现。笔者在福建的调研显示，该省在城乡基本公共产品的提供上已经形成了"集中财力办大事；办一事，成一事；形成制度，重在持续"等一系列经验，体现了对公共产品可持续提供理念的领悟，体现了对可持续公共财政体制建设上的注重，对我们是很有启示的。

其五，公共产品的可持续提供必须倡导多元化投入的理念，这是公共产品可持续提供的多元论。公共部门经济学原理强调，从原则上说，私人部门提供私人产品，公共部门提供公共产品，但在理论与实践中，都仍然存在"交叉提供"的情况。必须强调的是，在我国社会主义初级阶段中，在公共部门提供公共产品仍然存在"紧约束"的条件下，更应该提倡公共产品的多层次提供，财政要积极引导并形成多元化的投入机制，这是在发展中国家实现公共产品可持续提供的一个重要补充条件。

其六，公共产品的提供必须要努力做到"量"与"质"的统一，这是公共产品可持续提供的质量论。我们要努力实现公共产品提供的"质优量多"。任何产品，都是质与量的统一，私人产品是这样，公共产品也不例外。改革开放初期，我们从计划经济短缺条件下走出来，首先关注的是私人产品的量，而后是私人产品质与量的结合，先有量，再到质；而在私人产品已经较为丰富、质与量统一已有长足进展的今天，我们首先重点谈的是公共产品的量，谈的是要不断增加公共财政阳光之照耀，但从可持续的角度看问题，我们现在还必须关注公共产品的质，尤其是关注其在可持续发展中的作用和效果，注重公共产品质与量的统一。

（四）对新历史条件下公共产品可持续提供的再认识

以上归纳的主要是笔者在“十一五”时期初对我国初级阶段公共产品可持续提供问题的基本看法。时光飞逝，我们已经站在了“十二五”时期的新起点上。经过过去5年的发展，我国的国家经济实力已经大大增强，我国在经济总量上已经超越日本成为世界第二大经济体，财政收入规模也在迅速扩大。在这一新的历史条件下，对于进一步改善民生，对于进一步更多更好地提供公共产品，使之再上台阶，使之可持续，中央已经有了明确的指示，国家“十二五”规划也已经做了科学的规划与部署。笔者的体会是，我们仍然必须从中央提出的“两个基本判断”出发，继续坚持初级阶段公共产品可持续提供的辩证观。一方面，我们要继续把改善民生作为经济发展的出发点与主要目的，坚持把改善民生作为正确处理改革发展稳定关系的结合点，财政要努力为保障与改善民生服务，要建立与健全基本公共服务体系，提升公共服务水平，努力使发展成果惠及全体人民。但另一方面，我们仍然要始终从初级阶段的基本国情出发，正确处理好短期与长期、发展与民生的关系，仍然要对新历史条件下公共产品提供的“紧运行”现状有一个清醒的认识。正如中央领导同志所指出的，现在我国虽然已是世界第二大经济体，但人均国内生产总值同第一和第三大经济体美国、日本相比都有十几倍的差距，所以改善民生也不能脱离初级阶段的实际。改善民生，要注意尽力而为、量力而行，循序渐进，持之于恒。不要开空头支票，也不要把群众胃口调得过高，否则，一旦兑现不了，就会失信于民。笔者认为，我们必须认真学习与领会中央领导的讲话精神，在公共产品提供问题上继续保持清醒的头脑，才能更好地实现我国公共产品的可持续提供。一方面，坚持发展是第一要务，坚持科学发展，加快转变，努力实现经济长期平稳较快发展，为群众提供更多更好的公共产品；另一方面，努力倡导与实事求是地实现公共产品的可持续提供。

五、财政政策运用的可持续性：发展财政与国际财政的启示

在现代市场经济条件下，各国政府运用财政政策来调控经济、应对挑战已经成为常态，在2009年开始的应对国际金融危机挑战中，各国对财政刺

激政策的广泛应用更体现了这一点。就我国而言，自1998年在东南亚金融危机出现后实施的积极财政政策到这次应对国际金融危机而再次实施的积极财政政策，财政政策已经在我国宏观调控中发挥着越来越大的作用，因此，对于这种由财政收支活动主动变化而体现的宏观政策运用的关注，特别是对其稳定性、有效性和可持续性的关注，已经越来越体现出其重要性与必要性。

如前所述，理论界已从不同角度来讨论（包括量化分析）我国财政政策的可持续性问题。运用“四位一体”的分析框架，能对我国财政政策使用的可持续研究提供什么新的启示呢？关于国家财政与公共财政统一的角度看待财政政策的可持续问题，笔者及其课题组已有论述（邓力平等，2009a；胡巍，2010），在这里主要从发展财政与国际财政的角度讨论财政政策的可持续运用问题。

（一）财政政策的可持续性：可持续发展财政观的分析

总体上看，我们对发展财政理念的强调，对发展财政实践的探索，就是为了更好地发挥财政在我国经济社会发展中的作用。2010年，在成功有效地应对国际金融危机1年后，温家宝总理在《政府工作报告》中总结了应对挑战发展经济的五条经验（即市场机制与宏观调控的结合，短期与长期的结合，国内与国际的结合，发展与民生的结合，中央与地方的结合），这也是多年来我国在现代市场经济下谋求发展的重要体会。用本文论及的发展财政理念来理解，可以看出，就国内而言，发展财政要把握的，在很大程度上就是市场机制与宏观调控的关系，就是短期与长期的关系，就是发展与民生的关系，就是中央与地方的关系。在运用发展财政理念来理解财政政策的可持续问题，笔者认为应把握以下几个方面。

1. 明确发展中国家较经常地使用积极财政政策是一种常态

积极（扩张性）财政政策之运用已经不是新鲜事。从20世纪30年代西方国家开始的相机抉择财政手段，到这次应对国际金融危机各国普遍实施的刺激性政策，这种措施已成为现代国家应对经济衰退的重要政策手段。发展财政理念特别关注的是，这种政策在发达国家运用与在发展中国家运用时的区别，发展中国家是否会更为频繁地运用这种政策，以及发展中国家运用这种政策时应该特别注意什么问题。作为仍处在并将长期处在社会主义初级阶段的我国来说，对于积极财政政策的可持续运用（包括有效使用与必要时的淡出），可以从发展财政的理念中得到必要的启示。

国内外的实践表明，较积极的（扩张性的）财政政策在发展中国家的运用是一种常态，这是因为在发达国家中，这种政策的运用在大多数条件下主要是一种相机抉择的措施运用，而在发展中国家中，特别是在经济起飞阶段，这种政策的运用往往同时伴随着社会先行资本的投入，伴随着基础设施等各种基础性平台与准公共产品的提供。换言之，在发达国家，基础设施的投入更多的时候是被当作一种公共产品提供，而在发展中国家，基础设施的投入、社会先行资本的运用却经常被同时作为一种保增长与促发展的重要手段，积极财政政策的运用往往被期望能够收到“一石二鸟”的效果。

在我国，从20世纪90年代末期应对东南亚金融危机而实施的积极财政政策，到宏观经济形势逐步平稳后积极财政政策在2005年的淡出与转行稳健财政政策，再到这次积极财政政策再次走到宏观调控的前台，这十多年来，我国积极财政政策经历了“开始——淡出——复出”三阶段，其中淡出的时间不足3年。总体上看，积极财政政策的运用相当频繁，淡出期间有缩短趋势，正是这种情况引起了财政学界对积极财政政策较频繁使用的关注。既然较积极的财政政策在发展中国家的较频繁运用是一种常态，对于我们这样一个发展中国家来说，用好积极财政政策就有特别重要的现实意义，应该特别注重对这种政策长期性、持续性、有效性与协调性的把握。

就积极财政政策的有效性而言，我们要充分认识到社会先行资本投入基础设施等领域可能存在的效率递减。从我国这两三年的实践来看，虽然政策的运用还有相当的空间，但必须看到，一些基础设施的边际使用效益同样存在着递减的趋势，社会先行资本的拉动效应也在不同程度上存在着放缓走向。这种现象应当引起重视，应该随时把握好当前GDP增长任务与长期资源有效运用的关系。

而在积极财政政策的协调性方面，这里特别要强调的是在积极财政政策运用中，中央与地方政策措施的配套问题。过去十多年我国财政政策的实践启示我们，在我国这样一个中央与地方财政分税制的发展中国家中，无论中央政府实施何种财政政策，地方政府实际上都在持续地实施着各种类型的“地方性积极财政政策”，即在中央实施积极财政政策时，地方政府积极性尤其高涨，会利用这一机会加快地方发展，“把握时机、趁势而上”；而在中央改行稳健财政政策与实施宏观紧缩调控的背景下，地方运用积极财政政策的惯性往往不减，各种地方性刺激措施往往仍在实质性运用，给中央宏观调控带来难度。而中央一旦再次启动积极财政政策（如2009年的情况），当中央要求地方在扩大内需计划中予以配套时，地方政府之配套往往最为缓慢，其原因就是地方政府在平常性地方性积极财政政策运用中已经竭尽全力，再行配套颇有难度。因此，从发展财政的角度看问题，我们要做的就是探讨中央与地方在财政政策运用上的协调问题，即对“财政常态、注重协调”这八个字的理解。就前者言，各级政府谋发展搞建设的积极性始终存在，在各级政府财力相对吃紧的现实中，地方政府运用土地财政、政府融资平台等在内的各种地方性积极财政手段必然应运而生，这已经成为我国财政发展中的常态。而就后者言，中央对地方政府财政行为的把握与协调至关重要，这是保证财政政策效果统一有效的关键，中央必须运用各种手段来加以协调，其中也包括对地方政绩考核体系的适度修正。简言之，发展财政理念启示我们，在我们比较经常地使用积极财政政策的条件下，要特别注意中央权威与地方积极的关系，努力寻求一个能够长期持续与有效的协调机制。

2. 探索现阶段我国发展财政的实现方法

发展财政是一个基于我国现阶段国情与发展经验而形成的财政理念，它源于实践，又应该能指导实践。从财政政策运用与宏观调控效果的角度看问题，财政政策运用的可持续性在很大程度上取决于地方对发展财政实践的探索与把握。

笔者近年来对各地发展财政的实践进行了一系列调研。从调研的情况看，各地多年来已经探寻出不少好方法，南方某市在项目建设所提出的“四大平衡”（就地平衡、紧张平衡、积极平衡和综合平衡）观念就是一个值得研究的案例。就地平衡，就是开发建设某一片区时必须努力实现其投入与产出的大体平衡；紧张平衡，就是对拟建项目的资金拼盘以及土地拍卖、银行贷款、建设工期等主要环节，坚持一环扣一环，通过紧张调度加以平衡；积极平衡，就是以积极进取的态度和精神，通过多渠道筹措建设资金来加快建设，创造项目完成所必要的条件，从而实现项目资金收支的平衡；综合平衡，就是要把项目的资金平衡与其他相关因素进行统筹考虑，综合运作以求整体平衡。

从发展财政的角度来理解，我们可以从“四大平衡”及各地其他发展财政的相似做法中提炼出一些发展财政实现方法的原则，从而能帮助确保宏观财政政策执行的有效性与可持续性。笔者认为，至少有五个方面值得注意：一是“发展”。发展财政的首要目标是发展，从各地的实践看，发展财政效果的好坏，首先取决于对财政资金使用上科学发展理念的把握。二是“平衡”。社会先行资本就是为了带动其他资本的运作，不论是财政资金的“四两拨千斤”还是在特定条件下的“四两就当四两用”，这里都有一个平衡问题，都有对风险的防范，都有对力所能及的强调。三是“约束”。在我国财力还不丰裕的情况下，政府要做的事情很多，始终面临“提高民生支出”和“促进经济发展”的权衡，因此，“约束”的思想要有，“精打细算”的精神不能丢，这也是发展财政在实现过程中必须注重的方面。四是“尽力”。要努力寻求各种实现发展与平衡的方法，同时寻求各种“多元”的形式。一方面发展是客观需要；另一方面是财力紧张，则单靠“全景投入式”的财政直接投资来搞建设显然不现实，也不可持续。因此，运用政府与市场主体两种资源的力量，不失为一种现实的选择。五是“绩效”。在现代市场经济条件下，绩效是发展财政需要考虑的重要因素。在运用发展财政上项目、搞建设的过程中，既不能盲目建设，也不能重复建设，而是要与经济发展水平和发展需要相协调。盲目建设和重复建设在短期内虽然能够拉动 GDP 增长，但从绩效的角度来考虑都是一种资源的浪费，这些在发展财政实现过程中需要避免。

3. 把握现阶段我国发展财政的边界问题

任何财政政策的持续有效运用，在很大程度上同样取决于各种经济行为主体的回应程度。从发展财政的基本理念出发，这里主要有四个方面要注意：即范围的把握、效率的考虑、对社会因素的关注与公众的预期。一是对范围的把握。发展财政所涉及的范围，既有公共产品，也有基础设施等准公共产品，还有部分私人产品，这就需要我们在运用发展财政时有较好的把握。一方面，财政支出之先行资本要严格用于基础设施等公共与准公共产品；另一方面，对于私人部门本来应该做但因种种原因而由财政资金先牵头的领域，财政资金要做到“牵头而不恋位、先行而不独行”，在完成好先行作用并形成“滚动发展”效应后，应该及时退出。二是对“挤出效应”的关注。发展财政讲的是政府将财政支出用于基础设施等社会先行成本上，一般认为政府投资对私人投资往往有挤出效应，但发展财政力争带来的是其对私人投资的“挤进”效应，即社会先行资本所产生的引致投资效应。为此，找准发展财政的边界、把握发展财政运用的度、最大限度地放大挤进效应而缩小挤出效应，这应是发展财政运用中需要思考的重要问题。三是注重发展财政的社会层面。由于发展财政充当的是社会先行资本的作用，就必然存在与各种“同行”资本的关系，实践表明，在发展财政的运用过程中，我们要特别注重与各种同行资本的协调，同时注意对各种寻租、扭曲乃至腐败问题的防范，这在经济转型与经济起飞阶段尤为重要。四是要特别注重对公众预期与认识的引导。与西方发达国家的发展历程不同，中国经历了一个由高度集中的计划经济向市场经济转轨的过程，由于历史的原因，社会公众中仍然存在对财政投资的惯性误解，即认为“由财政投资来干预经济、促进发展仍然是计划经济的产物，在市场经济条件下，政府应该逐步退出投资领域”。发展财政理念的提出与强调，能有利于让社会公众认识到“利用财政投资来提供社会先行资本”并非是计划经济的产物，它是财政在发展中国家实施市场经济条件下也能发挥作用，是发展中国家财政为了弥补资本不足、促进资本形成、实现赶超与发展所应有的一项职能。当前的首要任务，不是去质疑这种财政实现手段在市场经济条件下的合意性，而是应努力去探寻这种财政实现方式的有效性。

4. 研究发展财政与发展金融的有效配合

现阶段财政政策可持续性的主要方面之一是发展财政与发展金融的关系问题。简言之，我们既要认识两者有效结合的必要性，又要警惕发展财政与发展金融结合后可能带来的地方债务风险。近年来各地的实践表明，搞建设、谋发展是发展财政的主要表现形式，也是各级政府的共同诉求，我们前面已经反复提到过，处于社会主义初级阶段、发展中的我国，无论是出于“紧运行”的考虑，还是出于减少“挤出效应”的考虑，拓宽渠道、多元筹集发展财政的资金是必然选择。所谓多元筹资，其中既包括吸引国外资金直接投资、引导私人资本积极参与，更广泛的资金来源于各级地方政府依托其融资平台举债所融入的资金。随着地方政府投融资平台数量和融资规模呈飞速发展的趋势，人们开始质疑，由于地方政府投融资平台法人治理结构并不完善，责任主体不清晰，操作程序不规范，同时，地方政府往往借助多个融资平台公司从多家银行获取信贷资金，形成多头举债，由于信息不对称，银行对地方政府总体负债和担保承诺情况根本不清楚，甚至有些地方政府对自己的融资平台的负债情况都不清楚，一旦投融资平台项目投资收益不能覆盖成本，这些“隐性债务”就必然显性化，对地方政府的财政造成巨大压力，带来巨大的债务风险。我们要从发展财政的角度对此予以全面认识，这里强调的是发展财政与发展金融的协调。在中国现阶段高储蓄率的条件下，财政资金带动金融资本对发展的贡献，主要体现为地方性融资平台的出现。我们既要认识到地方性融资平台存在的必然性，又要认真防范金融风险，规范地方融资性平台的发展。为了降低金融风险，要高度重视地方政府融资平台的管理，警惕发展财政所带来的地方债务风险显然也是发展财政需要考虑的重要问题。在这一轮的积极财政政策实施过程中，中央显然已经多次关注到了这一点，例如，2010 年 5 月 26 日温家宝总理主持召开的国务院常务会议，就加强地方政府融资平台管理工作进行了专题部署，具体包括抓紧清理核实并妥善处理融资平台公司债务，分类清理规范地方政府已设立的融资平台公司，划清职能，规范运作，加强对其融资管理和银行业金融机构等的放贷管理，坚决制止地方政府违规担保承诺行为。在 2011 年的《政府工作报告》中，温家宝总理再次强调，要“对地方政府性债务进行全面审计，实施全口径监管，研究建立规范的地方政府举债融资机制”，这就为新条件下发展财政与发展金融的结合提出了新的努力方向。

（二）财政政策的可持续：可持续国际财政观的理解

所谓国际财政，实际上指的是“更加逐步关注国际问题的主权国家财政”，或者说是主权国家财政的涉外侧面。从国际财政的角度来理解我国财政政策的可持续运用，这里重点谈两个方面：一是对开放经济条件下主权国家财政政策运用基本特征的理解；二是在经济全球化条件对各国宏观财政政策国际协调的理解。

1. 开放经济下的各国财政政策运用的基本特征

在当今各国都不同程度地参与经济全球化的今天，各主权国家如何构建既有益于本国利益又符合国际惯例的开放经济条件下的财政体系，这是一个重大的理论与实践问题。从国际财政理论界的研究上看，对开放经济下主权国家财政体系建立的问题已有不少文献，例如，关于开放经济条件下财政政策特点与各国财政政策协调问题（Michael and Arman，1992；Coutinho，2005），关于财税政策运用与贸易发展的关系问题（Lopes - Mata，2001），关于发展中国家在对外开放中财政政策的运用问题（Jha，2007），等等。

就我国在改革开放新历史条件下财政体系的建设而言，笔者强调的“四位一体”分析框架，就是为了搞好开放经济条件下财政体系的全面建设问题，协调好财政内外侧面的关系。可以认为，对国家财政、公共财政与发展财政三者结合的讨论，就是将这三者作为一个整体（即国内财政），并将其与财政在涉外经济发展与国际经济关系中的作用（即国际财政）结合起来考察，从而形成这“四位一体”的分析框架。运用这一框架，就是要研究开放经济财政体系应如何构建的问题，就是要统筹国内发展与对外开放，就是要同时服务国内国际两个大局，就是要加强财政在这一统筹与服务中的作用，就是要在国内外政策需求中找到一个最有利于发展的平衡点。

笔者始终认为，当经济全球化已成为难以逆转的潮流时，它必然会对包括一国财政体制在内的主权国家体制安排产生深刻影响，会对包括一国财政政策在内的主权国家政策运用产生制约。生产要素在全球范围内的流动、整合与配置，其结果就是在市场经济基础上贸易、金融、投资和生产的全球化。在这一趋势下，主权国家的经济活动在一定程度上要受到国际社会的制约，在制定宏观经济政策时都无法忽视这些政策所带来的国际影响。因此，我们应该重新审视开放经济条件下财政政策运用的表现形式，应该探讨这种表现形式可能带来的影响。这里至少有四个方面的特征值得研究。

其一，要探讨在开放经济条件下一国运用财政政策来促进国家竞争力提高的有效途径。在经济全球化条件下，国际共同利益和主权国家利益的矛盾是难以避免的。从某种意义上来说，这几年我国在对外经济交往中贸易摩擦（特别是涉财涉税的贸易摩擦）的不断增加就是这种矛盾的体现。这一矛盾的存在要求我们在建设开放经济条件下财政体系的过程中，要坚持市场导向与政策运用相结合的目标，这就是有效运用财政政策的含义，也是应对国际贸易摩擦的关键。一方面，要加快我国财政体制按市场经济要求与国际惯例进行改革的步伐，这对应对贸易摩擦具有根本性意义；另一方面，各国市场经济的实践告诉我们，没有一个国家不是运用财政政策来为本国经济利益服务的，具体说来就是对内依靠财政政策进行宏观调控，对外运用财政手段来为提高本国的国家竞争力服务。显然，关键是在于相关做法要至少基本符合国际惯例，在于市场导向与政策运用要巧妙结合。我们应从这一基点出发来完善我国在开放经济条件下的财政体系建设，既促进国家竞争力的提高，又能妥善应对贸易摩擦。

其二，要考虑到公共产品与公共政策的外溢性。主权国家在国内提供公共产品和公共服务的根本目的，是为该国广大人民群众的根本利益服务，是为整个国家的利益服务。但必须看到在一定条件下，这种提供与服务有可能影响到他国的利益，这里既包括他国可能得到的收益，也包括对他国利益的可能损害，这就是公共产品和公共服务的外溢性。在开放经济条件下，在考虑国内发展与对外开放两者关系时，应当特别关注这种外溢性的存在，特别是当某些公共产品与服务（通常表现为财政政策的运用与财政体制安排）可能带来对他国的损害时，应在统筹兼顾的前提下予以全面考虑，应寻求一个权衡点。

其三，要加强对国际公共产品提供的关注与研究。简要地说，国际公共产品是在国际范围内具有消费非排他性的公共产品。例如，全球可持续发展就具有一定的国际公共产品性质。一国减少二氧化碳的排放量，可以提高国际空气质量；一国增加教育和医疗卫生的投入，在人员可自由流动的条件下，可以让其他国家受益等等。中国作为发展中国家，首先要搞好自身发展，但同时作为一个负责任的大国，还应关注全球可持续发展。显然，对全球可持续发展的关注会有助于缓解国际贸易摩擦，而中国要为全球可持续发展做贡献，还要在一定程度上运用国家财政的力量。就贸易摩擦产生的原因与形成机制而言，结合近年我国的现实，可以看出，虽然因成本等经贸因素导致的纠纷与非贸易壁垒运用而致的贸易纠纷仍占主要比例，但因财政体制特征及财政政策运用而产生的贸易摩擦也占相当比重。就后一类贸易摩擦产生的国内原因而言，从一定意义上说，就是对开放经济条件下财政政策运用的有效性认识不足的结果，就是对国内财政政策运用的外溢性考虑不够的结果，同时也就是对国际经贸平台等国际公共产品的关注还不充分的结果。与此相对应，如果我们能同样从这些角度来看待近年来我国相关财政政策调整的话，就会有一个较为全面的理解。

其四，要更加重视与有效参与对新国际治理体系的建设。当前服务于经济全球化进程并协调着各主权国家与地区利益博弈的国际治理体系，既包括WTO这样的多边国际经济贸易平台，也包括例如G20（二十国峰会）这样的国家间政府组织平台；既包括着G8这样的发达国家为主导的国家经济组织，也包括"金砖五国"这样的新兴发展中大国的组织平台。从一定意义上说，一个良好的国际经济贸易秩序、一个能够较好地缓和与调解经贸冲突、从而有助于各国经济发展的国际经济贸易平台，同样也具备着国际公共产品的性质。例如，我国已经加入WTO十周年，并已经在这一多边贸易框架中发挥着越来越积极的作用。WTO在现阶段的运作与发展，虽然还在很多方面不尽人意，但已经体现着这种国际公共产品的某些特质，应该得到各国与地区的支持与关注。因此，我们在维护各国经济利益与参与构建"和谐世界"的进程中，可以从关注国际公共产品的角度来看待与参与一个良好国际经贸平台的构建问题。总之，随着我国对经济全球化进程的不断参与，我们既要继续推进开放，努力发展经济，同时还要致力于推动世界经济持续稳定增长，要在实现本国发展的同时兼顾贸易对手的正当关切，要让各国感受到中国对国际经济发展的注重。从这一角度出发，财政在提高我国国际形象方面是大有作为的，财政要努力为营造"和谐世界"多做贡献，在坚持办好本国之事（促进经济发展方式转变与服务民生）的同时，要适度地"关注"与"参与"国际公共产品的提供。因此，近几年来我国涉外财政政策措施的数次调整，就是在开放经济条件下有效运用财政政策的一个缩影，是在一定条件下对国内公共政策外溢性的及时调整，也是对构建具有国际公共产品性质的良好国际经贸环境的一种主动表示。我们应当将这些财政政策变动放在构建开放经济条件下，财政新体系的视野下来理解，可持续地加以运用。

2. 财政政策的主权运用与国际协调

在当前的国际经济发展进程中，我们还要特别关注主权国家财政政策"自主运用"与"国际协调"的关系。2009年以来国际金融危机及其对国际实体经济的冲击，使扩张性（积极）财政政策再次走到了各国宏观政策运作的前台。这一政策的运用早已不是什么新鲜事，但今天应该特别研究的是，如何在经济全球化进程中把握这种政策“主权运用”与“国际协调”的相互关系，如何在这种把握中可持续地运用好我国的财政政策。温家宝总理在2011年《政府工作报告》中首次明确指出，要“以二十国集团峰会等为主要平台，加强宏观经济政策协调，推动国家经济金融体系改革，促进世界经济强劲、可持续、平衡增长”，为我国财政政策可持续运用的国际侧面提出了一个重要的问题。

笔者多年关注经济全球化进程及其对主权国家间财政关系（包括财政政策运用）的影响。经济全球化的基本特征就是“相互联系，相互依赖”，这既体现在经济强劲增长顺境中各国的相互拉动，也表现在衰退危机逆境里各国的共同应对；既反映在经济全球化对各国经济发展的影响，又表现为这一进程对各国宏观政策运用效果的制约。而具体在财政政策运用上，主要体现的就是政策主权运用与国际协调这样一种对立统一。从各国共同应对经济危机的2009年，到各国既解决自身问题又在为全球经济稳定回升尽力的2011年，我们看到的就是这样一个在新的历史条件下主权国家财政政策运用重要辩证关系的体现，需要探讨的就是在这种条件下我国宏观财政政策有效可持续运用的方法。

在研究这次应对国际金融危机中各国财政政策运用的实践后，笔者（邓力平，2009b）提出了各国财政政策自主运用与国际协调关系的基本观点，归纳起来就是四句话：“政策运用是主权，主权运用要协调，协调运作有难度，推进协调促共赢”。必须指出，当时这四句话主要是以扩张性（积极）财政政策为例来加以说明的，但这里体现的政策启示对于其他形式的财政政策运用也有其适应性。

（1）扩张性财政政策的“主权运用”。从这次各国应对金融乃至实体经济危机宏观政策的运用来看，扩张性财政政策已经成为各国应对危机的重要政策手段。总体上看，各国都是从全球化进程新特点与各自国情出发来考虑扩张性财政政策的运用，在实践中体现着主权国家应对挑战的一种有效“主权运用”。

其一，扩张性财政政策的运用体现了在全球化条件下各国对市场与政府关系的把握。这场国际金融与经济危机，一方面考验着各国政府应对危机实行政策调控的能力；另一方面也在检验着各国政府对于市场经济资源配置方式基础作用的认同，可以说，正是这场挑战及其应对给了各国重新认识理解市场与政府关系的机遇。可以认为，一方面，对某些市场行为的过分放任是美国金融危机产生的重要根源之一，也是当今全球性金融——经济危机传导机制运行的重要条件，而各国对财政政策等宏观手段的运用是当前应对这场冲击的主力，并已经逐步产生积极的效应。因此，那种否认政府宏观调控作用的观点，对扩张性财政政策持有异议，甚至认为应该利用这一机会埋葬财政干预理论的观点，在面对这场挑战中显得多么苍白。而另一方面，从长远看，要逐步摆脱危机的影响，要让世界经济重新回到均衡发展的轨道上来，最终还要借助在全球化进程中不断深化的世界市场经济的作用，各国还是要继续坚持市场为主配置资源的模式，当政策作用逐步显现与市场回升时，包括财政政策在内的宏观调控应该有所调整，这里既包括着“市场问题最终还应该由市场自身来解决”的基本判定，也蕴涵着“财政政策长期运用可能伴随着效用递减”的经验总结。显然，这种理念在这次各国扩张性财政政策实践中已有所体现，各国官方的承诺也很明确，必须继续予以关注。

其二，扩张性财政政策的运用体现着各国参与经济全球化进程的阶段性特点。可以认为，经济全球化是由相互独立又联系着的实体经济全球化与虚拟经济全球化这两个部分构成，前者指的是贸易自由化与投资全球化等实体经济方面的全球化联系，而后者主要是由金融国际化的主要部分构成，是一种既推动金融创新又充满金融风险的进程。实践表明，各国参与全球化的不同形式决定了各自扩张性财政政策的着力点是不同的。以美国等为代表的发达国家，由于同时全面参与了实体经济与虚拟经济的全球化进程，则这次同时受到实体经济危机与虚拟经济危机的冲击，这些国家的财政刺激政策都是两条战线作战，即所谓“实体救济、虚拟救市”。而如我国这样的发展中国家，由于主要参与的是实体经济全球化，由于在多年有序推进金融体系市场改革的基础上对金融国际化进程采取了审慎的态度，则这次经济危机的冲击主要在于国内实体经济方面，在于因参与贸易自由化程度较高而导致的外需显著下降。显然，这时的扩张性（积极）财政政策主要是应对实体经济中的供求失衡，主要是要扩大内需与稳定外需，要促进实体经济的复苏。

其三，扩张性财政政策的运用还体现着对全球化进程带来的经济结构新变化的关注。应该说，多年积累的全球经济失衡是这次危机的重要原因，而全球化的深化加剧了这一失衡。全球化带来的所谓国家间“生产板块”（如中国等主要提供消费品生产与出口的国家）与“消费模块”（如美国为代表的高消费、低储蓄国家）的失衡，长期以来人们对此有所担忧，但这次危机却使这种危险成为了现实，显然必须加以调整。因此，各国包括扩张性财政政策在内的宏观政策都对此有所注重，调整经济、产业与分配结构等都已成为各国财政刺激政策中的重要目标与内容。就美国等发达国家而言，调结构的成分在财政刺激计划中占据着相当位置，政策的着力点在于基础设施更新，在于支持科技创新，在于增强教育后劲，同时也包括着运用财政力量来协助美国传统企业再造重组。2009 年美国通用汽车在纳税人钱的支持下实现了破产重组就是一个结构调整的范例。而我国的积极财政政策，在应对危机初期明确提出了保增长与调结构并重的方针，有效地把握了短期经济增长与长期结构调整的关系，而后又明确提出了“转方式”与“调结构”结合方针，有力地促进了经济长期平稳较快发展。我们高兴地看到，这种政策的可持续性已经并将继续呈现效果，必须持之以恒。

其四，扩张性财政政策的运用往往都遇到了“财政两难”现实的严峻挑战。所谓“财政两难”或“税收两难”指的是，一方面，各国必须更多地为应对实体经济或虚拟经济的危机“买单”而增税存钱；另一方面，为了救企业、增活力，还必须不断以让渡财税收入、降低税负来刺激经济行为主体，挽救经济。这种既要增收却又不得不减收的境地，成为困扰各国财税当局的现实问题。在经济全球化深化的今天，这种两难局面越来越严峻。在应对实体经济全球化挑战方面，各国扩张性财政政策的主要内容都是“增支减税”，从20世纪80年代至今，减税已经越来越成为国际趋势。而在应对虚拟经济全球化的挑战方面，各国（尤其是发达国家）用纳税人的钱去救银行，补窟窿，使相当部分的金融风险最终转化成为财政风险。由于所谓“金融风险——财政风险”的联动机制越来越明显，则必须筹集更多的财政资金来应对挑战，防范风险。在这种“财政两难”的现实中，各国出台的许多刺激措施往往都是一种权衡利弊的结果，有时甚至是艰难抉择的产物，基于此，我们应该对扩张性财政政策的局限性保持一个清醒的认识。

（2）扩张性财政政策“国际协调”的必要性。在经济全球化背景下，主权国家扩张性财政政策运用的“国际协调”，首先要研究的是这种协调存在的必要性与可能的形式。笔者从来认为，这种国际协调的必要性主要来自两个方面：一是对主权国家的财政刺激政策中会对他国产生不利影响的，会引起贸易与投资保护主义的倾向进行制约。换言之，凡是可能会产生负外在性的，都要受到国际规则或惯例的制约，要通过这种制约来求得损害的最小化。从某种意义上说，这种通过规则或惯例制约而达到的国际协调，是一种“被动”的协调。二是主权国家的财政刺激政策可能会对他国乃至全球经济复苏都带来好处，会带来正外在性的，同样需要在政策的力度、范围与同步性等方面进行必要的协调，以求共赢利益的最大化。相对应的，这种国际协调称之为“主动”的协调。

其一，通过国际规则制约而形成的被动协调，在经济全球化（特别是贸易自由化与投资全球化）进程中已经越来越重要了。在现代市场经济条件下，有效需求（内需与外需之和）不足是一种长期现象，市场经济的常态就是有效需求不足，当各国都采用市场经济配置资源方式的条件下，各国都存在内需不足，各国也都难以得到来自他国的外需，全球化往往使问题显得更严重，这通常也是贸易保护主义长期存在的重要根源之一。而在经济危机的时候，贸易与投资保护主义抬头就成为题中之义。因此，在市场化与全球化已成趋势的今天，各国一方面必须运用扩张性财政政策来刺激有效需求；而另一方面这种政策运用往往极易影响或妨碍别人，引起他国的不满与反对，从而加剧贸易与投资保护主义。为了避免这种现象的恶化与蔓延，这里就有一个国际制约问题。这种被动式国际协调的主要形式就是国际经济组织及其相关规则对主权国家之财政刺激政策运用的限制，以及相关贸易对手国之间的博弈。

在这次各国实施扩张性财政政策的实践中，这种财政刺激措施手段与贸易投资摩擦之间的因果链有所强化，贸易与投资利益冲突情况屡见不鲜。有的国家因为外需下降出口而采取补贴支持出口措施，往往带来了贸易对手之间的持续争端并诉诸于 WTO，而出口补贴手段在该组织相关规则下是不允许的，因此这种国际惯例是对各国财政刺激政策运用的外在约束，有其必要性。此外，还有一些刺激需求的财政刺激措施，虽然从国际经济组织规则上说是允许的，但现实操作仍可能导致贸易摩擦。典型的事例就是出口退税政策的运用。一方面，这种出口支持措施是国际惯例；但另一方面，WTO 对出口退税实际上“少征多退”的事实是默认的，而这种做法往往会引发争议。但是，即使存在这些默认，这种规则的存在往往仍会起到约束作用，会引导相关国家在出口退税政策运用中有所注意，尽量避免或缓解贸易摩擦现象。简言之，通过国际规则制约来实现扩张性财政政策的国际协调，这类似与笔者多年倡导的关于国际财税竞争的辩证观，你有权运用国际财税竞争手段，但大家有义务共同进行双边或多边的协调，以求减少效率损失，实现共同利益。

其二，在国际范围内各国对扩张性财政政策的主动协调，其目的是为了全球化条件下使这种政策有效性实现最大化。从国际财政的角度看问题，在全球化条件下，各国扩张性财政政策的合力具有外溢性或正外在性，这种政策效应本身就是一种国际公共产品。因此，各国实施了扩张性财政政策，就是参与了对国际公共产品的提供，各国对这种政策的提供（进入）以及在一定时期对这种政策的转向（退出），不但应考虑本国的需要，还应同时考虑可能对他国乃至全球经济发展带来的影响。从这一基点出发，这种主动或直接的协调是十分必要的。

扩张性财政政策的主动协调的重要性还特别体现在对待“国际紧缩与国际膨胀”的政策判断中。在经济全球化下应对危机，各国都要注重通货紧缩的国际传导机制新特点，都要认识显性通货紧缩趋势与潜在通货膨胀压力的并存，都要注重各国应对现实通货紧缩与防范潜在通货膨胀政策的同步性，并努力在这种协调中用好各自的政策。必须看到，一方面，扩张性财政政策及其联手运用是应对当前紧缩趋势的良药；另一方面，这种政策的广泛运用必然带来潜在的通货膨胀压力。这里的关键是对政策运用效应的判断与权衡，需要的是智慧与协调，是政策运用与转向的同步性。而这种同步，既包括发达国家间政策运用的同步，也包含发达国家与发展中国家之间的同步，还包含国际经济组织与主权国家在政策上的协调。例如，在2009年中美战略与经济对话机制上，双方对两国财政刺激政策运用同步性达成的共识，既有政治与战略上的考虑，也还应该从扩张性财政政策本身协调重要性的角度来加以认识。

（3）扩张性财政政策“国际协调”的难度。扩张性财政政策的协调无疑有必要，然而，理论与现实都启示我们，这种协调从来都具有相当难度。从理论上看，经济全球化（包括区域一体化）就是一个主权国家经济主权部分且逐步让渡的过程。相比金融货币而言，财政税收从来都是最难让渡、或者最后让渡的那部分国家经济主权，这是因为财政税收从来就是与国家权力联系最紧密的。

而从实践上看，无论是历史还是现状都不断给予世人这样的启示。欧盟经济一体化进程中财政税收一体化进展相对缓慢是历史上一个典型事例。在欧盟发展进程中，金融货币一体化发展的速度最快，区域性货币欧元的出现与统一欧洲中央银行的运作，无一不在表明作为国家经济主权重要部分的货币发行与金融政策运用的部分让渡，而相比较而言，包括统一财政赤字标准与增值税协调等财税一体化进程则始终因存在种种矛盾而进展缓慢。在应对经济衰退的过程中，各国间在财税政策上有效地实现协调的难度往往会增大，由于各国利益的差异，在现实中难以出现超越国家主权的财税当局来运作统一的反危机财税政策。以2009年以来各国协调应对国际金融与经济危机为例，各国在金融货币政策协调上相对容易，而在财税政策上推出共同应对措施则难之又难，其本质就是，谁也不愿意用自己纳税人的钱去救他人的银行或企业。再如，2009年，世界银行曾经提出建立一个“超国家应对基金”（即发达国家动用各自财力来构成跨国的、多边组织管理的国家财团或“环球复苏基金”）以应对国际经济挑战，这一动议的出发点是好的，在一定程度上也是在为“政府干预的世界模型”（即财政政策的国际协调）进行探索，但由于各国利益不同，这类方案在实践中的可能性仍然相当微弱。

（4）“主权运用”与“国际协调”辩证关系的启示。这里阐述的关于扩张性财政政策“主权运用”与“国际协调”之间的关系，对于我们正在实行的积极财政政策，对于如何“推进协调促共赢”，对于把握新形势下财政政策的可持续运用，具有多方面的启示。

其一，应该在把握全球化特点与立足国情的基础上用好积极财政政策。

积极财政政策成功与否，突出地表现在我们对经济全球化及我国参与该进程的准确把握，在于我们对于现实中财政政策主权运用与必要协调关系的把握。

笔者在2009年就强调，我们要从我国参与经济全球化的特定形式入手，以此来判定积极财政政策的实施重点。既然我国主要参与的是实体经济全球化，既然由此带来的主要是在实体经济方面的冲击，则积极财政政策的着力点当然是扩内需与稳外需。同样，从应对可能的国际经济结构（如生产与消费）调整出发，积极财政政策必须既要保增长，更要为了调结构，要特别加强对促进内外需平衡、扩大需求与促进供给并重、促进消费与储蓄比例协调等方面的工作，要加强财政政策与产业及贸易政策的协调。我们还要注重积极财政政策短期有效性与长期有效性关系的处理，要在市场化与全球化的进程中，把握好政策短期运用与市场长期配置的关系。要在各国扩张性财政政策可能的协调趋势中，认真研究积极财政政策的可持续性问题。财政刺激都不可能是永久性的，在一轮刺激过后，经济能否有效持续回升有待观察，如果还不能，是否还有新的刺激措施也有很多不确定性，而这些不确定性中有相当部分与扩张性财政政策在国际上的协调趋势戚戚相关。应该说，积极财政政策的运用正是有效地把握了这些要求，展现了我国政府对于驾驭开放经济条件下宏观财政政策运用的能力，在短时间内迅速扭转了经济增速下滑趋势，在世界率先实现回升向好。2011年我国继续实施积极的财政政策，但在力度与重点上已经做了必要的调整，财政赤字已经比最高的2010年减少了1500亿元，赤字率已从2.9%下降到2%左右。

其二，应该积极地倡导与参与扩张性财政政策的国际协调。基于在全球化背景下扩张性财政政策协调的必要性，尽管实现这一协调的难度较大，我们仍然要与各国一起努力地推动这一进程的发展，要倡导在全球化条件下各国应比过去任何时候都更须加强财政政策的协调。与此同时，作为不断参与全球化进程的我国而言，在实施积极财政政策时，要始终把握好政策运用与必要协调之间的关系。当各国普遍采用扩张性财政政策手段时，要尽可能同步地、有效地采用符合自己能力的财政刺激手段，并在政策执行过程中充分考虑到与其他国家政策的比较与借鉴，争取相互理解、相互呼应。而在世界经济逐步企稳回升、具有一定复苏走势时，就要既保持积极财政政策的连续性，又适当调整刺激政策的力度与重点，这不仅要看国内形势的走向，还要加强对他国财政政策运用中可能调整的关注。

作为发展中国家，我们在参与财政政策运用国际协调过程中还要努力体现国情特点。笔者认为，从“四位一体”的分析角度来看问题，应该从发展财政与国际财政结合的角度，来理解我国在全球化背景下更实事求是地参与扩张性（积极）财政政策国际协调的问题。对于依然处于社会主义初级阶段且又参与经济全球化过程的我国而言，坚持发展财政与国际财政的结合，讲的是在参与财政政策国际协调过程中，既要积极参与，又要量力而行，要从发展中国家国情出发对国际财政协调的有限承诺。近年来的许多事例都证明了把握这种辩证观的重要性，例如，我国近年来多次在多边与双边交往平台上，就全球性刺激经济政策的协调进入与有序退出表现出了坚持立场与适度灵活的结合。再如，我国近年来在关注国际气候变化的哥本哈根会议等国际舞台上，始终从“共同但有区别的责任”的角度对应对气候变化与共同减排目标表达了基本立场。再如，当近年来发达国家酝酿向发展中国家征收“环境碳税”，我国政府对此提出了明确的反对态度。应该说，这些事件都在不同程度上与财政政策的“主权运用”与“国际协调”有关，而我国的做法都体现了发展财政与国际财政在国情下的统一。

其三，应该把握短期积极财政政策与长期平衡财政的辩证关系。基于国际财政协调在现阶段事实上难度较大的现实，笔者进一步认为，我们要始终明确短期财政刺激政策运用与长期稳固财政地位的辩证关系，理解建设“稳固、平衡、强大的国家财政”在全球化时代的特别重要性。对于我们财政人来说，“稳固、平衡、强大”的国家财政一直是长期的奋斗目标。稳固与强大不言而喻，平衡指的是一种辩证关系：一方面，在特定条件下，可以使用赤字财政政策，同时在市场经济与全球化条件下必须努力用好之；但另一方面，在这一运用过程中，还要坚持长远的平衡财政观。毫无疑问，当前运用积极财政政策是完全必要的，两三年来的实践证明，效果也是不断显现的，我们正在现代开放经济条件下努力提高运用赤字预算政策的能力。但同时也要看到，正是在长期坚持的稳固、平衡、强大国家财政之建设，正是我们在过去相当一个时期，在经济高速发展、财税收入显著增加的时候努力夯实财政基础（近年来已经逐步将财政赤字相当于国内生产总值的比重降到0.7%—0.8%），才能有效地提供出我们目前这样一个运用积极财政政策的空间，才能既能充分利用财政刺激手段的作用，又能将财政风险把握在可控范围内（赤字率控制在3%以下）。总之，我们要有一个辩证的财政观，要在赤字财政短期运用与平衡财政长远目标中把握一个平衡点，这同样也是我们研究财政政策“主权运用”与“国际协调”关系的重要启示之一。

参考文献

1. 包世琦：“农村税费改革后乡镇财政的可持续运转分析”，《黑河学刊》，2005年第3期。

2. 蔡秀云："财政政策与可持续发展"，《经济研究参考》，1997 年第 76 期。

3. 蔡自力："以科学发展观为指导 建立促进可持续发展的财政政策体系"，《财政研究》，2005 年第 3 期。

4. 陈安众："适应公共财政体系要求 建设可持续发展地方财政"，《财政研究》，2001 年第 2 期。

5. 陈卫东："实施积极财政政策向可持续财政政策转型的构想"，《当代财经》，2001 年第 9 期。

6. 崔常丰："对财政与可持续发展的反思"，《学习与探索》，2006 年第 5 期。

7. 邓力平："谈谈税费分流"，《涉外税务》，1998 年第 3 期。

8. 邓力平："国际税收竞争与合理调整税负"，《福建税务》，2002 年第 1 期。

9. 邓力平："对现阶段公共产品提供的几点看法"，《财政研究》，2007 年第 10 期。

10. 邓力平："可持续财政观及其对地方财政发展的启示"，《东南学术》，2008 年第 5 期。

11. 邓力平："可持续公共财政研究"，《财政研究》，2008 年第 7 期。

12. 邓力平："建设中国特色社会主义税收体系的伟大实践"，《中国税务》，2009 年第 10 期。

13. 邓力平："扩张性（积极）财政政策的主权运用与国际协调"，《税务研究》，2009 年第 11 期。

14. 邓力平："发展财政理念及其政策启示"，《财政研究》，2010 年第 12 期。

15. 邓力平、胡巍："可持续财政：国内研究现状与基本分析框架"，《厦门大学学报》，2009 年第 6 期。

16. 邓力平、胡巍："'富民强省'的财政政策研究"，《湖南师范大学学报》，2009 年第 6 期。

17. 邓力平、邓秋云："非税收入：国家财政、公共财政和发展财政的分析"，《财政研究》，2009 年第 9 期。

18. 邓小明："论财政在可持续发展中的作用"，《新余高专学报》，2001 年第 1 期。

19. 郭代模、杨涛："论可持续发展财政"，《财政研究》，1999 年第 10 期。

20. 郭庆旺、赵志耘："中国财政赤字的规模与作用"，《经济理论与经济管理》，2002 年第 2 期。

21. 郭东海：“需求问题的可持续发展研究”，《东岳论丛》，2000 年第 1 期。

22. 胡燕京：《中国经济可持续发展中的财政政策研究》，中国海洋大学博士论文，2004 年。

23. 孔艳杰：“略论我国财政风险及财政可持续发展”，《黑龙江金融》，2000 年第 10 期。

24. 李景华：“试论绿色财政与可持续发展”，《山西能源与节能》，2006 年第 4 期。

25. 李卓：“欧洲货币一体化中的财政约束”，《世界经济》，2000 年第 2 期。

26. 李长健、曹俊：“可持续发展视野下我国农村财政体制研究”，《农村经济》，2007 年第 10 期。

27. 李志慧：“关于国际财政问题的研究与探讨”，《财经理论与实践》，1997 年第 3 期。

28. 刘丽明、赵敏：“知识经济时代的财政机制与经济可持续增长”，《决策借鉴》，2002 年第 5 期。

29. 刘溶沧、夏杰长：“论可持续发展的财政政策”，《中国社科院研究生院学报》，1998 年第 4 期。

30. 胡巍：《可持续财政初探》，厦门大学博士学位论文，2010 年。

31. 欧林宏：“关于中国财政风险的几个问题”，《中央财经大学学报》，2003 年第 10 期。

32. 王琪：“产业结构调整的财政政策与可持续发展”，《环境科学动态》，1998 年第 3 期。

33. 尹一妍、赵树梅：“论我国财政的可持续发展”，《吉林财税》，2003 年第 2 期。

34. 童伟：“财政政策反周期运作与北京经济可持续发展”，《北京社会科学》，2006 年第 3 期。

35. 王宁：“中国财政赤字率和政府债务规模警戒线初探”，《财政研究》，2005 年第 5 期。

36. 王晓霞：“财政可持续性研究述评”，《中央财经大学学报》，2007 年第 11 期。

37. 张虎、赵慧芳：“中国财政收支长期均衡关系的实证研究”，《中南财经政法大学学报》，2004 年第 6 期。

38. 张新平：“我国财政可持续发展评估指标体系的构建”，《生态经济》，2000 年第 11 期。

39. 张雪平："试论地方财政的可持续发展"，《财经论丛》，2003 年第 3 期。

40. 张学英："财政收入的可持续增长与税收筹划"，《技术经济与管理研究》，2003 年第 4 期。

41. 张艺雄、陈丽琼："树立生态理财观　确保财政可持续发展"，《生态经济》，2000 年第 9 期。

42. 张志超、曹朴："建立可持续财政分权体制的原则与对策"，《华北水电学院学报》，2008 年第 1 期。

43. 钟禾："再论财政分配对可持续发展的作用"，《经济体制改革》，2000 年增刊。

44. 周莉珠："可持续发展的财政手段、政策、制度"，《复旦学报（社科版）》，1999 年第 4 期。

45. 周茂荣、骆传朋："欧盟财政可持续性的实证研究"，《世界经济研究》，2006 年第 12 期。

46. 周茂荣、骆传朋："我国财政可持续性的实证研究"，《数理经济技术经济研究》，2007 年第 11 期。

47. 邹元婷、许莉："我国财政可持续性的实证分析：1952—2007"，《改革与战略》，2010 年第 3 期。

48. Aghion, P. and Howitt, P. *Endogenous growth theory*. Cambridge: The MIT Press, 1998.

49. Baharumshah, A and E. Lau. "Regime changes and the sustainability of fiscal imbalance in East Asian countries". *Economic Modelling*. 2007, 24 (6).

50. Bravo, A. and Anto′nio Lui′s Silvestre. "Intertemporal sustainability of fiscal policies: some tests for European countries". *European Journal of Political Economy*. 2002, 18 (3).

51. Camarero, M and E. Vicente. "Tamari C. R. Cambio de re′gimen y sostenibilidad a largo plazo de la poli′tica fiscal: El caso de Espan "a". *Instituto Valenciano de Investigaciones Econo′micas Working Paper WP – EC*. 1998.

52. Camdessus, M. "International Financial and Monetary Stability: A Global Public Good". *IMF Conference Speech*. May 28, 1999.

53. Coutinho, L. "Fiscal Policy in the New Open Economy Macroeconomics and Prospects for Fiscal Policy Coordination ". *Journal of Economic Surveys*. 2005, 19 (5).

54. Koo, C. "Fiscal sustainability in the wake of the economic crisis in Ko-

rea". *Journal of Asian economics*. 2002, 13 (5).

55. Coutinho, L. "Fiscal Policy in the New Open Economy Macroeconomics and Prospects for Fiscal Policy Coordination ". *Journal of Economic Surveys*. 2005, 19 (5).

56. Landau D. "Government expenditure and economic growth in the developed countries: an cross - country study". *Southern Economic Journal*. 1983, 49 (3).

57. Lopez, R. " Income Taxation, International Competitiveness and the WTO's Rule on Subsidies". *Tax Lawyer*. 2001, (54).

58. Hakkio, S and Rush, M. "Is the budget deficit too large?". *Economic Inquiry*. 1991, (29).

59. Haug, A. " Co - integration and government borrowing constraints: Evidence for the US". *Journal of Business and Economic Statistics*. 1991, 9 (1).

60. Haug, A. "Has the federal deficit policy changed in recent years?". *Economic Inquiry*. 1995, 33 (1).

61. Hamilton, J. and M. Flavin. "On the limitations of government borrowing: a framework for empirical testing ". *The American Economic Review*. 1986, 76 (4).

62. Jha, R. "Fiscal Policy in Developing Countries: A Synoptic View". *ASARC Working Paper*, 2007.

63. Jones, Larry and R. Manuelli. "A convex model of equilibrium growth: theory and policy implications". *The Journal of Political Economy*. 1990, 98 (5).

64. Kia, A. "Fiscal sustainability in emerging countries: Evidence from Iran and Turkey". *Journal of Policy Modeling*. 2008, 30 (6).

65. Kormendi, R and P. Meguire. "Macroeconomic determinants of growth: cross - country evidence". *Journal of Monetary Economics*. 1985, 16 (2).

66. Lopez, R. " Income Taxation, International Competitiveness and the WTO's Rule on Subsidies". *Tax Lawyer*. 2001, (54).

67. Lucas, R. "On the mechanics of economic development". *Journal of Monetary Economics*, 1998, 22 (1).

68. Makrydakis, S. E. Tzavaliz, and A. Balfoussias. "Policy regime changes and the long - run sustainability of fiscal policy: An application to Greece". *Economic Modelling*. 1999, 16 (1).

69. Martin, G. "US deficit sustainability: A new approach based on multi-

ple endogenous breaks ". *Journal of Applied Econometrics*. 2000, 15 (1).

70. Michael, D and M. Arman. " International Fiscal Policy Coordination and Economic Growth ". *International Economic Review*. 1992, 33 (2).

71. Oscar, B. D. Carmen and E. Vicente. "Is the budget deficit sustainable when fiscal policy is non - linear? The case of Spain". *Journal of Macroeconomics*. 2006, 28 (3).

72. Panaguariya, A and P. Krishna "On necessarily welfare - enhancing free trade areas", *Journal of International Economics*. 2002, 57 (2).

73. Quintos, C. "Sustainability of the deficit process with structural shifts". *Journal of Business and Economic Statistics*. 1995, 13 (4).

74. Rebelo, S. "Long run policy analysis and long run growth". *The Journal of political economy*. 1991, 99 (3).

75. Rubinson, R. " Dependency, Government Revenue and Economic Growth, 1955 - 1970". *Studies in Comparative International Development*. 1977, 12 (2).

76. Romer, P. "Increasing returns and long run growth". *The Journal of Political Economy*, 1986, 94 (5).

77. Romer, P. "Human capital and growth : theory and evidence". *National Bureau of Economic Research Working Paper*. 1989.

78. Smith, G and S. Zin. " Persistent deficits and the market value of government debt". Journal of Applied Econometrics. 1991, 6 (1).

79. Trehan, B and C. Walsh. "Common trends, the government's budget balance, and revenue smoothing". *Journal of Economic Dynamics and Control*. 1988, 12 (2).

80. Trehan, B and C. Walsh. " Testing intertemporal budget constraints: Theory and applications to U. S. Federal Budget and Current Account Deficits". *Journal of Money, Credit, and Banking*, 1991, 23 (2).

81. Wilcox, D. "The sustainability of government deficits: implications of the present - value borrowing constraint". *Journal of Money, Credit and Banking*, 1989, 21 (3).

对关于城乡收入差距拉大和县乡财政困难原因的诸种观点的辨析

——并论中国财政机制的逆向特征

杨　斌*

内容摘要：本文辨析了有关城乡收入差距拉大原因的诸种观点，如“国家工业化战略论”、“政府的三农歧视论”、“等级社会格局论”、“生产力差异论”、“人力资本和生育率差异论”、“消除收入差异政策无效论”等，还辨析了关于县乡财政困难原因的诸种观点包括“经济发展不平衡说”、“政策因素说”、“体制因素说”、“职能越位和机构膨胀说”等，本文认为上述流行的观点均不能完全揭示问题的根本原因。逆向财政机制的存在是中国城乡收入差距拉大和县乡基层财政出现困难的根本的也是隐蔽的原因。本文为此研究了1998—2007年中国财政（包括一般预算、基金预算、社会保险预算）的机制特征，研究表明中国财政存在对农民、农村和农业逆向机制，即政府从较为贫困的农民群体获得财富超过对其提供的公共产品利益。一般预算逆向程度10年平均为

---

* 杨斌，厦门大学财政系、闽江学院经济系，邮政编码：361005，电子邮箱：binyang@ xmu. edu. cn。本文研究得到国家自然科学基金项目“适应主体功能区规划实施的财政转移支付制度设计”（项目编号：70873099）和“农村地区非对称型财政的机理分析和乡村财政制度设计”（项目编号：70573086）资助。

40%，10年间仅通过一般预算政府从农民净索取的财富数额达到23397.27亿元，加上基金预算中的土地出让收入，从农民净索取财富总额达到43477.11亿元。不改变这种机制，城乡居民享有公共产品利益的差距就会越来越大，城乡收入差距就很难收效，克服县乡财政困难的措施也难以奏效。

主 题 词：逆向财政机制 城乡收入差距 县乡财政困难 中国财政

Abstract: This paper researched the characteristics of the fiscal mechanism of China's public finance (including general budget, fund budget social insurance budget) from 1998 to 2007. The study showed that there exists a reverse mechanism to the farmer, village and agriculture in China's public finance. The government obtains more wealth from the comparatively impoverished farmers than the public product benefit it provides. The average reversion degree of the general budget during this decade is 40%. During this ten years period, through the general budget only, the amount of net wealth that the government derived from the farmers reached upwards of 2,339,727 million Yuan., and if add on the land revenue in the fund budget, the amount reached upwards of 4,347,711 million Yuan. The existence of reverse fiscal mechanism is the underlying reason of increasing gap between the city and town and persist fiscal difficulties of the counties and villages in China. Without changing this mechanism, there would be growing disparities in the public product benefit enjoyed by the urban and rural residents; the income gap would not disappear and it would be difficult for the measures taken to conquer the fiscal difficulties of the counties and villages to be effective. The existence of reverse fiscal mechanism is also the peculiar and secret phenomena of China ' s public finance. Revealing the existence and operating law of this special phenomenon has significant meaning in establishing the macro – financial policies correctly.

Key Words: reverse fiscal mechanism; income gap between the urban and rural area; financial difficulties of the counties and villages; China ' s public finance

收入的不平等无疑是当前中国社会经济发展中面临的首要问题之一。目前，全国居民收入差距仍没有收敛倾向。而城乡间收入差距变动在总收入差距变动中始终处于主导地位。有学者研究表明，其对总收入差距变动的贡献率均高于60% （王洪亮 徐翔，2006）。著名的库兹涅茨曲线或倒 U 曲线曾经说明，在经济发展的早期，收入分配迅速恶化，后来进入稳定期，最终收入差距会缩小到合理的程度（Kuznets, Simon, 1955）。国家一直强调均衡发展、统筹发展，一直强调要惠农、支农，重视农村、农业和农民，但为什么城乡收入差距并没有随着经济的发展而缩小，库兹涅茨曲线一直没有出现，收入差距继续拉大（孙政才，2008）？本文辨析有关城乡收入差距拉大和县乡财政困难原因的诸种观点，研究 1998—2007 年中国财政的机制特征和中国城乡收入差距拉大以及县乡基层财政出现困难的隐蔽原因。

一、有关城乡收入差距拉大原因的诸观点及其辨析

大量中外文献试图对产生城乡收入差距拉大的原因进行研究，代表性的研究成果可概括成如下几种观点。

第一种观点是“国家工业化战略论”。认为中国城乡收入差距源于中国实行牺牲农村、农民的工业化战略以及偏向城市的社会经济政策。这一战略和相应的政策安排一方面使少数资本密集型产业收入水平明显高于其他产业，同时政府对农业生产剩余的控制使农业和农村因资金投入不足而发展缓慢，城乡收入差距正是政府采取的发展战略背离了本地比较优势的结果（林毅夫、蔡昉、李周，1999；林毅夫、刘明兴，2003）。改革开放以来，

中国经济虽然快速发展，而且在改革开放的初期曾经对上述战略和政策有所纠正，短期内城乡收入差距有所收敛，但在没有根本消除导致城乡收入差距的体制机制情况下，新的城市偏向政策却不断出现，导致差距继续扩大（成德宁，2005）。

在中国面临的特殊历史背景下，为了发展经济、强国富民，实行了特殊的工业化道路，其特征就是通过控制农民创造的剩余，获得原始资本积累，从财政角度就是多取少予。这似乎也是一种历史必然，从历史角度看无可厚非。问题在于为什么当经济发展到一定程度后，不能从多取少予过渡到不取不予，以至少取多予？多数学者认为这是因为与工业化战略相联系的城市偏向政策难以取消，本文则认为还存在一个更深层次的原因，在这一深层次原因没有完全消除之前，即使不再推行城市偏向政策，对农民在制度上实行一视同仁，也不能缩小城乡收入差距。

第二种观点是“政府的三农歧视论”。这一观点与第一种观点密切关联，认为城乡之间巨大的消费和收入差距，是政府为了发展工业和城市而采取歧视农业、农民、农村政策的后果（蔡昉、杨涛，2000）。有的学者认为户籍制度和与此相联系的排他性城市居民福利制度，使进城农民不能享受城市社会福利制度的利益。这阻碍了农村家庭向城市的永久性迁移，成为城乡之间收入差距的一个原因（Chan，Kamwing，1999）。有的学者认为户籍制度所造成的权利差异特别是教育水平的差异是造成城乡收入差异主要因素，他们估计如果农村教育达到城市水平，那么城乡差异至少会缩小20%—30%（Terry Sicular 等，2004）。有的学者研究了户籍差异导致城乡工人工资水平差异，他们认为城乡工人工资水平差异中有 20%—30% 是由于户籍差异所引起的，他们在养老保险、医疗保险、失业保险等方面也遭到相当大的户籍歧视，如果考虑工作条件、在职培训、晋升等因素，农村进城工人受到的实际歧视还更大（姚先国、赖普清，2004）。

那么取消户籍上的城乡差别，是不是就能消除城乡差别？答案显然是否定的，在东部不少发达地方，户籍已经被淡化，户籍制度在口粮等资源计划配置的时代有决定性的作用，而在目前实际作用已经不大，可能只限于义务教育阶段和高中阶段就学会少缴一些学费，其作用已经不是根本性的了，更何况在不少地方已经取消了无户籍不能上学或必须缴纳较高学费的制度。户籍制度已经不构成对劳动力流动的根本性障碍。取消户籍制度城乡差异已经属于顺理成章的事情。为什么户籍制度不能随着经济发展而废除？有的学者认为这是因为国家采取牺牲农业、农村和农民来实现工业化的国家战略造成对城市居民利益的倾斜，城市居民通过各种游说活动，诱致出政府继续实行保护（歧视）政策。而同时由于农民居住分散而决定的集体行动的高交易成本，以及单个农民产出份额微小相关联的免费搭车心态，虽然农民人数众多但其对政策制定影响力却很小，这种农民数量与其政治影响力负相关现象又被称为“舒尔茨悖论”（Michael Lipton，1977；Robert Bates，1981；蔡昉，2000；蔡昉、杨涛，2000）。

舒尔茨悖论解释了政府可以对农民歧视政策并且难以纠正的政治原因，但无法解释为什么当局已经高度重视“三农”问题并且采取了一系列措施，却仍然不能使城乡收入差距收敛的现象。我认为，现在户籍方面的问题已经不主要是城乡差别问题，而是城市特别是较发达的城市通常规定了严格的户籍准入条件。这种准入障碍不仅针对农村居民，也针对拥有城镇户口但非本地户口的人。主要问题已经从城乡关系转变为较发达城市本地户口和外地户口的关系，某种意义上属于经济利益保护主义范畴，越来越像发达国家为了维护本国居民利益而限制外国移民的情况。这不是城市人口游说的结果，在中国不存在可以游说的公共选择机制。这是政治领导人为了短期稳定的举措，他们担心一旦废除户籍限制（包括城乡间、主要包括大城市、发达城市与其他城市间）会引起人口无序流动，发展差别越大流动的无序性也会越大，人口会涌向少数发达城市，因此实际上不仅推行了城乡分割，而且推行了不同发展水平的城市之间的分割，这使进城农村居民和非本地户口居民无法成为所工作和实际生活城市的永久居民。其本质是农民作为纳税人已经承担了税收，而没有权利享有用税收提供的公共产品，这正是本文要揭示的核心论题。

第三种观点是“等级社会格局论”。认为中国城乡收入差距的发生机制和根本原因，是社会等级秩序格局、市场等级化格局以及资源流动性障碍格局等一系列社会安排相互作用的结果（林光彬，2004）。这一观点认为，社会等级关系与市场经济本身有不断扩大城乡收入差距的趋势，而国家执行扶强扶优的政策，使国家宏观调控烫平城乡差距的政策发生错位与缺位，加快了城乡收入差距的扩大。防止城乡居民收入差距扩大的根本性措施是实现城乡等级法权地位平等化、收入分配格局平衡化、农村资源充分流动化与市场一体化。

按照这一观点只要推行完全的市场化改革、从法律和政策上废除所有的城乡差别性待遇，城乡收入差距问题就可以解决。笔者认为这种做法，在不考虑推行阻力的情况下，可能对缩小城乡居民收入差距有用，但由于其不能解决已经存在的机会不平等，也不能克服现存隐蔽的“多取少予”的逆向财政机制，并不能完全遏制城乡收入差距扩大趋势。以不平等为基础的“平等”不可能是真正的平等。

第四种观点是“生产力差异论”。认为只要工业和农业的生产率存在差异城乡收入差异就不可避免。认为在我国城乡之间的实际相对收入差别中，由城乡之间的比较生产力差别决定的成分占75.12%，而户籍歧视只可以解释城乡收入差距中的24.18%。因此城乡相对收入差别主要反映了社会分工和生产力发展的客观要求，是合理的（蔡继明，1998）。

传统发展经济学认为，是因为农业生产率低于工业，若没有外部补贴，以农业为主的农村总是落后于以工业为主的城市。但是经济学一般原理告诉我们，只要市场竞争充分，资本流动和人口流动没有障碍，市场经济的结果必然导致城乡差别日益缩小。此外即使存在市场缺陷，政府通过合理安排税制和公共产品提供制度，也可以纠正因机会不平等而导致的收入分配差距。因此，生产力差异不能解释城乡收入差异越来越大的现象。

第五种观点是“人力资本和生育率差异论”，持这一观点的学者试图将人力资本、生育率以及二者的互动影响作为观察和分析中国城乡收入差距的基本变量。他们认为，相对于城市来说，农村地区的高生育率和低人力资本积累率导致农民收入增长缓慢，而城市部门已进入低生育率、高人力资本存量和积累率共同推动的持续增长均衡阶段。因此只要提高农村居民的人力资本水平和降低其生育率，使农民具有与城市居民相同的生育率水平和人力资本存量水平及积累率，城乡收入差异就会消除（郭剑雄，2005）。并且认为，只要加大对农村地区的教育投入，一方面农村居民的人力资本水平提高，收入会随之提高；另一方面人力资本增长会对生育率产生抑制效应，从而实现农村部门由高生育率、低人力资本水平向低生育率、高人力资本水平方向转变。

这种观点实际上是将结果当成原因。正是农村家庭收入低，才付不起与较高教育质量相联系的教育费用，从而造成较低的人力资本水平。又从而无法脱离农业或获得较高收入机会。务农需要强壮的劳动力，就需要有男性帮手和继承人，当头胎和二胎是女性孩子时，他们一般会选择违反计划政策不惜被处罚，一定到生养男性孩子时才停止生育。这主要是农村贫困、收入低使然，当然还有其他方面如文化传统的影响。

第六个观点是“消除收入差异政策无效论”（王小鲁、樊纲，2005）。面对日益严重的城乡收入差距，中国政府采取的一系列的政策（包括财政转移支付、城市化、健全社会保障体系等），但为什么不能扭转局面？王小鲁、樊纲的研究表明，在收入再分配方面，财政转移支付不仅没有缩小城乡差别，而且还扩大了城乡差别，因为中央财政对各省的转移支付更多地被用于投资和政府消费，较少用于扶贫，且使用方向以城市为主。城市化本来应当是减少城乡收入差距最重要的因素，但由于城乡居民在城市公民权不平等，城市化不仅不会缩小城乡差异，还有扩大城乡差异的可能。发展社会保障体系本来也应当有助于减少收入差距，但研究发现目前的基本养老和医疗保险待遇方面城乡差异没有缩小反而加大。

有的学者认为，财政体制上过度分税制也是造成城乡差距进一步扩大的原因，或至少是财政对城乡差距越来越大调节不力的原因。在层层分税制格局中，形成了税源大的税种上移、税源小的税种下移，而同时要求事权与财税源相匹配，但由于中国各地发展不平衡，不少地方有财权但却不能产生财力。在财力集中于中央的情况下，依靠地方政府提供医疗和教育等基本公共服务必然会加剧城乡差异（David Dollar，2007）。此外，中国目前的财政体制在分税以后本质上还是分灶吃饭，以本级财政平衡为核心，特别是市级财政缺乏对辖区财政的责任机制，这样导致城市获得较多财力而不能合理下移的问题（刘尚希，2008）。有的学者实证研究表明政府支出结构对城乡收入差距也有显著影响（Ming Lu and Zhao Chen，2006）。

二、有关县乡财政困难原因的诸观点的辨析

城乡差距的逐步缩小应该是中国现代化进程的一项重要使命。然而不争的事实是，城乡收入差距并没有随着中国经济快速增长而得到明显缓解，却呈不断扩大趋势，城乡居民所享有的公共产品利益的差距更是越来越巨大。这与基层政府无力向农村地区提供必要的公共产品有关。在基层政府无力向农村地区提供公共产品时，按道理中央或省一级政府应当承担起这种职责。中央和省级政府确实也通过转移支付等办法支持基层政府运作（其中包括农村税费改革的补助、农民种粮直补、对贫困县的帮扶等），但为什么城乡差距继续拉大，基层财政依然困难？部分县靠土地收入困难有所缓解，随着房地产市场的回落和土地收入的减少，再度陷入困局。

关于县乡财政困难的原因有不同解释，主要有如下观点。

1. 经济发展不平衡说

不少学者专家（如邴志刚，2005）认为，困难的县由于以农业经济为主，税源有限，表现为“农业大县、工业小县、财政穷县”。市场经济使生产要素进一步向发达地区流动，进一步导致县乡经济萎缩，财政困难加剧。

这个观点源于经济决定财政的传统认识。从一个国家的整体和长期看，这是正确的。但在我国，除了少数地区实行自治外，多数县乡不是自治的，中国实行的是中央集权政治模式，除非整个国家出现财政经济困难，在经济

发展很快、国家整体财力迅速增强的情况下，经济落后（实际上只是工业落后）地区财政依然困难只能是分配不合理问题。在市场条件下，要素当然往利益更大的地区流动，但财政的存在就是为了克服市场缺陷，财政当然要反市场而动，通过对经济落后税源少的地区转移支付等办法，实现基本公共服务均等化，这是公民社会的基本特征，也是上级政府存在的主要理由。因此，仍然以县乡经济落后来解释县乡财政必然困难是错误观念。

2. 政策因素说

不少地方财政官员认为，中央出台减收增支政策较多，超出县乡财政承受能力是造成县乡财政困难的主要原因。1998 年以来，中央陆续出台各项调整工资、完善社会保障制度和实施农村税费改革等措施，县乡政府承担的各项改革成本大幅度上升。仅 2003 年与 1998 年相比，调整工资及相关支出增加 1361 亿元；农村税费改革县乡减收约 839 亿元，县乡抚恤救济和社会保障增支约 180 亿元。上级政府专款要求县乡配套等都增加了县乡政府支出压力。出于环境保护考虑，关闭“五小”、实行天然林保护工程、退耕还林等经济调整措施，使乡镇企业倒闭，县乡税基缩小。废除农业税，并大力清理整顿杂税（包括在农村地区停止征收“三提五统”和其他一切杂项），使地方杂税收入越来越少。

在财政整体格局不变情况下，上级政府出台让基层减收增支的措施，自然会加剧基层财政的收支不平衡。然而即使不出台这些政策，基层政府公共服务提供水平也是低于城市，隐蔽的财政困难（如公务人员享有的收入降低或居民承担较重的税外负担，或居民享有的公共服务比较低）也存在，上级出台这些政策只不过使隐蔽的困难显性化。因此，县乡财政困难不能主要归因于政策因素。

3. 体制因素说

体制因素说又可分为两种。一种观点（如刘尚希、邢丽，2006；财政部《缓解县乡财政困难》课题组，2005；贾康、白景明，2002）认为造成县乡财政困难体制上的主要原因是省级与其下属之间的一般预算财政体制不合理，根据目前的体制，财力分配的格局是县乡财力占地方财力的比重低于 50%，但财政供养人员占地方财政供养人员的比例要超过 75%，省市级财政集中度过高。

另一种观点（如赵福军，2007；刘乐山、何炼成，2005）认为，造成县乡财政困难的原因主要是中央集中度过高且公共服务提供责任下移。有资料显示，1994—2004 年 F 省县级一般预算财政总收入年均增长 14.4%，但体制性财力增长年均仅 10.7%。体制性财力占财政总收入的份额由 1994 年的 80.1% 下降到 2004 年的 57.5%。县市每增加 100 元财政总收入，1994 年可以增加体制性财力 80.5 元，到 2004 年下降到 68.3 元，中央在集中收入的同时，并没有上收相应的财政支出责任，反而将支出责任下移。另一种相反的意见认为，从一般预算看，1993—2004 年，中央财政收入占全国财政收入的比重由 22% 提高到 54.9%，但扣除税收返还中央财政收入占全国财政总收入的比重仅为 39.6%。同期中央财政的支出比重，1993 年为 28.3%、2004 年为 27.7%，不仅没有提高，反而下降。说明中央转移制度力度加大了。1994—2004 年，中央对地方转移支付总增量为 19575 亿元，其中用于东部 1977 亿元、中部 8441 亿元、西部 9157 亿元。东部主要是专款，分税制实行 11 年里，从东部净集中增量 9233 亿元、同时对中部和西部分别净补助 3882 亿元和 6053 亿元[①]。

第三种观点认为是转移支付的结构不合理。一方面财力性转移占转移支付的比例比较低；另一方面比较低的财力性转移支付也没有主要用于财政困难的县乡。2004 年中央财力性转移支付增量为 693 亿元，但加上中央和地方，占县级单位数近 30% 的 791 个财政困难县，获得的财力性转移支付增量仅 181 亿元，也就是说转移支付中很大一部分用于发达地区的锦上添花，而不是欠发达地区的雪中送炭[②]。

无论是中央集中过多还是省级集中过多，都不能解释县乡财政困难的根本原因。因为集中过多只是财政运行的收入方面，关键在于中央或省级支出偏向，如果偏向于县乡居民，只不过是一手集中一手分发，集中再多也不会导致财政困难；如果是偏向城市那就造成财富从县乡向城市流动。

4. 职能越位和机构膨胀说

姜长云（2004）等认为除了上述原因外，财政供养人口膨胀，升级达标、政绩工程、盲目上项目、支出管理不善、支出结构不合理，浪费严重等也对县乡财政困难造成一定影响。

这理由也不充分。我们承认基层政府也存在人浮于事、机构臃肿问题，但对比上级和城市政府系统，县乡政府系统并不是最大的，其从事的职责和行为并不是只有县乡才有的。因此，把县乡财政困难归咎于职能越位和机构膨胀也是没有说服力的。

---

① 见财政部预算司编：《缓解县乡财政困难 促进财政可持续发展》（文集），中国财政经济出版社 2005 年版，第 1—3 页。

② 财政部预算司编：《缓解县乡财政困难 促进财政可持续发展》（文集），中国财政经济出版社 2005 年版，第 1—3 页。

那么城乡收入差距继续拉大和多数县乡财政困难的深层次原因是什么？我们通过分析中国财政机制的特征就能一目了然。本文作者曾经提出城乡收入差异拉大和县乡财政困难的一个根本原因在于中国实际存在一个劫贫济富的逆向财政机制又称非对称财政机制（杨斌，2002a，2002b，2002c，2004，2007a）。本文作者所指导的博士生也以此为论文选题进行了研究（龙新民，2007）。本文将在原系列研究的基础上，对中国财政收支机制的特征进行全面描述，对这一机制的实际情况进行数值估算。

三、中国财政机制的特征及其数值估算

中国财政收支情况很复杂，名实不符情况多见，只有从本质上加以梳理、归类，才能完整准确把握全貌，研究结论才会有实际意义。为此在进入核心问题进行解释估算前有必要对涉及的概念和估算方法做出说明。

（一）概念和方法解释

1. 三种类型的财政机制

在城市与农村的财富分配关系上，存在显性的政策安排如农业税、“三提五统”、财政支农支出（或财政用于“三农”支出）、城乡有别的户籍制度等，也存在隐性的财政机制，如流转税名义上由企业缴纳，实际上却可能很大部分由农民和城市消费者共同负担，这种隐性财政机制不深入分析就会被忽视。在研究农民与城市居民的财富分配关系时，不仅需要考察显性的政策变化，还要研究隐性的负担实际。综合起来，可以将农村居民和城市居民作为两个对照的整体，比较其财政负担（所费）和获得的公共产品利益（所得），看其是否对称。如果其中一个整体所费超过所得，就意味着发生财政转移或再分配。按照公共经济学基本原理，财政存在的基本理由之一是实施收入再分配，即通过征税和支出转移比较富裕群体的一部分收入给比较贫困的群体，即“劫富济贫”。因此，如果通过财政收支活动，使比较贫穷的一方财政负担（所费）低于公共产品日益（所得），就意味着财政机制是顺向的，顺向财政机制符合大家公认的社会正义原则。如果其结果相反，财政活动使比较贫穷的一方获得的公共产品利益（所得）少于其所负担的财政收入，就意味存在逆向财政机制，这种财政机制属于劫贫济富。如果双方

所费和所得相等可以说财政机制是对称的。由于农民作为整体客观上处于弱势、属于穷者，财政的应有作用应当是给予农民的公共产品利益要大于其所负担的财政收入损失。如果出现这种情况就可以说财政机制是顺向的，如果出现相反的情况就可以说财政机制是逆向的。本文首先估算农民整体负担（即所费）包括正税、杂税、暗税总额等各种显性和隐性负担，然后估算农民从各种途径的财政支出（包括预算内、预算外、基金等）所形成的公共产品中获得的利益（所得），最后通过它们之间的对比来判断对农民的财政机制是顺向还是逆向。

2. 农民的正税、杂税和暗税负担

从税收立法的层次角度看，税收可分为正税和杂税。一切经过议会或人民代表大会及其常务委员会通过，或由其授权中央政府、地方议会立法的税收均属于正税，目前中国全部以税收名称出现的税收以及社会保险费、排污费等均属于正税。正税有一些显著特点，如存在系统规范的法律，包括人大制定的税法或国务院授权制定的条例、实施条例或细则、解释性部门规章（红头文件）；存在专门的征收管理机构（包括国家税务局、地方税务局、各级海关、社会保险费征收机关、排污费征收机关），非专门征收管理机关无权征税；正税存在的时间比较长，法律规则和基本政策长期保持稳定。对正税的税额按一定比例加征的税收为附加。

正税之外所有具有税收性质的征课方式均属于杂税，它们的名称没有冠以税收，往往以政府性基金、费、资金、上交有关部门的收入等形式出现，决定开征的权力主体不是人民代表机构，而是中央政府或地方各级政府，更多的是中央有关部委，征收的法律依据往往是红头文件，杂税一般以满足某种建设项目或某一方面发展需要为名目，有一定存在期限，且款项由使用单位负责征收。中国到目前被称为政府性基金的项目还有近60项，其中一部分被作为“非税收入”纳入一般预算管理，一部分作为预算外管理，大部分列入基金预算管理，除了土地出让收入、彩票公益金收入、中央财政外汇经营基金财务收入等项目外，其他项目完全符合税收的基本特征，所以可称之为杂税（杨斌，2008）。因此，研究农民负担，只看正税就不完整。

在中国除了正税、杂税外还有“暗税”。“暗税”顾名思义就是政府不以税收或费、基金等名义，而通过强制的价格制度或产权安排，对“纳税人”财富的无偿抽取。通常将工农产品价格剪刀差视为传统的“暗税”。而将在工业化和城市化过程中，对农民拥有使用权的土地资源进行征用而不给予足额补偿而产生的财富无偿转移视为现代“暗税”（杨斌，2008）。因此，如果没有把“暗税”考虑在内，就无法看清农民负担的全貌。

3. 农民的显性和隐性负担

我们把某些法律或规章（文件）明确规定由农民负担的正税、杂税作为显性负担，如农业税、“三提五统”、企业所得税由乡镇企业负担的部分、个人所得税中由农民个体工商业主、进城务工人员等负担的部分（包括农民存款利息所得税）等。隐性负担由流转税本身的性质所决定，虽然流转税法律规定纳税人是企业不是农民，但由于税负转嫁，税负实际由包括农民在内的消费者负担，纳税人与负税人不一致。中国人民主要通过这种隐性负担来承担税收的，因为流转税占中国税收的2/3以上。某些税种存在特殊的机制，税负归宿与名义法律规定相反，如增值税。虽然增值税法律规定对农民免税，但这种免税会导致农民实际要负担进项税额（杨斌，1993，第156—162页），也属于隐性负担。“暗税”也基本上属于隐性负担，如过去时代的“工农产品价格剪刀差”、现在的土地征用制度，表面上看与农民的财政税收负担无关，实际上存在隐蔽的税收。如果只看显性负担，在废除农业税、“三提五统”后，农民好像“无税”了，对农民已经是“少取多予”了，财政机制已经是顺向的了。这显然是不全面、不正确的。因此，研究对农民的财政机制特征，搞清楚农民的隐性财政负担有多大很重要。

4. 一般预算、预算外、基金预算、社会保险基金预算

目前中国存在多个预算体系。以正税（不包括社会保险费）为主要收入来源，且每年必须向各级人大报告的预算体系就是所谓一般预算，这是中国财政收支的主要渠道。一部分收费（一部分也属于杂税）比较零星分散，无法预先确定收支数额，或具有即收即支的专项用途性质，宜于采用收支部门设立专户实行收支两条线的管理办法，其收支不列入一般预算也不列入基金预算，因此称为预算外，作为一般预算的补充。以土地出让收入和各种专项用途的政府性基金（多数为杂税）为收入来源，列收列支自求平衡的一种专门预算体系，称之为基金预算，其支出为基金预算支出。除此之外，由于中国社会保险费征收和使用由社会保障部门负责，因此实际存在独立的社会保险基金预算，以社会保险费为主要收入来源，专门负责提供养老保险、失业保险、工伤保险等社会保险项目开支的预算。

因此，中国政府财政应当包括以上四个方面，而不仅是一般预算（学术界和实际部门通常所说的“财政收支”仅仅指一般预算的收支），研究城乡财政关系也要涉及以上四个方面。只有将上述各个预算体系中，农民所费与所得进行对比分析，才能揭示中国财政机制的特征。由于数据来源的因素，以及本文研究的宗旨是相对的城乡差异。笔者对预算外、基金预算和社

会保险基金预算不做完整处理。由于目前预算外收支数额相对较小，又带有专款专用性质，以下暂时将其忽略。对政府性基金，只估算其中土地出让金部分农民净损失。对社会保险预算，也只考察进城务工农民由于工作单位没有按法律规定为其缴纳社保费用而不能享受社保利益，以及因为社会保险基金账户不能省际移动、延续，而导致的已缴纳却不能获益的净损失情况。

（二）一般预算的财政机制特征

按照上述分析，我们设 LXCa（逆向程度）为一般预算财政机制特征值，估算方法是：以一般预算中的农民全部负担（LFD）减农民从一般预算支出所形成的公共产品分享到财政利益（LCL），以其结果除以农民负担（LFD）。如果数值为正数说明农民整体所费大于所得，存在逆向机制，绝对值表明逆向程度；如果为负数说明存在顺向机制，绝对值表明顺向程度。其计算公式如下：

$$LXCa = (LFD - LCL) \div LFD \quad (1)$$

$$LFD = LZS + JXS + ZJS \quad (2)$$

$$LZS = [ZZS + YYS + XFS + JGS - CKT] \times Xa \quad (3)$$

$$Xa = LMX \div JMX \quad (4)$$

$$LCL = ZJL + JJL \quad (5)$$

$$JJL = GGZ \times Fa \quad (6)$$

$$GGZ = GSZ + GAZ + GFZ + JYZ \quad (7)$$

$$Fa = 1 \div 2 \ (LCK \div JCK + LCT \div SHT) \quad (8)$$

其中，LXC——逆向程度；LFDa——一般预算农民负担；LCL——农民分享的一般预算财政利益；LZS——农民负担的主要流转税；JXS——农产品投入品进项税额；ZJS——农民负担的直接税；ZZS——增值税；YYS——营业税；XFS——消费税；JGS——关税；CKT——出口退税；Xa——农民消费系数；LMX——农民消费额；JMX——居民消费总额；ZJL——农民获得的直接利益即财政“三农”支出；LJL——农民获得间接财政利益；GGZ——一般预算公共支出；GSZ——一般预算公共服务支出；GAZ——一般预算公共安全支出；GFZ——一般预算国防支出；JYZ——一般预算教育支出；Fa——一般预算公共支出农民分享系数；LCK——农户存款余额；JCK——居民存款余额；LCT——农村投资额；SHT——社会总投资。

按照上述公式，先计算一般预算中农民全部实际负担（LFD），然后估算农民从一般预算支出所形成的公共产品中获得利益（LCL）包括直接利益（ZJL）和间接利益（JJL）。

1. 一般预算农民全部实际负担（LFD）估算

第一，实际负担的各种流转税（LZS）。中国流转税（包括增值税 ZZS、消费税 XFS、营业税 YYS、关税 JGS 等）实行价内税方式，税含价中，名义上以企业或货物、服务提供者为纳税人，好像与农民无关，但实际上税是由包括农民在内的消费者支付的。尽管由于存在税负转嫁与归宿现象，上下交易环节的纳税人之间、纳税人与消费者之间在税负上存在博弈的复杂问题（杨斌，2008，第 111—118 页），总体上说消费者为实际负税人是合适的。如果把中国价内税变为西方国家通行的价外税，就一目了然。这样看来，农民作为消费者只要其购买商品和劳务就要与城里人一样负担各种流转税，因此认为流转税为企业负担或城里人缴纳，农民只负担农业税或其他专项杂税的看法是不正确的。我们可以用统计年鉴中的农村居民消费（LMX）占居民消费总额（JMX）的比例（农民消费系数 Xa）大致地推算出主要流转税中实际由农民负担的数额（LZS），见表 1。

表 1　　农民实际负担的主要流转税（LZS）情况表　　单位：亿元

年　份	主要流转税合计	农民消费系数 Xa（%）	农民负担的主要流转税（LZS）
1998	6477.81	36.89	2389.66
1999	7346.82	34.79	2555.96
2000	8715.92	33.03	2878.87
2001	9773.43	32.09	3136.29
2002	11011.61	30.95	3408.09
2003	12986.38	28.69	3725.79
2004	15361.92	27.49	4222.99
2005	17887.39	27	4829.6
2006	21026.48	26.23	5515.25
2007	26209.21	25.63	6717.42
合计	136796.97		39379.92

注：本表主要流转税包括增值税、消费税、营业税和关税，上述数据均包含海关代征的进口货物增值税和消费税，但已减去出口退税（CKT），数据来源为各年《中国统计年鉴》。海关代征数据和出口退税数据，1998—2002 年的数据按国家税务总局公布的数据（由于这些年份的统计年鉴中没有相应数据），2003 年以后按各年《中国统计年鉴》。

第二，实际负担的增值税进项税额（JXS）。农民因不是增值税纳税人而负担的农业投入品进项税额。由于农民不作为增值税的纳税人，无权开出增值税专用发票，不能将进项税额转由农产品采购商或消费者负担，而自己要负担进项税额。欧盟也对农民免征增值税，但对农民均采用“同一税率补偿”的办法将进项税额还给农民。我国没有此项规定。根据《中国统计年鉴》提供的投入产出表，计算出近10年承担增值税或虽然征收营业税但可获得进项税额抵扣的农业投入品价值与农业增加值的比例平均为40%。据此，可计算出1998—2007年各年征收增值税的农业中间投入品价值额（见表2第3列）。另据统计，目前我国粮食、蔬菜类产品的商品率已超过30%，畜产品、水产品的商品率超过50%，水果的商品率接近90%[①]。据此农产品商品化率按40%计算，可算出商品化（即用于销售）的农产品所使用的投入品价值（见表第2第4列）。设农业投入品的增值税税率为17%。那么各年实际由农民负担的农业投入品增值税进项税额（见表2第5列）。

表2　由农民负担的农业投入品增值税进项税额（JXS）　单位：亿元

项目 年份	农业增加值	征收增值税的农业投入品价值	归商品化了的农产品的农业投入品价值额	农民实际负担的农业投入品增值税进项税额（JXS）
1998	14817.6	5927.04	2370.82	403.04
1999	14770	5908	2363.2	401.74
2000	14944.7	5977.88	2391.15	406.49
2001	15781.3	6312.52	2525.02	429.25
2002	16537	6614.8	2645.92	449.81
2003	17381.7	6952.68	2781.07	472.78
2004	21412.7	8565.08	3426.03	582.43
2005	22420	8968	3587.2	609.82
2006	24040	9616	3846.4	653.89
2007	28095	11238	4495.2	764.18
合计				5173.43

第三，农民负担的直接税和各项杂税（ZJS）。农民实际负担的各种直接税和杂税包括农业税（农业税取消以后的烟叶税）、“三提五统”（2004年以后完全取消）、乡镇企业所得税、农民在农村地区或城市经营的个体工商户所承担的所得税、个人所得税、农民承担的各种税收性质的收费。我们以

① http://www.cctv.com/financial/jintudi/20020917/lianjie021002_8.html.

农业部每年发布的《中国农业发展报告》提供的农村经济收益分配情况数据计算，未列举数据的个别年份按平均增长水平推算。由于该报告中农村经济负担的“国家税金”应当包括了各项流转税，为了消除重复计算因素，按流转税占全部税收的10年平均比重（63%），推算农村经济主体以纳税人名义缴纳的各项流转税，并将其扣除，从而就得出农民负担的直接税（主要包括乡镇企业所得税、农业税以及后来的烟叶税等）。“国家税金”这个数据应当是包括了农业税、乡镇企业所得税、农民在农村地区从事个体经营的所得税等内容。农民在城市经营的个体税收，数据不可得，其数额也不会很大，此处暂时忽略不计。对个人所得税部分，由于绝大多数农民（包括进城务工人员）的工薪所得均没有超过免税额，其负担的个人所得税可忽略不计。农民负担的存款利息所得税是实实在在的，应当计算在内，但由于数额不大，且目前已停征，本文也忽略不计。农民承担的各种税收性质的收费（杂税）按农业部《中国农业发展报告》提供的农村经济收益分配情况中的“上交有关部门”数据计算，“三提五统”作为杂税虽然不合理，但仍然视其为取之于农民、用之于农民，而且目前已经取消，此处加以忽略不影响对论题的研究。据此，笔者估算了农民10年来负担的直接税、杂税数额见表3。

表3　　农民负担的直接税和杂税（ZJS）　　单位：亿元

年份	农村经济缴纳的全部税金	扣除流转税后的数值	上交有关部门的收入（杂税）	农民负担的直接税（ZJS）
1998	1580	585	249	834
1999	1788	662	269	931
2000	1948	721	274	995
2001	2162	800	272	1072
2002	2536	938	293	1231
2003	2896	1072	350	1422
2004	3185	1178	391	1569
2005	3633	1344	378	1722
2006	4242	1570	452	2022
2007	4801	1776	488	2264
合计		10646	3416	14062

资料来源：农业部：《中国农业发展报告》（2000—2007年），1998年数据按平均增长率推算，流转税扣除额按主要流转税占税收收入总额年平均比例计算。

综上，我们可以汇总农民一般预算实际负担总额（LFD）如表4。

表 4　　一般预算中的农民全部负担（LFD）　　单位：亿元

年份	农民负担的主要流转税（LZS）	农民实际负担的农业投入品增值税进项税额（JXS）	农民负担的直接税（ZJS）	一般预算中的农民全部负担（LFD）
1998	2389.66	403.04	834	3626.7
1999	2555.96	401.74	931	3888.7
2000	2878.87	406.49	995	4280.36
2001	3136.29	429.25	1072	4637.54
2002	3408.09	449.81	1231	5088.9
2003	3725.79	472.78	1422	5620.57
2004	4222.99	582.43	1569	6374.42
2005	4829.6	609.82	1722	7161.42
2006	5515.25	653.89	2022	8191.14
2007	6717.42	764.18	2264	9745.6
合　计	39379.92	5173.43	14062	58615.35

2. 农民从一般预算支出所形成的公共产品分享到的财政利益（LCL）估算

尽管农村居民和城市居民的纳税义务没有差异，但中国城乡居民从财政支出所提供的公共产品中获得的利益显然是不同的，许多城市居民享有的公共支出利益，农民不能享有，存在比较大的城乡差异。如何较为准确地估计这种差异，是研究财政机制特征是顺向还是逆向及其程度如何的关键问题。农民从公共产品供给中获得的利益有直接的一部分（ZJL），还有间接一部分（JJL）。

直接的一部分（ZJL）就是政府对农村、农民、农业的直接开支（目前的一般预算科目为农林水事务支出，以下为研究方便简称“三农”直接支出）。尽管这些开支还有一部分是由城市居民受益的（如水利支出的一部分），其余的也可能存在并不能使农民直接受益的情况，例如款项被贪污挪用、所兴建的项目不是农民需要的等等，但本文主要分析对象是城乡差异，因此可假定凡是“三农”直接支出农民均能受益。

间接部分（JJL）就是农民从政府使用税款形成的纯公共产品（如一般公共服务、国防、公共安全等）、教育、科学技术等财政支出项目中的受益。估计纯公共产品（包括如一般公共服务、国防、公共安全等）的利益分布从来都是公共经济学的难点所在。我们做这样的假设应该是合理的：即这些公共产品利益并不是人均地分配于所有居民，而是与其所拥有的财产有关，也就是所拥有的财产多者所享此类公共产品利益就多。例如，财产多者需要政府服务的机会多、需要警察的机会多，外国入侵、自然灾害、人为破坏可能造成的损失大而其依赖军队、警察或其他政府帮助的程度就高。现实生活中也经常遇到这样的情况，当出现重大灾害时，优先救灾或保护还是放弃往往会按照经济利益（即财产）大小进行取舍，江河大堤溃决时往往会选择牺牲农村而保护城市和工业。但是，我们无法从统计年鉴或其他资料中找到农民和城市居民整体的财产存量数据，因而无法通过整体财产的差异来分析他们各自从公共产品中分享的利益。但财产的存量是由财产增量累积而成的。因此，可以以城乡居民某些整体的财产增量统计数据为依据来反映城乡财产差异。可用的数据有城乡投资规模（体现不动产）、城乡储蓄余额（体现金融财产差异）。将它们简单平均得出各年农民分享系数（Fa）。

教育支出包括高等教育、高中教育和义务教育支出三个部分，高等教育支出中的农民受益部分本来可用农民家庭子女在校生占比来计算。据统计近几年随着高校招生人数扩大，全国范围内农村生源比例上升，已占50%。但在重点高校中，农村学生占比仅为30%[①]，而且存在下降趋势。从高中教育和义务阶段教育支出看，虽然近几年城乡差距有所缩小，但城乡差距还很大，一方面生均经费、条件装备和师资均存在较大差距；另一方面农民家庭的学生上重点中学的机会较少，而重点中学所消耗的财政资源多。教育受益差距与财产差距有关[②]。因此，我们仍然可用前述农民分享系数（Fa）来估计农民整体从财政教育支出中的受益量。

其他项目的财政支出，包括科学技术、文化体育与传媒、社会保障和就业、医疗卫生、环境保护、城乡社区事务、交通运输、工业商业金融等事务、其他支出。其中，直接用于“三农”的部分已经体现在“农林水事务”支出（即前述政府对“三农”直接开支）中，例如科学技术支出中的农业科技支出已经体现在“三农”支出中，其余部分可视为农民没有享有其利益。文化体育与传媒支出主要用于有关部门的人头、办公开支，社会保障和就业支出真正用于农村部分数额很小可忽略不计。农村靠农民自助或合作医疗，医疗卫生开支主要也是用于有关行政部门的人头、办公开支，农民从中的受益同样可忽略不计。其余的项目（城乡社区事务、交通运输、工业商业金融等事务、其他支出）让农民受益的成分也可忽略不计。

按照上述思路，我们计算出近10年农民从一般预算财政支出中的受益

---

① http://www.zgxc.org.cn/html/xxnews/2009-1-15/200911510420_47214.shtml/.

② 范先佐：“教育公平与教育体制改革问题”，http://jyjjyj.e21.cn/content.php?content_id=704&item_handle=yjcg/。

量见表5。

表5　农民从一般预算支出所形成的公共产品分享到的财政利益（LCL）估算值

单位：亿元

年份	A一般预算公共支出农民分享系数（Fa）	B一般预算公共支出数额（包括一般公共服务、公共安全、教育）	C农民从一般预算公共支出中分享到的利益（JJL）C=A×B	D农民获得的直接利益即财政"三农"支出（ZJL）	E农民从一般预算支出中分享的全部财政利益（LCL）E=C+D
1998	0.2	3760.02	759.15	1154.76	1913.91
1999	0.2	4277.08	840.87	1085.76	1926.64
2000	0.2	4898.85	968.99	1231.54	2200.53
2001	0.25	5977.43	1483.6	1456.73	2940.33
2002	0.18	7454.98	1347.86	1580.76	2928.62
2003	0.18	8484.81	1489.08	1754.45	3243.53
2004	0.17	9884.76	1661.63	2337.63	3999.26
2005	0.16	11600.37	1905.94	2450.31	4356.25
2006	0.16	13687.48	2220.11	3172.97	5393.08
2007	0.16	18138.57	2911.24	3404.7	6315.94
合计		88164.35	15588.47	19629.61	35218.08

根据各年《中国统计年鉴》、《中国金融年鉴》有关数据计算。

3. 一般预算的财政机制特征及其数值估算

根据上述数据，我们知道了一般预算中的农民全部负担（LFD）和农民从一般预算支出所形成的公共产品分享到财政利益（LCL），就能根据公式LXCa=（LFD-LCL）÷LFD，描绘出中国一般预算的财政机制特征（见表6）。从表6中可以看出，从1998—2007年10年间，LXCa值全部为正，中国一般预算呈现出相当严重的逆向特征，10年总的逆向程度达到40%。近几年政府加强了对"三农"的投入，呈显著的增长趋势，使逆向程度从20世纪末的50%左右下降到目前的35%左右。一方面，一般预算的劫贫济富程度逐年降低，说明惠农政策有效，也说明财政非正义性减弱，在向正义、公平方面转变；另一方面，一般预算作为中国财政收支的主渠道，仍然在隐蔽地剥夺农民，逆向绝对值呈现扩大趋势。

其本质就是农村居民付出的用于公共服务的劳动被他人占有。许多来自乡村的劳动者当他们参与城市产业生产时，只获得私人领域的必要劳动价值，而无从获得为公共部分付出的劳动回报。这就必然会出现使一部分劳动者（进城务工者）的劳动成果被转移到城市居民享有，使城市居民获得超过其贡献的公共劳动的成果。也就是说城市居民享有的医疗、良好的城市公共基础设施、良好的治安、教育、社会保障等公共劳动，并不完全由其自身创造或城市居民整体过去创造的积累。在这种情况下，中国城乡收入差距就不能收敛。

表 6　　一般预算逆向程度数值估计　　单位：亿元

年份	一般预算农民全部实际负担（LFD）	一般预算农民分享的财政利益（LCL）	一般预算逆向程度（绝对数）	逆向程度（LXC）%
1998	3626.7	1913.91	1712.79	47.23
1999	3888.7	1926.64	1962.07	50.46
2000	4280.36	2200.53	2079.83	48.59
2001	4637.54	2940.33	1697.21	36.6
2002	5088.9	2928.62	2160.28	42.45
2003	5620.57	3243.53	2377.04	42.29
2004	6374.42	3999.26	2375.16	37.26
2005	7161.42	4356.25	2805.17	39.17
2006	8191.14	5393.08	2798.06	34.16
2007	9745.6	6315.94	3429.66	35.19
合　计	58615.35	35218.08	23397.27	39.92

（三）基金预算的逆向程度和农民负担的现代“暗税”

前面已经支出中国财政除了一般预算以外还基金预算。2008 年列入基金预算管理的政府性基金总收入达到 15636.35 亿元，相当于一般预算总收入 61316.9 亿元 25.50%，规模相当大。不考察这一预算中农民所费和所得，就无法全面说明中国财政机制的特征。即使一般预算实现了逆向向顺向的转变，但如果基金预算仍然具有逆向特征，只要其逆向绝对数超过一般预算的顺向绝对数，整体上财政机制仍然是逆向的。在基金预算中占大头的是土地出让收入和支出。2008 年土地出让及新增建设用地土地有偿使用费收入 10375.28 亿元（谢旭人，2009），占基金预算总收入的 66.35%。其余基金项目收入基本上属于杂税或专用税收（earmarked taxes），如对机票定额征收的机场建设费专门用于机场建设、对铁路货运按每吨公里 3.3 分计征的铁路建设基金专门用于铁路建设、按每度电 0.3 分课征的三峡建设基金专门用于三峡工程建设等。这些基金可以视为所费与所得相等，在估算是否对农民产生逆向机制时可给予忽略。因此，我们的研究重点放在土地出让收入。通过研究土地出让收入中农民不能获得对应利益的财富损失，这种财富损失很大程度上是因为土地所有权制度做了完全不利于农民的安排，如果按照多数国家和地区（如台湾）惯例来设置土地物权法，那么农民在房地产市场发展中应将获得极大的利益。这种人为的不平等法律安排本质上就是设置了对农民征收“暗税”的规则，就是政府通过土地财富的分配，将一部分本来应当归农民享有的财富转移给了城市居民，许多地方靠土地收入进行城市建设、盖办公楼、补发拖欠的公务员政策性加薪等说明了此种情况的存在。

根据《中国国土资源年鉴》和《中国国土资源公报》等提供的统计资料，我们计算了近10年土地出让收入（见表7第1列）。由于以往年份土地出让金支出明细资料不可得，我们只能以2008年财政部公布的土地出让收入开支结构，先计算土地出让总收入扣除征地和拆迁补偿以及补助征地农民支出、土地开发和耕地保护支出等农民受益部分的余额为农民在土地出让上的净损失（“暗税”），然后以此数值占当年全部土地出让收入的比重（计算结果为47.62%），来推算其他年份的农民负担的现代“暗税”。由于近几年对失地农民的征地补偿标准有所提高，以提高后的标准来测算往年的数据，不会出现高估情况，因此该比例是一个合适的计算基数，也就是说其只会低估农民承担的现代“暗税”，不影响本论题的结论。此外，土地出让收入包括了国有企业土地出让和城市居民住宅拆迁土地出让收入，但从实际运作情况看，这部分补偿还是很充足的，往往只是地址的变更，其损失可忽略不计。据此，我们测算了近10年农民负担的现代“暗税”数值（见表7第2列）。

表7　　农民负担的现代“暗税”估算　　单位：亿元

年　份	土地出让收入	农民负担的现代“暗税”
1998	497.83	237.07
1999	598.58	285.04
2000	912.6	434.58
2001	1295.89	617.1
2002	2416.79	1150.88
2003	5421	2581.48
2004	5894.14	2806.79
2005	5505.15	2621.55

续表

年 份	土地出让收入	农民负担的现代“暗税”
2006	7676.89	3655.74
2007	11947.95	5689.61
合计	42166.82	20079.84

注：2000 年、2001 年和 2002 年数据根据相关年份的《中国国土资源年鉴》，2003 年、2007 年数据来源为刘守英，《中国土地产权与土地市场发展》，http：//www.civillaw.com.cn/article/default.asp? id =41228。2004—2005 年根据各年《中国国土资源公报》。1998 年、1999 年份数据，以 2000 年建设用地每亩价格为基准，按当年建设用地数量推算。

从表 7 可以看出，农民负担的“暗税”数额相当大，且逐年增加，2003 年以后其数值超过一般预算中的逆向绝对数。这种情况表明，一方面政府采取一系列的惠农、支农、减负措施使一般预算的逆向程度减弱，但却在土地出让收入方面扩大了逆向绝对数。这使政府不能利用城市发展机会，缩小城乡差距，而是继续在吞食土地资源这一农民手中唯一剩余的财富，将其转移到城市。

（四）进城务工农民社会保险利益的净损失

进城务工人员（几乎所有文献称农民工，但不贴切，因为不少人从来没有干过农活）由于不能等到同工同酬的待遇，在工资方面低于城市工人，有的学者估计工资差异由户籍差异引起的成分占 20%—30%（姚先国等，2004）。这种差异毕竟属于自愿合同关系，此处不予论及。本文要论及的是财政性措施对进城新工人的效应，首先表现在一般预算支出利益享受程度较低（前面已总体论及）；其次表现在社会保险制度安排上。我们可以从两个层面估计农民在社会保险方面的财富损失情况。

第一层面，假定（也是根据中国的基本法律）所有在企业工作的工人均享有社会保险（包括养老、医疗、工伤、失业、生育）的权利，那么由于多数企业或个人雇主并没有按照法律规定为其农村进城雇员支付保险费。根据国家统计局农民工统计监测的数据，2008 年进城务工人员为 14041 万人[①]，2009 年第 3 季度末为 15198 万人，月均收入为 1444 元[②]。以此为费基，如果按由企业支付的综合社保费率 12.5%（上海所实行的较低标准，

① http：//www.stats.gov.cn/tjfx/fxbg/t20090325 _ 402547406.htm.

② http：//www.stats.gov.cn/tjfx/fxbg/t20091028 _ 402597826.htm.

负担水平相当于城镇职工的1/3）计算，那么2009年这些新工人享有的社保利益约为3291.89亿。如果按多数地区实行的城镇职工社保费率，单位综合费率（养老单位20%个人8%，医疗单位8%个人2%，失业单位2%个人1%，工伤单位1%，生育单位0.9%）为31.9%计算，每年这些新工人享有的社保利益为8400.90亿元。据统计目前养老保险的参保率仅为15%，其他险种参保率更低（人力资源和社会保障部农民工社会保障专题组，2009），就以15%参保率计算，农民要损失社保利益7140.76亿元，就按较低标准计算也要损失2790.11亿元。

第二层面，由于目前社会保险制度各地不一，统筹单位也大小不同（有的已经省级统筹，有的还以县市级统筹为主，各统筹单位之间政策不统一），难以互联互通，养老保险关系无法转移接续。因此，已经参保了的新工人，一旦他们处于流动状态，离开原工作的城市，其养老保险个人账户难以转回原籍，就不能获得单位为其缴纳的社保利益。在这种情况下，对流动新工人而言，参保率越高，其损失的社保利益越大。

四、结论和政策建议

综上所述，我们发现中国财政确实存在对农民、农村和农业逆向机制。一般预算逆向程度10年平均为40%，10年间仅通过一般预算政府从农民净索取的财富数额达到23397.27亿元，加上基金预算中的土地出让收入，从农民净索取财富总额达到43477.11亿元，如果加上社会保险利益方面的剥夺，这个数额更大。逆向财政机制的存在是中国城乡收入差距拉大和县乡基层财政出现困难的隐蔽原因。不改变这种机制，城乡居民享有公共产品利益的差距就会越来越大，城乡收入差距就很难收敛，克服县乡财政困难的措施也难以奏效，“工业反哺农业”和农业保护、农业补贴都只是口号。

为了实现城乡收入差距的收敛，直至最终实现城乡协调发展，就需要消除逆向财政机制，让财政结束“劫贫济富”性质回归“劫富济贫”的正义之路。为此应当采取如下策略：

第一，进一步提高一般预算中对“三农”的支出比例，尽快消除一般预算的逆向特征，将农民多承担的广义税收以向农村和进城务工的“农民”提供他们所需的公共产品方式，整体地“返还”给他们（杨斌，2004）。具体方式上，扩大税款专用范围是一条途径，对某些税种采取类似于社会保险基金那样，个别缴纳、专款专用、统筹使用，例如可以将个人所得税收入专门用于解决贫困地区基础教育落后、贫困家庭孩子读大学、看病难等民生问题。另一个途径，是各级政府将财政收入增量重点用于农村扶贫、教育开支。

第二，在优化土地所有权和使用权制度以及提高土地征用补偿水准的前提下，将农民负担的现代“暗税”专款专用。一部分作为农村居民教育基金，专项用于保障农村贫困家庭子女接受高等教育和职业教育，提高农村居民的人力资本水平。一部分专门用于新农村建设、用于进城务工人员的社会保障住房建设。

通过这种整体返还，从当前和未来两方面提高农村居民的收入，逐步缩小城乡收入差距。以2007年数据为例，如果将该年度农民净负担的一般预算逆向绝对数（3429.66亿元）和“暗税”（5689.61亿元）共9119.27亿元，整体地还给农民，实现财政机制对称，那么农民人均纯收入会增加1000元，假定城市居民人均收入不变，城乡人均收入比就从3.33：1降为2.68：1，城乡收入差距大大缩小。如果财政能从逆向40%转变为顺向40%，同样条件下，城乡人均收入比会降到2.25：1。如果考虑这部分财政开支将产生一系列的乘数效应，其对缩小城乡收入差距影响更大。

第三，要消除逆向财政机制，需要进行以平等的公民权、平等的物权（包括土地权）、科学的财政分权为目标的改革。在目前还没有条件推行以个人所得税为主体的税制结构的情况下，一方面应当设法改革流转税（包括增值税、营业税、消费税和关税），探索从生产地课税转变为消费地课税的可行途径，从而从税制本身解决税源地与用税地不一致所造成的税制严重不公平问题，使农民作为消费者所负担的流转税能够流回其辖区政府用于向他们提供他们需要的公共产品。如果推行这项改革有困难，应当改革分税制，将流转税作为中央税，由中央按各地人口和消费水平等因素实行转移支付，先将较不发达地区居民实际负担的流转税返还给居住地，然后再根据公共服务适度均等化原则再进行另一层面的转移支付。即建立以基本公共服务均等化为目标的一般转移支付制度，并由中央直接测算分配到县；对共同事物明确分级负担比例；对委托事务足额安排资金；减少政府层级、控制财政供养人口、规范地方政府行为。

参考文献

1. Chan, Kamwing, 1999, “One Country, Two Systems”: Rural - Urban Dualism in the PRC, in Wu, Hsin - hsing (ed.) PRC Political Economy: Prospects under Jiang Zemin, Tainan: Graduate Institute of Political Economy, Nation-

al Cheng Kung University, p. 182.

2. David Dollar, 2007, Poverty, inequality and social disparities during China's economic reform, http://econ.worldbank.org/external/default/main?pagePK = 64165259&piPK = 64165421&theSitePK = 469372&menuPK = 64166093&entityID =000016406 _20070613095018.

3. Kuznets, Simon, 1955, "Economic Growth and Income Inequality", *The American Economic Review*, Vol. 45, No. 1, 1 -28.

4. Michael Lipton, 1977, Why Poor People Stay Poor: Urban Bias in Word Development, Cambridge, MA: Harvard University Press.

5. Ming Lu and Zhao Chen, 2006, Urbanization, Urban - Biased Policies, and Urban - Rural Inequality in China, 1987 -2001, Chinese Economy, Volume 39, Number 3, p. 42 -63.

6. Robert Bates, 1981, Markets and States in Tropical Africa, Berkeley: University of California Press.

7. Solinger, Dorothy J., 1999, Citizenship Issues in China's Internal Migration: Comparisons with Germany and Japan, Political Science Quarterly, Vol. 114, No. 3, p. 455 -478.

8. Terry Sicular, Yue Ximing, Li Shi, Björn Gustafsson, 2004, The Urban - Rural Gap and Income Inequality in China. http://website1.wider.unu.edu/research/2004 -2005/2004 -2005 -6/cip2/papers/Terry.pdf.

9. 郁志刚："缓解县乡财政困难的思路与对策"，《地方财政研究》，2005 年第 3 期。

10. 财政部"缓解县乡财政困难"课题组："缓解县乡财政困难 促进区域协调发展"，《预算管理与会计》，2005 年第 9 期。

11. 蔡昉、杨涛："城乡收入差距的政治经济学"，《中国社会科学》，2000 年第 4 期。

12. 蔡昉："中国城市限制外地民工就业的政治经济学分析"，《中国人口科学》，2000 年第 4 期。

13. 蔡继明："中国城乡比较生产力与相对收入差别"，《经济研究》，1998 年第 1 期。

14. 成德宁："论城市偏向与农村贫困"，《武汉大学学报》（哲学社会科学版），2005 年第 2 期。

15. 郭剑雄："人力资本、生育率与城乡收入差距的收敛"，《中国社会科学》，2005 年第 3 期。

16. 贾康、白景明："县乡财政解困与财政体制创新"，《经济研究》，

2002 年第 2 期。

17. 姜长云："县乡财政困难及其对财政支农能力的影响"，《管理世界》，2004 年第 7 期。

18. 林光彬："等级制度、市场经济与城乡收入差距扩大"，《管理世界》，2004 年第 4 期。

19. 林毅夫、蔡昉、李周：《中国的奇迹：发展战略与经济改革》，上海三联书店、上海人民出版社 1999 年版。

20. 林毅夫、刘明兴："中国的经济增长收敛与收入分配"，《世界经济》，2003 年第 8 期。

21. 刘乐山、何炼成："取消农业税后的县乡财政困难问题研究"，《经济体制改革》，2005 年第 3 期。

22. 刘尚希："从县乡财政困难看财政改革"，《财政监督》，2008 年第 5 期。

23. 刘尚希、邢丽："从县乡财政困难看政府间财政关系改革——以西安贫困县为案例"，《地方财政研究》，2006 年第 3 期。

24. 龙新民："中国农村公共产品供给失衡研究"，厦门大学博士论文，2007 年。

25. 人力资源和社会保障部农民工社会保障专题组："关于农民工社会保障问题研究报告"，《工人日报》，2009 年 2 月 3 日。

26. 孙政才："国务院关于促进农民稳定增收情况的报告"，2008 年 8 月 28 日在第十一届全国人民代表大会常务委员会第四次会议上，http://www.npc.gov.cn/huiyi/cwh/1104/2008-08/28/content_1446917.htm。

27. 王洪亮、徐翔："收入不平等孰甚：地区间抑或城乡间"，《管理世界》，2006 年第 11 期。

28. 王小鲁、樊纲："中国收入差距的走势和影响因素分析"，《经济研究》，2005 年第 10 期。

29. 谢旭人："关于 2008 年中央和地方预算执行情况与 2009 年中央和地方预算草案的报告——2009 年 3 月 5 日在第十一届全国人民代表大会第二次会议上"，2009 年。

30. 杨斌：《比较税收制度》，福建人民出版社 1993 年版。

31. 杨斌："减轻农民负担：费改税还是费税全免"，《涉外税务》，2002 年第 5 期。

32. 杨斌："入世背景下解决'三农'问题的政治经济策略和财政方针"，《公共经济评论》，2002 年第 5 期。

33. 杨斌："非对称性财政机制：财富从农村自动地转移至城市"，《涉外税务》，2002 年第 12 期。

34. 杨斌："将农民缴纳的'钱'还给农民——逐步建立解决'三农'问题的财政机制"，《涉外税务》，2004 年第 3 期。

35. 杨斌：《中国税政论辩——文化差异对财税制度设计及其运行效果的影响》，中国财政经济出版社 2007 年版。

36. 杨斌：《财政学》，东北财经大学出版社 2007 年版。

37. 杨斌："中国农民广义税收负担走向"，《税务研究》，2007 年第 11 期。

38. 杨斌：《税收学原理》，高等教育出版社 2008 年版。

39. 姚先国、赖普清："中国劳资关系的城乡户籍差异"，《经济研究》，2004 年第 7 期。

40. 赵阳："从'农民负担'走向'公共财政'——从财税的视角对改革 30 年国家与农民关系的回顾"，《经济研究参考》，2008 年第 31 期。

41. 赵福军、王逸辉："政府管制、财政体制与中国县乡财政困难"，《财政研究》，2007 年第 2 期。

政府招商引资角色分析与模式转换

孙 开 周淑梅*

内容摘要：改革开放以来，我国各级政府的招商引资行为对经济发展起到了积极的作用，然而同时也存在着一系列值得关注的问题，这与招商引资过程中政府的角色定位不清有着密切的关系。本文描述了我国政府招商引资的进程和主要方式，分析了政府招商引资行为的合理性与局限性，并在此基础上提出了政府招商引资角色转换和招商引资模式重塑的基本思路。

关 键 词：政府 招商引资 角色分析 模式转换

Abstract: Since the reform and opening up, the activity of acctracting foreign investment by various levels of governments in China have played an active role in promoting economic development, while some problems still exist which need to be paid attention to, and these problems are closely related to the disloacation of government's role in the process of government attracting foreign investment. The paper studies the process and main ways of government attracting foreign investment in China, analyzes the reasonability and limitation of such an activity by government, and therefore makes proposals on role changing and behavioral transformation

---

* 孙开，东北财经大学财政税务学院教授。通讯地址：辽宁省大连市尖山街 217 号，东北财经大学财政税务学院，116025。E－mail：sunkai@ dufe. edu. cn；周淑梅，东北财经大学研究生院公共经济与公共政策专业博士生。

in government attracting foreign investment in China.

Key Words: governments; attracting FDI; role analysis; behavioral changing

资本是经济发展中一个及其关键的因素。当一个国家或地方在经济发展中缺乏国内资金时，就会想方设法吸引外资以弥补其资金的不足。中国政府在改革开放后，充分认识到外资的重要性，从最早的经济特区、开发区的制造业开始吸引外资，发展到现在的全方位、宽领域、多层次的利用外资，政府充当了“一把手”的角色，而外资也确实对中国的经济发展起到了重要的作用。招商引资称得上是中国改革开放的一个重要象征。然而，同时也存在着招商引资过程中政府角色定位不清的问题，并由此产生了一系列值得关注的负面影响。在新的条件下，如何科学、有效地转换政府招商引资的模式，重塑政府招商引资机制并使之走上良性运行的轨道，便成为一项亟待探索和解决的问题。

一、问题的提出

招商引资本身是一种经济行为，属市场经济的范畴。政府招商引资，意指政府利用可支配的资源包括土地、劳动力、市场等进行政策引导，创造优越的投资环境，通过舆论宣传，吸引投资者到本地区进行生产经营活动。长期以来，我国对招商引资的理解比较狭隘，认为通过便宜的土地资源、优惠的政策以及廉价的劳动力，就是招商引资了，即可以吸引投资者。实际上，广义的政府招商引资包括政府为招商引资提供公共服务和制度环境的一切活动。招商引资的概念提出最早就是在利用外资领域。广义的招商引资，资金资源可以分为内资、外资，因此招商引资可以分为对内资、外资的吸引，外资包括间接利用外资和直接利用外资。间接利用外资，也叫借用外资，是国际间的信贷关系，主要包括政府贷款、国际金融组织贷款、出口信贷、国外银行贷款和租赁信贷、发行国际债券等。直接利用外资（Foreign Direct Investment，简称 FDI）就是吸引国外企业、个人、团体等的直接投资，是吸引外资的重要形式。直接利用外资（本文中包含港澳台企业投资）的主要方式包括合资经营、合作经营、外商独资经营，来料加工、来件装配、来样生产和补偿贸易等。

改革开放以来，中国各级政府充分发挥资源、劳动力和市场的比较优势，积极开展招商引资，不但弥补了国内经济发展中资金不足，同时引进了先进的技术和管理，带动了劳动力就业，招商引资确实取得了较大的成效。但在招商引资过程中，地方政府角色定位不清，一直把招商引资作为首要任务来抓，实行一把手负责制，甚至掀起全民招商，政府越位、错位，存在着一定的不合理性，也给招商引资工作带来较大的负面效应。我国招商引资的目的是利用外资弥补资金不足，利用市场换取技术，学到先进的管理经验。但由于政府的缺位、越位、错位，造成一系列的负面问题。地方政府过度介入招商引资过程，作为招商引资的主角，导致政府官员滥用公共权力，借招商引资名义，为部门利益、个人利益进行权力寻租，影响经济发展秩序，损害公共利益。而最终的招商引资成效也没有像改革开放之初所设想的效果，带来了地区不和谐的竞争。层层下指标的考核体系，为了吸引外资争相给与外资更优惠的政策，使国家、百姓的利益受损。对引进的项目不加区分，不但占用了大量的土地资源，而且以牺牲环境、牺牲能源等为代价。

上述现象的产生，主要是由政府的角色定位所引发的。各级政府为了完成相应的经济指标，急于通过招商引资吸取外资，以弥补经济发展中的资金不足。纵观政府承担经济职能的角色，实际上就是市场经济与政府干预如何结合的问题。对招商引资而言，政府究竟应该如何参与其中，实际上也是同样的问题。

虽然我国招商引资已经进行了 30 多年，但对招商引资进行系统研究还不是很多，在新的国际经济形势下，我国利用外资的思路、方式也在改变，对招商引资进行系统研究，无论是在理论方面还是在现实方面都具有一定的意义。

在西方经济学中，利用外资是发展经济学和国际直接投资理论研究的一个主要对象之一。利用外资的重要性和必要性，无论从古典经济学的经济增长理论到凯恩斯的储蓄和投资的决定关系研究，再到罗斯托的经济起飞理论，都对资本形成在经济发展中的重要性给予关注。而以比较优势理论和资源禀赋理论为主要理论基石，国际直接投资理论不断发展。西方经济学尤其是公共经济学对政府职能的研究已经很多，政府职能随着经济、社会的发展，政府参与经济的职能也在不断地增加。但单就政府在招商引资中的角色进行系统的理论阐述还比较少。

中国自改革开放以来，中国在外资的利用上确实取得了丰硕的成果，各级政府在招商引资过程中也积累了宝贵的经验。但将政府职能定位与招商引资结合起来，系统地分析在招商引资中政府的角色，准确把握在招商引资过程中，政府的公共职能与经济干预进行有机地结合起来的，还不是很多。关于政府在招商引资中的角色定位、职能定位等研究，也只散见于小论文中。本文试图从新形势下利用外资的新视角，分析研究招商引资中的政府角色定位，特别是在新形势下的招商引资的新变化，面对我国地方政府在分权体制下，管理经济职能的不断调整，深入探讨地方政府在招商引资中的角色，无疑对公共经济学的丰富具有重要的意义。

实际上，早在“一五”时期，在对苏联资金的运用方面，我国地方政府便曾采用多种方式、通过多种渠道，加大招商引资的力度、深度、广度，全方位、多角色地招商，甚至形成了全民招商的局面。这种招商引资，确实为我国建设初期带来了大量的资金，也使我们学到了很多先进的技术、掌握了先进的管理、提高了产品的竞争力，增加了各级政府的税收收入。外资成为助推我国经济发展的重要力量。但随着市场经济的不断发展，政府为主导的招商引资越来越呈现出弊端，利用外资也出现很多负面效应。通过政府在招商引资中的角色定位重新调整，让政府在招商引资中既不越位、错位，也不缺位，政府做政府该做的事，为招商引资提供公共服务，进行制度创新，为招商引资工作提供优良的服务，创造一流的软环境，进一步促进招商引资工作向良性发展，无疑也具有现实意义。

二、国内外相关文献综述

自国际直接投资产生以来，国际上对外资研究不断进展，国内对招商引资的研究要远多于国际上对外资的研究。

（一）国外相关文献综述

国外学者对招商引资理论研究主要集中于利用外资与经济增长之间的关系以及关于国际直接投资方面的论述。

1. 关于外资与经济增长的关系

外资与经济增长的关系的研究始于20世纪50、60年代。麦金农在《经济发展的外汇约束和有效的外援配置》一文中指出，一个国家经济发展所必需的是提高进口能力，而在发展中国家，由于贸易条件不断恶化，以及国际贸易体系中存在着回波效应，致使发展中国家产生外汇缺口并且这种缺口在不断恶化。利用外资可以作为发展中国家的一种外汇来源，以此扩张出口能力。1966 年，美国经济学家钱纳里和斯特劳特（H. B. Chenery）（A. M. Strout）提出了利用外资与经济组织关系较为完善和有影响的理论即“双缺口”理论。该理论认为，在发展中国家资本方面面临着两个缺口：一是与投资机会相伴随的国内储蓄短缺困境，即投资与储蓄之间的差额，这种缺口被称作储蓄缺口；另一个是进口资本品和中间产品所必需的外汇短缺的问题，即进口与出口之间的差额，这种缺口被称作外汇缺口。由于储蓄、投资、出口、进口都是独立变量，两个缺口的相等只是事后的相等。由于两缺口的影响因素存在着一定的依存关系，因此利用外资同时可以对两个缺口起作用，不但可以弥补外汇缺口，也可以弥补储蓄缺口。以美国经济学家索洛为代表的新古典增长理论指出外资的增加会引起总投资的增加，而总投资的增加又会直接对经济增长产生贡献。波茨和肯普（Kemp）等人进一步研究发展中国家利用外资的必要性，提出如果资本无国界自由流动，而且国内储蓄率相对不变，那么外国资本就可以自由流入国内，这种国际市场资本动态配置结果使国内边际产品等于国际金融市场上的平均水平，从而保证国内经济增长率接近自然增长率，使得闲置资源被充分利用①。勒西在《外国投资和长期国家优势》中指出，国际资本市场上的资本最优配置条件是资本的国内金融产品等于国际金融市场上的平均利率水平②。20 世纪 80 年代中期以 P. Romer 和 R. Lucas 等为代表的经济学家在新古典增长理论的基础上，提出了新增长理论，强调外资由于在质量上区别于国内资本，比国内资本具有更高的效率、隐含着更多的技术，因此是发展中国家知识和技术增长的源泉。以刘易斯为代表的经济学家提出城市化理论，指出外资在城市化进程中的重要作用。刘易斯在《经济增长理论》中指出，资本供给与需求之间有大量的缺口，而外商直接投资是填平缺口的一个有效途径。“几乎每一个发达国家在其发展的早期阶段时都要以国外的资金援助来补充自己储蓄的不足……，即使发展中国家想进行储蓄，它也会发现，仅仅靠国内储蓄来支持自己的资本计划是困难的”③。赫尔希曼和拉尔等人提出的基础设施理论从发展中国家基础设施对外资需求角度阐述了利用外资的重要性。发展中国家解决基础设施建设中的资金有两个途径，即财政赤字或利用外资。财政赤字的手段会变相地增加税收，政府会通过征收通货膨胀税来解决财政赤字，这无疑会增加居民的税收负担，因此会遭到反对，因此，大多数发展中国家会通过利用外资来解决基础设施建设中所需的大量资金。

---

① 刘晏良：《新疆利用外资研究》，中国经济出版社 2008 年版，第 17 页。

② 转引自伍海华、朴明根等：《外资与经济发展》，经济科学出版社 2004 年版，第 9 页。

③ 刘易斯：《经济增长理论》，上海三联书店 1990 年版，第 307 页。

2. 关于国际直接投资理论

招商引资是国际投资理论结合具体国家实践的体现。西方学者对招商引资理论的阐述主要是从招商引资逆向反映角度即国际投资理论进行的①。20世纪60年代以来，随着发达国家企业对外直接投资的迅速发展，西方学者开始从不同角度、不同层次对发达国家跨国公司对外直接投资行为进行理论抽象和实证分析，阐述其对外直接投资的动机、决定因素和行为方式等，形成了一系列对外直接投资理论②。处于主流地位的现代外国直接投资理论主要沿着两条主线发展：一条是以产业组织理论为基础；另一条是以国际贸易理论为基础，20世纪70年代后期二者出现了融合趋势③。以产业组织理论为基础的外资研究主要有：1960年，跨国公司理论之父海默在其博士论文《民族厂商的国际化经营：一项对外直接投资的研究》一文中对外国直接投资理论做出了开创性的研究。外商直接投资是市场中存在不完全竞争的产物，跨国公司之所以进行对外直接投资，其决定因素是企业拥有垄断优势。海默的垄断优势理论是外商对外直接投资理论的重大突破，它摒弃了长期以来经济学沿用的完全竞争的理论假定。但它的不足之处在于只研究美国的跨国公司，不足以解释不具有垄断优势的发展中国家企业对外直接投资。约翰逊和梅吉对垄断优势理论进一步发展，强调企业的垄断优势在于企业对信息等所产生的成果具有占有力。凯夫斯提出产品差异能力轮，垄断优势企业具有创造产品差异的能力。1976年，英国学者巴克莱（Peter J. Buckley）与卡森（Mark C. Casson）在《跨国公司的未来》一书中运用交易成本理论和垄断优势理论，提出内部化理论。尼克尔博克在《寡占反应与多国企业》中提出跨国公司对外直接投资的动机，在寡占市场结构中，只要有一家企业对外投资，其他对手企业就会追随，以维持相互间的竞争平衡，以巩固自身的竞争地位。以产业组织为基础的另一个外资理论是内部化理论。加拿大学者拉格曼（Alan M. Rugman）于1981年和1982年分别出版了《跨国公司的内幕》和《跨国公司新理论》，在这两本书中对内部化理论进一步发展。跨国公司通过对外直接投资，在全球范围内组织生产与资源配置，将外部市场内部化。内部化理论是西方学者研究对外直接投资的一个重要转折点，他从内部市场形成的角度解释了对外直接投资的内部机理，而且这个理论也适用于发展中国家的企业对外直接投资。但该理论只关注市场不完全尤其是中间产

① 祝年贵："西方招商引资相关理论评述"，《经济体制改革》，2003年第3期。
② 齐晓华："对外直接投资理论及其在国内的研究"，《经济经纬》，2004年第1期。
③ 王文峰："FDI理论研究综述"，《黑龙江对外经贸》，2007年第1期。

品市场不完全对对外直接投资的促进作用，忽视了市场的积极作用，忽略了对企业有积极影响作用的各种外部因素。

以国际贸易理论为基础的外商直接投资理论主要有：美国经济学家维农（Raymond Vernon），在 1966 年发表了《产品周期中的国际贸易和国际投资》，实证研究了美国跨国公司的对外直接投资，创立了产品周期理论。指出企业进行对外直接投资是企业在产品生命周期运动的第二个阶段，为避免贸易摩擦、减少运输费用、增加产品的竞争力而在其他国家建立生产基地。1967 年，S. 赫尔施在《工业区域与国际竞争》这本专著中，进一步形成了产品生命周期论，指出在产品第二阶段即产品成熟阶段，生产商通常会在收入水平较高、技术较发达的周边国家进行投资。当产品进入第三阶段即标准化阶段，发展中国家的廉价劳动力、资源等优势超过了产品生产国的垄断优势，企业会选择到发展中国家进行投资。日本学者小岛清在 20 世纪 70 年代提出了比较劣势理论，指出对外直接投资应该以本国已经处于或即将处于比较劣势的产业依次进行。小岛清的理论比较符合日本 20 世纪 60—70 年代的实际情况，否定了垄断优势在对外直接投资中的决定因素，强调比较优势在对外直接投资中的决定作用。

英国研究跨国公司问题专家邓宁（J. H. Dunning）在 1977 年发表的《贸易、经济活动的区位与多国企业：折衷理论的探索》中，用折衷主义方法来解释对外直接投资活动。1981 年他又出版了《国际生产与多国企业》一书，对折衷理论作了更为系统化、理论化的阐述。该理论较全面地分析了企业境外直接投资的动因和决定因素，认为对外直接投资是由三种因素即所有权优势、内部化优势、区位优势综合决定的。

对发展中国家的国际直接投资的研究主要有以下几个：1983 年，美国哈佛大学商学院教授刘易斯·威尔斯出版《第三世界跨国企业》，提出小规模技术理论，分析发展中国家企业对外直接投资的原因是拥有小规模技术，能够满足低收入水平国家市场需要。英国经济学家拉奥（Sanjaya Lall）1983 年出版《跨国公司——第三世界企业的发展》，提出技术地方化理论，指出发展中国家在模仿跨国公司的技术后，能够对部分环节进行调整，也具有竞争优势。20 世纪 80 年代，英国里丁大学教授坎特威尔提出技术创新产业升级理论，发展中国家通过利用外资，对引进的技术通过吸收、消化再改进创新，为本地企业提高竞争力。小泽辉智在 1992 年提出动态比较优势理论，指出发展中国家在不同阶段，要结合国家工业化战略，采取不同模式参与跨国投资，要以比较优势动态变化为基础，以出口导向为前提，进行对外直接投资。波特，哈佛大学商学院教授，提出竞争优势发展论，激烈的竞争促使企业到境外进行投资，每一个国家都有到境外进行直接投资的可能，只是能力还没有达到境外投资的程度，自发的境外直接投资，也促使本国企业到境外投资，保持竞争力。

（二）国内相关文献综述

我国学者对招商引资的研究主要是针对某一方面来做的。考察招商引资对经济增长的贡献、招商引资的政策、我国招商引资的方式、招商引资对中国经济安全等。

1. 关于招商引资对经济增长的贡献

国内学者关于招商引资对经济增长的贡献的实证研究较多。钟昌标（2000）选用我国30个省份1988—1998年的数据进行分析，发现招商引资与我国经济发展的正相关关系，但并不是经济增长的最大影响变量①。郑远强通过实证分析研究，得出结论：从增长率的角度进一步考虑，实际利用外资增长率和外商直接投资增长率与GDP增长率的变化趋势具有很强的一致性，协调性很强。外商直接投资增长率每增长1%，GDP增长率将增长0.043%，这充分说明了外商直接投资对于我国经济质量意义的快速增长起到了较强的促进作用，应该进一步加大引进外商直接投资的力度②。曾建华、周聪颖采用聚类分析法对我国的省区按照经济发展水平标准、基础设施水平标准、技术能力标准进行了分类，然后应用协整理论和格兰杰因果检验分析了各地区经济条件的差异对FDI与经济增长关系的影响，最后得出了三个主要结论：在经济发达地区，FDI与经济增长相互促进，在经济不发达地区，市场化改革对经济增长起到促进作用；在基础设施水平高的地区，FDI不是经济增长的原因，在基础设施较差的地区，市场化更能促进经济增长；在科技能力较高的地区，FDI与经济增长互为因果，在科技能力较低的地区，FDI是经济增长的原因③。王新通过哈罗德－多马动态经济增长模型以及由FDI实现的经济增长率，从定性和定量两方面研究了外商直接投资带来的经济增长效应。结果表明外商直接投资的经济增长贡献率呈现出几个跳跃式台阶，中国利用外资对经济增长的贡献率在不同的阶段占不同的百分

① 刘晏良：《新疆利用外资研究》，中国经济出版社2008年版，第61页。

② 郑远强："我国利用外资与经济增长的实证分析"，中国论文下载中心 http://www.studa.net。

③ 曾建华、周聪颖："地区经济发展与外商直接投资的关联性分析"，《山西财经大学学报》，2006年第5期。

点[①]；李红军通过数据检验，分析外商直接投资与GDP之间的关系，研究得出结论：FDI与GDP两个变量之间不仅具有较强的正相关性，而且FDI与GDP两个变量之间存在单项因果关系，FDI是GDP不断增长的原因。说明FDI的流入对中国经济的发展具有重大的贡献作用：我国每增加1亿元的外商直接投资，就会拉动国内生产总值平均增长1.816亿元，同时说明外商直接投资对我国经济增长的推动效应十分明显，说明采取外向型经济能带来更高的经济增长率，引入FDI作为外向型经济政策的重要组成部分[②]。

2. 关于我国政府招商引资政策的研究

国内学者对我国政府招商引资的政策研究也较多。关于我国政府招商引资政策的效用研究，詹晓宁（2002）认为对于一般的外商直接投资，金融和财政方面的激励措施仅仅是这块蛋糕上的糖衣，只有把各种FDI进行分析，才能更有效地探讨FDI优惠政策竞争的引资效果以及有意义的政策含义，某些类型的FDI不会因各国的竞争而轻易改变区位。在效率导向型FDI中，会发生零和博弈。政府在对FDI促进中使用激励措施时，应该精心地选定对象，将目标集中于本国确实与其他国家竞争的制造业[③]。殷华方等进行了定量分析，他们将中国吸引外资的政策分为中央政府政策和地方政府政策，并运用1979—2000年的资料，对以上两类政策的有效性进行回归分析，得出结论，中央政府政策可细分为审批权限、外汇资金、财政信贷资金和税收优惠，地方政府政策可细分为物资供应、资金筹措、外汇收支和行政管理。分析结果表明，中央政府政策对外商直接投资具有显著的影响力，而地方政府政策则较少或没有影响作用。因此，地方政府之间为了吸引外商直接投资竞相提出过于优惠条件的做法是无效果的。地方政府之间为了吸引外资而竞相出台过于优惠的条件，最终导致政策失效的现象，称为“政策陷阱”[④]。魏浩研究认为，随着国际和国内经济环境的变化，我国现行的外资优惠政策已经不能适应时代发展的需要，应进行新的定位和调整。调整的宏观目标是产业政策和区域政策相结合，培育特色大都市经济圈；微观目标是培育我国具有自主核心技术的国际大型跨国公司。调整的政策目标是，最终

---

① 王新：“外商直接投资对中国经济增长的贡献”，《外国经济与管理》，1999年第3期。

② 李红军：“FDI与中国经济增长关系的实证研究”，《科技情报开发与经济》，2007年第2期。

③ 詹晓宁：“吸引FDI的竞争：是否零和博弈——一个初步研究”，《南开经济研究》，2002年第1期。

④ 殷华方、鲁明泓：“中国吸引外商直接投资政策有效性研究”，《管理世界》，2004年第1期。

形成基于规则型的竞争政策[①]。马光明在其硕士论文《地方政府与外商直接投资之间的博弈分析及政策探讨》中指出，由于地方政府之间的竞争关系，外商投资者在与地方政府之间的博弈中处于十分有利的地位。只有唯一胜利者的拍卖机制对外商投资者来说，它可以得到它想得到的激励政策，享受超国民待遇，而地方政府则处于十分不利地位。然后，通过放松地方政府同质的假定，在不同质的地方政府与外商投资者的博弈分析中，提出了交易成本概念，并认为其决定了地方政府的声誉效应，研究结论是：如果地方政府声誉存在差别，声誉较好的地方政府，即使投资激励政策优惠程度明显低于声誉较差的地方政府，也容易在和外商投资者的博弈中取胜。最后，通过建立和比较地方政府和社会的效用函数，发现地方政府为了增加政绩存在过量引进 FDI 的动因，并以广东省为例进行实证分析发现：FDI 对广东省的经济发展确实存在挤出效用。在文章的最后，针对前面分析发现的问题的，对我国现阶段 FDI 政策的调整提出了一些建议。主要包括调整现行的 FDI 税收优惠政策，改善地方的投资环境来吸引外资，超国民待遇的逐渐淡出。钟伟等人认为，国际资本的流入结构与引资国政府的激励政策之间的相关性并不明显，而一国的政府治理效率可能更为重要。基于此他们提出，一国政府如果希望改善其国际资本的流入结构，应该关注政府间 FDI 内流的激励竞争的底线和相互协调，同时，应该对本国经济特质和政府治理效率予以足够关注[②]。

关于对我国外资政策建议研究，大多数研究者认为外资政策应该调整，至于应该怎样调整，意见不一。很多研究认为过多给予外商优惠政策，对吸引外商直接投资效果不大，实际上是以让利的形势吸引外资，造成了东道国的损失，造成了地方政府的损失。因此，在对于外商直接投资的政策建议方面，大多数研究者认为，应该实行国民待遇。陈健明主张应逐步清除或减少外商投资企业享受的“超国民待遇”，并减少对外商投资企业的“低国民待遇”。唐广认为在吸引外资方面应对其实行国民待遇原则[③]。张明认为，FDI 的流入为中国经济的高速增长做出了很大贡献，FDI 是一种成本极高的筹资来源，应当取消对于 FDI 的优惠政策，对外资企业和内资企业一视同仁，真正实现外资企业的国民待遇原则。应该尽快统一内外资企业的所得税，取消各地政府对于外资的税收优惠，从而部分降低对于 FDI 流入的激励，使中外

① 魏浩：“我国外资优惠政策的新定位与战略性调整”，《山西财经大学学报》，2004 年第 5 期。

② 谢光亚、濮蕊：“中国外商直接投资政策研究综述”，《商业研究》，2006 年第 7 期。

③ 谢光亚、濮蕊：“中国外商直接投资政策研究综述”，《商业研究》，2006 年第 7 期。

资企业能够在同一条起跑线上开展竞争①。不恰当的外资优惠政策带来的弊端不少，只有在初期，引入的外资由于承担着开拓市场和激活经济的重任，我们才应该给予适当的优惠待遇，以对冲其额外付出的代价。进入中期以后，就应当开始逐步加以取消。优惠政策虽然在各地吸引外资的竞争中会发挥显著作用，但如果取消它，按经济合作与发展组织标准来衡量，中国对外资竞争力的排名依然会在发展中国家中列第一。在制定外资利用政策的时候，我们也要注意不搞“一刀切”。对东部地区而言，利用外资已经进入了中期阶段；对中西部地区而言，利用外资才刚进入的初期阶段。所以，在东部我们需要加速清理外资优惠政策，在中西部则还需给予规范、有序、可由中央统一协调的优惠政策②。有些研究认为，在对外资实行国民待遇的同时，有选择地给予适当的优惠政策。温治明（2004）认为在实行国民待遇原则的同时，继续实行有选择的优惠政策。涂思宇、卢振铎通过研究外商直接投资的聚集效应，认为外资的聚集效应使对企业的优惠政策所起的作用在弱化，因此中央政府在吸引外资到中西部地区，一方面要给予直接的优惠政策，更主要的是在间接政策方面的倾斜，中央要制定外资政策规制，防止地方政府滥用优惠政策③。廉保华、刘厚俊（2004）认为如果我们单方面简单地取消对外商投资的优惠政策，势必会导致一些FDI投资转向那些仍能提供优惠政策的区位。曹均伟在《对外资优惠政策的再认识——兼析经济特区优惠待遇的社会成本》一文中指出，首先要不断改进外资优惠政策的目标。要增加优惠政策手段的多样性，提高其可选择性。要不断地改进优惠政策手段，以适应优惠政策目标。不同的优惠政策手段是为不同的政策目标服务的，前者一定要服从后者，要适应于后者。因此，在制定政策措施时，要根据优惠政策的目标选择与之相适应的手段。有些学者认为，为了保护国内的民族工业，鼓励外资的技术输入和产品出口，加强对外资的管理和引导外资的合理投向，应该继续对外资实行限制政策④。

3. 关于招商引资与中国经济安全问题的研究

关于招商引资与中国经济发展的安全问题，学者对此观点不一致。1999年杨永华出版了《利用外资与维护国家经济安全》，提出“应当是民族经济

---

① 张明：“FDI占GDP 40%正在演变为中国经济难以承受之重”，《新浪财经：http://finance.sina.com.cn》，2005年5月22日。

② 高辉清：“警惕外资带来的虚假繁荣”，《网易：http://biz.163.com》，2005年9月6日，来源：东方早报。

③ 涂思宇、卢振铎：“FDI聚集效应以及中国政府的政策选择”，《南开经济学刊》，2006年第1期。

④ 谢光亚、濮蕊：“中国外商直接投资政策研究综述”，《商业研究》，2006年第7期。

占主体，外资经济是一种补充，处于从属地位……民族经济保持主体地位是国家经济安全的需要"①。国务院发展研究中心金融所所长夏斌指出"跨国公司对我国各行业的垄断情况已发展到了值得关注的程度……这种垄断趋势正在威胁我国的经济安全"②。李孟刚、蒋志敏、李文兴《中国产业外资控制报告》中指出"引进外资的初衷是为了利用和放大外资三方面的积极效应：资本的积聚效应、先进技术的扩散效应以及管理和营销经验的示范效应。但是，随着我国引资力度的加大，外资数量不断增加的同时，产业对外依存度节节攀升，市场和原创品牌被外资所吞噬，产业控制力被外资所削弱，技术溢出效应未如预期，却愈发凸现了产业安全隐患。追求双赢的目标，近乎陷入了被外资控制的"囚徒困境"③。杨青在《跨国公司对中国经济安全的挑战及其应对》中指出，跨国公司对我国的产业控制，严重威胁我国民族经济的自主权，对国家的经济安全产生严重的影响；跨国公司对中国的技术控制，必将导致中国产生技术依赖，使中国丧失技术研发的主动权，对我国的经济安全产生深远的影响。目前，我国对外技术的依存度高达50%；跨国公司通过控制品牌达到操控中国市场的目的。一旦中国市场被跨国公司所控制，国内的经济安全就很难保证④。

商务部研究院跨国公司研究中心在2005年发布的《跨国公司在中国报告》中指出，中国吸引外资虽然绝对规模较大，但相对规模还是偏小的，产业与区域结构仍然不均衡，从总体利用外资规模来判断中国吸引外资过多对经济安全产生威胁是没有依据的。董铠军在《利用外资与我国产业安全的研究》中指出，在产业控制方面，整体上外资企业对我国产业尚未形成控制，但对我国市场份额控制的前景不容乐观；在产业技术安全方面，技术转移效应比较合理，但技术外溢效应不理想，存在一定的技术依赖效应，应当调整战略，加强外溢效果和自我创新能力，避免陷入技术依赖陷阱⑤。卢晓勇等著《利用外资战略与维护国家经济安全》，该书于2007年由科学出版社出版，通过对我国利用外资的三种主要方式（直接投资、对外借款、国际证券投资）进行数据对比分析，指出了新形势下我国利用外资的新特征；就目前利用外资中如何维护国家经济安全的部分重点、热点问题进行了

① 杨永华：《利用外资与维护国家经济安全》，中国发展出版社1999年版，第225页。

② 新闻中国七月论坛实录，新浪网（http：//www.sina.com.cn）2005年7月23日，中国新闻周刊。

③ 李孟刚、蒋志敏、李文兴："中国产业外资控制报告"，新浪财经（http：//finance.sina.com.cn/），2006年6月13日。

④ 杨青："跨国公司对中国经济安全的挑战及其应对"，中国论文下载中心 http：//www.studa.net/。

⑤ 董铠军："利用外资与我国产业安全的研究"，《重庆大学学报》，2005年第6期。

理论、模型和实证分析，并提出了相应的政策建议。在新形势下，要结合外资新特点，调整利用外资的战略，要注意外资的适度规模，扩大发达国家的投资。利用外资多元化，降低金融风险。加强对外资并购监管，尽早出台《反垄断法》。优化产业结构，完善我国利用外资的政策法规，推动内外资公平竞争。

三、改革开放后的招商引资进程

改革开放后，中国政府开始了真正意义上的招商引资，经过30多年的招商引资，中国在利用外资上形成了以下四个阶段。

（一）试点起步阶段

在自我封闭了近30多年后，1978年12月，中国共产党第十一届三中全会确立了对外开放的方针。中国招商引资的实践是从创办经济特区开始的。最早是由广东提出创办经济特区的。在1979年4月的中共中央经济工作会议上，广东省向中央领导汇报了设立经济特区的想法。广东省委于1979年6月向中央提交了《关于发挥广东优越条件，扩大对外贸易，加快经济发展的报告》。福建省委向中央提交了《关于利用侨资、外资，发展对外贸易，加速福建社会主义建设的请示报告》。7月，中央批转了广东、福建的请示报告，在广东、福建两省实行特殊政策，扩大两省的经济管理权限，在拓展外贸、招商引资、引进技术等方面，允许两省有一定机动余地。目的是发挥两省作为侨乡和比邻香港、澳门的地理优势，在招商引资方面先行一步。决定在广东的深圳、珠海、汕头，福建的厦门试办经济特区。同时，全国人大五届二中全会通过了《中华人民共和国中外合资经营企业法》。特区创立以后，在经济发展的同时，也出现了一些社会问题，对继续开放还是往后退，出现了争论。在这个关键时刻，邓小平视察深圳、珠海、厦门，并且分别题词“深圳的发展和经验证明，我们建立经济特区的政策是正确的”、“珠海经济特区好”，对厦门的题词是“把经济特区办得更好些”。考察回到北京后，邓小平说：“我们建立经济特区，实行对外开放政策，有个指导思想要明确，就是不是收，而是放”。1984年4月，中央决定开放沿海天津、上海、大连、秦皇岛、烟台、青岛、连云港、南通、宁波、温州、福州、广州、湛江、北海14个港口城市。对这14个城市扩大经济管理自主权、支持老企业技术改造、鼓励外商投资方面给予必要的扶持政策。

这一阶段我国招商引资的主要特征是，起初吸引外资的地区主要以广东为主，主要吸引的是港澳投资。

（二）初步投资阶段

这期间，中央采取了一系列的政策。1988 年 3 月，沿海经济开放区扩大到辽东半岛、准兴办海南经济特区。国家要求沿海经济开发区实行外向型经济发展战略。1990 年 4 月，党中央、国务院决定开发开放上海浦东新区，实行经济技术开发区的优惠政策。1990 年 4 月，第七届全国人大第三次会议通过了《关于修改〈中华人民共和国中外合资经营企业法〉的决定》，取消了对合资企业必须有中方担任董事长的限制。这一限制的取消，使外资出资比例不断提高，独资企业也开始增加。1990 年 6 月，国务院批准设立上海外高桥保税区，实行特殊管理的经济区域，货物可以在保税区与境外之间自由出入，免征关税和进口环节税，免验许可证件，免予常规的海关监管手续（国家禁止进出口和特殊规定的货物除外）。1991 年，又批准设立深圳福田和沙头角保税区、天津港保税区。随着对外开放的深入，外资开始涌入中国，并迎来了招商引资的第一个小高潮。

（三）快速发展阶段

1992 年，邓小平视察南方，发表重要讲话，指出革命是解放生产力，改革也是解放生产力。要坚持党的十一届三中全会以来的路线方针，关键是坚持党的“一个中心、两个基本点”的基本路线，一百年不动摇。要加快改革开放的步伐，不要纠缠于姓“资”还是姓“社”的问题讨论。改革开放的判断标准主要看是否有利于发展社会主义社会的生产力，是否有利于增强社会主义国家的综合国力，是否有利于提高人民的生活水平。现在要警惕右，但主要是防止“左”。计划和市场不是社会主义和资本主义的本质区别，发展才是硬道理。邓小平南巡讲话更坚定了对外开放，更坚定了各地招商引资的积极性。

国务院采取更加有利的措施全面推进对外开放、加大招商引资的力度：开放长江中下游的芜湖、九江、黄石、武汉、岳阳、重庆 6 个沿江城市。1992 年 3 月以来，我国进一步开放黑龙江省黑河市、绥芬河市，吉林省的珲春市，内蒙古自治区的满洲里市、二连浩特市，新疆维吾尔自治区的伊宁市、塔城市、博乐市，云南省的瑞丽市、畹町市、河口市和广西壮族自治区的凭祥市和东兴镇等13个沿边城市。开放所有内陆省会城市，实行沿海开放城市的政策。批准大连、广州、青岛、张家港、宁波、福州、厦门、汕头、海口举办保税区。批准了营口、长春、沈阳、哈尔滨、威海、昆山、杭州、萧山、温州、融侨、广州南沙、惠州大亚湾、芜湖、武汉、重庆、东山、乌鲁木齐等举办经济技术开发区。2000年，又第三批批准了合肥、郑州、西安、长沙、成都、昆明、贵阳、南昌、石河子、西宁、呼和浩特11个开发区。此外，国务院在1992年和1994年先后批准了浦东新区和苏州工业园区实行国家级经济技术开发区的政策。同时，又扩大了零售商业、交通运输业、房地产、旅游业等外商投资的领域。至此，我国对外开放、招商引资已经扩大到全国各地和国民经济的众多领域。

中国国内掀起了经济发展新高潮。全球500强为代表的大型跨国公司纷纷来华投资，外商直接投资自此开始大量涌入中国。仅在1992年当年便比1991年增加一倍以上，超过了100亿美元。1993年登上200亿美元台阶，1994年迈过300亿美元，3年跨过三道坎，到1996年，更是突破了400亿美元大关（见图1）。

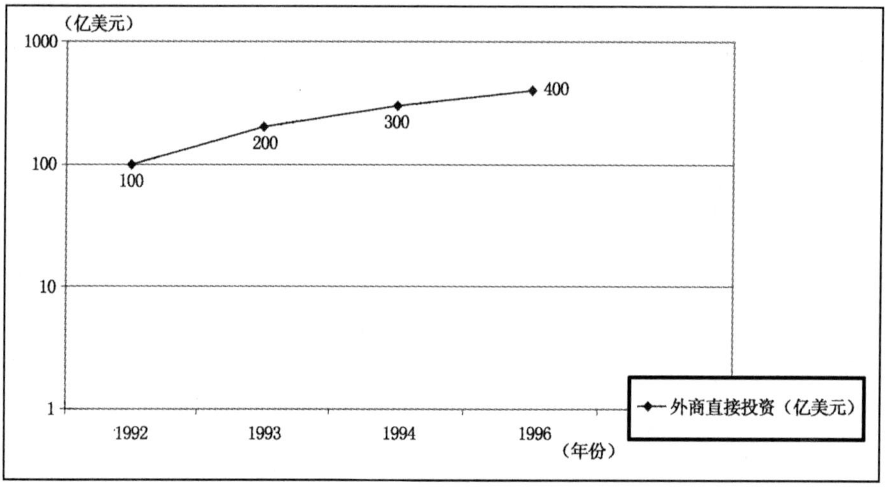

图1　快速发展阶段外商投资趋势图

外国直接投资逐渐居于主要地位。外资开始向中国内地西部发展，单体投资规模增大，资金到位率高，投资的质量不断提高。中国直接利用外资从初级到高级，从数量到质量，从东南沿海到中国内地及全国。

（四）稳步前进阶段

2001年，中国加入世贸组织。我国改革了外商投资审批制度，增加审批透明度，外商投资企业审批力求简单、公开和有效率。对一些重要的服务业领域利用外资放宽了权限。根据中美达成的协议，我国将允许外商进入银行、保险、分销、电信、运输、法律咨询和会计等服务行业。这些行业的开放步骤如下：

——电信服务。中国将参加 WTO《基础电信协议》，取消各类服务地理限制的过渡期分别为寻呼和增值电信 3 年，移动通信 5 年，国内有线服务 6 年。但在外商股权、管理控制权、国际通信出入口局方面，仍受国家限制。

——银行服务。中国将加入《金融服务协议》，承诺在 5 年内逐步取消外资行经营外汇和人民币业务的客户和地理限制。

——保险服务。中国将在加入 WTO 后 5 年内分阶段后取消对外国保险公司经营业务范围和地理范围的限制。人寿保险公司的外资股权比例不得超过 50%。

——证券。允许外商参股证券基金管理公司，但必须由中方控股，业务范围限于 A 股的承销，B 股、H 股及境内外政府、公司债券的承销、自营买卖和代理买卖，不允许从事 A 股交易。

——分销。分销包括贸易、批发、零售、维修、运输、仓储和其他辅助服务。除少数商品外，中国将在 3 年内分阶段取消对外商投资企业的股权、经营品种、数量和地理限制。5 年后除盐和烟草外，外商可以经营几乎所有的工业品①。

中国对外开放、招商引资由地域的全方位开放走向产业的全方位开放。经过近 30 年的努力，我国招商引资的规模稳定增长，到 2007 年已达到 748 亿美元，24 年增长了 81 倍；截至 2007 年底，全国外商直接投资累计超过 7700 亿美元，年均增长速度为 20.1%，远高于同期我国国民经济增长速度。其中，1992 年以后呈现出蓬勃发展势头，1992 年吸收外资首次突破 100 亿美元，此后，我国成为全球投资热点的地位逐步确立，吸收外国直接投资规模稳步扩大。1992 年至 2007 年平均每年吸收外资超过 450 亿美元，年均增速高达 19.4%，比同期全球外国直接投资流入额年均增速高出 7.5 个百分点②。

利用外资的产业结构不断调整。外商投资的重点，从一般制造业发展到基础产业、高新技术产业、基础设施建设等，尤其是近几年外商投资于研发中心、集成电路、计算机、通信产品等高技术项目明显增加。尤其是中国加

---

① “中国加入世贸组织所需进行的政策调整”，新浪财经纵横 http://finance.sina.com.cn，2000 年 3 月 29 日。

② 国家统计局：“改革开放 30 年报告之二：从封闭半封闭到全方位开放的伟大历史转折” 2008 年 10 月 28 日。

入世贸组织后，外商投资计算机应用服务业增长非常快。北京、上海、深圳三个城市外资企业在高新技术产业产值比重已经接近50%①。开放服务贸易领域后，商业、外贸、电信、金融、保险、房地产等服务业已成为外商新一轮投资的热点。外商投资的产业构成显著改善，第三产业投资比例大幅度提高。2005—2007年，第三产业外商投资金额占全部外商投资总额的比重分别为24.7%、31.6%和41.4%；第二产业比重分别是74.1%、67.5%和57.3%，呈现出相反的变动趋势②。

招商引资的地域范围不断扩大。从最初的广东、深圳等东南沿海地区开始，逐步扩大到沿海、沿江、沿边、内陆地区，一个从沿海到内地、由南向北、自东向西、全方位对外开放的区域格局基本形成。我国各地招商引资规模从东往西成递减分布。东部地区在1994年，招商引资规模占全国各地区总量的86.3%，2007年占全国的83.6%；中部地区所占份额总体呈缓慢上涨趋势，1995年占全国的8.83%，2007年占全国的9.2%。西部地区虽然略有下降，从1994年占全国的4.3%，到2007年占全国的3.9%，但注册资本中的外方数额从84.6亿美元增加到359亿美元。

我国各地利用外资的方式从“三来一补”到中外合作、中外合资、外商独资再到并购、国际资本市场融资，方式不断增多。从利用外资主要三种方式及合资、合作、独资看，独资企业逐渐增加，从1997年占直接利用外资的35.77%增加到2007年占直接利用外资的76.59%，合资企业实际利用外资从1997年占实际利用外资的43.08%降低到2007年的20.86%；中外合作利用外资从1997年的19.73%降低到2007年的1.89%。独资企业利用外资于2000年超过合资企业达到192.64亿美元。外资并购我国国有企业也在不断地增加。从外资的投资方式看，主要有两种，即绿地投资和并购投资。绿地投资就是新建企业，指投资主体在东道国境内按照东道国的法律新设立企业。并购投资指外国投资主体兼并或收购东道国企业的全部或部分股权，不新设立企业。20世纪80年代以前，国际直接投资以新建企业为主。而从20世纪80年代后期开始，跨国并购成为世界性的潮流，进入90年代，跨国并购更是迅猛增长。并超过“绿地投资”。在1999年的国际直接投资中，跨国并购已占到了83%的比例，其中发达国家的跨国并购数额占其FDI注入额的比例已接近100%③。我国于2006年颁布了《关于外国投资者并购境内企业的规定》，外资并购政策和环境全面改善。截至2007年底，外国投

---

① 王晓红：《利用外资与中国经济新跨越》，社会科学文献出版社2006年版，第172页。

② 国家统计局：“改革开放30年报告之二：从封闭半封闭到全方位开放的伟大历史转折”，2008年10月28日。

③ 卢晓勇等：《利用外资战略与维护国家经济安全》，科学出版社2007年版，第34页。

资者共并购 2.18 万户中国境内企业的股份，占外商投资企业实有总户数的 7.6%，其中外国投资者购买 1.94 万户外商投资企业的中方股份，购买 2373 户内资企业的股份；并购的企业实有注册资本 1343 亿美元，占外商投资企业实有注册资本的 11.6%[①]。

关于这四个阶段的利用外资情况，详见表 1。

表 1　　利用外资概况表　　单位：万美元

年　份	总计	对外借款	外商直接投资	外商其他投资额
1979—1984	181.87	130.41	41.04	10.42
1985	47.6	25.06	19.56	2.98
1986	76.28	50.14	22.44	3.7
1987	84.52	58.05	23.14	3.33
1988	102.26	64.87	31.94	5.45
1989	100.6	62.86	33.93	3.81
1990	102.89	65.34	34.87	2.68
1991	115.54	68.88	43.66	3
1992	192.03	79.11	110.08	2.84
1993	389.6	111.89	275.15	2.56
1994	432.13	92.67	337.67	1.79
1995	481.33	103.27	375.21	2.85
1996	548.05	126.69	417.26	4.1
1997	644.08	120.21	452.57	71.3
1998	585.57	110	454.63	20.94
1999	526.59	102.12	403.19	21.28
2000	593.56	100	407.15	86.41
2001	496.72		468.78	27.94
2002	550.11		527.43	22.68
2003	561.4		535.05	26.35
2004	640.72		606.3	34.42
2005	638.05		603.25	34.8
2006	670.76		630.21	40.55
2007	783.39		747.68	35.72
1979—2007	9545.65	1471.57	7602.19	471.9

资料来源：国家统计局网站 http：//www.stats.gov.cn。

① 国家统计局："改革开放 30 年报告之二：从封闭半封闭到全方位开放的伟大历史转折"，2008 年 10 月 28 日。

四、政府招商引资途径与方式分析

从我国现有的政府管理体制看，大多数地方政府把招商引资作为“一把手”工程，政府全面主导、参与招商引资。政府主导、参与招商引资的动机以及对招商引资的重视程度甚至要超过对社会事业发展的重视程度。在政府主导和参与之下，形成了多种形式的招商引资手段。

（一）设立功能各异的经济开发区

为了吸引外资，给外资创造一个更好的投资环境，我国中央政府以及各地方政府先后设立了各种开发区。开发区是中国对外开放地区的组成部分。在开放城市划定一块较小的区域，集中力量建设完善的基础设施，创建符合国际水准的投资环境。通过吸收利用外资，形成以高新技术产业为主的现代工业结构，成为所在城市及周围地区发展对外经济贸易的重点区域。到目前为止，国家先后设立了国家级经济技术开发区、国家级高新技术产业园区、国家级保税区、国家边境经济合作区、国家级出口加工区、其他国家级开发区、省级开发区等各类开发区。

开发区发展25年来，作为改革开放的“试验田”和“排头兵”、作为对外开放的前沿，通过不断深化改革，扩大开放，成为所在地最主要的经济增长点。不但成为所在区域重要的经济增长极，而且充分发挥对外开放的窗口作用，吸引了大量的外商投资，大项目不断增加，跨国公司投资不断加大。通过各类开发区的发展，带动、辐射周边地区的发展。成为国家西部大开发、中部崛起、东部率先发展、东北老工业基地振兴一系列区域发展规划和战略布局的重要平台载体（各项经济指标见表2）。各类开发区结合区域特点，不断优化外资结构，大力引进龙头企业，同时促进产业链条迅速延伸，产业聚集效应十分突出。通过产业集聚和产业链延伸带动传统产业升级，通过引进、消化吸收和再创新不断提高自主创新水平，通过加强国际生态领域合作着力推动节能减排和生态建设，成为我国高新技术产业、先进制造业和现代服务业的重要基地和核心集聚区，部分区域已成为名副其实的世界制造基地、配套基地、服务外包基地、采购中心和研发中心。有力地推动了我国的产业优化升级和经济结构的调整，加快了城市化和工业化的进程。

表 2　　2007 年国家级经济技术开发区主要经济指标

经济指标	全国		54 个国家级开发区				东部 32 个国家级开发区		
	2007 年	同比%	2007 年	2006 年	同比%	占全国比重%	2007 年	2006 年	同比%
地区生产总值（亿元）	246619	11.4	12695.96	10136.9	25.48	5.15	10079.43	8143.65	23.7
工业增加值（亿元）	—	—	9199.7	7414.24	24.1	—	7334.37	5984.27	22.5
工业总产值（亿元）	404489	27.8	38426.28	30219.22	27.28	7.47	31720.94	25213.23	25.81
其中高新企业（亿元）	—	—	18897.99	14294.37	32.47	—	15651.04	11970.28	30.75
税收收入（亿元）	49443	31.4	2036.77	1570.02	29.73	4.12	1665.63	1296.74	28.45
出口总额（亿美元）	12180	25.7	1780.84	1492.33	19.32	14.62	1695.87	1427.38	18.81
其中高新产品（亿美元）	—	—	1150.91	1008.2	14.14	—	1117.13	983.03	13.64
进口总额（亿美元）	9558	20.8	1527.95	1338.63	14.18	15.46	1454.39	1277.21	13.87
其中高新产品（亿美元）	—		783.56	768.54	2.03	—	743.81	741.9	26
实际使用外资（亿美元）	748	13.6	173.21	147.12	17.77	23.16	140.47	118.76	18.28
累计已开发土地面积（平方公里）	—	—	1137.76	1012.44	12.38	—	861.8	767.31	12.31
已建工业项目用地面积（平方公里）	—	—	663.76	567.65	16.93	—	474.57	397.34	19.44
年末全区从业人员（万人）	—	—	535.04	474.25	12.77	—	409.39	362.3	13

资料来源：商务部网站。

2008 年，全国 54 个国家级开发区实现地区生产总值（GDP）15313 亿元，工业增加值 10972 亿元（工业增加值占 GDP 的比重为 71.65%），工业总产值（现价）45935 亿元，税收收入 2481 亿元，出口总额 2051 亿美元，进口总额 1804 亿美元，实际使用外资金额 195 亿美元。依次分别比上年同期增长 20.61%、19.26%、19.54%、21.81%、15.17%、18.08%和 12.8%。地区生产总值增幅高于全国同期 11.61 个百分点①。

但各类开发区的发展也存在着很多问题。片面追求引资数量，而忽视了项目的质量。盲目扩大区域面积，有的甚至变成了变相的以出让土地为财政收入的来源。在国家对各类开发区进行清理整顿之前，全国有各类开发区 6866 个，规划面积 3.86 万平方公里。有的开发区圈地之后，由于地理位置、基础设施等方面的制约，迟迟引不来项目，造成了大量土地闲置。全国各类开发区产业结构雷同，基本上都以通讯电子、生物制药、食品加工、机械制造、汽车及零部件等产业为主导产业。规划不到位，功能交叉、重叠。在有的城市内，既有国家级经济开发区、又有国家级高新技术开发区、国家级保税区、国家级旅游度假区等。各类开发区对产业集聚没有功能划分，为完成指标任务，对项目来者不拒，甚至互相恶性竞争。全国各类开发区之间同样也存在着恶性竞争的问题。随着我国利用外资政策的调整，以及我国资源、劳动力等优势逐渐减弱，对开发区的发展也带来了挑战。开发区建立之初，为了提高办事效率，实行的是政府派出机构的管委会管理体制，开发区在成立之时只是作为一个对外开放、招商引资的产业集聚地，没有任何的社会负担。随着开发区面积的扩大，把许多乡镇、街道划入开发区管理，使开发区越来越向新的城区发展，社会负担越来越重，开发区与母城之间的关系亟待调整，这种管理体制也越来越受到挑战。

鉴于开发区违规违法乱占地的现象，2004 年底，根据国土资源部建议，经国务院领导批准，由国家发改委牵头会同有关部门，按照“布局集中、用地集约、产业集聚”的要求，对开发区进行了设立审核。通过设立审核的开发区，落实开发区“四至范围”（东、南、西、北四周边界），设置界桩，将开发区清理整顿成果落到了实地。经过清理整顿，全国开发区数量由 6866 家减少到 1568 家，减少 77.2%，规划面积由 3.86 万平方公里压缩到 9949 平方公里，减少 74%。其中，国务院批准的国家级开发区 222 家（包括经济技术开发区 49 家、高新技术产业开发区 53 家、保税区 15 家、出口加工区 58 家、边境经济合作区 14 家、其他类型开发区 33 家），总面积 2323.42 平方公里；各省级人民政府批准的省级开发区 1346 家，核准面积 7625.85 平方公里。不但对乱占地进行了清理，也对开发区命名进行了规范，整顿前开发区包括乡镇企业工业园、民营（私营）经济区、扶贫区、

① “2008 年国家级经济技术开发区、边境经济合作区主要经济指标情况”，商务部网站：投资指南。

农业园区、台商（华侨）投资区等多达31种类型，经过审核，保留的开发区规范为三种类型：即综合性经济开发区（或工业园区）、高新技术产业园区和特色产业园区。对开发区进行了优化布局，整合资源，对于规划面积相近、区位相近的开发区进行整合。这次清理整顿，有效地遏制了开发区乱占地、乱开发的势头。然而，国家发改委在就开发区清理整顿答记者问时指出："随着开发区清理整顿工作告一段落，又出现了新的情况、新的问题，一些地方又开始以"生态园"、"旅游度假区"、"工业基地"、"工业走廊"等名义，擅自进行以土地成片开发和转让为特征的开发区建设，或自行扩大开发区面积，新一轮开发区热又在兴起。""出现了开发区过多过滥，借开发区之名乱占耕地的现象，陷入每隔一段时间就要清理整顿的怪圈。究其深层次原因，主要是一些地方政府追求政绩的冲动强烈，片面理解发展经济的内涵，经济发展规划与土地利用总体规划、城市总体规划、环境保护规划没有很好地衔接。"①

（二）大规模组团招商引资

大规模政府组团招商是从20世纪80年代盛行至今的传统招商方式，通常模式是各级领导集体出行，到各地声势浩大地推荐自己的资源优势和招商项目。一般是根据当地外商来源地优势，集中组团招商推介。例如某市每年都由市长亲自带队，主管外经贸的副市长、各委办局、区市县组团参加。整个大团队中又分成几个团，一般组成是：市政府代表团，由市长、副市长、秘书长或副秘书长、市政府办公厅主任、外经贸局局长、外事办主任、翻译及秘书等随行人员组成；市发改委代表团，主要负责基础设施招商引资；市经委代表团，主要负责企业招商引资；市信息产业局代表团，主要负责高新技术及信息产业招商引资；市科技局代表团，主要负责高科技项目的招商引资及人才引进等。为了准备大规模的招商会，各分团事先做了充分的准备，通过在当地设立的办事处以及现有外商投资企业的外商，邀请客户，或者通过事先在当地报纸、电视台打广告，广泛招揽客户。为了撑起场面，有的甚至给各分团下达到场人员指标，因此，各分团想尽一切措施，有的甚至通过我国在境外的企业组织人员参加。这样的一个大团体，各项直接费用少则几百万元，还不算各种间接费用。在国外期间，当地的外商都要安排各种宴请，回到国内，外商再到中国，少不了要安排回请。

---

① 国家发展改革委有关负责人就开发区清理整顿工作答记者问，2007年，国家发改委网站http://www.sdpc.gov.cn。

（三）针对特定项目的专门招商

由于兴师动众的大规模政府统一组团招商的种种弊端，近几年来，这种招商形式又演变成小分队、小团组招商，一般由六、七个人组成的小组到目标地去洽谈项目。比起大规模的组团招商，从理论上说这种方式相对来说更有针对性，成功率也比大规模组团招商要高。但实际考究，这种招商模式也没有从根本上改变政府包办的本质。到了目标地的程序，也与大规模组团招商没有本质区别。小团组招商，有多种目的。一种目的是没有确定的项目要洽谈，就是到国外推介本区、市、县，通过在国外已有的关系，组织小范围的人员参加，宣传推介，以图扩大影响，广交朋友。一种目的是推进已在洽谈中的项目。通常，这个小团组会选择一个项目，这个项目已经是在谈的项目，通过小团组出国，进一步与投资者接触，确实会增进双方的感情，有时也会解决双方在合作中需要进一步协商解决的问题。通过出国，也会进一步考察投资者的实力。但上述这些工作，在现今通讯、网络如此发达的时代，不亲自去，也能解决问题，况且出去了，有时也没有真正解决问题。由于国家对公费出国的控制，许多地区为了给各级领导干部创造出国的方便条件，就以招商引资为引子。各团组的团长有地区的书记、区长、人大主任、政协主席等等。团组的成员有当地外经贸局、外事办、各街道书记、主任等。为了创造各种方便，通常，团组里要有一个当地在国外有企业的企业家、老板等，这样在国外期间的吃、住、行等都比较方便。近年来，为了减轻在国外期间吃、住、行的压力，大多数团组不亲自联系、组织在国外的安排，而是把这个团组交给旅行社，由旅行社根据团组的行程要求进行安排。一般来说，团组自身会根据招商会的地点、外商所在地，提出固定的行程要求，旅行社在此基础上加入当地景点，进行整体行程的安排。

（四）非招商性会议中的附带性招商

各地方政府都在逐渐改变单一的出国组团招商模式，也通过在国内举办产品展览会、投资洽谈会、海外学子创业等多种途径，达到招商引资的作用。比较成功的是“广交会”和厦门“中国投资贸易洽谈会”，这是我国并称的两大国际招商引资盛会。中国进出口商品交易会，又称广交会，创办于1957年春季，每年春秋两季在广州举办，迄今已有逾五十年历史。根据广交会官方网站总结，广交会是中国目前历史最久、层次最高、规模最大、商品种类最全、国别地区最广、到会客商最多、成交效果最好、信誉最佳的综合性国际贸易盛会。广交会由48个交易团组成，有数千家资信良好、实力雄厚的外贸公司、生产企业、科研院所、外商投资/独资企业、私营企业参展。广交会虽然名义上是进出口商品交易会，但是，通过对项目和产品的集中展示，广泛吸收人气，从而达到招商的目的。

中国国际投资贸易洽谈会（简称“投洽会”）经国务院批准，于每年9月8日至11日在中国厦门举办。投洽会以“引进来”和“走出去”为主题，以“突出全国性和国际性，突出投资洽谈和投资政策宣传，突出国家区域经济协调发展，突出对台经贸交流”为主要特色，是中国目前唯一以促进双向投资为目的的国际投资促进活动，也是唯一通过国际展览业协会（UFI）认证的全球规模最大的投资性展览会。投洽会主要内容包括投资和贸易展览、国际投资论坛及系列投资热点问题研讨会和以项目对接会为载体的投资洽谈。投洽会不仅全面展示和介绍中国及中国大陆各省、自治区、直辖市和香港特别行政区、澳门特别行政区的投资环境、投资政策、招商项目和企业产品，同时也吸引了数十个国家和地区的投资促进机构纷纷前来参展并举办投资说明会、推介会。参加投洽会的境内外客商可以花最少的时间和精力全面考察中国各地和其他国家和地区的投资环境，从最直接的渠道获取最新的投资政策和投资资讯，在最广泛的范围内选择最合适的投资项目和投资合作伙伴。以第12届投洽会为例“据统计，本次大会共吸引了126个国家和地区的13685名境外各界人士参会，104个国家和地区的445个境外机构组团参会，74个国家（地区）的企业和机构参展，境外参展面积达1.6万平方米，再创历史新高。境外团组数、参会客商数及参展客商数的增多以及境外馆的进一步扩大，这说明了投洽会作为国际投资促进平台受到广泛的认可，反映了投洽会蓬勃发展的生命力，投洽会已成为业界普遍认可的世界投资博览会。据统计，境内外专业投资商和贸易商超过5.5万人。各代表团共签订各类投资项目784个，总投资金额159.03亿美元，利用外资135.55亿美元。其中，合同项目517个，总投资金额90.92亿美元，利用外资80.99亿美元，千万美元以上的合同项目228个。”①

近年来，大连市以吸引海外学子为载体，每年举办海外学子创业周，为我国留学人员智力交流和科技项目洽谈、归国创业搭建平台。自2000年开始，每年一届的中国海外学子辽宁创业周已经举办8届，对引进高科技产业项目、推动高新技术产业发展和提升辽宁、大连在全国乃至海外的知名度及影响力等方面发挥了一定的作用。据统计，8年来，通过创业周活动，已有

① 第十二届投洽会闭幕新闻稿，中国国际投资贸易洽谈会网站 http://www.chinafair.org.cn。

2200多名海外学子携带技术或资金归国创业或开展合作，累计创造产值160多亿元，一些海外学子自主研发的项目和所办企业生产的产品在国内外同领域中处于领先地位。

（五）基于中介机构的委托招商

这主要是通过在海外的华人、华侨组成的商会、协会进行招商。中国的中介组织虽然发展还不健全，但在海外的华人华侨中，为了在异国他乡互相帮助，共同发展，自发地形成了很多同乡会、华商联合会等。例如在美国，目前有各类华人商会、协会等30多家。有的是中国较大的中资公司在美国成立的“美国中国商会”，有在美国的香港人发起成立的商会、有在美国的台湾人发起成立的商会、有各类旅美的团体成立的协会、有局限于某一州或某一城市的商会、协会等。全国各地，尤其是东部沿海地区，到国外的很多，形成了很多互助组织，这些同乡会、华商联合会等都与所在家乡的各级政府保持着非常密切的关系，有些人还是所在家乡的政协委员、人大代表等等。他们也经常给家乡政府介绍投资商，带着投资商到家乡去考察。家乡政府组织到国外招商，他们也会热心组织。还有通过外国的官方或民间协会、团体等进行招商。国外的商会、协会等中介组织非常发达，这些中介组织的重要使命之一就是帮助本国的企业对外投资以及外国的企业在本国的投资及促进与国际间的贸易往来。

五、外资引入的直接和间接绩效

外资在中国经济中已占据重要位置，对促进中国经济增长，调整经济发展结构，改变中国经济增长方式等多方面发挥了重要的作用。

（一）对固定资产投资的促进

1992年以前，我国利用外资主要是对外借款特别是政府贷款，外商直接投资一直偏小。1979—1991年，每年都是对外借款大于外商直接投资，13年间累计对外借款高达526亿美元，而外商直接投资仅为251亿美元（见表3）。

表 3　　1979—1992 年利用外资情况表　　单位：亿美元

		总计		对外借款		外商直接投资	
		项目	金额	项目	金额	项目	金额
合同外资	1979—1984 年	3841	281.26	1178	169.78	3724	97.5
	1991 年	13086	195.83	108	71.61	12978	119.77
	1992 年	48858	694.39	94	107.03	48764	581.24
实际利用外资	1979—1984 年		181.87		130.41		41.04
	1991 年		115.54		68.88		43.66
	1992 年		192.03		79.11		110.08

数据来源：国家统计局网站。

外资一直是我国重要的资金来源，对于固定资产投资的促进发挥了重要的作用。改革开放后，随着经济及社会发展的需要，我国各项建设需要大笔的资金，而外商直接投资正好弥补了资金的不足。在计算外商直接投资在我国固定资产投资总额中的比重时，通常使用两种方法：一种方法是指报告期收到的用于固定资产建造和购置的国外资金（包括设备、材料、技术在内），包括对外借款（外国政府、国际金融组织贷款、出口信贷、外国银行商业贷款、对外发行债券和股票）、外商直接投资及外商其他投资，不包括我国自有外汇资金（国家外汇、地方外汇、留成外汇、调剂外汇和中国银行自有资金发行的外汇贷款等）。计算利用外资时，需要折算成人民币，折算中所使用的外汇汇率按现汇计算，即按使用外汇时的汇率计算。表 4 第 3、4 栏就是按照这种方法计算的。从表 4 中可看出，外资占全社会固定资产投资的比例不断增加，从 1981 年的 3.8% 增加到 1996 年的 11.8%。1996 年以后，所占比例有所减少，但绝对数却在不断增加。另一种统计方法是按实际利用外资额计算，即实际利用外商直接投资占固定资产投资的比例。表 4 中的 5、6、7 栏分别是外商直接投资数、外商直接投资折合当年人民币数以及占全部社会固定资产投资比例。从表可以看出，两种方法数据差距较大，主要是因为外商直接投资除了用于固定资产投资，还会用于流动资金、技术开发等，所以数据要大于按投资来源计算的数据。但在表 4 中，由于外商直接投资考虑的就是外商直接投资数，没有考虑国外贷款以及外商其他投资数，因此，在 1992 年以前，由于利用外资主要依赖国外贷款，因此数额要小于第一种算法。从 1992 年开始，外商直接投资超过利用国外贷款数，故此种算法要大于第一种算法。

表 4　　全社会固定资产投资利用外资资金情况　　单位：亿元

年份	总计	用于固定资产的国外资金	外资占固定资产总投资比例	外商直接投资（亿美元）	折合人民币	占固定资产比例
1981	961.01	36.36	3.8%			
1982	1230.4	60.51	4.9%			
1983	1430.06	66.55	4.7%			
1984	1832.87	70.66	3.9%			
1985	2543.19	91.48	3.6%	19.56	55.71	2.19%
1986	3120.58	137.31	4.4%	22.44	75.4	2.42%
1987	3791.7	181.97	4.8%	23.14	83.77	2.21%
1988	4653.8	275.31	5.9%	31.94	125.97	2.71%
1989	4410.39	291.08	6.6%	33.93	133.82	3.03%
1990	4517.5	284.61	6.3%	34.87	177.1	3.92%
1991	5594.49	318.89	5.7%	43.66	227.03	4.06%
1992	8080.1	468.66	5.8%	110.08	586.73	7.26%
1993	13072.3	954.28	7.3%	275.15	1568.36	12.00%
1994	17827.12	1768.95	9.9%	337.67	2857.03	16.03%
1995	20524.86	2295.89	11.2%	375.21	3174.65	15.47%
1996	23419.01	2747.41	11.8%	417.26	3469.1	14.81%
	23358.57	2746.6				
1997	25259.67	2683.89	10.6%	452.57	3747.28	14.84%
1998	28716.92	2617.03	9.1%	454.63	3764.34	13.11%
1999	29754.55	2006.78	6.7%	403.19	3330.35	11.19%
2000	33110.42	1696.3	5.1%	407.15	3363.06	10.16%
2001	37986.98	1730.73	4.6%	468.78	3872.12	10.19%
2002	45046.92	2084.98	4.6%	527.43	4365.54	9.69%
2003	58616.29	2599.35	4.4%	535.05	4428.61	7.56%
2004	74564.93	3285.68	4.4%	606.3	5018.35	6.73%
2005	94590.84	3978.7991	4.2%	603.25	4941.64	5.22%
2006	118956.9897	4334.3148	3.6%	630.21	4931.12	4.15%
2007	150803.6125	5132.689	3.4%	747.68	5838.41	3.87%

数据来源：国家统计局网站。

中国吸收外商直接投资占全世界比重在不断增加，从 1980 年的 0.11%、1990 年的 1.68%、2000 年的 2.91%、到 2005 年的 7.55%、2006 年的 5.15% 及 2007 年的 4.56%。从 2006 年以后，所占比重有所减少，一方面原因是因为中国国内资金比较充足；另一方面是因为东南亚等地吸引外资逐渐增加，中国利用外资的优惠政策吸引力逐渐减弱，中国的劳动力成本也在逐渐增加，劳动力的竞争优势也在逐渐减弱。

（二）推动技术进步

我国利用外资的目的之一是以市场换技术。外商在华投资，绝大部分都是引进先进的技术和产品，通过利用外资，提高了我国产业技术水平。在20世纪90年代以前，由于我国引进的外商直接投资以港澳台等中小企业为主，这些企业的技术水平并不比我国当时的工业企业技术水平高。但90年代以后，由于越来越多的跨国公司到中国投资，外商在华投资的技术水平也不断提高。在利用外资过程中，企业可以通过几种渠道获得技术，一是通过外资直接投资建厂，带来了先进技术；二是可以通过购买新设备获得新技术；三是可以通过购买专利技术和技术许可获得技术；四是可以通过与外资企业的技术合作，共同开发新的技术；五是通过以上渠道获得技术后，通过消化吸收，进行自主研究开发，提高自主创新能力。通过利用外资促进技术进步的过程是一个逐步积累产业经验和技术能力的过程。在这一过程中，企业不但直接获得相关的技术，更重要的是企业在一个竞争性的市场环境中，通过不断的学习和积累、对技术的使用，建立生产能力和获得必要的产业经验，积累技术知识和提高技术创新能力，同时，通过面对面的竞争，促使企业加大技术投入，不断地创新。

20世纪90年代中期以来，世界500强中已有450多家在华投资。中国加入WTO后，经济运行越来越国际化、市场化、规范化，促使跨国公司改变在中国的投资战略，不仅仅是把中国作为一个加工基地，而是从全球战略的角度调整跨国公司的战略，不仅使跨国公司获得了巨大的利润，也同时带动了中国的技术进步和产业升级。近几年来，高新技术产业则越来越成为跨国公司投资的热点，跨国公司在中国建立研发中心、设立总部基地等也在逐渐增加。目前，跨国公司在中国设立研发中心的速度也明显加快，2002年以前，跨国公司在华设立的研发机构近200家，但截至2005年6月底，跨国公司以多种方式投资设立的研发中心则已达750多家，仅仅一年半时间就增加了350多家。这些研发中心主要集中在技术密集型行业，如电子及通讯设备制造业、交通运输设备制造业、医药制造业、化学原料及化学品制造业。[①] 在全国高技术产业研发经费、新产品开发经费和产值中，外商投资企业所占比重分别从2002年的32.6%、33.1%和61.3%，提高到2006年的

① 贺晓琴："跨国公司在华投资的新趋势及其影响"，《世界经济研究》，2006年第12期。

44.2%、45.4%和72.1%。目前，我国已设立各种形式的外商投资研发中心超过1200家，研发的层次在由低向高快速提升，从事基础研发的研发中心越来越多。①

（三）对出口的带动

外商投资企业对中国进出口的贡献不仅表现在对进出口总额的拉动作用，而且带动了中国出口商品结构的升级。

自20世纪90年代以来，中国的对外贸易保持较高的增长速度，进出口总额从1991年的1357亿美元增长到2007年的21737.26亿美元。这种大幅度增长很大程度上得益于外商投资企业出口的快速增长，外商投资企业的出口额从1991年的289.6亿美元增长到2007年的12551.6亿美元，占全国进出口总额由1991年的26.43%增长到57.74%（见表5）。

表5　外商投资企业进出口额及占全国比重　单位：亿美元

年份	全国进出口总额	外商投资企业	比　重
1992	1655.3	437.5	26.43
1993	1957	670.7	34.27
1994	2366.2	876.5	37.04
1995	2808.6	1098.2	39.1
1996	2898.8	1371.1	47.3
1997	3251.6	1526.2	46.94
1998	3239.5	1576.8	48.67
1999	3606.3	1745.1	48.39
2000	4742.9	2367.1	49.91
2001	5096.5	2591	50.84
2002	6207.7	3302.4	53.2
2003	8509.88	4721.7	55.48
2004	11545.5	6631.8	57.44
2005	14219.1	8316.4	58.49

① 国家统计局：《从封闭半封闭到全方位开放的伟大历史转折——新中国成立60周年经济社会发展成就回顾系列报告之二》。

续表

年份	全国进出口总额	外商投资企业	比　重
2006	17603.96	10362.7	58.87
2007	21737.26	12551.6	57.74

资料来源：国家统计局网站。

外商投资企业对中国出口的更大贡献在于外商投资企业对中国出口商品结构的贡献。20世纪90年代以后，中国出口商品结构发生了明显的变化。在1980年的中国出口商品中，初级产品占50.3%，工业制成品占49.7%；1985年，初级产品占50.56%，工业制成品占49.44%。到1990年，工业制成品出口比重占到74.41%，这一年外商投资企业出口总额占全国出口总额的12.58%；2007年，工业制成品出口比重占到了94.95%，外商投资企业出口占全国出口总额的57.13%。外商投资企业机电产品出口比例高，在2001年，全国出口商品总额中，机电产品占44.6%，而外商投资企业出口额中，机电产品所占的比例达到57.5%，明显高于全国的平均水平。① 2006年外商投资企业机电产品出口额为4068.52亿美元，同比增长28.27%，占外商投资企业出口总额（5638.35亿美元）的72.15%，占全国机电产品出口总额（5494.35亿美元）的74.05%，外商投资企业机电产品出口是拉动全国机电产品出口和外商投资企业出口高速增长的重要因素②。

（四）税收贡献

胡再勇在《外商直接投资对我国税收贡献及影响的实证分析》一文中，实证分析了外国直接投资对我国各项税收以及关税的贡献，得出了以下基本结论：我国各项税收（亿美元）与外国直接投资（亿美元）之间的弹性系数是0.2848，即外国直接投资每增加1%，我国各项税收总额大约增加0.2848%；我国关税（亿美元）与外国直接投资（亿美元）之间的弹性系数是0.1348，即外国直接投资每增加1%，我国关税税收总额大约增加0.1348%③。我国涉外税收增长较快，1993年全国涉外税收（不包括关税和

① 江小涓：《中国的外资经济——对增长、结构升级和竞争力的贡献》，中国人民大学出版社2002年版。

② 商务部：《2007年中国外商投资报告》。

③ 胡再勇："外商直接投资对我国税收贡献及影响的实证分析"，《国际贸易问题》，2006年第12期。

土地税）226.6亿元，占全国工商税收总额的5.71%，而到了2007年，增加到9972.6亿元，占全国工商税收总额的20.17%，年均增长率为31%。对外商直接投资企业的税收贡献，在我国一直是有争议的，争议的焦点就在于给予外商直接投资企业过多的优惠政策，再加上缺乏有效的税收监管，有的外资企业存在偷税、漏税现象，导致我国大量的税收流失。这个问题和现象确实存在，问题也不可否认，但并不是因为存在问题，就完全否认了外资经济对我国税收增长的贡献。对外商直接投资企业的税收优惠政策主要集中在所得税，但从所得税看，外商投资企业的所得税贡献也是不可否认的。1994年我国外商投资企业所得税为48.1亿元，占我国企业所得税639.7亿元的8%，而到了2007年，外商投资企业所得税为1951.2亿元，占全国企业所得税7723.74亿元的25%。外商投资企业所得税年均增长率为32.95%，而全国企业所得税年均增长率为21.12%。

（五）推进工业化进程

工业是我国对外开放较早、开放领域较宽的产业，工业尤其是制造业利用外资一直占我国利用外资的很大比例。截至2007年，外商直接投资制造业项目数占全国外商直接投资项目数的69.94%，合同外资额占全部合同外资额的62.28%。外商直接投资于工业领域，使外资加速了中国工业化进程。外商投资企业1990年工业产值只有448.95亿元，占当时全国工业产值的2.28%，到了2007年，外商投资企业工业产值达到127629.31亿元，占全国工业产值的31.5%，年均增长率为39.26%（见表6）。根据国家信息中心的分析结果，1981—2000年，我国年均9.7%的增长速度中，大约有2.7%来自跨国公司的直接或间接贡献①。

表6　1990—2007年外商投资企业工业产值占全国工业总产值比重

单位：亿元人民币

年份	全国工业总产值	外商投资企业工业产值	所占比重
1990	19701.04	448.95	2.28
1991	23135.56	1223.32	5.29
1992	29149.25	2065.59	7.09
1993	40513.68	3704.35	9.15
1994	76867.25	8649.39	11.26

① 贺晓琴："跨国公司在华投资的新趋势及其影响"，《世界经济研究》，2006年第12期。

续表

年份	全国工业总产值	外商投资企业工业产值	所占比重
1995	91963.28	13154.16	14.31
1996	99595.55	15077.53	15.14
1997	56149.7	10427	18.57
1998	58195.23	14162	24
1999	63775.24	17696	27.75
2000	85673.66	23464.55	27.39
2001	95448.98	27220.91	28.52
2002	110776.48	32459.28	29.3
2003	142271.22	44357.81	31.18
2004	201722.19	65995.21	32.72
2005	251619.5	79860.23	31.74
2006	316588.96	100076.51	31.61
2007	405177.13	127629.31	31.5

资料来源：1990—1999年数据来源于中华人民共和国对外贸易经济合作部网站，2000—2007年数据来源于国家统计局网站。

（六）对就业的拉动

资源短缺与劳动力总量相对过剩是我国长期面临的一个基本国情。改革开放以来，尤其是20世纪90年代中期以后，随着农村土地承包机制的不断完善、国有企业改革减员增效、大学生不断增加以及与就业结构的差距，我国面临的劳动力就业压力很大，失业问题日益凸显。我国吸收和利用外商直接投资，在一定程度上缓解了就业压力。如表7所示，在1993年，在外资企业就业的职工人数为288万人，占全国职工人数14849万人的2%，到2007年，在外资企业就业的人数达到1507万人，占全部职工总数的11427万人的13%。

表7　外商投资企业职工人数占全国职工人数比重　单位：万人

年份	全国合计	外商投资企业	比　重
1993	14849	288	1.94
1994	14849	399	2.69
1995	14908	503	3.37

续表

年份	全国合计	外商投资企业	比　重
1996	14845	527	3.55
1997	14668	565	3.85
1998	12337	564	4.57
1999	11773	586	4.98
2000	11259	613	5.44
2001	10792	643	5.96
2002	10558	721	6.83
2003	10492	820	7.82
2004	10576	979	9.26
2005	10850	1188	10.95
2006	11161	1340	12.01
2007	11427	1507	13.19

资料来源：国家统计局网站。

六、政府招商引资的局限性

长期以来，招商引资一直是我国各级地方政府的一项重要经济职能，地方政府在其中既做运动员又做裁判员，承担包括制定产业政策、给予优惠政策、审批投资项目、组织招商会、介绍外商等招商引资活动的一切工作。如上面所述，政府招商引资既有历史合理性，也有现实意义，但招商引资在本质上是市场经济行为，最终必须走向市场化。随着我国市场经济体制逐步完善、企业社会发展程度逐步提高、特别是加入 WTO 后，地方政府主导招商引资无法适应时代的需要，在实际操作中逐步显露出很多问题，在经济、政治、社会等各方面都存在很多弊端，阻碍了市场经济的发展，政府招商引资的局限性越来越明显。

（一）由经济视角展开的分析

1. 招商成本高昂，低效、浪费严重

从本质上讲，政府活动也是一种经济活动，有收益也有成本，只有当其

收益超过成本时，才具有经济上的合理性。政府招商引资的成本包括显性成本、交易成本、机会成本和隐性成本等。科斯认为在某种意义上政府是一个超级企业，因为它能通过行政决定影响生产要素的使用，政府有能力以低于私人组织的成本进行某些活动，但政府行政机制本身并非不要成本，实际上，有时它的成本大得惊人①。政府作为招商引资的主体，缺乏成本约束机制，也缺乏效率意识。目前，各地的招商引资方式比较单一，已经模式化，基本模式是推出一批项目清单，举行一次大型推介会，力邀一批客商参会，设计一个签约仪式，赢得一回轰动场面，当地媒体跟踪报道，回来后形势一片大好，和某某公司又签订了多少亿的合资、合作项目。有的地区书记、市长、人大主任、政协主席轮流做招商团团长，1 年之内走遍日韩、欧美。而所谓的签约项目大多数是提前安排好的，事先给外经贸局、外事办、各个区、县等分配名额，到会的所谓投资者也都大多数是以前的老客户。为了吸引投资者前去参会，要准备小礼品，还要设宴答谢。为了显示政府的脸面，要租赁有一定档次的会场，要事先把大量的展板、图片运到当地。而为了举办一次招商会，需要具体承办部门准备几个月甚至半年时间。一次组团出国招商，直接成本少则几十万多则上百万的费用。其他的隐性成本就更无法估计，出国之前需要准备大量的材料，耗费大量的人力、物力、财力。走之前要有各种吃请，目的是送行，回来后要有接风。招商团要有大老板，为领导的各种费用买单，领导回来后要给身边的同事、亲戚朋友带礼物。一个地区 1 年之内如果举行几次招商会，单单是财政要拿出上千万的直接费用，更不用说是其他的隐性费用。而真正通过招商会推介出去的项目却寥寥无几。

2. 缺乏资源整合，导致恶性竞争，造成资源浪费，国家财政收入的损失和国有资产的流失

各地政府把招商引资作为一项政治任务来完成，作为“一把手”工程来完成。为了吸引投资、争夺有限的资金，许多地方展开了恶性竞争。一是通过制度外的税收竞争吸引外资。在我国，尽管税收管理权高度集中，但在实际的执行中，地方政府在税率、税基、减免权等征收管理方面，却拥有广泛的自由裁量权。地方政府在组织税收征收过程中，为了吸引外资，展开制度外的税收优惠竞争。有的地方违反国家税收优惠政策，在国家已有“免二减三”税收优惠政策基础上，属于国家征收的部分不好处理，但由地方征收的部分，返还给企业或者少收，有的擅自延长优惠期限。广泛地给予外资企业税收优惠不仅造成财政收入的流失，而且削弱了政府调控资源配置的

① 黄晓广：“地方政府招商引资问题的产权理论分析”，《山东经济》，2005 年第 1 期。

能力。根据世界银行估计，若外商投资企业的平均所得税率为15%，以1995年为例，我国因税收优惠损失财政收入约为660亿元，约占GDP的1.2%①。

二是通过提供优惠的土地资源来展开竞争。为了吸引外资，不少地方政府也是相互压低土地使用价格，在地价几个组成部分里，由地方政府征收的部分，实行零地价，甚至有的项目，应上缴省里、国家的土地出让金，由当地政府垫付。越权审批、违规圈占土地。在大量圈地征地过程中，强行征用农民集体土地，拖欠、挪用、截留土地补偿安置费，农民利益受到侵害，纠纷不断。有的地方为吸引外资，规定投资额在一定额度上，奖励一定量的土地。

三是通过压低国有资产的价值进行竞争。有些地方为引进外商投资项目，将我方出资的有形资产和无形资产作价过低，而对外方出资的设备和其他资产估价过高，致使国有资产大量流失。1989年上海家化公司与美国庄臣公司合资成立上海露美庄臣公司后，中方将“美加净”和“露美”两个知名商标转让给合资企业，但是合资企业将两个名牌搁置一边，极力推广美方品牌，结果导致“美加净”的年销售额从合资前的近3亿元降至1993年的0.6亿元②。一些外商采取不正常的转移价格等手段避税，使国家利益受到损失。投资者利用比较客观的标准评价潜在的投资，这对投资者来说是非常重要，但在此基础上潜在的投资领域/东道国通常包括诸如政治和经济稳定、充分的基础设施、稳定和牢固的法律框架及官僚程序的考虑。最后，它是整体发展水平和一个国家的竞争优势，这将是一个投资者的投资区位决策的最重要因素的水平。特别是在全球化的世界，国家竞争力的发展对有效吸引外国直接投资和整体经济的发展是最基本的③。

3. 争相建设各种园区，土地资源大量流失

为了吸引外资，从20世纪90年代开始，各种开发区、高新园区、工业园区遍地开花。国家对各种性质的开发区的政策是不一样的。各地争相建设各种开发区，有的甚至一个乡镇要建几个工业园区。在一个地区内的各种开发区功能定位不清，通过给予各种优惠政策相互争夺外资。虽然国家大力清

---

① 谢晓波、黄炯：“长三角地方政府招商引资过度竞争行为研究”，《经济技术》，2005年第8期。

② 王巾英、崔新健：《中国利用外资理论/效益/管理》，北京大学出版社2002年版，第122页。

③ Marc Proksch：《SELECTED ISSUES ON PROMOTION AND ATTRACTION OF FOREIGN DIRECT INVESTMENT IN LEAST DEVELOPED COUNTRIES AND ECONOMIES IN TRANSITION》.

理各类开发区，针对一些地方政府存在的非法批地的现象，国土资源部也集中进行清理，对农民安置问题进行清查，对挪用、截留农民土地款进行清理整顿。但改革20多年来的经验告诉我们，越是在中央政府政策紧缩、严肃整顿的时候，越是能激发地方政府及部分官员的“创造力”，他们打政策“擦边球”，一旦整顿的缰绳放松，乱建开发区之风又会盛行起来。一些地方政府以经济增长为目标，以政绩为动力的开发热席卷中国，其最直接的结果，就是造成了一场比20世纪90年代来势更加凶猛的新一轮的圈地热在全国蔓延。根据24个省市区的初步调查报告，目前中国各类开发区已达5658个，其中，经国务院批准的只有232家，省级批准的1019家。据不完全统计，各类开发区规划面积3.6万平方公里，超过了现有城镇建设用地总量。另外，许多地方违法授予园区土地供应审批权，园区用地未批先用、非法占用、违法交易的现象十分严重。据10个省市的统计，在458.1万亩园区实际用地中，未经依法批准的用地就达到314.6万亩，占68.7%。大量土地被圈占，良田沃土被破坏，造成了大批的农民失地、失业，威胁到粮食安全，而且，在圈占土地资源的大潮中也造就出大批的贪官污吏，直接威胁到改革的正常推进①。2004年11月26日，国土资源部土地市场秩序治理整顿督查办公室有关负责人就有关问题接受京华时报记者采访时指出，开发区是土地利用的重要方式，在扩大开放，推进工业化、促进经济发展方面起到了良好的试点和示范作用，为我国经济社会的发展做出了重要的贡献。但也出现了一些不容忽视的问题。一是很多地方不顾当地经济发展的实际情况，“盲目跟风”设立开发区。有的市甚至提出各个乡镇都要设立园区。各类高新园区、经济技术开发区、工业园区等产业方向不明确、特色不鲜明、体系不完善、技术含量不高、相互竞争，竞相压价。很多地方将各类开发区作为招商引资的招牌，采取补贴地价，配送土地，甚至“零地价”等优惠政策，造成土地资产严重流失。特别是一些开发区规避规划对建设用地的控制。一些地方和部门以为设立开发区可以不受规划控制，敞开用地，在设立时不征求土地、规划部门意见，违反“两个规划”问题突出。尤其是2002年下半年以来，盲目设立开发区，大量圈地，盲目上新项目、铺新摊子之风有蔓延之势，加剧了投资增幅过大、经济结构不合理等问题，不利于宏观经济的安全运行。清理整顿之前各类开发区的统计数是3837个，到2009年9月底查出各类开发区5524个，到12月中旬查出开发区6015个，规划面积3.54万平方公里。到2010年8月，最终清理出有各类开发区6866个，规划面积3.86万平方公里。其中，国务院批准设立开发区171个，省级政府批准设

① 康劲：“圈地运动‘回潮’的深层原因”，新华网：（2003－12－23 06:30:00）。

立开发区1094个，其余的5601个开发区都是市、县、乡政府和各级部门设立的。经过前一阶段的清理整顿，到阶段性检查验收结束时，全国的开发区数量已经减少到2053个，规划面积压缩到1.37万平方公里。开发区核减数量占原有开发区总数的70.1%；压缩的规划面积占原有规划面积的64.5%。已退出开发区土地2617平方公里，复耕1324平方公里，收回闲置土地116.5平方公里①。

4. 竞相出台各种优惠政策，阻碍了有效市场和市场公平的形成

地方政府不仅掌握经济政策、发展规划的制定权，还直接控制着大部分经济资源，在招商引资中往往采取内外有别、对外资相对优惠的税收等各种优惠政策，破坏了市场公平的原则，不利于国内企业与外资企业的竞争。由于担心投资方撤资，在有的投资者干了违法乱纪的事情后，有些政府官员也是睁一只眼闭一只眼，有时甚至还出面干预、设法“摆平”。有的地方规定，不经某些部门允许，不能到外商投资企业进行各种检查，包括消防、劳动等各方面，造成外商投资企业变本加厉，不按规定实行消防，不遵守中国的劳动法等规定，欠缴、漏缴劳动保险等费用。这些政策与做法，不但损害了职工的合法利益，对内资企业抬高门槛，使内外资企业不在一个起跑线上，也给外商投资企业钻空子，相当多的中小企业到中国投资的目的是利用优惠政策赚取利润，在投资成本收回并赚取足够利润之后，他们就会撤资，留下了债务、下岗工人、环境污染等一系列问题。

5. 对外资缺乏监管，外商转移利润、逃避税收，国有资产大量流失

目前，转移价格已成为我国招商引资中普遍存在的问题。一些外商利用转移价格来转移企业利润，损害中方小股东的合法权益，逃避国家税收。其典型做法是“高进低出”，即抬高进口原材料、技术、设备、零部件、专利和商标使用权等的价格。压低产品对其他海外关联企业的销售价格，低价申报纳税等。更有甚者，一些外商投资企业还通过虚报账目、做假账，采取虚亏实赢等方式逃避国家税收，致使我国损失大量的税收。在中外合资、合作经营企业中，各方除投入资金外，还可以实物、工业产权等进行投资，这就存在着资产评估问题。资产评估是否准确、合理直接关系到双方的经济利益。由于我国资产评估制度还不完善，评估方法不够科学，一些无形资产的价值常被忽略，低估国有资产价值的现象时有发生。不仅如此，在产权交易

---

① 夏珺：“国土资源部：巩固建设用地保持成果防反弹”，http://www.0731fdc.com，2004年11月29日，《京华时报》。

没有明确的法律法规之前，在外商的并购活动中，外商并购国有企业就成了一种私下交易，没有公开市场，没有第三者参与，也就没有竞争。这对被并购者来说是不公平的，国有资产的流失在所难免。外商投资者往往高估有形资产和无形资产，这样一进一出，给我国造成相当大的损失。据报载，国家国有资产管理局在1995年对部分省市的3万家中外合资企业进行的资产评估结果表明，在合资过程中，中方80%的企业丧失了90%的应得收益，国有资产流失上百亿元。①

（二）源自政治因素的考量

1. 助长政府寻租和权力腐败、膨胀

政府干预经济会诱发权利寻租，政府招商引资则进一步增大了权力寻租的机会。如上面所述，各地政府官员以招商引资为由，出国游山玩水已成各级政府招商引资中的普遍现象。在此类招商引资中，政府官员尽情“潇洒”，企业全额买单或者以“考察费”、“场地租用费”等各种名义，财政买单。打着“招商引资”的旗号，官员们可以巧妙应对纪委，毫不费力地规避政治风险。政府对招商引资指标化，指标层层下达，政府部门和各级官员就会很自然地动用手中的权力为招商引资提供额外和超常服务。而在长期的对外交往中，各级地方政府的主要领导与各投资者建立了良好的合作关系，也就方便了领导的家属出国、子女到国外学习以及在外资企业中就业等等。而外商在生产经营过程中有什么困难，也就会经常去找领导出面解决，而有些困难是无法通过正常程序解决的。外商成了各地的“宠儿”，他们不但得到了优惠的政策、低廉的地价，由于担心投资方撤资，在有的投资者干了违法乱纪的事情后，有些政府官员也是睁一只眼闭一只眼。为了加大招商引资的力度，近年来，各地招商引资的机构不断膨胀。除了加强各地外经贸局的力量外，有的还成立了“外商投资促进中心”、“外商投诉中心”等。“外商投资促进中心”细分日韩部、欧美部等等，其职能与外经贸局交叉、重叠，人为地增加了机构设置。为了加大宣传力度，给对外招商引资创造方便条件，很多地方政府在国外设立办事处，设立“窗口”。这些“窗口”长期驻扎1—2人，负责推介投资环境，更多的工作是接待派出城市的各类招商团，安排招商团到当地的吃、住、行等。各地政府将招商引资作为考核政绩的重要标准，并制定了非常完备的招商引资考核办法。对完成任务的，给予物质

---

① 王巾英、崔新健：《中国利用外资理论/效益/管理》，北京大学出版社2002年版，第204页。

奖励和提拔重用，一些开发区、高新园区借助优惠的政策优势、优越的区位优势，吸引了相当多的投资者，而负责招商引资的有关人员也因此得到可观的奖金。

2. 政府职能错位，降低了行政效率

政府对市场的宏观调控是在市场失灵的情况下，以税收、财政、金融等方面的政策来实现的，而不是直接参与市场经济活动。招商引资在被行政化后，本应通过市场实现的经济行为，却变成了政府在操控。政府部门的基本职能是提供公共产品和公共服务，为投资者创造一个公平的、有效率的、稳定的、法制的、和谐的人文环境和公开、公平、透明的经营环境。政府直接参与或主导招商引资，把大量的精力投入到完成指标上，忽视了对投资环境的改善，市场秩序的维护，甚至为了完成指标，一味地给予外商过多的优惠，破坏了市场秩序。政府的这种行为，扭曲了政府的职能，政府该管的提供公共产品和服务等却没有管好，行政效率低下。

3. 造成政府信用危机

不少地方政府在招商引资时甚至对外商许诺了很多难以兑现的优惠政策，对外商的所有要求都有求必应，但在实际工作中却做不到，致使政府的信誉受到损害。有的还为企业提供经济担保甚至帮助企业弄虚作假，诱使外商签约。为了完成指标，甚至在实际利用外资指标中造假，人为地将投资者在银行的注册资本金的资金往来账单进行修改，增加投资额。据《北京新报》报道，山东省枣庄市委、市政府规定，各级各部门都有招商引资的数字指标，并且按引资总额发给一定比例的奖金。因此，枣庄市某部门通过幕后交易搞到了1100万元资金已经到位的假证明，凭着这个假证明，有关部门和有关人拿到了一笔相当数额的“奖金”。① 为了争夺同一个项目，一个地区的几个区（市）县、几个乡镇争相请外商前去考察、洽谈，好吃、好喝地招待，互相攀比给予优惠政策，不但使国家利益受到损失，这种内耗的方式，也使外商对政府的信誉不屑一顾。待外商投资后，对于外资经营出现的各种问题和矛盾，往往采取敷衍投资人、偏袒地方的态度，或者是无法兑现当初承诺的政策，这就极大地损害了政府的公信力。

---

① 中国网：www.china.com.cn，中国青年报，2002年9月2日。

（三）与招商引资相伴随的社会问题

1. 滥引项目、破坏环境

由于外部效应的存在，即某个人或某个企业的行为对他人或企业产生了影响，而受影响者没有因受损害而得到补偿，或没有因为获得利益而付费，导致市场失灵，为政府介入经济管理提供了重要的依据。而公共环境保护属于典型的公共产品。如上所述，公共产品的特征决定了政府必须提供公共产品。保护公共环境在经济发展中不被破坏，本应该是政府的重要职能，但由于招商引资指标层层下达，地方政府往往为眼前的局部利益所诱惑，无视西方发达国家在调整产业结构中将高污染、高消耗、低附加值的生产环节向发展中国家转移这一现实，一些地方政府在招商引资过程中饥不择食盲目招商，引来一些垃圾项目和夕阳工程。一些外商投资企业在我国大量生产其国内已经禁止或限制生产的环境污染严重的产品，利用中国的土地、劳动力资源，以牺牲中国的环境为代价，赚取高额利润。据外经贸部统计，1991 年港澳台地区在大陆投资项目为 10614 个，协议金额 89 亿美元，其中高污染企业 2379 家，金额为 20.96 亿美元，分别占当年港澳台地区对大陆投资总数的 22.4% 和总金额的 23.5%。[①] 国家环保总局副局长潘岳在第一次全国环境政策法制工作会上讲话指出：28 年的改革开放，中国国力得以明显提升，创造了不少奇迹。中国的经济增长速度全世界第一，中国的外汇储备全世界第一，中国引进外资全世界第一。与此同时，中国的煤炭、石油、钢等能源消耗全世界第一，建材消耗全世界第一，原材料进口全世界第一。中国是工业用的木材纸浆纸产品全世界第二大市场，石油进口全世界第二，单位 GDP 能耗是发达国家的 8—10 倍，污染是发达国家的 30 倍，劳动生产率是发达国家的 1/30。我们的化学需氧量排放是全世界第一，二氧化硫排放量是全世界第一，碳排放是全世界第二，10 年以后第一。我们的江河水系 70% 受到污染，40% 的严重污染，流经城市的河段普遍受到污染，城市垃圾无害化处理率不足 20%，工业危险废物化学物质处理率不足 30%。三亿多农民喝不到干净的水，四亿多城市人口呼吸不到干净的空气，其中 1/3 的城市空气是严重污染。世界空气污染最严重的 20 个城市，中国占了 16 个，一多半的城市空气不达标，山西几乎全不达标。1/3 的国土被酸雨覆盖，“逢

---

① 王巾英、崔新健：《中国利用外资理论/效益/管理》，北京大学出版社 2002 年版，第 205 页。

水必污、逢河必干、逢雨必酸”。[①] 当然，上述问题的存在不能完全都推到外商投资企业上，但我们所处的环境问题已经不容忽视，而且在改革开放的经济快速发展中，确实是外资企业在拉动经济增长，因此，环境恶化，外商投资企业有不可推卸的责任。

2. 农民失地，产生了很多社会问题

在招商引资的同时，各地也付出了大量的土地资源，产生了严重的被征地农民问题。我们现在实行的土地补偿，只考虑了土地的生产性功能，对于土地能够为被征地农民提供的基本社会保障功能和作为非农用资产的增值功能则很少考虑。而且，各地在招商引资时，为了加快项目落地速度，一味迁就外商，发生了很多违规行为，严重地影响了失地农民的利益。在一些地方，由于担心按程序办事，会耽误时间，怕留不住外商，因此经常采取边干边报批的方式，结果有的土地审批程序办不下来，外商得不到土地证，农民的补偿也就拿不到。还有的地方，处置农民的土地并没有征得农民的意见，村委会或乡镇擅自做出决定，农民对自己的土地没有任何处置权。在对农民的补偿标准方面，不同项目给予的标准不一样，造成同一地区的失地农民，因此获得的赖以生活条件却不一样，经常会有失地农民上访事件的发生。更为严重的是，土地补偿款通常在层层克扣下，落到农民手中的部分根本不足以弥补损失。在我国现有体制下，失地农民保险、就业问题得不到妥善解决，农民失去基本的生活保障，造成很多社会问题。

七、政府招商引资角色的转换

随着改革的深入和拓展，招商引资也呈现出一些新的特点，已经由过去单纯依靠资源、区位、政策优势招商向靠优良的综合环境招商转变；已经由过去的全面招商、政府直接招商向产业招商、专业招商、以商招商、中介招商等转变；由过去的主要利用外商直接投资向利用外资、先进技术、管理经验、引进人才等转变。应该认真研究和把握规律，顺应招商引资趋势，转变政府角色，加快招商方式转变。

---

① 国家环境保护局网：“中国环境问题的思考——潘岳副局长在第一次全国环境政策法制工作会议上的讲话”，2006－12－12。

（一）由“主导”招商引资向“引导”招商引资转换

我国地方政府在招商引资中普遍存在着不同程度的越位、错位等问题，这是与发展社会主义市场经济相违背的，市场经济需要的是适度干预经济的政府，需要政府对宏观经济进行间接管理而不是直接参与和微观的管理。政府必须明确自己在经济发展中的角色定位，必须知道政府该做哪些事，不该做哪些事；该管哪些事，不该管哪些事。具体到招商引资中，政府应该从微观管理、主导招商引资转到宏观管理、间接管理、引导招商引资上，从以行政命令为主转向以经济、法律手段为主。

1. 进行有效的宏观调控

招商引资也是一种市场行为，是一种经济行为，经济行为就离不开有效的宏观调控。在现代市场经济中，政府主要通过运用价格、税收、信贷、汇率等经济手段和法律手段以及计划、政策等手段，对利用外资的整体运行状态干预和调整，干预从而促进和管理招商引资工作，其目的在于通过招商引资促进经济的稳定和协调增长，从而达到优化经济结构，同时又防范金融风险，抑制通货膨胀，推动国民经济的稳定、快速、健康、可持续发展。把招商引资经济活动纳入国民经济宏观发展轨道，及时纠正经济运行中的偏离宏观目标的倾向。

政府通过产业政策，引导外资投向鼓励发展的高科技、环保等产业，防止外资投向低附加值、高污染、高能耗的产业。目前，全国各地的开发区、高新技术园区等以及其他区域，对利用外资的产业规划雷同，大都以汽车及零部件、通讯、生物科技等产业为主导产业，造成产业过剩，重复建设。国家、地方政府都要通过产业引导，进行合理的功能划分，使各地的产业分布错落有致，协调发展。通过税收政策，激励外资投向能够带动产业结构升级、优化产品结构的产业，对有利于我国整体经济发展的产业，不分项目，从税收上给予激励。税收政策不能是针对不同的投资主体而设立的。在国外，所有的优惠、激励政策，是根据政府在不同阶段需要发展不同的产业而产生的，只要是针对不同的鼓励产业，对所有的投资主体都是一视同仁的，不能因为不同的投资主体而不同，也不会产生一事一议的特殊现象，这样才能真正起到通过激励政策而引导产业发展的目的。通过法律、法规等手段规范外商投资企业的投资、生产经营等，使外商投资企业能够遵守中国的法律、法规，为中国的经济发展、劳动力就业等服务。

2. 牵线搭桥，服务企业与社会

在外商进行项目可行性论证过程中，通过为企业提供各种服务，为企业提供各种咨询，帮助企业选准合适的投资区域、帮助企业选准项目，尽快投资。国外的各种投资促进局，所做的重要工作之一就是为企业提供咨询。由于企业自身掌握的信息有限，政府可以充分发挥其掌握信息优先的优势，为企业提供各种信息，做企业的参谋，以便企业做出科学的决策。前世界银行副行长，诺贝尔经济学获奖者 Joseph Stiglitz 强调对称信息对吸引投资的重要性。他说，投资者，往往缺乏信息，特别是有关发展中国家的经济信息。这是因为发展中国家往往是缺乏可以帮助信息交流的基础设施。更糟的是，在许多发展中国家，市场往往不存在。因此政府的作用，应该提供在该国的工业化信息给潜在的甚至是直接的投资者①，政府也可以利用政府掌握的投资资源，为企业牵线搭桥，帮助有投资意向的企业和拟需求外资的企业结成对子。消减不必要的政府审批项目，依法快捷为企业办理各种审批手续。在目前的内外资项目审批手续中，涉及到环保、土地、海关、边检等各种手续，比较繁琐，办理时间较长，甚至有的部门对项目单位吃拿卡要，不给好处不办事，给了好处还要看给的多少，给的多了就快点办，给的少了就慢点办，对项目获得审批或者是在生产经营中带来很大的麻烦。政府的各种招商引资的促进机构，有能力也有方法协助企业做好各种审批手续的办理。减免各种收费，杜绝乱收费，帮助企业减轻不必要的经营负担。建立有利于企业的信贷制度，帮助企业尤其是中小企业顺利获得资金支持。

3. 构筑平台，营造良好的投资环境

在改革开放初期，由于外资对中国的政策还没有把握，还处于观望阶段，那时，到中国投资的外资企业，基本上都是小企业，尤其以港台地区的投资为主，这些小企业看重的是中国的税收优惠和廉价的劳动力。随着中国投资环境不断的完善，中国的对外开放越来越被世界了解，中国越来越融入世界经济一体化中，中国各地吸引的大项目、跨国公司就不断增多。这些大项目、跨国公司看重的是中国的投资环境，希望借助中国市场，做全球化的战略调整，良好的投资环境是各地招商引资的最重要的前提条件。政策是否具有连续性，是否公开、透明，法律是否健全，是否有效地执行法律等等是他们最关心的问题。要想把投资者吸引来，政府要在大环境上让投资者放

---

① 《Rethinking Government's Role to Attract Investment》June 14, 2007, Posted under: economy, English, foreign investment, political economy http: //www.martinmanurung.com.

心。阻碍投资的关键因素是高利率、缺乏合理的法律框架、宏观经济不稳定、基础设施差、腐败、缺乏资源、消费和市场规模以及政治不稳定。① 在市场经济中，由于经营者之间的信息不对称性，极易产生不规范的经营行为，产生欺行霸市等不公正的市场秩序，政府应该利用法律、行政等手段，维护正常的市场秩序，打击不法行为。要进一步改善投资环境，完善利用外资的法律、法规和政策、措施，保持外商投资政策的稳定性和连续性等等，为投资者营造一个廉洁高效的行政环境、规范严明的法制环境、公平竞争的市场环境和优惠实用的政策环境。

（二）由“主管”招商引资向“监管”招商引资转换

国外政府很少有专门的招商机构，设在诸如商务部、经济发展局等机构中的与招商引资相关的机构，基本上都称作经济发展促进机构、投资促进机构等，其基本职能是为来往企业提供咨询、服务的。中国商务部负责招商引资机构的也叫做投资促进局，而我国地方政府机构设置中，很多地方都有招商局，专门负责招商引资工作，有的是在外经贸局中，设立所谓的招商一处、招商二处，分别负责不同的引资国家，有的就直接叫做欧美招商处、亚洲招商处等，把政府的角色直接定位主导招商引资，亲自出马进行招商引资等。带来了很多负面效应，适应新的形势需要，政府应由“主管”招商引资向“监管”招商引资转换。

1. 强化监管意识，理顺管理体制

招商引资，本质上是一种商业行为，属于竞争性领域，应该交给企业或其他市场主体，按照商业规则和市场规律去运作，政府在这其中应该做的除了引导招商引资向政府宏观调控的产业和区域发展，还应为外资企业的发展创造良好的投资环境，此外，政府还应该对招商引资进行监管。我国许多地方政府不但没有对招商引资进行监管，而是充当招商引资的主体，既当裁判员又当运动员，为了应付外资指标，致使利用外资的质量良莠不齐。招商引资既然也是一种市场行为，就会具有负外部效应，就需要政府的介入。政府需要监管所投资的产业是否符合产业目录，监管所投资的项目有没有污染，监管在合资过程中是否有国有资产的流失，监管是否对国内经济的发展有安

① Pilirani Kazembe and Nenauthe Namizinga ："The Impact of Foreign Direct Investment on Development：Policy Challenges for Malawi" Government of Malawi Ministry of Industry, Trade and Private Sector Development http：//www. trade. gov. mw.

全威胁等。

在强调地方政府主动监督的同时，要健全中央政府的行政监督机制。改革开放以来，我国中央不断向地方放权，忽视了对地方政府权力的有效监督，导致中央政府的宏观力度被严重削弱。在招商引资中，虽然中央关于外资的法律，有产业指导目录，有相关的政策规定，但各地方政府为了本地区的外资指标，相互间恶性竞争，游离于中央政府的调控。因此，必须建立健全监督机制，严格司法监督，强化行政监督，确保中央政府的宏观调控力度。中央政府应制定一系列法律法规，规范地方政府的经济行为。在法律法规中，明确禁止地方政府的非理性经济行为，如果地方政府实施了非理性经济行为，就必须受到惩罚，以保证中央的经济政策畅通，防止地方政府各行其是。

实行社会监督。我国缺乏社会监督机制，政府在招商引资中，更多时候是关注招商引资的数量，而对外资项目占用资源、消耗能源、对环境的影响、带动就业、缴纳税收多少等关键指标却忽视了。建立社会监督机制后，就会更多地关心这些指标。没有社会监督机制，即使所招来的项目为当地经济社会的持续发展埋下隐患，即使所招来的项目对当地经济社会发展造成危害，地方政府也不用承担任何责任，地方政府的负责人也不会被追究责任，所以地方政府更热衷于招商引资。政府应该定期将所招来的项目向社会公众发布，将一些关键性的指标向公众发布，接受公众的监督。

2. 建立项目评估机制

由于国内各级政府在招商引资中既制定政策，又主导招商引资，为了完成招商引资数量指标，对外资项目不加选择，因此，必须建立项目评估机制。在项目获得批准之前，对投资额较大、占用资源较多的项目，要经过评估方可获得批准。《国务院关于进一步做好利用外资工作的若干意见》中，严格限制“两高一资”和低水平、过剩产能扩张类项目。应成立项目评估小组，小组成员既要有政府官员，又要有懂政策、会管理、有专业技术方面特长的人员，还要有社会团体代表参加。由项目评估小组对项目进行评估。把项目的科技含量、投资强度、占用土地、消耗资源、带动就业、创造税收、环境保护作为评估重点。通过评估的项目才可以获得有关部门的批准。

在项目建成达产后，评估小组要根据项目报批时的各项数据指标，对项目进行后评估，对多项指标没有达到要求的项目，要限期进行整改，对整改仍然没有效果的，可限期关闭。

八、政府招商引资机制与模式的重塑

从前述分析可知，招商引资是一种市场行为，是经济行为。实行招商引资，应该政企分开，由企业自主进行招商。我国各地方政府包揽招商引资，这种政府角色的错位、越位，使本应该在市场机制下实行的企业行为与政府行为合二为一，扭曲市场机制，增加招商引资的成本，降低了招商引资的效益，而且助长了政府的权力腐败等多种不规范行为的滋生。但政府在招商引资中并不是完全多余的，市场失灵、信息不对称、公平市场环境的建立及维护等，都需要政府在招商引资中发挥积极的作用。政府在招商引资中的角色转换，还应重塑招商引资中的机制与模式，以便政府在招商引资中发挥积极的作用。

（一）构建政府引导、多元合作的招商引资机制

在招商引资领域，政府既不能大包大揽，也不能袖手旁观，与其他的经济行为一样，政府可以通过正确的引导机制的建立，引导招商引资向良性发展。通过政府引导，建立政府、企业、中介等多元合作机制，共同促进招商引资的发展。

变政府主导招商引资为政府引导招商引资，就需要建立正确的招商引资引导机制。从世界各国政府招商引资的引导经验看，政府主要是从战略方向、投资领域的选择、投资区域的鼓励、优惠政策的激励机制等方面，科学引导外资向鼓励的产业、区域发展。从我国目前各地方政府的主要做法看，虽然实行了很多优惠政策，建立了很多开发区、工业园区、制定了鼓励发展的产业目录等，但由于要完成招商引资的指标，政府并没有发挥应有的引导作用，而是同一个地区间相互恶性竞争，对项目不加选择，对项目落户地区不加限制，只要外商看好哪个地区，就想方设法创造一切条件促使外商落户该地区，别的地区为了吸引同一个外商，也是给予更多的优惠政策等。

从国外的发展经验看，政府退出招商引资主导地位，依靠商会、协会、投资促进机构等中介机构进行招商，对企业提供具体的咨询、办手续等各类服务是发展趋势。政府应做的：一是要制定招商引资的规范、政策、法规，而且要保证相关的政策、法规的连续性和透明性，对所有的中介机构和所有的项目都是一视同仁的，使中介及外商通过透明的、连续的、稳定的政策、

法规等了解中国政府对外资鼓励投向的产业及区域。从我国目前的情况看，各地都存在着多种中介组织，但中介组织良莠不齐。因此要对中介机构的招商引资要有一个规范，扶持中介机构的运行和发展，使各中介机构都能按照规范进行招商引资。政府要加强对中介组织的资格认定和市场准入的管理，大力培育招商中介市场，整合中介资源，并使其承担相应的法律和经济责任。二是要为中介机构提供相应的信息支持。在市场经济中，政府依靠其权势，仍然掌握着大量的信息，政府是政策的制定者，也是对上级政府下达的政策最先知晓并且对内涵领会更深刻，中介机构虽然有大量的客户资源，但对政策等相关信息的掌握却不如各级政府。因此，政府有义务提供给中介机构各种政策、法规、地区产业发展规划等信息服务，便于中介机构按照地区经济发展规划、政策引导、法律法规等依法合规地帮助地方政府实施招商引资。三是政府要对中介机构的招商引资活动进行监督、检查，引导中介机构的招商引资，维持该市场的公平竞争，防止不利于市场发展的行为的发生。

目前，我国各地方政府实行的招商引资，虽然政府倡导的是“政府搭台、企业唱戏”，但实际上是“企业搭台、政府唱戏”，没有发挥企业作为招商引资主体的自主招商作用，也没有发挥中介组织的专业性招商的作用。通过专业的投资中介机构，将拟招商项目推向相关投资市场，由专业机构为招商方选择合适的合作伙伴和投资者。中介招商目标的针对性更强，项目潜在投资人明确，操作更加专业化和精细化。参照美国、日本、韩国等发达国家的招商引资的做法，结合我国实际，可以大力培育专业性社会中介组织招商，鼓励企业自主招商，把企业自主招商与社会中介组织的专业招商结合起来，使招商引资工作社会化、市场化、公开化，从而实现政府由主导招商引资变为引导招商引资，由微观具体管理变为宏观政策、法规等引导。首先要提高企业的招商自主性，使企业在招商引资活动中由听从政府安排变为主动招商，根据企业自身发展需要，有目的地进行招商引资，科学、合理地利用外资。要鼓励大型企业集团独立招商，根据国际资本变化趋势、国际产业结构调整方向，与跨国公司建立长效联系机制，在合适的时机与跨国公司建立合资、合作关系。鼓励中小企业联合招商，与国外的中小企业合资、合作，或者作为跨国公司在国内的配套生产企业。通过“以外招外”，对带动其他外商到本地投资的现有外商投资企业给予一定鼓励措施。鼓励外商在各类开发区、工业园区成片开发，设立工业团地，由外商去经营，进行招商，引进项目。

此外，还应该充分发挥国外各类商会、协会等中介机构的作用。在美国、日本等国家，商务部、经济发展局等政府部门，主要是负责政策的制定、提供相应的服务等，具体的引资活动主要是通过商会、贸易振兴机构、投资促进机构等中介组织进行。中介组织不但可以向外资推介当地的投资环境、投资政策、投资项目等，还协助有投资意向的外商办理项目设立的各种手续，帮助外资租赁厂房等。目前，我国各地已经有一些中介机构，但发展良莠不齐，也没有得到地方政府的充分重视。涉及到外资方面，为了促进招商引资工作的开展，有的地方成立了投资促进中心。投资促进中心成立的宗旨是为建立服务型政府、为外商提供更加方便、快捷的服务成立的事业单位。但在实际的运行过程中，投资促进中心的实际工作又变成了招商引资，功能上与外经贸局等机构重叠。有的地方成立外商投诉中心，主要协调解决外商反映的一些问题。有的地方成立了外商企业协会。目前，我国各地方政府在国外设立了很多办事处、招商处等窗口，但这些窗口的作用发挥得并不是很突出，基本上变成了接待办。这些窗口在招商引资的过程中，往往为了争夺同一个投资者，争相许诺给外商的优惠政策，造成恶性竞争。笔者认为，可以由我国驻外使领馆牵头，统合这些资源，为所在地的企业提供各种信息、咨询等服务，根据各地的产业发展规划及国家的统一部署，推介项目，将各地大规模的组团招商引资变成由设立在国外的各窗口进行。

（二）地方政府间招商引资竞争的协调与规范

随着经济全球化的不断加深，跨国公司在制定全球化发展战略时，源于劳动力、自然资源、优惠政策等方面的投入而对经济发展的促进作用越来越弱化，国外许多学者的研究表明，单纯的区位、政策优势等，很难成为吸引外资的主要因素。Shaukat Ali、Wei Guo 在《外商直接投资在中国的决定因素》（Determinants of FDI In China）中指出，确定外国直接投资的决定因素，在中国是一个广泛而复杂的问题……我们的研究发现，中国的巨大的潜在市场规模是外国直接投资流入中国的重要因素，这是符合双方最重要的因素理论。中国人口众多，经济发展迅速，是世界贸易组织的成员国，对外国公司来说是一个非常好的结合。政府奖励政策是另一个重要的原因，其他关键因素包括劳动力成本和高投资回报。其中从研究的最新发现，全球一体化，是对某些外国厂商在中国的投资的关键因素之一。这表明中国是一个非常重要的市场，在中国投资是公司的全球战略的一部分。总之，外国公司不只是因为某一个单一的地理位置等优势来中国投资，而是被冲突和竞争的多种多样原因驱动来中国投资。[1] 随着中国改革开放的深入，各地方政府已经逐渐认

---

① Shaukat Ali and Wei Guo:《Determinants of FDI In China》, Journal of Global Business and Technology, Volume 1, Number 2, Fall 2005.

识到单纯依靠所谓的政策优惠和攫取短期利益的竞争方法，其弊端越来越明显，难以保持持久的竞争力，外资更看重的是经济发展前景、市场规模、地方政府的政策制度、高效、完善的制度体系。

1. 招商引资行为的市场力调节

增值是资本运动的内在动力，资本作为市场中的一种经济发展要素，利润驱动是导致资本流动的主要因素。当投资者预期到一国的资本收益率高于他国，资本就会从他国流向这一国；反之，资本就会从这一国流向他国。外商直接投资也是如此，外资预测到一国的投资收益要大于本国时，就会离开本国到东道国投资，当投资者在一国所获得的实际利润高于本国或他国时，该投资者就会增加对这一国的投资，以获取更多的国际超额利润或国际垄断利润。中国利用外资，本身就是在投融资体制改革中充分发挥市场机制在投资配置中的基础性作用的一种做法，只不过在这个过程中，由于各种原因，政府干预太多，把本身是市场机制发挥基础性作用的一种改革变成了政府主导作用的发挥。改革开放 30 年来，中国政府改变了过去依靠指令性计划和行政手段管理经济的做法，在投融资体制改革上，改变了过去一切由政府投资的做法，初步形成了投资主体多元化、资金来源多渠道、投资方式多样化、项目建设市场化的新格局。在这个改革过程中，对民间资本运用的做法要好于外资，完全转变为“自愿参与、自主决策、自担风险”的经济实体，投资建设项目的咨询、勘察设计、施工、设备和材料供应等，均主要由市场竞争决定。而利用外资由于有指标考核等多种原因，变成了由政府主导进行。

从目前国际资本流向看，发达国家既是资本的主要输出国，也是最大的收益国。美国、欧盟、日本是当今世界国际投资的最主要力量。其中，美国、日本、英国、德国、荷兰、加拿大、法国、意大利、瑞典、澳大利亚是对外投资的前 10 位国家，这些投资主体的特点是，资本雄厚，投资面广，投资速度迅速。同时，发达国家也是利用外资最多的国家。据联合国贸发会议 2008 年世界投资报告数据，1995—2000 年之间，发达国家流入的外资量，年平均为 5393 亿美元，而发展中国家年平均值为 1883 亿美元。在 2007 年，发达国家流入的外资量为 12476 亿美元，发展中国家为 4997 亿美元。近年来，发展中国家流入的外资量开始增加，但仍然是发达国家占主要的。从各国对外资的吸引力度看，大多数发展中国家付出了要远远超过发达国家的努力，他们不但政府投入很多，而且在劳动力价格、优惠政策、土地价格等各方面都要优于发达国家，而发达国家政府并没有开展大规模的招商引资活动。从这一点上，充分说明资本流动的特点，是市场机制发挥主要作用，资本流向投资回报率高的地区，发展中国家虽然投资环境在不断改善，但市场发育程度、政府的信誉度等各方面都与发达国家有一定的差距，因此，外资在利益的驱动下，自然流入发达国家。

2. 建立有效的地方政府招商引资竞争机制

目前，我国许多地方政府为了争夺外资，形成了恶性竞争，争相给予外资优惠政策，对外资实行高度的保护政策，地区间的竞争主要体现在优惠政策的竞争，而政府真正该做的却没有做好。我国区域间存在着较大的经济结构、资源禀赋的差异，对吸引外资也应该根据各地的特点有所差异，地区间是可以开展合作的，为此，要借助于有效的制度安排，促进区域间合作，减少由于不当竞争给地区、国家造成的损失。区域间要建立有效的沟通协调机制，互通信息，对存在利益冲突的事务通过协商解决。各自规范政府的行为，在投资政策上，严格执行国家的统一政策。国家要尽快实行地方政府职能的规范化和法制化，通过立法的形式，将中央与地方政府的权力范围、权力运作方式、各自的责任和义务明确下来，对各级政府的职能、权限、政府的行为方式和程序通过法律加以规范，促使各级政府依法合规履行政府职能。

在本区域内，地方政府真正该做的是改善投资环境。一是要深化审批制度改革，进一步简化审批手续，提高办事效率。海关、检验检疫等部门要为地方经济发展积极贡献力量，而不能因为不受地方政府的管辖，就对项目单位进行吃拿卡要，降低办事效率。二是要深化产权制度改革，对国有经济进行战略性重组，减少政府对企业活动的管理。三是要加快法制建设。我国目前市场经济发展中，存在着侵犯知识产权、假冒伪劣产品充斥市场、贪污腐败、诈骗、坑蒙拐骗等行为，需要靠法制来维护，政府需要做到有法可依、执法必严、违法必究。Charles P. Oman 指出，对于发展中国家和新兴经济体来说，由于其稀缺的金融资源往往使他们严重依赖财政鼓励措施吸引外国直接投资，从依赖无限的财政激励转向依赖规则，这才是最重要的，这种吸引外资的国家符合国际规则，能够维持或加强环境和劳工标准，能够创造稳定，具有可预测性，政策对政策制定者和投资者都有透明度。其中应包括一个强大和独立的司法系统，也可以提供政策的透明度，限制对经济发展非常有害的寻租行为。①

① Charles P. Oman：《Policy Competition for Foreign Direct Investment - A Study of Competition among Governments to Attract FDI》.

（三）规范招商引资的政策激励措施

招商引资是市场经济行为，但市场也有失灵的时候，因此招商引资也离不开政府的宏观调控。在利用外资方面，可能引来的项目大量攫取当地资源，资源消耗量大，可能是外国的污染产业，会对当地的环境造成极大的破坏，可能是剥削当地廉价的劳动力，对劳动保护缺乏有效的监管等等。这些市场无法控制的行为，都是市场失灵的表现，需要政府靠宏观调控加以解决。

1. 利用外资促进产业结构升级

各国政府对外资都有优惠政策，但优惠政策并不是泛泛地给，优惠政策的制定和实施要有利于产业结构的调整，优惠政策要给予政府宏观调控的产业，通过对不同产业的不同政策，达到提升产业结构的目的。日本《促进进口和对日投资法》对投资于被日本政府认定为特定对内投资的制造业、批发业、零售流通业、服务业等151个行业，出资比例超过1/3的外国投资者，日本政府提供优惠税率和债务担保。加拿大蒙特利尔大区针对不同的产业和研发等，有不同的优惠措施，而这些优惠措施对内外资是一致的，目的是促进政府鼓励的产业的发展。通过研发税收抵免，促进企业研发工作的开展。每100加元研发支出的净成本，对大型企业而言，可以低至31加元，对中小型企业可以低至24加元。对私营合伙公司的竞争力前瞻性研究实施退税（魁北克经济发展、创新与贸易局）。此项税收措施鼓励进行竞争力前瞻性研究的企业结成联盟，以提高其科技知识水平、削减成本，并分担高成本研发项目的风险。资助可占合格研发支出的35%，或占与转包商所签研究合同金额的80%。针对为信息与通信技术领域创造就业机会的大型项目可返还扣税。此项税收抵扣政策旨在加强魁北克信息技术的发展，同时鼓励创建和扩大公司。合格公司可获得相当于支付合同员工工资25%的退税额。

我国也要通过相关措施促进产业结构的调整。从产业结构看，要加大外商直接投资产业战略引导，引导外商加大对第一、第三产业的投资力度，相对地降低对地二产业的投资比重；我国目前外商投资第一、第三产业比重较低（见表8）。在外商对第二产业的投资中，引导外商投资重化工业，相对减少对消费品工业的投资；引导外商对技术密集型产业的投资，相对减少对一般加工贸易的投资；引导劳动密集型外资项目向中西部地区转移。

表 8　　2007 年三次产业外商直接投资数

行业		合同项目（个）	实际使用合同额（万美元）	所占比例（%）
总计		37871	7476789	
第一产业	农、林、牧、渔业	1048	92407	1.2
第二产业	采矿业	234	48944	0.7
	制造业	19193	4086482	54.7
	电力、燃气及水的生产和供应业	352	107255	1.4
	建筑业	308	43424	0.6
	合计	20087	4286105	57.3
第三产业	交通运输、仓储和邮政业	658	200676	2.7
	信息传输、计算机服务和软件业	1392	148524	2
	批发和零售业	6338	267652	3.6
	住宿和餐饮业	938	104165	1.4
	金融业	51	25729	0.3
	房地产业	1444	1708873	22.9
	租赁和商务服务业	3539	401881	5.4
	科学研究、技术服务和地质勘查业	1716	91668	1.2
	水利、环境和公共设施管理业	154	27283	0.4
	居民服务和其他服务业	270	72270	1
	教育	15	3246	0.04
	卫生、社会保障和社会福利业	13	1157	0.02
	文化、体育和娱乐业	207	45109	0.6
	公共管理和社会组织		44	0.01
	国际组织	1		
	合计	16736	3098277	41.4

数据来源：国家统计局网站。

2. 税收激励的运用及其约束

在改革开放前 30 年，为了吸引外资，我国对外资企业实行优惠的税收政策，主要的政策是“免二减三”的政策，即外商投资企业从获利年度起，头两年的所得税是免缴的，从第三年起减半收取。这种税收优惠政策对吸引外资确实起到了很大的激励作用。但这种不分产业、不分区域的税收优惠政策，没有对外资的产业、区域起到调节作用，相反，相当多的中小企业到中国来投资，看重的就是各种优惠政策，有的企业变本加厉，在已有的税收优惠政策基础上，还要想方设法偷税漏税，高价从国外进原料，低价卖产品，把巨额利润留在国外的母公司，在中国的企业却总是亏损。有的地方政府，在国家已有的税收优惠政策基础上，在地方所得税上进一步给予优惠，使外资企业对国家、地方的税收贡献非常小。虽然新税法将内外资企业所得税统一，给予外资企业国民待遇，对内资企业来说做到了公平对待。但从国外的经验来看，税收政策应该对国家及地方鼓励发展的产业以及鼓励发展的企业起到调控作用。我国政府也可以通过税收政策对外资企业投资的产业、区域起到调节作用。

通过给予国家、地方鼓励发展的产业优惠的税收政策，以达到产业调控的作用，引导内外资企业投向国家、地方鼓励发展的产业。在墨西哥，出口制造商可以享受产业优先发展计划，但并不是所有的产业都可享受，墨西哥规定电机、电子产业可享受产业优先发展计划，产业优先发展计划将为产业出口制造商进口原料或机械设备提供优惠条件，电机和电子业在 2000 年 11 月 1 日先适用于该计划。这两种产业的公司在加入保税加工计划之后，可享受 0—5% 的优惠关税。英国一直是欧盟中公司税最低的国家，英国税制相当简单，可征税的利润通常就是账目上所显示的数目，只做小幅调整，如折旧由资本开支项目中的资本预留（capital allowances）所替代。即便是税率较低，但对于鼓励发展的行业，仍然给予支持。投资在电脑、能源效率行业以及小公司的收购方面，资本预留的数额则更大。多数情况下，这些公司能以利润抵消全部的资产成本。英国政府给予某些研究和开发项目 150% 的资本预留，这实际上是一种政府补贴。中国应该学习其他国家，通过税收优惠政策，引导鼓励发展的产业。对于现阶段中国与世界差距较大的计算机、电子通信设备、航空航天、生物制药等高科技产业，要鼓励外资进入，对内外资投资于这些产业的企业，可以实行较大的税收优惠政策，同时，对这些产业的研发中心给予政府补贴，对这些产业的员工培训等给予扶持。

通过税收优惠政策，引导外资投向政府鼓励发展的区域。我国以往的税收优惠政策，不分区域，都实行“免二减三”的政策。这种政策，在改革开放初期，吸引了外资，但也因为各地发展条件、基础差别较大，一视同仁的外资政策，没有起到引导资金投向的作用，外资造成了区域经济发展差距很大。在美国德克萨斯州，实施德州企业区规划，该规划通过提供经济利益和撤销政府在本地区投资的某些规定限制，在德州贫困地区建立资本投资和创造就业机会。减少这些贫困地区的新建和扩建企业在地方税收和州税方面的规定，该计划的实施，已被证明为一个对本地区经济发展十分有效的工具。在美国加利福尼亚州，工业园区设在以下几类区域：（1）企业发展区：选择加州经济欠发达地区，推动外资企业在这些地区进行商业投资，促进发展。优惠政策只限于企业发展区规定的起止时段之内有效。（2）洛杉矶老市区的复兴建设区：主要针对陈旧的城市区域建设，创造就业机会，降低失业率和犯罪率。（3）已关闭的军事基地重新利用发展区（Local Agency Military Base Recovery Area，LAMBRA）：南加州是美国冷战时期的重要军事基地，冷战后不少军事基地关闭，造成许多人失业。为了利用这些基地，鼓励外资企业投资设厂；制造业发展区：选择加州经济欠发达地区，设制造业发展区，鼓励外资在制造业方面投资，促进这地区的发展。（4）特定优惠税率区（Targeted Tax Area）：在特定的经济欠发达地区购买房地产，经济商业活动可获得减免税的优惠。在这些区域投资的内外资企业在设备采购、员工雇佣、研发、营业损失向后递延等多方面给予税收政策上的优惠。在德国，政府也对欠发达地区投资的企业给予补贴。这种补贴来自三个层次，一是欧盟的补贴，二是联邦政府的补贴，三是州的补贴。欧盟“地区发展国家资助法”和德国“改善地区经济结构公共任务法”明确规定，国家资助的重点是欧盟/德国境内结构弱势地区，以增强该地区的经济实力，消除发展差距，改变地区结构，提高竞争力，扩大就业，跟上整个经济发展节奏。根据欧盟2006年初对“地区发展国家资助法”新的修改，国家投资促进的重点是欧盟27国中32.2%的人口所处的不发达地区，其中包括德国东部地区。由于这些促进措施是以地域为导向的，所以不论是欧盟境内或境外投资者，只要在欧盟划定的欠发达地区投资，都可以享受这些补贴。在这些区域投资，并不是所有行业都能得到补贴，根据欧盟关于投资资助的规定，农业、林业、渔业（不包括加工和销售）、煤炭业、钢铁业、化纤业不享受投资资助。根据德国关于投资资助的规定，矿山业、能源（电厂）和供水、建筑业、零售业、贸易公司、运输仓储业、旅馆、医院、康复中心等行业不享受投资资助。其他行业均可享受投资资助。这种补贴用意非常明确，就是资助欠发达地区加快发展，缩小地区发展差距。我国可以学习其他国家的经验，从国家、地方几个层次，对鼓励发展的区域实行特殊的税收优惠政策，引导资金投向这些区域。

（四）招商引资方式的优化

招商引资是一个国家和地区为了扩大对外开放，借助外来资源加速本地经济发展的一种重要的经济手段。不管对于经济欠发达地区还是经济发达地区，科学、合理的招商引资都是经济发展的必要手段。传统的招商引资确实有误区，尤其是对政府的地位把握不清，存在政府越位、缺位等现象，但也不能就此否认了招商引资，在新形势下，需要不断地创新招商引资的方式。

1. 变大规模组团招商引资为有针对性的具体项目招商引资

招商引资不是一朝一夕的事，是一个系统化的工程，要想引来金凤凰，必须栽得梧桐树。靠一个领导、一个推介者、一个推销员无法说服真正要投资的投资者。投资者关心的是一个地区的投资环境。当投资环境达到了投资者期待的时候，当一个地区能够给投资者带来市场、带来效益的时候，投资者自然会根据全球化战略调整，选择合适的时机进入一个地区。因此，地方政府无需进行大规模的组团招商，需要做的是不断改善当地的投资环境。具备了投资环境，还要把一个地区的招商引资与当地的整体经济发展协调起来；把招商引资的产业选择、区域选择与当地的经济发展整体协调起来。在这两个条件基础上，有针对性地选择项目，针对具体的国际市场、具体的公司，进行对接。招商引资人员在走出去之前，要对当地的经济、社会发展状况、产业规划、投资区域、历史变革、风土人情、外资审批程序、外资在生产经营过程中可能遇到的问题及其解决措施都应了如指掌。还要对所去的国家及地区的经济社会发展状况、拟选择的公司以及相关公司会有什么要求都要了如指掌。要切实改变过去的以大呼隆为主、以碰为主的思想，在做了大量的前期准备工作基础上，组织一些高层次的、专业化的招商小分队，突出专业特色，实行定点、定向招商。

2. 采用多样化的招商引资手段

招商引资并不一定要走出去，在家门口同样可以招商引资。要充分利用现代信息技术手段，开展网上招商，把引资的项目、要求在网上进行发布，同时，要注意收集大公司的信息，一旦发现商机，可以立即派人前去洽谈。要关注国际资本流动趋势、国家产业调整趋势，实行产业对接招商。要加强以商招商。投资者不会满世界飞等着我们去撞。一个陌生的投资者很难下决心到一个新的地域去投资，如果在一个地区已经投资的商家向该投资者介绍、推介当地的投资环境、推介当地的合资、合作项目，这种推介的成功率要远远高于政府组团出去推介。要委托中介招商，国外很多商会、协会发挥的作用非常大，这些商会、协会在中国都设立了分支机构，与中国的商会、协会等中介机构也都有联系，通过他们的相关信息，委托这些中介机构进行招商，会达到事半功倍的效果。

3. 实施大项目带动战略

招商引资要紧紧盯住大项目、盯住跨国公司。一个跨国公司的投资，会带动相关的配套产业、零部件产业以及研发中心的投资。大多数跨国公司对外投资策略是市场导向型，他们选择的产业主要是国民经济的主导产业和收入弹性高的消费产业。中国对跨国公司来说，是一个大市场，中国多年来稳定的经济增长、中国巨大的市场容量对跨国公司是一个巨大的吸引力。跨国公司以中国为基地，进行全球化战略调整。在投资过程中，跨国公司会根据形势发展以及公司整体战略调整需要，对其上、中、下游产品在不同时机进行投资、研发。作为地方政府，要根据跨国公司发展需要、抓住跨国公司产业调整、市场调整的机会，吸引跨国公司到当地投资，并以此带动相关的配套产业的发展。

4. 依托产业集群招商引资

就像消费市场的一个现象一样，当一个地区饭店多了，聚群了，每一家的客人都会很多，相反，零星分散的饭店反倒不容易招引客人，除非这个饭店的食物或服务具有特色。招商引资也同样，当一个地区形成了产业集群，相关的产业都会前来投资，因为这里信息交流充分、广泛，配套能力强，会降低企业的采购成本，对专业人才的吸引力度要大，这个地区政府的扶持措施会更加具体得力等。当产业集群达到一定程度时，不需要政府出面招商引资，项目就会自动落户到这里。引进一些大项目后，配套企业就会跟进，而相关的企业又会给配套企业配套，而大企业因为配套方便，配件可以做到零库存，降低采购成本，又会增加投资，逐渐像滚雪球一样做大，形成良性循环。

5. 引入“前沿性”利用外资方式

传统的利用外资主要以中外合作、中外合资、外商独自企业为主。随着我国加入世贸组织，利用外资政策也有重大突破，利用外资的方式也随之增加，一个趋势就是吸引外商来华从事并购投资。一般来说，跨国公司到境外投资主要有两种方式：一种是新设投资，投资者在东道国设立新的企业；另一种投资方式是并购投资，并购是兼并和收购的简称。所谓兼并是指两家或更多的独立企业、公司合并组成一家企业、公司，由一家占优势。所谓收购是指由一家企业、公司收买另一家企业部分或全部股份，取得另一家企业控制权。20 世纪 90 年代以来，全球并购发展迅速，跨国并购的数额超过新设公司的数额。主要原因是随着全球化竞争的越来越激烈，通过新设企业、公司，很难迅速建立全球的分销网络和在东道国当地的客户资源，而通过并购，可以掌握现有企业的分销网络和客户资源。而且，在任何一个东道国，进行宏观经济调控时，都要避免重复建设，有些有投资意愿的项目，往往由于当地的宏观调控，不允许此行业进一步扩张，因此，选择并购是进入东道国的一种非常好的途径。对于中国的企业来说，选择并购方式吸引外资，既能避免为了吸引外资而造成某一行业重复建设的问题，又能够通过外资并购，推进企业改革，充分运用外资企业先进的管理理念、技术等，解决现有企业尤其是国有企业的经营困难。在吸引外商并购国内企业中，各地方政府比较难以解决的问题也是并购过程中一个障碍就是资产的定价问题。地方政府既不能为了完成招商引资的指标，而任凭国有资产的流失，也不能因为担心国有资产流失而墨守成规。目前，我国对国有企业产权变动过程中，采取的一个估价方法是资产重置法，实际上，这只是资产评估的一个方式。地方政府应该根据企业、投资者的实际情况，灵活地进行资产评估。对于盈利能力较差甚至是资不抵债的企业和对具有盈利前景和盈利前景巨大的企业评估是不一样的，对于控制权转移和控制权不转移的资产评估也是不一样的。企业的情况千差万别，按什么方式评估资产，可以由双方商定，选取一个有资质的、双方认可的中介机构进行操作。

充分利用资本市场，扩大融资渠道。除了传统的吸引外资到当地投资，还可以利用资本市场，寻求到国外资本市场上市融资。资本市场的建立和日益成熟，为广大投资者提供了一个十分重要的融资渠道和产权交易市场。企业要熟悉资本市场，掌握运作技巧。地方政府要多为企业提供相关信息，对于境外上市融资的企业在税收、人员培训等多家方面进行政策扶持。有条件的企业可以通过发行企业债券等方式获得融资，业绩好、成长性好的中小企业，可以争取上创业板。国际一些大证券公司、投资银行、财务公司是进行资本运作的行家里手，他们熟悉国内国际产业发展的现状，掌握产业发展的规律和趋势，了解行业内产业组织及其竞争格局，可以聘请他们作为政府和企业的财务顾问，帮助企业上市融资。上市公司从资本市场获得大量融资后，实力大增，需要扩张，实力强大的上市公司本身又可成为本地国有企业进行招商的目标企业，吸引上市公司参与本地企业的并购、重组。

利用 BOT、TOT 等形式，吸引外商投资基础设施。BOT 是“build - operate - transfer”的缩写，意为“建设 - 经营 - 转让”，我国一般称其为“特许权”，是指政府部门就某个基础设施项目与外商签订特许权协议，授予签约方的外资企业来承担该基础设施项目的投资、融资、建设、经营与维护，在协议规定的特许期限内，这个外资企业向设施使用者收取适当的费用，由此来回收项目的投融资，建造、经营和维护成本并获取合理回报；政府部门则拥有对这一基础设施的监督权、调控权；特许期届满，签约方的外资企业将该基础设施无偿移交给政府。TOT 是“Transfer - Operate - Transfer”的缩写，由外商投资购买我国的一些公益性资产的产权和特许经营权，在约定的时间，投资者拥有该项资产的所有权和经营权，通过该项资产取得的现金流量收回全部投资和合理的回报后，再将该项资产的产权和经营权无偿移交给原产权所有人。近年来，我国有不少地方成功运用 BOT、TOT 等方式吸引外资投资于基础设施建设。我国内地第一个 BOT 项目是 1984 年由广东省政府授权香港合和实业公司开发建设的深圳沙角火力发电 B 厂，该厂已于 1999 年顺利移交给当地政府。1995 年 5 月，国家计委批复广西来宾电厂二期工程采用 BOT 方式建设，使该项目成为我国第一个经国家批准的 BOT 试点项目。在污水处理方面，第一个利用 BOT 方式吸引外资是在北京建立的污水处理厂。2000 年，北京经济技术开发区管委会、北京经济技术投资开发总公司与美国金州集团有限公司正式签约，以投资、建设、运营、移交方式实施开发区污水处理厂，这是北京首次以 TOT 形式建污水处理厂。此次签约的开发区污水处理厂日处理规模为 10 万吨，总投 2 亿元人民币，其中一期规模为 2 万吨/日，投资约为 3200 万元。目前，我国在自来水、污水、高速公路、机场等建设方面都有利用 BOT 方式吸引外资。通过这种方式利用外资，不但能够弥补国内基础设施建设中资金不足，而且外商进行经营、管理，必须把先进的经营、管理理念带到项目中，外商为了实现利润最大化，就必须降低成本，提高项目运营效率。而我国各地在基础设施尤其是水、电、路等方面具有垄断经营的地位，长期以来，官僚作风严重，一个部门的某个领导长期垄断，没有实行市场定价，长期靠政府补贴，效率低下。各地方政府应该支持、鼓励外资通过 BOT、TOT 等方式进入地方的基础设施建设，抛开局部的、部门的利益。在资产定价过程中，既要防止国有资产的流失，又要根据项目的具体情况，使投资者能够从中受益，才能够吸引到外资。双方可以寻找有资质的、双方认可的中介机构进行资产评估。对于投资额比较大、投资回收慢的项目，可以延长授权期。政府要规范管理，健全法制，妥善处理好产品用户的承受能力与外商投资回报的关系。由于我国对基础设施产品的定价基本上是按产品成本定价，有的甚至低于成本，长期靠政府补贴，没有实行市场定价。在这个前提下，如果产品定价太高，老百姓接受不了，如果定价太低，外资得不到合理的投资回报了，因此，需要双方研究、协商，找到合理的临界点，以达到双赢的目的。地方政府要加强这方面的人才培养，培养既懂工程建设、又懂财会知识、还要有法律、经济合同等知识的人才。地方政府要在原来已利用 BOT 的道路、机场、上下水等基础设施建设的基础上，进一步拓宽利用外资的领域，鼓励外资以这种方式进入文教、体育、卫生、环保等方面建设，在这些领域，由于投资收益率较低，政府可以通过补贴、延长授权期等方式鼓励外资进入，这些优惠措施同样也适用于国内的私人资本。

参考文献

1. 曹均伟："对外资优惠政策的再认识——兼析经济特区优惠待遇的社会成本"[J]，《上海社会科学院学术季刊》，2000 年第 2 期。

2. 陈丽蔷、安丽娜："外资与经济发展理论综述"[J]，《吉林省经济管理干部学院学报》，2006 年 10 月。

3. 陈静："交易成本：外资独资化倾向的动因"[J]，《中国外资》，2006 年第 9 期。

4. 丁宁宁："改革开放以来我国政府机构改革的经验和教训"[DB/OL]，中国社会保障网 . http：//www. cnss. cn，2006 年 4 月 25 日。

5. 房维中："对 GDP 的考核应当从政府政绩考核指标中退出"[J]，《中国经济报告》，2008 年 8 月。

6. 郜建英："充分发挥政府在招商引资中的积极作用"[J]，《经济社会》，2008 年第 1 期。

7. 郜建英："如何正确发挥地方政府在招商引资工作中的积极作用"[J]，《内蒙古统计》，2007 年第 1 期。

8. 何芳、张春河、仉小猛："政府招商引资活动存在的问题及对策"[J]，《河北理工大学学报》(社会科学版)，2007 年 2 月。

9. 何颖："中国政府机构改革 30 年回顾与反思"[DB/OL]，http：//www. chinaorg. cn 中国机构网。

10. 祝年贵："西方招商引资相关理论评述"[J]，《经济体制改革》，2003 年第 3 期。

11. 胡再勇："外国直接投资对我国税收贡献及影响的实证分析"[J]，《国际贸易问题》，2006 年第 12 期。

12. 贺晓琴："跨国公司在华投资的新趋势及其影响"[J]，《世界经济研究》，2006 年第 12 期。

13. 江小涓：《中国的外资经济——对增长、结构升级和竞争力的贡献》[M]，中国人民大学出版社 2002 年版。

14. 姜夕泉：《招商引资运作谋略》[M]，东南大学出版社 2002 年版。

15. 孔寒冰、尚玉芳、齐慧卿：《直接利用外资的理论与实务》[M]，中国时代经济出版社 2003 年版。

16. 卢晓勇等：《利用外资战略与维护国家经济安全》[M]，科学出版社 2007 年版。

17. 李红军："FDI 与中国经济增长关系的实证研究"，《科技情报开发与经济》[J]，2007 年第 2 期。

18. 李克：“加快政府职能转变　努力实现科学发展”[J]，《河南日报》，2009 年 1 月 19 日。

19. 李小三、李晓玉、吴赣英：《招商学》[M]，江西人民出版社 2003 年版。

20. 刘晏良：《新疆利用外资研究》[M]，中国经济出版社 2008 年版。

21. 李奕雄、刘让友：“关于政府在招商引资中角色定位的思考”[J]，《湖南第一师范学报》，2007 年 9 月。

22. 罗余才、严俊：《国际直接投资与中国现代化》[M]，中国财政经济出版社 2002 年版。

23. 黎民、刘玉娟：“政府招商引资合理性评析”[J]，《江淮论坛》，2004 年第 6 期。

24. 刘易斯：《经济增长理论》[M]，上海三联书店 1990 年版。

25. 梁华：“外商在华直接投资问题研究综述”[J]，《当代经济科学》，2004 年 9 月，第 26 卷，第 5 期。

26. 齐晓华：“对外直接投资理论及其在国内的研究”[J]，《经济经纬》，2004 年第 1 期。

27. 任治君：《对外经济关系论》[M]，西南财经大学出版社 2006 年版。

28. 孙建中、马淑琴、周新生：《中国对外直接投资产业选择研究》[M]，中国财政经济出版社 2002 年版。

29. 宋东升、何平：“政府在招商引资中的作用”[J]，《经济论坛》，2002 年第 23 期。

30. 世界银行：《中国利用外资的前景和战略》[M]，中信出版社 2007 年版。

31. 童颖华、刘武根：“国内外政府职能基本理论研究综述”[J]，《江西师范大学学报》(哲学社会科学版)，2007 年 6 月。

32. 涂思宇、卢振铎：“FDI 聚集效应以及中国政府的政策选择”[J]，《南开经济学刊》，2006 年第 1 期。

33. 王巾英、崔新健：《中国利用外资理论/效益/管理》[M]，北京大学出版社 2002 年版。

34. 王晓红、魏浩、李耀辉：“我国产业开放战略的转变与深化”，《经济学动态》[J]，2009 年第 6 期。

35. 王晓红：《利用外资与中国经济新跨越》[M]，社会科学文献出版社 2006 年版。

36. 王庭东：《政策引致性扭曲：开放效益的体制因素》[M]，经济科学出版社2008年版。

37. 王新："外商直接投资对中国经济增长的贡献"[J]，《外国经济与管理》，1999年第3期。

38. 伍海华："论制度安排、利用外资与经济发展"[J]，《求索》，1994年第6期。

39. 伍海华、朴明根：《外资与经济发展》[M]，经济科学出版社2004年版。

40. 应毅军：《招商引资》[M]，上海科学技术文献出版社2001年版。

41. 杨柳勇：《中国市场化进程中的利用外资研究》[M]，中国社会科学出版社2002年版。

42. 郁建兴、徐越倩："政府招商引资活动的有限性与有效性"[J]，《东南学术》，2003年第2期。

43. 徐策："FDI对中国经济发展作用的理论综述及建议"[DB/OL]，全球品牌网，2009年4月4日。

44. 徐祖荣："构建以GDP和GNH为主要内容的地方政府政绩考核体系"[J]，《求实》，2007年9月。

45. 谢光亚、濮蕊："中国外商直接投资政策研究综述"[J]，《商业研究》，2006年7月。

46. 殷华方、鲁明泓："中国吸引外商直接投资政策有效性研究"[J]，《管理世界》，2004年第1期。

47. 曾建华、周聪颖："地区经济发展与外商直接投资的关联性分析"[J]，《山西财经大学学报》，2006年第5期。

48. 詹晓宁："吸引FDI的竞争：是否零和博弈——一个初步研究"[J]，《南开经济研究》，2002年第1期。

49. 张守宝："浅析我国地方政府外经贸职能变革设置的方向和重点"[DB/OL]，http://www.manager365.com，2008年6月4日。

50. 张琦：《中国利用外资的新战略》[M]，经济科学出版社2003年版。

51. 张秀英、唐微："东北地区招商引资恶性竞争危害的博弈分析"[J]，《长春大学学报》，2007年3月。

52. 张恒龙、高洪军："完善政绩考核体系 规范地方政府行为"[J]，《地方财政研究》，2009年第5期。

53. 朱廷珺：《外国直接投资的贸易效应研究》[M]，人民出版社2006年版。

54.“大改革　大开放　大发展——改革开放30年我国经济社会发展成就系列报告之一”［DB/OL］，国家统计局，2008年10月27日。

55.“国际地位和国际影响发生了根本性的历史转变——改革开放30年我国经济社会发展成就系列报告之十六”［DB/OL］，国家统计局，2008年11月17日。

56.“经济结构在不断优化升级中实现了重大调整——改革开放30年我国经济社会发展成就系列报告之三”［DB/OL］，国家统计局，2008年10月29日。

57. “Attracting Investment to China” Organisation for Economic Co – operation and Development.

58. “Foreign direct investment” From Wikipedia, the free encyclopedia.

59. “Foreign Investment in the United States”, Encyclopedia of American History.

60. Marc Proksch, “Selected Issues On Promotion And Attraction of Foreign Direct Investment In Least Developed Countries And Economies In Transition”, Investment Promotion and Enterprise Development Bulletin for Asia and the Pacific.

61. “Promotion of Foreign Direct Investment What Are The Costs?”, SOMO Paper, November 2008.

62. “Role of Foreign Investment in U. S. Economic Growth” Remarks by Franklin L. Lavin Under Secretary of Commerce for International Trade, Peterson Institute for International Economics, Washington, DC, March 7, 2007.

63. “Rethinking Foreign Investment for Sustainable Development Lessons from Latin America”, Edited by Kevin P. Gallagher and Daniel Chudnovsky, Anthem Press, 2009.

64. Shaukat Ali and Wei Guo, “Determinant of FDI In China”, Journal of Global Business and Technology, Volume 1, Number 2, Fall 2005.

65. Torfinn Harding and Beata Smarzynska Javorcikr, “Do Investment Promotion Agencies Bring Them Together?” The World Bank Development Research Group Trade Team August 2007.

66. “Understanding Foreign Direct Investment (FDI)” Jeffrey P. Graham and R. Barry Spaulding, Copyright © Citibank.

税收分权与地方税系的建设

吕冰洋*

内容摘要： 地方税系建设的基础在于税收分权，本文详细总结了有关税收分权和地方税系建设的理论。在此基础上，扩展市场交易的契约理论来研究政府间税权分配的契约问题，归纳和比较了中央政府和地方政府关于税权配置的四种契约形式：定额合同、分成合同、分税合同和代征合同。分别研究在地方财政、中央财政和国家财政收入最大化目标下，中央政府和地方政府关于税收努力和最优税权配置选择的三个命题，说明中央政府在选择政府间税收分权形式时，时常面临加强中央财政收入集中与扩大国家财政收入规模的矛盾。在理论分析基础上，本文剖析了我国财政体制变迁中蕴含的税收分权契约变化，以及现行税收分权体制所产生的经济影响，认为清晰而有弹性的税收分权契约会提高效率。进而指出我国地方税系建设中存在的问题，提出完善我国地方税系的改革思路。

关 键 词： 地方税系　税收分权　分税制

---

* 吕冰洋，中国人民大学财政金融学院副教授。通讯地址：北京市中关村大街59号，100872。E－mail：lby@ruc.edu.cn。

The Intergovernmental Tax Decentralization and the Design of Local Government Tax System

Abstract: The foundation of local government tax system is tax decentralization. This Article carefully summarizes the literatures about tax decentralization and local tax construction. Then we expands the contract theory about market trade to study the tax decentralization contract between governments. This article sums up and compares four contract models about tax decentralization between central government and local government, which are fixed rent contract, share contract, tax sharing contract and agent levying contract. On the aim of respectively maximizing local, central and national fiscal revenue, the article gets three propositions about the tax endeavor and tax decentralization. On the basis of theoretical analysis, the author sums up the change of tax decentralization in the process of China's fiscal institute change, argues the impact on economic performance by tax decentralization system, maintain the point that the manifest and elastical tax decentralization contract will improve economic and institute efficiency. Finally, this article points out the problems and the reform measure of China's local government tax system.

Key words: tax decentralization; local government tax system; tax - sharing system

一、税收分权的范畴及与地方税系建设的关系

（一）税权的概念

税权（Taxing Power；Tax Autonomy）是国家机关行使的涉及税收权力的总称。它包括税收立法权、税收征管权（或称税收行政权、税收执法权）、收益权（收入归属权），广义的税权还包括税收司法权。

1. 税收立法权

根据税法范围不同，税收立法权有狭义和广义之分。狭义的税法仅指经国家最高权力机关正式立法的税收法律，因此狭义的税收立法权仅指与制定税收法律有关的各种立法权限；广义的税法指各种有法律效力的规范性税收文件，包括税收法律、法规、规章等，因此广义的税收立法权包括了各种具有法律效力的税收法律、法规、规章的立法权。

税收立法权一般由民选的代议机关拥有。例如在美国，税收立法权专属于国会，总统在税收立法权只享有有限的否决权，[①] 日本、澳大利亚的税收立法权专属于议会。近代民主法治国家一般都将国家权力分为立法、行政、司法三个方面，并由不同的机关行使，行政机关和司法机关必须遵守立法机关制定的法律，不得代行立法职能。但是，随着经济的发展和社会的进步，社会经济关系日益复杂，民选代议机关很难胜任全部的立法任务，不得不将某些立法事项委托给行政机关完成，因此，委托立法成为西方国家立法的重要组成部分。但由于税收关系到国民财富的分配，对公民财产权利和经济生活有重大影响，因而各国大都在税收立法权的委任方面采取非常审慎的态度，一般不将税收立法权轻易授出，行政机关、司法机关不能参与税收立法或只能对公民权益影响较小的具体税收问题行使立法权。

2. 税收征管权

税收征管权是指法律、行政法规确定的国家机关，按照法律、行政法规

① 在美国，国会两院通过的税法议案必须送总统签署，总统不同意，可以行使否决权，被否决的税法议案送回国会两院重新审议，如果国会两院再次以 2/3 以上多数票通过法案，则该法案不需要再经总编签署而自动生效。

和税收规范性文件的规定征收税款及从事有关税务管理活动，实现法律、行政法规和税收规范性文件已定的“立法”本意和目的的权力。对于税收征管权这个概念，也有学者称为税收行政权、税收执法权的，三个概念所属范畴基本类似。

综合考察法律、行政法规和税收实践中的税收征管权，大体上可分为如下几项主要权力：税款征收权、税收检查权、税收处罚权、税收减免权、税务行政复议裁决权等。税收征管权在税收工作中居于中心位置，它是税收行政工作或者税收行政活动的最直接、最显著的表现，对于有效地保障税款的筹集、保障资源从私人部门向公共部门的转移有着重要作用。

3. 税收收益权

税收收益权，也称税收入库权或税收分配权，是税收征管权的一项附随性权力，因税收征管权的实现而产生，即谁有权获取税收利益，谁有权将其缴入哪个国库。税收收益权是政府间税权划分的核心问题，税收收益权的划分直接关系到各级政府的财政收入规模及一系列政府行为能否得到财力保障，由此对一系列经济行为产生影响，例如地方政府为保护地方税源实行地方经济保护主义、为扩大税源而调整相关产业政策等等。

4. 税收司法权

税收司法权，是指有关国家机关按照法律、行政法规对税收案件进行侦查、检察、审判，并依法做出的判决、裁定得以执行的权力（许善达，2003）。就整个税权来看，税收司法权属于一项保障性权力，这是司法活动的性质和特点决定的。由此之故，有学者不同意将“税收司法权”归于“税权”的内容体系（赵长庆，1998），主要理由是国家并不能直接凭借“税收司法权”取得税收收入。

（二）税收分权与地方税系建立的关系

地方税系作为国家税收体系中的一个重要组成部分，反映的是中央政府与地方政府的税收分配关系。现代经济学的研究表明，只有中央政府与地方政府分层次地提供公共产品，才能有效地满足全社会的公共需要；只有在中央政府与地方政府之间实行财政分权，才能使地方政府提供地方性公共产品具有可能性和可行性。而财政分权的内容之一，就是实行分税制，即在税制体系中，按税种划分中央和地方的税收收入归属及管理权限，这便形成了中央税与地方税的区分。

地方税系的建设，主要是中央政府与地方政府关于税权如何进行纵向分配问题。例如，税收征管权在中央和地方税务机关的划分，以及税收收益权在中央政府与地方政府之间的划分。税权的纵向划分有两种模式：集权模式和分权模式。集权模式强调税权要集中在中央，而分权模式强调税权要分散在各级政权之间。现代分税制作为一种分享税制，其核心是划分税权，认为政府间收入责任的划分，只有像明晰产权一样来明确税权的配置，才能有效地划分税种、划分收支。因而，分税制可以看作是以划分税收立法权为核心，以划分税收征管权为基本内容，以划分税收收益权为结果的一种税权配置制度。

二、税收分权研究的文献回顾

（一）税收分权的理论基础

1. 税收分权的几种形式

税收分权涉及到中央政府与地方政府间税收立法权、征管权和收益权的划分问题，在世界范围内，存在多种类型的税权划分形式，Norregaar (1997) 根据地方政府的税权自主程度分类，将各种形式的税收分权归为三大类：税权集中型、适度分权型、税权分散型，见表1。

表1　税收分权形式分类

税权自主程度	税收立法权	税收征管权	税收收益权
税权分散	下级政府决定税基和税率	下级政府拥有税收管理权和征税权	下级政府获得所有收入
适度分权	中央政府设定税基，但是税率由地方政府确定，中央政府确定税率的上限或下限。或者中央政府和下级政府针对同一税基征税，但是下级政府可以调整税率	下级政府拥有管理权和征税权	下级政府获得所有收入

续表

税权自主程度	税收立法权	税收征管权	税收收益权
税权集中	中央政府设定税基和税率	中央政府拥有管理权和征税权	中央政府和下级政府根据一定规则（例如人口、财政支出需要等）分享税收收入

资料来源：Norregaard J，"Tax Assignment" in Ter Minissian（Ed）Fiscal Federalism in Theory and Practice，International Monetary Fund，Washington DC，1997 at p. 52. 本文有所调整。

2. 传统的规范分析框架

关于税权应分权到什么程度，或者说地方拥有的税收自主权应到什么程度，目前有三种分析框架：一是传统的规范分析框架（Musgrave 1959；Oates 1972）；二是公共选择分析框架（Brennan and Buchanan，1980）；三是政治反应分析框架（Winer，2000）。在这三种分析框架下得到的研究结论截然不同。

在规范分析框架下，最优税收分权应与各级政府支出功能密切相关。Musgrave（1959）将财政职能分为资源配置、收入再分配、经济增长和经济稳定三类，这种区分已经为财政学界广泛接受。由于收入再分配、经济增长和经济稳定具有很大的辖区溢出效应，因此这两项职能应交由中央政府实现，而地方政府主要完成资源配置职能。根据这种划分标准，个人所得税和企业所得税对收入分配、经济增长和经济稳定均有很大的影响，因此税权应集中于中央政府。房产税的税基大小往往与地方政府提供的公共服务密切相关，体现出明显的受益性质，因此税权应集中于地方政府。

Oates（1972）的"财政分权定理"说明，在一个多层次政府体系中，各个层次的政府都致力于实现辖区的社会福利最大化。在存在地方性公共物品的情况下，由于各个地区居民的偏好不同，由地方政府提供差异性公共物品显然比由中央政府提供统一的公共物品更有效率。因而中央政府应当赋予地方政府一定的税收权力，以满足地方政府提供公共物品的需要。

总结传统规范分析方法对税权划分的研究，除了要求地方政府开征受益性税种外，还有一是地方政府应对非流动的税基或资产征税，以防税收竞争和税收扭曲；二是各地区的税基应分布相对均匀，以防止横向财政不平衡的产生；三是各地区应该针对收益相对稳定的税基征税，确保政府支出计划不受影响（Ambrosiano and Bordignon，2006）。

3. 公共选择分析框架

不过，根据传统的规范分析方法得出的税收分权结论是有争议的，因为这种分析方法建立在政府目标是社会福利最大化的基础上，即政府是仁慈的，没有自利动机（Ambrosiano and Bordignon，2006）。它没有考虑到政治权力的行使以及在各政府在税权分配中的谈判，这导致理论上的结果与现实差距较大。实际上，许多国家的地方政府也关注收入再分配，这特别体现在教育和医疗保障部门。并且，在地方政府财政收入来源中，受益税也仅占很小的一部分。

根据公共选择方法得出的政府间税权分配观点正好与根据传统规范分析方法得出的观点相反（Brennan and Buchanan，1980）。在公共选择方法中，假设政府不论是强势的还是弱势的，都并非是以社会福利最大化为目标，或者说政府并非是仁慈的。因此，政治家表现得像利维坦（Leviathans）① 那样，税收是用来最大限度地从私人部门攫取收入，这样政治家和官僚能够最大化其支出权力。为此，政府会选择宽税基以尽量减少逃税和税收侵蚀，并且对缺乏弹性的税基实行较高税率。公共选择理论强调地方政府间税收竞争的积极作用，以此作为约束税制设计和预算规模的力量之一；并且认为地方政府应对流动要素征税，这样可引发税收竞争机制来限制这个利维坦的贪婪。

但是利维坦模型也存在诸多批评。一方面，在现实世界中，各国政府并不像布伦南和布坎南模型强调的那样垄断；另一方面，各级地方政府之间的税收竞争可能引起严重的资源配置扭曲。例如，以掠夺税收为目的的税收竞争和“以邻为壑”（beggar - my - neighbour）税收政策可能导致税基的侵蚀。事实上，关于利维坦政府假说的实证结果并没有得出明确的结论（Edwards and Keen，1996）。

传统的规范分析框架和公共选择分析框架具有静态和规范的特点，在奥茨 - 马斯格雷夫的模型里，税权分配解决了一个仁慈的社会规划者的问题；在布伦南 - 布坎南的模型里，税权分配在宪法层面解决了限制政府的掠夺欲问题。不过，他们没有一个真正解释了现实生活中的税权分配问题，理论与现实的差距仍旧很大（Ambrosiano and Bordignon，2006）。

4. 政治反应分析框架

鉴于前两种分析框架不能很好地解释现实，一些实证分析（Hettich and Winer，2000）和政治经济学分析（Persson and Tebellini，2000）另辟蹊径，试图根据政治家在不同政治体制下的反应来研究税权选择问题。例如，Het-

① “利维坦”源出于希伯来文，是《圣经》中威力巨大无比的怪兽名，在霍布斯的《利维坦》中用它来象征不受制约的国家权力。

tich 和 Winer（2000）发展了一个税收选择模型，模型中政府试着在筹集一定税收收入的情况下最小化政治成本，即在选举中失去选票的成本。该模型建立在不同的人对税收有着不同政治反应的假设下，虽然没有提供规范性原则，但是试图解释我们在税收体制中观察到的一些特点，例如复杂的税收结构、多重税率、税基和特别豁免等问题。Winer（2000）使用 Breton（1996）框架认为联邦内税权的划分与一个国家正式宪法或规范性税收分配观念都无关。更确切地说，由于宪法是不完全的合约，它的解释随时间而变，我们所观察到的联邦内税权分配是各级政府为提升各自税权份额而博弈的结果。在博弈过程中，一些如重大国际危机、技术进步等外生冲击，通过改变各级政府间相对讨价还价的能力，从而改变了税权分配。

不过，根据政治反应的研究来判断辖区间的税权分配还不清楚。目前有许多种不同的政治经济学模型可用于税收选择，而根据所选模型和强调的具体问题的不同，结论也往往差异很大。与前两者分析框架不同，政治反应分析框架没有提出明确的政府间税权配置规则（Ambrosiano and Bordignon，2006）。

（二）税权划分的原则

一个国家税收分权奉行什么样的原则，直接决定着税权在中央与地方政府间的配置方式。要实现税权在中央与地方政府间的合理划分，首先要解决好税权划分的原则问题。对于这一问题，西方的财政学家们提出了一系列的基本原则。

美国财政学家塞里格曼（Seligman，1923）认为，中央与地方政府间的税权划分应当遵循三项原则：一是效率（efficiency）原则。即根据税收征税效率的高低来确定税种的财政归属。例如，对于所得税来说，纳税人会在全国不同地区流动，因而交由中央征收更容易体现规模经济和提高效率；而土地税、房产税等财产税，课税要素难于移动，由中央征收难以获得其相关信息，故一般应由地方课征。二是匹配（suitability）原则。即根据不同税种的税基宽窄，将不同税种分别划分为中央税和地方税，这样就使税种的课税范围同其辖区范围匹配起来。税基较宽的税种如增值税应划归中央，而车船税等零星税种宜划归地方。三是恰当（adequency）原则。将税收负担公平与否作为划分税种的标准。根据这一原则，所得税等关系到全国居民税负是否公平的税种应划归中央，反之则应留给地方。应当指出的是，塞里格曼处于 19 世纪末、20 世纪初，当时自由放任的税收思想还是主流，因此他的三原则主要关注的是税收行政效率，而对于资源配置、经济稳定等问题的关注还显得不够（平新乔，1997）。

英国学者大卫．金（King，1984）提出地方征税的“三不原则”：地方不宜征收流动性过大的税种，否则会导致这些税基迅速逃离；地方征税不使本地税负输往其他地区，如地方征收公司税和销售税会使部分税负转移给本辖区之外的非居民；地方不宜征收不易为本地居民觉察到的税种，应当增加本地税制的透明度。

美国著名财政学家马斯格雷夫（Musgrave，1983）认为，税权的纵向划分应遵循六项原则：其一，以收入再分配为主要目标的所得税应划归中央；其二，周期性特征明显、作为稳定经济手段的税收应划归中央，收入形势平缓的税种应划归地方；其三，在地区间分布不均的税种应划归中央，否则将造成地区间税收收入的不公平，增加宏观调控的难度；其四，对劳动力、资本、技术等流动性较强的生产要素课征的税收，最后划归中央，否则容易扭曲资源在地区间的最优配置；其五，土地税、房产税等对缺乏流动性的生产要素课征的税种最好划归地方；其六，受益性税种根据其受益范围的大小进行划分。可见，马斯格雷夫的六项原则是与其界定的财政具有资源配置、公平分配和稳定经济三大职能一脉相承的，是单从经济学角度进行的分析，缺乏政治学和行政管理方面的考虑。

世界银行专家鲍德威等（Boadway et al.，1994）提出四条税权划分原则：第一，内部市场效率原则。为保证内部共同市场的效率，针对流动性要素和贸易品的征税应归属中央政府，或者由中央政府和地方政府共享。第二，平等原则。累进的带有再分配性质的税收应归属有责任进行再分配的政府（通常是中央政府），下级政府可以针对中央政府的税基征收附加税。第三，降低税收成本原则。为最小化征税成本、管理成本和税收遵从成本，税权应归属于最能掌握税收信息的政府，一般而言财产税归属地方政府，公司所得税归属中央政府。第四，财政需要原则。各级政府的财政职能不同，税收要尽量满足各级政府实现财政职能的收入需要，如中央政府财政主要强调收入再分配和稳定经济的职能，累进的个人所得税和资源税应归属中央税，而州政府要提供较大范围的交通设施，道路通行税（费）适合归属于州政府。

国内学者郭庆旺、赵志耘（2006）根据财政联邦制理论和地方财政理论（Oates，1972；Bird，2000），总结出三点中央政府与地方政府间税权划分的原则。

第一是公平原则。包括两个方面：一是再分配性税种应当安排给中央政府，因为出于再分配目的而对流动要素课征的税种，很可能导致无效率的辖区间生产要素配置，而统一的再分配性税种使地方性经济活动扭曲程度最小；二是税基分布不公平的税种应当设为中央税，因为如果税基在各地方政府间的分布不均衡，某一地方辖区的居民将被迫承担另一辖区所课征税种的经济负担，如资源税。

第二是效率原则。包括三个方面：一是对劳动力、资本、技术等流动性较强的生产要素课征的税收应当归为中央税，否则容易扭曲资源在地区间的最优配置；二是税基不流动的税种应当安排给地方政府，因为只有税基不流动的税种，地方政府才有一定的自由度，改变税率而不会使税基消失，同时也充分利用地方政府的信息优势，如土地税、房产税等；三是地方政府应尽可能用使用费和受益性税种为其公共服务提供融资，因为资源的有效配置要求地方政府从受益于其服务的受益人那里得到费用补偿。

第三是稳定原则。包括两个方面：一是周期性特征明显、作为稳定经济手段的税收应划归中央政府，因为稳定宏观经济运行是中央政府不可推卸的责任；二是收入比较稳定、能比较准确预测的税种应当安排给地方政府，因为中央政府可以通过借债来弥补不稳定收入来源造成的临时收入不足。

那么，在各国的税收分权实践中，这些原则是怎样体现的呢？表 2 是世界银行的学者以联邦制国家为例，研究的政府间税收分权一览表，这一研究成果对单一制国家同样适用（Kitunzi，2000）。

表 2　　税权在政府间分配

税　　种	税基决定权	税率确定权	税收征管权	税收收益权
关税	F	F	F	F
公司所得税	F	F	F	F，L
资源税	F	F	F	F，L
生产经营房产税	S，L	S，L	S，L	S，L
环境保护税	S，L	S，L	S，L	L
个人所得税	F	F，S，L	F	F，S，L
财富税（对资本、赠与、遗产继承课税）	F	F，S	F	F，S，L
流转税	F	F	F	F，L
不良行为税	F	F	F	F
道路拥挤收费	F，S，L	F，S，L	F，S，L	F，S，L
对公共服务使用者收费	F，S，L	F，S，L	F，S，L	F，S，L
财产税	S	L	L	L
土地税	S	L	L	L

注：F 为中央（联邦）政府，S 为地区（州政府）政府，L 为地方（基层）政府，下表同。

（三）税收立法权划分

各国根据其经济发展水平、经济运行机制、国家政权体制等具体情况进行税收分权。表3详细列举了OECD部分国家下级政府（Sub - Central Levels of Government，即中央政府级次以下政府，简称SCG）拥有的税收自主权，及根据相应的税收自主权取得的收入。在表3中，下级政府收入比例指的是下级政府取得的税收收入占全国税收收入的比重，A - E栏目下数字代表不同级次下级政府根据相应的税收自主权取得的收入占同级次政府税收收入的比重。如奥地利地方政府A栏目内数据为9，代表完全享有决定税率和税基权利的下级政府取得的税收收入占下级政府税收收入的比重为9%。所有下级政府A - E内数字相加基本等于100。

表3　　OECD部分国家税收自主权列表　　单位：%

下级政府及收入比例		下级政府税收自主权							
		A	B	C	D. 1	D. 2	D. 3	D. 4	E
奥地利									
地方政府	8	9	11			81			
州	10	2				98			
比利时									
地方政府	6	13	84				2	1	
市区	13		3			97			
大区	10	8	92						
捷克									
自治市	13	2	5	3			90		
丹麦									
自治市	22		96						0
郡	9		93				4		7
芬兰									
地方政府	22		89				11		
德国									
地方政府	7	1	52			47			
州	22					100			
匈牙利									
地方政府	6		30					70	
冰岛									

续表

下级政府及收入比例		下级政府税收自主权							
		A	B	C	D.1	D.2	D.3	D.4	E
地方政府	20	8	92						
日本									
自治市	16	0	94						6
县	8	0	83						17
墨西哥									
地方政府	4						74		26
州	16	14				86			
荷兰									
自治市	1		100						
管理委员会	1		100						
新西兰									
地方政府	5	98							2
挪威									
自治市	13		5				1	94	
郡	6							100	
波兰									
地方政府	7		45	1			54		
葡萄牙									
地方政府	3	49	14						37
自治区	2								100
西班牙									
地方政府	9	33	51			16			
地区	5	15	7			78			
瑞典									
自治区	22	4	96						
瑞士									
社区	16		97				3		
邦	22	89				6	5		
英国									
地方政府	4		100						

注：下级政府指中央政府级次以下政府；收入比例指下级政府税收收入占全国税收收入比重。

表中，A－下级政府同时拥有决定税率和税基的权利；B－下级政府拥有决定税率的权利；C－下级政府拥有决定税基的权利；D.1－下级政府决定税收分成比例；D.2－经下级政府同意可以改变税收分成比例；D.3－税收分成比例由法律确定，中央政府可以单方面改变；D.4－作为年度预算的一部分，中央政府决定税收分成比例；E－中央政府决定下级政府的税率和税基。

资料来源：OECD, Taxing Powers of States and Local Government, OECD Tax Policy Studies, 1999, No. 1.

在表3中可以看到，下级政府取得的税收收入中，下级政府根据拥有决定税率权利（表B栏目）取得的税收收入是主体部分。各国下级政府均不享有绝对的决定税收分成比例的权利（即根据D.1栏目取得的税收收入为零）。

（四）税收征管权划分

税收征管权划分的核心问题是，谁应该负责税款的管理和执行，中央政府还是地方政府？文献中并没有给出这一问题明确答案（Ebel and Taliercio，2004）。尽管如此，我们仍有必要分析税收管理集权和分权模式的优点及缺点。

就效率而言，税收管理的首要目标是以最小征收成本征收到最多的收入。在这个基础上，大多数文献都建议将税收管理的职能交付于中央政府，因为税收征收存在规模经济效应，中央政府管理会使税收征收成本最小化（Ambrosiano and Bordignon，2006）。不仅如此，集权式的税收管理还有其他一些优点：第一，集权式的税收管理会减少纳税人的遵从成本，因为它提供了一个适用于全国所有纳税人的单一税收管理结构，所有的纳税人都将遵守相同的管理规则和程序；第二，集权式的税收管理可以增大税务人员轮换的可能性，从而减少职务腐败；第三，集权式的税收管理可以负担得起高质量的税收管理投入，拥有足够的预算保证顶尖信息技术的使用，并使税务人员专业化程度提高，而这对于小型的管理单位来说是难度较大的；第四，集权式的税收管理有利于处理更大范围的税收管理问题，尤其是跨地区甚至跨国家的涉税行为（Mikesell，2003）。

那么，倾向于分权式的税收管理的理论依据是什么呢？主要是分权式的税款征收和执行可以加强地方政府的自治度。因为政府的税收管理水平影响着税款征收数量，在采取分权式的税收管理时，对税收管理活动有控制能力的地方政府能够最大程度地增加自己的收入（Ebel and Taliercio，2004）。而且，分权式的税收管理使纳税人能够知道所在地区的地方政府征收了什么税，可以加强税收透明度和地方政府官员对于选民的责任心。相比之下，当中央政府管理下级政府的税收时，税收透明度就会丧失（Martinez - Vazquez and Timofeev，2005）。

税收管理权的划分还要考虑对税务官员的激励问题。正如Mikesell（2003）所言："当更高级别的政府管理（地方）税收时，管理者对于下级政府税收的管理和执行会给予更少的关注，而且给予地方税收的优先权要少于他们自己政府征收的税种。"换句话说，比起中央政府来说地方政府具有更强的动力去征收自己的税款。当然，税收激励问题还要考虑税制结构的类型和复杂程度，例如，个人所得税、公司所得税、增值税和社会保障税存在信息外部性和高技术水平要求的问题，就最好由中央来征管，地方政府更清楚当地财产信息，因此财产税和使用费由地方政府来征管相对高效（Ambrosiano and Bordignon，2006）。

总之，对于税收管理权的分配还没有明确的结论，各国做法差异很大。在确定税收管理权分权程度时，要考虑国家或地区的实际情况，对影响税收管理激励的政治经济因素都要全面分析。Shah（1994）从各税种的特征出发，总结了具体税种的税收征管权归属，见表4。

表4　　若干税种的主要特征及一般归属

税　　种	主要特征	主要征收管理权的归属主体
关税	对国际贸易课税	F
公司所得税	税源的流动性较大，是促进稳定的工具	F
资源税	税基分布不均衡	F
个人所得税	税源的流动性较大，是进行收入再分配和促进稳定的工具	F
资本课税	具有收入再分配的特征	F
工薪税	受益性和专用性税种	F，S
多环节课税（增值税）	区际间贸易课税，可由联邦政府进行协调，潜在的促进稳定的工具	F
单环节课税（制造、批发、零售）	区际间贸易课税	F，S
特种消费税		S，L
对汽车课税	地方性较强	S
营业税	省、州级政府的职责	S
消费税	受益性税种	S，L
财产和土地税	与居住地有密切关系	L
用户收费	税源的流动性较差，受益性税种服务性收费	F，S，L

资料来源：Anwar Shah，The Reform of Intergovernment Fiscal Relations in Developing and Emerging Market Economies，Policy And Research Series，pp. 19，1994，the World Bank.

从表4中可看出，关税、公司所得税、资源税、个人所得税、资本课税、多环节课税（增值税）的征管权一般归属中央政府，工薪税、单环节课税的征管权归属中央政府或州级政府，对汽车课税、营业税的征管权归属州政府，特种消费税、消费税的征管权归属州级政府或县级政府，财产和土地税的征管权一般归属县级政府。

（五）税收收益权划分

1. 地方税种选择应具备的特征

传统的财政联邦制理论强调下级政府应主要关心辖区内资源配置功能，开征具有受益性质的税种，这样征税与辖区政府提供的公共服务密切相关，征税能够促使辖区政府推动当地资源配置效率的提高。“地方政府的受益税并不扭曲资源的配置，事实上它促进经济的资源配置效率提高”（McLure，1999）。

但是，下级政府仅依赖受益税是不够的，主要原因有三点：第一，下级政府提供的公共产品和服务具有非排他性，受益范围较广，人们可能成为“免费搭车者”，不支付任何东西而获得利益，纳税人和受益人很难对应起来，也就难以确定真正的课税对象；第二，现实中下级政府通常附有再分配功能，而靠受益税融资并不能起到这个作用；第三，在财政分权程度较高的国家，受益税不能为地方公共支出提供足够的财政收入（Ambrosiano and Bordignon，2006）。

除税收具有受益性质外，地方税还应具备的特征有：地方税不应该扭曲资源配置；不应该产生税收转嫁和掠夺性税收竞争；税收应该容易管理和执行。但找到同时满足这三项要求的税种是很难的，在多数 OECD 国家，下级政府财政收入除了依赖消费税和财产税外，也依赖理论上认为不合适的所得税和利润税。因此很难明确回答下级政府到底应开征哪些税种，下面我们从具体税种的特征出发分析建立完成的地方税系可采用的税种。

2. 财产税

财产税（对土地和房屋征税）通常被看做辖区政府最好的税源之一，也是可赋予辖区政府大部分税权的合适工具。在税基不流动的情况下，不同辖区之间税率和税收管理程度差别对税源影响较少，税收收入相对稳定和可以预测。不过，财产税作为辖区政府的主要税源也不是完美无缺的，其原因主要有三点：一是当土地和资产为非辖区居民拥有时，税收转嫁问题仍有可能发生（McLure，1999）；二是因为评估土地和房屋价值很困难，财产税难以确定税基，实际这也是中国迟迟不能推行房产税改革的重要原因；三是财产税对名义收入增长的弹性似乎很低（OECD，2003），这使辖区政府的财政收入增长受到限制。

3. 个人所得税

个人所得税具有实现收入再分配和宏观经济稳定的功能，因而一般由中央政府征收。但是如果我们认为地方公共服务（对儿童的教育、社区服务、医疗护理等）主要由当地的居民来享受的话，根据受益原则，辖区居民缴纳的个人所得税就与享受到的公共服务联系在一起，辖区政府也可以享有个人所得税的收益权。

将个人所得税部分归属辖区政府应注意三方面问题：第一，个人所得税税基在辖区间不是均匀分配的，较穷的辖区可能无法筹集到足够的收入为最低标准的公共服务融资，因此要通过上级政府的转移支付来均衡地区之间的财力差距；第二，个人流动性较强，而针对流动性税基征税容易产生扭曲，例如个人为少缴税而离开高税率地区；第三，当多级政府同时征收个人所得税时，纵向税收竞争的结果会导致税率较高，例如在斯坎迪纳维亚地区的国家，个人所得税是地方收入的重要来源，OECD（2003）给出证据显示这种状况可能导致税率升到无效率的高水平，对劳动力供给造成负面效应。

4. 公司所得税

一般认为公司所得税不宜作为下级政府主要收入来源。首先，如果生产要素是相对可以流动的，那么地区间公司所得税税率的不同会影响公司经济活动的选址，继而扭曲资源配置。因此仅当投资主要依赖经营地点而非税率时，地方才可以针对利润征税，这样公司选址不会受税率的影响（Feld and Schneider，2001）。其次，与国际税收中公司所得税存在的问题一样，在企业跨地区经营的情况下，税收收入的实现地点会存在诸多争议，因此有必要将企业所得税税基在取得收入的各地区间进行分割，而这种分割通常具有主观随意性。最后，公司所得税收入受限于经济的周期性波动，不能保证下级政府的财政收入稳定。

5. 消费税

就消费税而言，针对货物征税比较适合下级政府。如果根据消费地原则征税，那么税收应在商品消费地实现，显然消费税由商品消费地所在的辖区政府管理更为合适。有些消费税实际上具有受益税的性质，比如对于烟草产品和酒精饮料征税可以用来为医疗护理筹资，对于机动车辆和机动车燃油的征税可以用来建设和维护道路。消费税归为地方税种的最大问题是，如果不同地区以不同的税率征收，人们很容易在低税率的地区购买东西、支付税金然后将商品转移到高税率地区，由此产生税收扭曲效应。

6. 增值税

增值税几乎是所有发达国家收入的最重要来源之一（只有美国不征收增值税），而且许多国家都将增值税收入的一部分作为下级政府的重要财源。传统认为，在联邦体系中增值税不是下级政府取得收入的合适工具（Keen，2000），原因主要有：差别管理或税率会影响不同地区间的贸易；如果根据目的地原则征收会造成逃税问题；如果根据生产地原则征收会造成税负地区转移问题；税收管理成本和纳税遵从成本升高等问题。因此，在绝大多数国家，增值税都只由中央政府来征收，中央政府有权制定税基和税率，下级政府的角色仅仅限定在享有增值税某些环节的收入。

增值税的重要特点是容易征管、税源充沛、具有收入弹性（会随着经济增长而增长），如果将增值税全部归为中央税，那么中央政府随之要建立强大的转移支付体系才行，这在一些国家未见得可行。为保证下级政府财力需要，有时仍需将部分增值税的收益权归为地方政府，例如中国中央政府和地方政府实行增值税收入 75：25 的分成办法。在这种情况下，我们尚需思考增值税有无成为地方税的可能。

值得注意的是，Bird 和 Gendron（1998，2000，2006，2007）发表了一系列关于增值税的论文，对增值税不能作为地方税的传统观念提出了挑战。他们认为，通过协调税基和税率，中央政府和地方政府可以保持各自独立的增值税。为此，他们认为有三种类型的增值税设计可使之可成为下级政府的重要税种：一是双重性增值税（Dual VAT，简称 DVAT）；二是整合性增值税（Viable Integrated VAT，简称 VIVAT）；三是补偿性增值税（Compensating VAT，简称 CVAT）。下面对这三种类型的增值税设计进行分别介绍。

DVAT 的设计是由不同级政府对同一税基征税，但是各级政府可以选择自己的税率。但是这样做的后果可能会导致纵向税收竞争，使总体税率上升。

VIVAT 的设计是由 Keen 和 Smith（1998）为了消除欧盟内部的税收执行和税率不统一问题提出的，这一机制可以被扩展用来为地方政府组织收入。VIVAT 的设计方案是将商品销售对象分为两部分：一是针对登记注册商户；二是针对未登记注册商户和家庭。针对前者的销售适用全国统一的税率，税率由中央政府确定；针对后者销售的税率可以有地区差别，相应的税收收入归属地方政府所有。VIVAT 的缺点是要求将对登记注册商户的销售和对最终消费者的销售进行区分，区分这两种销售会造成了企业的遵从成本和征管部门的管理成本提高。

CVAT 的设计由 Ricardo 最先提出，McLure（2000）做了进一步发展。

它最初是为解决巴西和印度这样的发展中国家分税问题提出的。CVAT设计的方案是对下级政府辖区内购买者（包括登记注册的商户、家庭和非登记注册的商户）的销售可征收地方增值税，但是对辖区外购买者的销售征税将归中央政府所有。

不论是CVAT模式还是VIVAT模式，都要求对某一地区出口所征收的税能在其他地区的应纳税款中扣除或返还。这样就需要引入结算体系，保证某一地区对出口所征收的税收能够抵补其他地区所要求的抵扣或者返还额。

Bird和Gendron（2000）总结了DVAT、CVAT和VIVAT三种模式的优缺点，见表5。

表5　DVAT、CVAT和VIVAT体制的优点和缺点

	DVAT	CVAT	VIVAT
税率自治	是	部分	部分
中央税率设定	否	部分	部分
征税激励	部分	?	?
行政费用	低	较高	最高?
区别购买者类型	否	是	是
信用跟踪	否	否	是
所需行政能力	高	低	高

资料来源：Bird，R. M. And Gendron，P.，“CVAT，VIVAT，and Dual VAT：vertical ‘Sharing’ and Interstate Trade”，International Tax and Public Finance，2000，7，753－61.

7. 税收收益权分配现状

表6显示了世界各国税收收益权划分状况，我们会发现世界范围内所得税、商品税和服务税的收益权普遍集中到中央政府，财产税的收益权普遍集中在地方政府，中央政府总的税收收入占全国税收收入的比重一般很高。即使是分权化程度较高的美国，中央政府集中的税收收入比重也高达66.7%，中央政府集中这么多的税收收入，是与现代国家的中央政府担负着许多重要职能有关，如国防、教育、社会保障等。

表6　税收收益权在不同层级政府间的分配　单位：%

国家	年份	总的税收收入			所得税			财产税			国内商品税和服务税		
		C	S	L	C	S	L	C	S	L	C	S	L
荷兰	1988	97.8		0.8	100			100			99.4		
葡萄牙	1987	97.6		2.4									

续表

国家	年份	总的税收收入			所得税			财产税			国内商品税和服务税		
印度尼西亚	1988	97.3	2.7		100			55.4	44.6		95.4	4.6	
智利	1987	96.5		3.5	100			100			95.5		4.5
肯尼亚	1986	96.4		3.6	100			1.4		98.6	97.6		2.4
津巴布韦	1986	96.3		3.7	100			12.3		87.7	98.3		1.7
爱尔兰	1987	96		2.3	100			42.9		57.1	98.7		
以色列	1986	95.5		4.5	100			22.9		77.1	100		
泰国	1988	95		5	100			58.8		41.2	92.8		7.2
南非	1986	94.4		4.1	100			27.7		72.3	95.6	4.4	
比利时	1987	93.5		5	90		10	100			95.9		3.3
新西兰	1981	93.5		6.5	100			17.9		82.1	98.8		1.2
卢森堡	1987	93.3		6.2	87.6		12.4	92		8	99.2		0.7
海牙	1988	91.7		8.8	73.6		26.8	55.5		45.5	99.2		0.8
法国	1988	90		9.2									
英国	1987	88.1		10.7	100			17		83	99.8		
西班牙	1986	87.7	3.3	9	84.3	1.2	14.4	56.7	23.9	19.4	76.1	7.4	16.5
墨西哥	1984	84.6	12.7	2.7	98.2	1.6	0.2	8.7	52.4	38.9	99.4	0.3	0.3
澳大利亚	1987	81.1	15.3	3.6	100		4.9	4.9	49.2	46	75.6	24	
挪威	1986	80.9		19.1	57.1		42.9	40.6		59.4	99.8		0.2
波兰	1988	80.9		19.1	79.6		20.4	50.8		49.2	89.2		10.8
哥伦比亚	1984	80.3	13.3	6.3	100			9.5		90.5	70	30	
波利维亚	1986	78.6	18.4	3	99.2	0.8					60.1	36	3.7
瑞典	1987	77.7		32.6	33.2		66.8		100		100		
巴基斯坦	1979	76.9	18.5	4.6									
芬兰	1987	76		25.3									
奥地利	1987	75.8	11.5	12.7	58	22.6	19.4	52.1	4.3	43.6	71.3	13	15.6
巴西	1987	71.4	26.6	1.9	100			2.8	51.9	45.3	43.7	53	2.8
丹麦	1987	71.2		28.8	54		43	57		43	99.4		0.1
德国	1988	69.8	21.7	7.6	39.4	40.5	20.1	5.2	54.5	40.3	69.9	29	0.1
印度	1986	67.2	32.8		100			39	67		51.9	48	
美国	1987	66.7	20.6	12.8	81.6	16.8	1.7	5.6	7.2	87.1	17.1	68	14.9
瑞士	1987	60.5	22.8	16.7	22.8	42.2	35	32.6	42.2	25.2	87.7	12	0.5
加拿大	1988	50.8	40	9.2	63.5	36.5			16.1	83.9	38.7	61	0.5

注：C代表中央政府，S代表州政府，L代表地方政府。

资料来源：Levin, Jonathan, 1991, "Measuring the Role of Subnational Governments," in Public Finance with Several Levels of Government: Proceedings of the Forty - Sixth Congress of the International Institute of Public Finance, Brussels, 1990, edited by Remy Prudhomme, Public Finance, 1991, pp. 21 - 36.

三、税收分权的契约性质

我们知道，市场交易由一系列契约组成，好的契约能够很好地界定交易双方的资产权利，从而降低交易费用，提高交易效率。那么，政府间也存在大量的权利分割和界定，好的契约是否也能够清楚地界定政府间的权利，从而提高政府行政效率和由此带来的经济效率呢？本节将对政府间税收分权契约进行归类分析，研究政府间最优税收分权契约的配置选择。

（一）租佃合同与税收分权合同比较

纵向政府间税收分权问题，说到底是上级政府与下级政府关于各项税收权力订立契约的问题。下级政府受上级政府管辖，一定程度上充当上级政府的行政代理者角色，而上级政府是下级政府的行政委托者。研究政府间税权配置同私人经济领域的产权分配一样重要，私人部门产权配置不当会影响私人经济主体的利益，而如果国家税权配置出现问题，则会直接影响国家利益和社会公众利益。但是之所以目前经济学界对税收分权契约研究得较少，其原因主要有两个：一是普遍认为彻底的分税制是有效率的税制。以税收分成合同为例，它与分税制相比，该合同使得税收边际努力小于税收边际收入，而在税收问题上一般不存在土地租佃市场上的风险和成本分担问题，因而税收分成合同仍被认为是“马歇尔无效率”的。如果把税收征管权和收益权分别对应于产权理论中的企业经营权和所有权，那么似乎分税制将是一个比税收分成合同更有效率的税制。二是在产权理论中，对各种合同形式已有详尽的分析。研究集中在比较分成合同（share contract）和固定租金合同（fixed rent contract）效率高低，这方面张五常（Cheung，1969）进行了开创性的研究，之后研究者进一步考虑风险共担、成本分担、信息不对称等情况下各种合同的效率，形成了大量的研究文献（Newbery，1977；Newbery and Stiglitz，1979；Eswaran and Kotwal，1985；Sengupta，1997）。尽管对租佃合同的研究一般用佃农与地主关系进行说明，但是研究结论并不局限于土地租佃市场上，它可推广到更复杂的组织中，如劳动力市场上工资制定等问题。

但是，我们发现，尽管世界各国处理中央与地方关系时普遍采用分税制，可真正实行彻底分税的很少，大多数国家税收分权形式是共享税，也就是说采用税收分成合同，这是一个值得注意的现象。那么，市场契约分析适不适合分析政府间税收分权契约呢？两者实际上有很大的区别，我们以地主与佃农签订的租佃合同为例说明两者的差别：（1）税收努力可以通过税收检查进行验实，土地耕作努力很难验实。（2）土地性质随时间变化较小，如土地产量随时间变化较慢，而税源却是变化的，它随着经济规模的扩大而增长。(3) 土地不可分割，即一块土地不能由地主和农民同时经营，[①] 而税收可以通过实行分税制、分税率等形式进行分割。（4）税收收入稳定性高于土地经营，租佃合同的风险厌恶分析不太符合税收分权合同分析。(5) 租佃合同目标是使委托方和代理方收入最大化，而税收分权合同还要考虑到满足政府财政收入需要、全社会税收收入最大化等目标。尽管如此，我们可以在借鉴产权理论中对租佃合同分析的方法基础上，结合税收特点，进一步研究税收分权合同的契约性质和税收激励问题。

（二）税收分权的四种合同

不论是联邦制国家还是单一制国家，税收立法权均高度集中在中央政府，而税收征管权和收益权相对分散。由于世界范围内政府间税收分权的这两个特点，且由于产生税收激励作用的主要是税收征管权和收益权，因而在下文分析中，我们不探讨税收立法权的分权问题，而主要研究税收征管权和收益权在中央政府和地方政府之间的划分。

中央政府可采取的税收分权合同有如下四种。

1. 定额合同

中央政府要求地方政府每年上交固定的税收收入，其余的全部留存地方支配使用。[②] 假定税收总收入是 T，定额是 T_0，那么中央政府和地方政府取得的税收收入分别为 T_0 和 $T - T_0$。定额合同的典型事例就是 1987—1994 年中国对上海市、山东省和黑龙江省实行的“定额上解”办法，这种办法是按原来核实的收支基数，财政收入大于支出的部分，确定固定的上解数额。

定额合同的特点是地方政府在上交给中央政府税收定额后，可以完全拥有税收的“剩余索取权”（residual claimant），但是地方政府需要独自承担税收风险（如经济不景气时税源不足，使税收满足不了政府支出需要）。由

① 尽管地主在在雇佣农民耕作土地时，自己也可以参与劳作，但地主籍以取得的土地收益却并不是他参与经营这一事实，而是因为他拥有土地所有权，因此可以认为土地不可分割。

② 实际上，理论上定额合同还可以采取另一种形式，就是面向地方政府的定额，即地方政府在取得固定的税收定额后，剩下的全部税收收入上缴中央。但是这种定额合同对地方政府税收积极性的激励作用非常小，现实中很少采用这种定额合同。

于税收潜力随时间不断变化，定额合同要么使中央政府丧失经济增长带来的税收收益，要么使中央政府需要经常逐个与地方政府就税收定额额度进行讨价还价，这可能会使订约成本很高。

2. 分成合同

中央政府将税收收入的一定比例留给地方政府，剩下地留给中央政府。假定地方政府获得的分成比例为 α，那么中央政府和地方政府取得的税收收入分别为（$1-\alpha$）T 和 αT。分成合同的典型事例就是共享税，这在世界范围内比比皆是。

分成合同使地方政府拥有部分税收“剩余索取权”，也承担部分税收风险。与定额合同相比较，它可能给地方政府带来税收“偷懒”（shirking）激励。对中央政府而言，它也拥有部分税收“剩余索取权”，承担部分税收风险，同时，为防止地方政府税收努力不够，中央政府也需要付出监督税收努力的成本。

3. 分税合同

这是彻底的分税制形式，中央政府和地方政府各自完全拥有某些税种的征管权和收益权，中央既无需向地方返还税款，地方也无需向中央上解税款。如我国现行的分税制中，消费税收入完全归中央财政所有，房产税、土地使用税等几个小税种完全归地方财政所有。

由于分税合同使得中央政府和地方政府都拥有部分税种的完全征管权和收益权，因而避免了中央政府对地方政府的税收激励和监督。这种契约形式最大不足之处就是由于中央政府和地方政府分别需要设立税收征收机关，①税收管理成本一般较高。并且，一旦需要中央政府和地方政府相互配合税收管理时，信息交换和协调的效率就明显不如上面两种形式。

4. 代征合同

中央政府委托地方政府征税，征管权归地方政府所有，所征税款完全上解中央财政，税收收益权完全归中央政府所有。这种契约形式的典型事例是英国营业税，它由地方政府征收，税收收入全部上交中央政府统一分配。

代征合同最大不足之处在于，地方政府的税收边际收入与税收边际努力完全无关，因而税收激励程度在这四种合同形式中最低。事实上，这种代征

① 通常可以认为，中央政府的课税代理机构是国家税务局，地方政府的课税代理机构是地方税务局。

合同现在已经很少见了，变相的形式是政府为借重税务部门强大的征收力量，让税务部门为其他部门代征部分规费，如我国地方税务局曾代征的文化事业建设费、水利基金等。

表7将税收分权合同的四种形式进行了比较，从表中可看到，税收分权合同差别主要在税收分成比例和上解税额的变化，因而一定意义上说，定额合同、分税合同和代征合同都可看作是分成合同的特殊形式。

表7　　税收分权合同的四种形式比较

契约形式	地方所得 $D=\alpha T-T_0$	征管权归属	收益权归属
定额合同	$\alpha=1$，$T_0>0$	地方政府	定额部分归中央，剩余归地方
分成合同	$0<\alpha<1$，$T_0=0$	地方政府或中央政府	按分成比例划归中央政府和地方政府
分税合同	$\alpha=1$，$T_0=0$	中央政府和地方政府	按税种划归中央政府和地方政府
代征合同	$\alpha=0$，$T_0=0$	地方政府	中央政府

这四种税收分权合同是基本税收分权形式，在现实中，常常有将这四种合同混合起来的税收分权形式。如2002年《所得税分享方案》规定，从2002年1月1日起，对企业所得税和个人所得税收入超过2001年的增量部分实行中央和地方按比例分享，很明显，它属于定额合同与分成合同的结合，定额部分是2001年的所得税基数，分成部分是所得税增量部分。

根据前文分析的结果，为便于比较，我们将四种税收分权的契约形式的效率优劣简述如下：

对地方政府的激励：分税合同>定额合同>分成合同>代征合同

对中央政府的激励：代征合同、分税合同>分成合同>定额合同

监督地方政府税收努力成本：代征合同>分成合同>定额合同>分税合同

与地方政府讨价还价成本：定额合同需随时间调整，其他契约一旦制订，可以维持相当长的一段时间。

从上面分析可以看到，以上这四种契约形式各有优劣，脱离了政府所处的历史背景和经济背景，抽象的理论分析并不能做出中央政府应采用何种契约形式的判断。

（三）最优税权配置

由于税收属于国家财政利益范围，由中央政府决定政府间税收征管权和收益权分配，因此中央政府在法理上对所有税收享有最终所有权。中央政府

为实现各种财政目标，或是将税收征管权归于中央政府，或是归于地方政府。税收征管权归于中央政府的合同可以有两种合同（分成合同或分税合同)，归于地方政府的可以有四种合同，以后者为主，见表4－1。当中央政府享有税收征管权时，不存在提高中央政府税收努力的问题。① 当地方政府享有税收征管权时，我们可以将地方政府视为税收代理者，中央政府是税收委托者。在这种情况下，中央政府采取哪种税收分权合同才是最有效的呢？在各种合同中，又如何决定税收收益权分配关系呢？本节我们通过一个中央政府和地方政府博弈框架，说明最优税权配置所具有的性质。根据表4－1的分析，各种税收分权的统一函数形式为 $D=\alpha T-T_0$，我们利用这种函数形式进行研究。

1. 基本假设

假定可征税收收入 T 是税率 τ、税收努力 w 和税基 Y 的函数，即 $T=T(\tau, w, Y)$。为便于理论分析，假定税基 Y 是外生给定的，即它不受税率和税收努力的影响，一般地，可将税基视为一个地区国民收入总额。进一步，可以假设税基由 N 个纳税人组成，每个纳税人在 t_0 时刻应纳税所得为 y_0，应纳税所得年均增长率为 g，于是在 t 时刻税基为 $Y=Ny_0(1+g)^t$。在这种假定下，税收收入是税率、税收努力和税基的增函数，即 $T_\tau>0$，$T_w>0$，$T_Y>0$。另外可假定 $T_{ww}<0$，作这样假设的理由是：税收随着税收努力的上升而提高，但是上升的幅度会逐渐减少。假定税收是线性税，根据税收函数的性质，不失一般性，我们可以设定税收函数为：

$$T(w,\tau,Y)=\tau w^{\theta}Y,0\leqslant w\leqslant 1,0\leqslant \theta\leqslant 1 \qquad (1)$$

即当地方政府税收努力 $w=1$ 时，实征税款等于应征税款；当税收努力 $w=0$ 时，实征税款为0。θ 用来说明税收函数具有凹函数的性质，体现边际税收努力对边际税收收入的影响，为得到清晰解，本文令 $\theta=1/2$，这不会影响到结论的正确性。

假定中央政府不直接征税，而委托地方政府来征税，那么地方政府是税收代理者，中央政府是税收委托者。地方政府征税需要花费一定的征税成本，征税成本函数为 $L=L(w, N, \sigma)$，其中 σ 表示税收复杂程度。做这样函数假设的原因是征税成本与税率、税基关联较小，而与税收努力、纳税人数量和税收复杂程度紧密相联。举例来说，象针对集贸市场上摊贩开征的税

① 正如对土地租赁问题研究中，不必对地主亲自耕作土地问题分析一样。实际上，中央政府享有税收征管权的税种，往往是易征税种，特别是商品税，税收征收率易于达到较高程度，税收征收激励问题不突出。

收，尽管税收规模较小，但是由于纳税人分散且较难监控的原因，征收相同数量的税额所付出的税收成本远高于营业税等大税种。显然，征税成本函数具有的性质为：$L_w>0$，$L_N>0$，$L_\sigma>0$。不失一般性，可以假设：

$$L(w,N,\sigma)=BwNe^{\sigma} \tag{2}$$

其中，B 为征税成本系数，可理解为与征管信息化建设水平、公民纳税意识等相关的一个度量，它的大小可体现征税成本的高低。

同时，中央政府需要对地方政府征税行为实施监督，采取的监督形式如对完税企业实行税收抽查，或者通过纳税评估来判断地方政府的征税努力。我们可以这样设想一下监督成本函数的性质：当中央政府取得的分成比例越大时，中央政府对地方政府征税行为实施监督的动力越强，因而所付出的监督努力越高，于是监督成本 S 应是 $1-\alpha$ 的增函数，有 $S'_\alpha<0$；当应征税款与实征税款差额 Δ 越大时，意味着地方政府税收努力越低，企业偷逃税的行为越多，中央政府需要付出的监督成本越高，因而监督成本应和应征税款与实征税款差额 Δ 正相关，有 $S'_\Delta>0$。应征税款与实征税款差额 $\Delta=\tau Y-T(w,\tau,Y)$，因而不失一般性，可以假设监督成本函数形式为：

$$S(\alpha,\Delta)=A\cdot(1-\alpha)\cdot\Delta \tag{3}$$

上式中，A 为监督成本系数，可用来衡量监督成本的高低。

在上述假设下，中央政府决定税权分配的契约形式，包括决定分成比例和地方政府上解税收收入，即向地方政府提供（α，T_0）这一对组合。在这个前提下，地方政府选择税收努力程度，中央政府对地方政府税收努力实施税收监督。于是，地方财政最终收入为 $T^L=\alpha T(w,\tau,Y)-T_0-L(w,N,\sigma)$，中央财政最终收入为 $T^C=(1-\alpha)T(w,\tau,Y)+T_0-S(\alpha,\Delta)$，国家财政最终收入为地方和中央两级财政收入之和，为 $T^N=T(w,\tau,Y)-S(\alpha,\Delta)-L(w,N,\sigma)$。

2. 无税收处罚情况下最优税权配置

为使结论更清晰，我们首先研究在地方政府税收努力 $w<1$ 时，中央政府不实施处罚情况下最优税权配置选择。这里我们假设地方政府对中央政府的监督函数具有完全信息，即中央政府的税收监督通过法律和习惯为地方政府所了解。例如，中国从 1985 年开始的财税大检查，每年年底由国务院大检查办公室统一部署，对财经领域偷逃骗税等行为进行集中检查，地方政府对这种税收监督的力度非常熟悉；再如，目前纳税评估主要通过计算机程序进行指标比较的方法来筛选有纳税疑点的企业，这种程序化管理也为地方政府所熟知。

假设中央政府目标是中央财政收入最大化，于是中央政府和地方政府的目标分别为：

中央政府目标是提供契约形式使得：

$$\underset{\alpha}{Max}\ T^C=(1-\alpha)T(w,\tau,Y)+T_0-S(\alpha,\Delta) \tag{4}$$

地方政府目标是选择税收努力使得：

$$\underset{w}{Max}\ T^L=\alpha T(w,\tau,Y)-T_0-L(w,N,\sigma) \tag{5}$$

通过逆向选择法，从地方政府目标函数中可求得税收努力 w，代入中央政府目标函数中可求得（α，T_0）。将（1）、（2）式分别代入（5）式，由 $\frac{\partial T^L}{\partial w}=0$ 可求得：

$$w=\left(\frac{\alpha\tau Y}{2BNe^{\sigma}}\right)^2 \tag{6}$$

从中看出，$w_\alpha>0$，$w_B<0$，$w_\sigma<0$，即税收努力是地方政府税收分成比例的增函数，是税收征收成本和税收征收复杂难度的减函数。这个结论很直观，地方政府税收收入分成比例越高，地方政府税收激励越强；而税收征收成本和税收征收复杂程度越高，税收征收激励就越弱。现实例子可对应于以前农业特产税、屠宰税等的征收，由于该税种的纳税人分散、核算较难，税款征收率一直较低，有的地方税务机关甚至采取摊派的办法来征收。

将（6）式代入中央政府目标函数（4）式，可通过 $\frac{\partial T^C}{\partial \alpha}=0$ 求得中央政府在中央财政收入最大化目标下，不实施税收处罚时最优税权配置选择，我们记为 $\alpha_{C,N}$，可得：

$$\alpha_{C,N}=\frac{1}{2}+\frac{ABNe^{\sigma}}{(1+A)\ \tau Y} \tag{7}$$

上式中，$\alpha_A'>0$，$\alpha_B'>0$，$\alpha_\sigma'>0$，税收分成比例与征税成本、监督成本和税收复杂程度正相关。征税成本和税收监督成本较高的税种通俗来说就是“难征难管”税种，如针对私人房产租赁行为征收的房产税与针对劳务报酬征收的个人所得税等，这种涉税行为隐蔽，举证困难，稽征难度较大。（7）式可解释为什么世界各国分税制中，大多将小税种归于地方财政收入。（7）式中，$\alpha_{C,N}>1/2$，尽管结果与函数设定有关，但是也说明如果地方税收上交比例太高，将会挫伤地方征税积极性，中央所得的税收收入反而会减少。

现在假设存在一个社会计划者，他的目标是国家财政收入最大化，在这个目标下，社会计划者要将税收征收成本考虑在内，此时社会计划者的目标函数为：

$$\underset{\alpha}{Max}\ T^S=T(w,\tau,Y)-S(\alpha,w,T)-L(w,N,\sigma) \tag{8}$$

通过$\frac{\partial T^S}{\partial \alpha}=0$求得在国家财政收入最大化目标下，不实施税收处罚时最优税权配置选择，我们记为$\alpha_{S,N}$，可得：

$$\alpha_{S,N}=\frac{A+1}{2A+1}+\frac{2ABNe^{\sigma}}{(2A+1)\tau Y} \tag{9}$$

上式中，$\alpha_B{}'>0$，$\alpha_\sigma{}'>0$，与（7）式一样，税收分成比例与征税成本和税收复杂程度正相关。$\alpha_A{}'$的符号由$2BNe^{\sigma}-\tau Y$决定，BNe^{σ}和τY分别表示税收努力$w=1$时征税成本和税收收入，一般而言，有$BNe^{\sigma}<\tau Y$，因而$\alpha_A{}'<0$，这意味着在国家财政收入目标最大化情况下，税收监督成本越高，税收分成比例越低。

由此我们得到分析中央政府与地方政府最优税权配置契约命题1：

命题1：地方政府税收努力是地方政府税收分成比例的增函数，是税收征收成本和税收征收复杂难度的减函数。税收征税成本和税收征收难度越高，中央政府向地方政府增加税收分成的倾向越强。

在Seligman（1895）提出的政府间税权划分三原则中，其中一条是效率原则，指要根据税收征税效率的高低来确定税种的财政归属，如土地税、房产税等财产税，课税要素难于移动，由中央征收难以获得相关信息，故一般应由地方课征。命题1可视作对这条原则的注释，也可解释为什么世界范围内大多将财产税划归地方税的原因。

3. 存在税收处罚时最优税权配置契约

现在考虑当中央政府对地方政府税收努力$w<1$实施税收处罚时最优税权配置，当中央政府发现应征税款与实征税款存在差额时，即可认定地方政府税收努力$w<1$。一般来讲，税收处罚的主要形式是将应征税款与实征税款差额没归中央财政，也可在此基础上对地方政府追加罚款，因而税收处罚应是应征税款与实征税款差额Δ的函数，于是税收处罚函数形式可写为：

$$P(\Delta)=C\cdot\Delta \tag{10}$$

上式中，C是税收处罚程度系数。当$C=1$时，税收处罚仅是将应征税款与实征税款差额补征上来。

当存在税收处罚时，中央政府和地方政府的目标函数也要随之调整，地方政府的目标是选择税收努力w使得：

$$\underset{w}{Max}T^L=\alpha T(w,\tau,Y)+T_0-L(w,N,\sigma)-P(\Delta) \tag{11}$$

将（4－3）、（4－4）和（4－12）式代入（4－13）式，由$\frac{\partial T^L}{\partial w}=0$可求得

$$w=\left(\frac{\tau Y\ (\alpha+C)}{2BNe^{\sigma}}\right)^{2} \tag{12}$$

比较（6）式和（12）式，我们可以发现，存在税收处罚时地方政府税收努力将大于无税收处罚时税收努力，从而增加国家财政收入。

当存在税收处罚时，中央政府在中央财政收入最大化目标下，其目标函数为：

$$\underset{\alpha}{Max}T^{C}=(1-\alpha)T(w,\tau,Y)-T_{0}-S(\alpha,\Delta)+P(\Delta) \tag{13}$$

将（12）式代入中央政府目标函数（13）式，可通过$\frac{\partial T^{C}}{\partial\alpha}=0$求得中央政府在中央财政收入最大化目标下，实施税收处罚时最优税权配置选择，我们记为$\alpha_{C,P}$，可得：

$$\alpha_{C,P}=\frac{1}{2}(1-C)+\frac{2ABNe^{\sigma}-\tau Y}{2(A+1)\tau Y} \tag{14}$$

上式中，税收分成比例$\alpha_{C,P}$与税收处罚程度C负相关，这意味着随着税收处罚提高，中央政府倾向减少对地方政府的税收分成比例。其解释是在税收处罚不存在或较低时，中央政府要通过增加税收分成来激发地方政府征税努力（见（6）式），而当税收处罚提高时，地方政府税收努力也随之提高，通过增加税收分成来激发地方政府征税努力作用相对变小，因而降低对地方政府税收分成比例将使中央政府取得更多税收收入。

由此我们得到分析中央政府与地方政府最优税权配置契约命题2：

命题2：存在税收处罚时地方政府税收努力将大于无税收处罚时税收努力，国家财政收入随之提高；随着税收处罚提高，中央政府倾向减少对地方政府的税收分成比例。

现在考察当存在税收处罚时，社会计划者在国家财政收入最大化目标下最优税收分成契约，此时社会计划者的目标函数为：

$$\underset{\alpha}{Max}T^{S}=T(w,\tau,Y)-S(\alpha,\Delta)-L(w,N,\sigma) \tag{15}$$

将（13）式代入上式，通过$\frac{\partial T^{S}}{\partial\alpha}=0$求得在国家财政收入最大化目标下，实施税收处罚时最优税权配置选择，我们记为$\alpha_{S,P}$，可得：

$$\alpha_{S,P}=\frac{A+1-C}{2A+1}+\frac{2ABNe^{\sigma}}{(2A+1)\tau Y} \tag{16}$$

与（14）式一样，税收分成比例$\alpha_{S,P}$与税收处罚程度C负相关，其他结论同（4-11）式一致。

比较（7）、（9）式和（14）、（16）式，可得：

$$\alpha_{C,P}<\alpha_{S,P}<\alpha_{C,N}<\alpha_{S,N} \tag{17}$$

由此我们得到分析中央政府与地方政府最优税权配置契约命题3：

命题 3：当目标为国家财政收入最大化时，其向地方政府提供的税收分成比例总高于目标是中央财政收入最大化时的税收分成比例；当存在税收处罚时，中央政府向地方政府提供的税收分成比例总低于无税收处罚时税收分成比例。

命题 1—命题 3 包含着丰富的政策含义。在组织财政收入方面，中央政府面临着加强中央财政收入集中和提高税收激励的一对矛盾：增加对地方政府税收分成比例既能增强税收激励（命题 1），又能实现国家财政收入最大化目标（命题 3），定额合同无疑能最有效地实现这两个目标；但是为加强中央财政收入集中，就要减少对地方政府的税收分成比例，极端的形式就是采取代征合同。解决这一矛盾的办法是中央政府增加对地方政府税收努力不足时的税收处罚，这样，一方面可提高国家财政收入规模（命题 2）；另一方面，也可减少对地方政府的税收分成比例（命题 3）。然而，税收处罚得以实施的前提是中央政府能够对地方政府的税收不努力行为进行强有力的税收监督，但是随着经济复杂程度提高，信息传递和收集的链条越来越长，税收监督成本和难度也越来越高。这时中央政府在对财政收入体制进行安排时，既要综合考虑它的目标，如加强财政收入集中还是扩大财政收入规模，又要考虑各种实际因素，如某税种可带来的税收收入规模、税收复杂程度、税收可监督与否、税收对调控经济的作用力度等。因而，随着财政目标和各种实际因素的变化，它们产生对现有税收分权形式进行变革的压力，最终导致财政体制改革。

四、中国税收分权的体制演变

一般认为，建国以来财政体制变迁经历了三个大的阶段：1950—1979 年计划经济时代的统收统支阶段；1980—1993 年社会主义市场经济体系初步建立时期的分灶吃饭阶段；1994 年到现在的社会主义市场经济体系完善时期的分税制阶段。与此对应，税收分权体制变革也对应三个时段。本节运用第三节建立的税收分权理论，剖析我国税收分权体制变革中蕴含的政府间税收分权契约性质。1950—1979 年财政体制变动频繁，且与改革开放后经济发展关联较少，这里我们略去分析。

（一）分灶吃饭制度下的税收分权

1. 1980—1984 年的划分收支、分级包干财政体制

1980 年 2 月，国务院颁发了《关于实行“划分收支，分级包干”财政管理体制的暂行规定》，决定从 1980 年起，实行“划分收支、分级包干”的财政管理体制（俗称“分灶吃饭”）。其中与税收分权的改革内容主要有两点。

第一，明确划分中央和地方财政的收入责任范围。中央财政的固定收入包括中央所属企事业的收入、关税收入和中央的其他收入。地方财政的固定收入包括地方所属企事业的收入、盐税、农业税、工商所得税、地方税和地方的其他收入。体制确定后，因调整企业隶属关系，由地方上划给中央部门直接管理的企业，其收入作为固定比例分成收入，80% 归中央，20% 归地方。工商税作为中央和地方的调剂收入。

第二，地方财政收支包干基数，上交、留用比例和补助定额的确定。地方财政收支的包干基数，以 1979 年财政收支预计执行数为基数，经过适当调整后计算确定。一经确定，原则上 5 年不变，地方多收可以多支。地方财政上缴、留用比例和补助定额的确定具体有三种类型。一是固定比例分成，凡是地方固定收入和固定比例分成收入大于地方财政支出的，多余部分按一定的比例上缴中央财政，这类地区的调剂收入（工商税）则全部归中央财政；二是调剂收入分成，凡是地方固定收入和固定比例分成收入小于地方财政收入的，不足部分从调剂收入中划给一定的比例进行调剂；三是定额补助，凡地方固定收入、固定比例分成收入和调剂收入全部留归地方，收入仍然小于支出的，则由中央财政给予定额补助。

除此之外，京津沪三大直辖市仍然实行“总额分成、一年一定”体制，江苏省继续试行固定比例包干体制，广东、福建两省实行特殊体制，对民族自治区继续给予体制上的照顾，基本框架与“划分收支、分级包干”体制大体相同。1980 年确定的中央政府与地方政府间收入责任划分见表 8。

表 8　　1980 年全国财政收入责任划分

体制类型	实行地区	备　注
固定比例包干	江苏省	一年后转为“划分收支、分级包干”
划分收支、定额上交	广东省	俗称“大包干”
划分收入、定额补助	福建省	
总额分成、一年一定	京津沪等三个直辖市	维持原体制不变
划分收支、分级包干	其他 23 个省（区、市）	

2. 1985—1987年的“划分税种，核定收支，分级包干”财政体制

在“划分收支，分级包干”财政体制下，中央政府与地方政府分配关系大大倾向于地方政府，这使中央政府得自于企业利润的财力也日渐减少，导致中央财政困难。在这种客观现实下，提高政府特别是中央政府的财力成为改革必须要面对和解决的问题。同时，在两步利改税后，企业上缴国家的利润改为以所得税、调节税的形式上缴，国家与企业之间的财政分配形式已经发生了很大变化，各级财政收入分割也有了新的基础。根据中共十二届三中全会《关于经济体制改革的决定》的精神，国务院决定从1985年起对各省、自治区、直辖市实行“划分税种，核定收支、分级包干”的财政体制。主要内容如下：

（1）在第二步利改税的基础上，划分各级财政收入的范围。一类是中央固定收入和地方固定收入。另一类是中央和地方共享收入。共享收入主要以流转税类作为收入来源；财政支出，仍按中央、地方企业、事业的隶属关系划分。中央与地方政府税种及税收收入划分见表9。

表9　1985年中央与地方政府税种及税收收入划分

中央财政固定收入	产品税、增值税、营业税的70%（石油部、电力部、石化总公司、有色金属工业总公司所属企业）；中央国营企业的所得税、调节税；海洋石油、外资、合资企业的工商税、所得税和矿区使用费；关税和海关代征工商税；铁路、民航、邮电部门和各银行总行、保险总公司的营业税；中央军工企业和包干企业收入；中央经营的外资企业亏损和粮食、棉花、油超购加价补贴；烧油特别税；国库券收入和国家能源交通重点建设基金和其他收入等
地方财政固定收入	产品税、增值税、营业税的30%（石油部、电力部、石化总公司、有色金属工业总公司所属企业）；地方国营企业的所得税、调节税；集体企业所得税；农（牧）业税；车船使用牌照税；城市房地产税；牲畜交易税；契税；地方企业包干收入；地方经营的粮食、供销企业亏损；税款滞纳金、补税罚款收入和其他收入等
中央与地方共享收入	产品税、增值税、营业税（均不包括石油部、电力部、石化总公司、有色金属工业总公司所属企业以及各铁道部和各银行总行、保险总公司缴纳的部分）；外资和中外合资企业（不含海洋石油企业）缴纳的工商税、所得税；个人所得税；资源税；建筑税；盐税；国营企业奖金税等

（2）各省、自治区、直辖市在按照规定划分收支范围以后，凡地方固定收入大于地方支出的，定额（或按比例）上解中央；地方固定收入小于地方支出的，从中央和地方共享收入中确定一个分成比例，留给地方；地方

固定收入和中央与地方共享收入全部留给地方，还不足以其支出的，由中央定额补助。收入的分成比例或上解、补助的数额确定后，一定5年不变。地方多收可以多支，少收则少支，自求平衡。

3. 1987年后多种形式包干体制

农村“联产承包责任制”的极大成功鼓励了“包”字进城，1987年起，全国绝大部分国有企业先后实行了承包经营责任制。在企业承包制成为国有企业改革的主流后，与之相适应的财政体制亦重新回到包干财政体制。从1988年实行的包干办法规定，全国39个省、自治区、直辖市和计划单列市，除广州、西安市财政关系仍然分别与广东、陕西两省联系外，对其他37个地区分别实行不同形式的包干办法。

（1）“收入递增包干”办法。以1987年决算收入和地方应得的支出财力为基数，参照各地近几年的收入增长情况，确定地方收入递增率（环比）和留成、上解比例。在递增率以内的收入，按确定的留成、上解比例，实行中央与地方分成；超过递增率的收入，全部留给地方；收入达不到递增率，影响上解中央的部分，由地方用自有财力补足。实行这个办法的地区有10个，分别为：北京市、河北省、辽宁省（不包括沈阳市和大连市）、沈阳市、哈尔滨市、江苏省、浙江省（不包括宁波市）、宁波市、河南省、重庆市。

（2）“总额分成”办法。根据前两年的财政收支情况，核定收支基数，以地方支出占总收入的比重，确定地方的留成和上解中央比例。实行这个办法的地区有3个，分别为：天津市、山西省、安徽省。

（3）“总额分成加增长分成”办法。在上述“总额分成”办法的基础上，收入比上年增长的部分，另定分成比例，即每年以上年实际收入为基数，基数部分按总额分成比例分成，增长部分除按总额分成比例分成外，另加“增长分成”比例。实行这个办法的地区有3个，分别为：大连市、青岛市、武汉市。

（4）“上解额递增包干”办法。以1987年上解中央的收入为基数，每年按一定比例递增上缴。实行这个办法的有广东省和湖南省。

（5）“定额上解”办法。按原来核定的收支基数，收大于支的部分，确定固定的上解数额。实行这个办法的地区有3个，分别为：上海市、山东省（不包括青岛市）、黑龙江省（不包括哈尔滨市）。

（6）“定额补助”办法。按原来核定的收支基数，支大于收的部分，实行固定数额补助。实行这个办法的地区有16个，分别为：吉林省、江西省、福建省、陕西省、甘肃省、海南省、内蒙古自治区、广西壮族自治区、贵州省、云南省、西藏自治区、青海省、宁夏回族自治区、新疆维吾尔自治区；湖北省和四川省划出武汉、重庆两市后，由上解省变为补助省，其支出大于收入的差额，分别由两市从其收入中上缴省一部分，作为中央对地方的补助。

上述各省、自治区、直辖市和计划单列市的财政包干基数中，都不包括中央对地方的各种专项补助款，这部分资金在每年预算执行过程中，根据专款的用途和各地实际情况进行合理分配。

4. “分灶吃饭”体制下税收分权的契约性质

1980—1993 年是中国社会主义市场经济建立时期，财政体制简称为分灶吃饭。在这个时期，中央政府与地方政府之间财政关系变动大体分为三个阶段，政府间收入责任划分一变再变。根据前文对税收分权的契约性质归类，我们可以详细分析不同历史阶段下政府间税收分权契约的性质。

1980—1984 年财政体制总的特点是“划分收支、分级包干”，该体制对中央和地方财政收入责任进行明确划分。根据税收分权的契约特点判断：地方所属企事业的收入、盐税、农业税、工商所得税和地方税的收益权完全归地方政府所有，因此属于分税合同；关税的收益权和征管权归中央所有，因此也属于分税合同；尽管中央所属企事业的收入归中央政府所有，但大多数企业的收入却是由地方政府代征，因此属于代征合同；针对江苏省实行的固定比例包干，针对京津沪等三个直辖市的“总额分成、一年一定”，地方政府财政收入大于支出按比例上缴中央政府部分均属于分成合同；针对广东省的“划分收支、定额上交”，针对福建省的“划分收支、定额补助”属于定额合同。

1985—1988 年财政体制的特点是“划分税种、核定收支、分级包干”，根据税收分权的契约特点判断：外资和中外合资企业（不含海洋石油企业）缴纳的工商税、所得税、个人所得税、资源税、建筑税、盐税、国营企业奖金税等的收益权归地方政府所有，属于分税合同；产品税、增值税、营业税按比例在中央和地方之间分成，属于分成合同；地方固定收入大于地方支出的按比例上解中央部分，属于分成合同；地方固定收入大于地方支出的定额上解部分，或地方固定收入小于地方支出的中央定额补助部分，属于定额合同。

1988—1993 年财政体制的特点是多种包干形式并存。中央政府针对各省不同情况，实行六种财政收支包干形式，根据税收分权的契约特点判断：“总额分成”、“总额分成加增长分成”属于分成合同；“收入递增包干”要求每年地方在收入递增率以内收入实行中央地方分成，递增率以外收入全部留给地方，因此也属于分成合同；“定额上解”、“定额补助”属于定额合同；“上解额递增包干”是以1987年上解中央的收入为基数，每年按一定比例递增上缴，上解定额虽然是可变的，但仍属于定额合同；因此，总体判断，“分灶吃饭”体制下政府税收分权合同是分成合同和定额合同为主，见表10。

表10　“分灶吃饭”体制下税收分权的契约性质

税收分权契约	1980—1984财政体制	1985—1988财政体制	1988—1993财政体制
分成合同	固定比例包干 总额分成、一年一定	按比例上解 产品税、增值税、营业税、个人所得税；资源税；建筑税；盐税；国营企业奖金税等。	总额分成 总额分成加增长分成 收入递增包干
定额合同	划分收支、定额上交 划分收支、定额补助	定额上解 定额补助	定额上解 上解额递增包干 定额补助
分税合同	关税、地方所属企事业的收入、盐税、农业税、工商所得税、地方税	所得税、调节税等税种	
代征合同	中央所属企事业的收入		

（二）分税制下的税收分权

1. 分税制改革中关于税收分权的内容

1994年，为适应社会主义市场经济进一步改革的需要，我国对税收制度和管理体制进行了一次范围较大、程度较深的改革，即税制和分税改革，简称分税制改革。在划分中央与地方事权的基础上划分了中央和地方的财政支出；按税种分中央和地方收入，中央和地方分设税务机构，分别收税。具体划分如表11所示。

表11　1994年中央与地方政府税种及税收收入划分

中央财政固定收入	消费税；海关代征的消费税和增值税；中央企业所得税；地方银行和外资银行及非银行金融企业所得税；关税；铁道部门、各银行总行、各保险总公司等集中交纳的收入（包括营业税、所得税、利润和城市维护建设税），中央企业上交利润等

续表

地方财政固定收入	营业税（不含铁道部门、各银行总行、各保险总公司集中交纳的营业税）；地方企业所得税（不含地方银行和外资银行及非银行金融企业所得税）；个人所得税；地方企业上交利润；城市维护建设税（不含铁道部门、各银行总行、各保险总公司集中交纳的部分）；城镇土地使用税；固定资产投资方向调节税；房产税；车船使用税；印花税；屠宰税；耕地占用税；农（牧）业税；农业特产税；契税；土地增值税；遗产和赠与税；国有土地有偿使用收入等
中央与地方共享收入	增值税（中央政府分享75%，地方政府分享25%）；资源税（其中海洋石油资源税归中央，其他资源税全部归地方）；证券交易税（中央政府分享50%，地方政府分享50%）

关于外贸企业出口退税，原规定除1993年地方已经负担的20%部分列入地方上缴中央基数外，以后发生的出口退税全部由中央财政负担。2003年10月对出口退税机制进行改革，改革后从2004年开始出口退税将由中央和地方共同负担，办法是以2003年出口退税实退指标为基数，对超基数部分的应退税额，由中央与地方按75：25的比例分别承担。

1994年分税制改革也明确规定了中央财政对地方税收返还数额。按1994年制定的政府间收入划分办法，原来属于地方支柱财源的消费税全部和增值税的75%上划给中央，如果不采取适当的补偿措施，将造成地方财力不足，增加改革的阻力。为保护地方既得利益格局，中央采取“维持存量、调整增量”，逐步达到改革目的的方针，为此制定了中央对地方的税收返还方法。税收返还的计算方法是：以1993年为基期，按分税后地方上划中央的净收入数额（消费税+75%的增值税-中央下划收入），作为中央对地方税收返还的基数，基数部分全部返还地方。同时，为了确保地方的既得利益，不仅税收返还基数全部返还给地方，而且决定1994年以后的税收返还数额还要有一定的增长。增长办法是：将税收返还与各地区当年上缴中央金库的“两税”增长率的1：0.3系数确定，即各地区的“两税”每增长1%，税收返还增长0.3%。此外，还规定如果1994年以后上划中央的“两税”收入达不到1993年的基数，相应扣减税收返还数额。

2. 所得税收入分享改革

2002年，国务院从2002年1月1日起实施所得税收入分享改革，这是对中央财政与地方财政之间税收收益权划分又做了一次重大调整。《所得税收入分享改革方案》规定：除少数特殊行业或企业外，对其他企业所得税和个人所得税收入实行中央与地方按比例分享。中央保证各地区2001年地方实际的所得税收入基数，实施增量分成。

（1）分享范围。除铁路运输、国家邮政、中国工商银行、中国农业银行、中国银行、中国建设银行、国家开发银行、中国农业发展银行、中国进出口银行以及海洋石油天然气企业缴纳的所得税继续作为中央收入外，其他企业所得税和个人所得税收入由中央与地方按比例分享。

（2）分享比例。2002 年所得税收入中央分享 50%，地方分享 50%；2003 年所得税收入中央分享 60%，地方分享 40%；2003 年以后年份的分享比例根据实际收入情况再行考虑。

（3）基数计算。以 2001 年为基期，按改革方案确定的分享范围和比例计算，地方分享的所得税收入，如果小于地方实际所得税收入，差额部分由中央作为基数返还地方；如果大于地方实际所得税收入，差额部分由地方作为基数上解中央。

3. 分税制下税收分权的契约性质

1994 年的分税制改革是对中央政府和地方政府财政收入分配格局的一次重大调整，根据这次改革，将易管理、实施宏观调控所必需的税种划为中央税或共享税，将适合地方征管的税种划为地方税。这次改革，按契约性质分析，应主要属于分税合同，一小部分属于分成合同（共享税），见表 12。我们注意到，从征管难易角度分析，中央财政所享有的收入大都是易征税种，这样，中央政府尽力避免了与地方政府相比的信息劣势。

表 12　　分税制的契约性质

年份	财政体制	契约形式	契约形式
1994—2001 年以后	分税制	分成合同：增值税（75%） 证券交易税（50%）	分税合同：除增值税和证券交易税外其他税种
2002 年以后	分税制	分成合同：增值税（75%） 证券交易税（97%） 企业所得税（增量 60%） 个人所得税（增量 60%）	分税合同：除增值税、证券交易税和所得税外其他税种

2002 年，我国开始实行所得税收入分享改革，将原来属于地方财政收入的企业所得税和个人所得税实行中央和地方分享，显然，该方案主体属于分成合同，2002 年所得税分享改革实质是为了加强财政收入集中向分成合同转变。

五、现行税收分权体制的经济影响

如果说，1985 年国营企业“利改税”改革实质上是处理政府与企业之间的关系，以分成合同替代工资合同的契约改变的话，那么，1994 年分税制改革实质上是处理中央政府与地方政府之间关系，以分税合同为主契约替代分成合同和定额合同契约，这降低了地方政府讨价还价的可能，也就降低了由此产生的交易费用，而灵活的税收契约安排又使地方政府在处理经济问题时有较大自主性，由此对经济运行产生多方面影响，本节对此展开分析。

（一）积极影响之一：财政汲取能力大幅度提高

1994 年以分税合同为主的税收分权改革，激发了地方政府财税部门的活力，导致政府财政汲取能力大幅度提高，这主要体现在财政收入规模扩张与财政集中度提高上。

1. 税收分权对财政收入规模的影响

分税制改革使税收分权向分税合同为主契约转变，分税制使中央政府和地方政府各自拥有一部分税种的征管权和收益权。而在分灶吃饭制度下，税收分权以分成合同与定额合同为主，税收分权契约极不稳定，地方政府机会主义倾向浓厚，因此税收收入增长缓慢。图 1 显示了全国税收收入占 GDP 的比重变化，可以看出，自 1985 年“利改税”导致税收比重迅速上升外，到 1994 年分税制改革之前，税收比率之后一直处于下滑趋势。

分税制下的税收分权与分灶吃饭下的税收分权相比，税收分权契约形式使税收风险和收益基本由双方自己承担，税收激励比较明显（吕冰洋、郭庆旺，2011）。同时，又由于在实行财政包干制期间，财政体制退让预留下很大的税收征管提高空间（高培勇，2006），因而税收努力上升的空间较大，带动了税收收入保持长期高速增长，这是分税制改革以来税收连年超 GDP 增长的制度原因，也由此彻底扭转了财政困难的局面。而税收的监督成本明显减少，其结果就是“财税大检查”的形式在 2000 年得以取消。

分税制的实行，不但中央政府税收收入规模急剧增长，各省、直辖市和自治区的税收收入规模增长也十分明显，见表 13。税收快速增长不仅使中央政府有足够的财力应对各种经济挑战，也使地方政府有更多的财力支持经

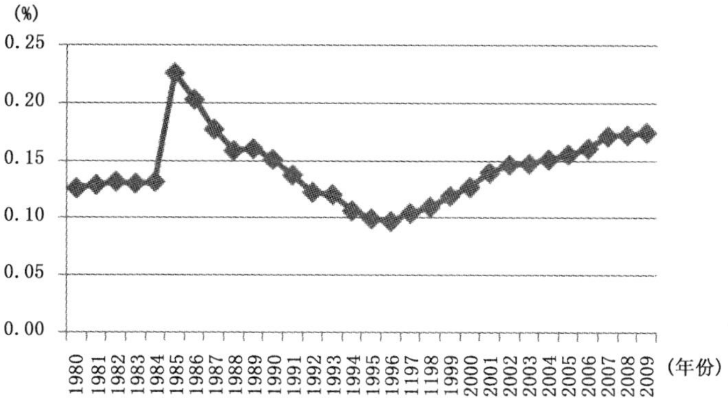

图 1　1980—2009 年税收收入占 GDP 的比重

济发展，特别是在这一时期，我国正处于工业化和城市化加速阶段，大量的基础设施建设及民生支出需要政府足够的财政支持。从 1995—2008 年，如果各省没有长达 14 年的税收高速增长，那么各种财政政策目标的实施效果势必会打很大折扣。

表 13　　各省税收收入规模和增长率比较

省份	税收收入规模（单位：亿元）		年均增长率（单位:%）	省份	税收收入规模（单位：亿元）		年均增长率（单位:%）
	1997 年	2007 年			1997 年	2007 年	
北京	432.3	4322.9	26.9	湖北	224.5	1042.1	17.3
天津	200	1620.1	23	湖南	212.3	930.2	16.1
河北	271.8	1459.5	19.3	广东	1002.4	6946.4	20.7
山西	162.3	1100.3	21.4	广西	127.7	620.4	17.3
内蒙古	106.5	793.8	22.5	海南	36.5	209.4	20
辽宁	425.5	1810.2	14	重庆	94.6	550.7	22.5
吉林	146.5	592.4	15.5	四川	279.2	1186.4	13.3
黑龙江	256.2	905.9	13.6	贵州	90.7	476.7	18.3
上海	879.2	6470.5	23.6	云南	360.6	1022.1	11.1
江苏	476.1	4349.8	25.2	西藏	5.1	23.1	17
浙江	385	3815.6	24.8	陕西	122.2	819.5	21.5
安徽	194.7	846.7	17	甘肃	84.1	361.9	15.9
福建	224.2	1330.8	19.4	青海	18	104.1	19.5
江西	103.8	558.8	18	宁夏	23.6	124	18.9
山东	514.4	3155.4	19.4	新疆	98.5	592.9	20
河南	275.9	1309.3	17.4				

2. 税收分权对财政收入集中的影响

分税制改革以分税合同为主，在中央政府和地方政府税权边界相对清晰情况下，1994—2001 年，中央财政收入比重和地方财政收入比重基本保持稳定。2002 年后，由于《所得税收入分享方案》的出台，中央政府从地方政府那里取得了一部分所得税收入，这使中央财政收入的比重又开始上升。

图 2 显示了 1978—2006 年中央财政收入和地方财政收入占国家财政收入比重的变化趋势。从图中可看出，两级政府财政收入比重变化可明显分为 3 个区间：（1）1978—1984 年，中央财政收入比重不断上升，地方财政收入比重不断下降。（2）1985—1993 年，中央财政收入比重不断下降，地方财政收入比重不断上升。（3）1994—2009 年，中央财政收入和地方收入比重在 1994 年有了大幅度调整，之后两者的比重保持相对稳定，但是在 2002 年前后有一定的波动。

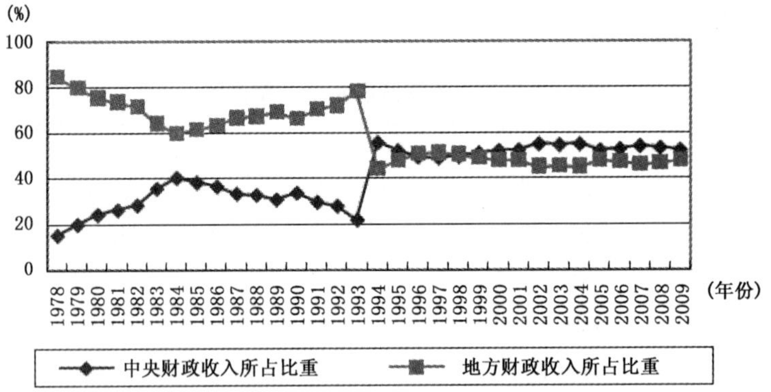

图 2　1978—2006 年中央财政收入和地方财政收入占国家财政收入的比重

中央财政收入集中度变化的重要原因在于税收分权的契约性质变化。“分灶吃饭”体制下税收分权契约以分成合同和定额合同为主，定额合同会使中央政府不能根据经济增长获得更多的税收定额，自然会导致财政集中度下降。1984 年前中央财政集中度上升的原因是两项制度外因素在起作用，一是中央向地方借款而后没有偿还；二是开征能源交通重点建设基金和预算调节基金。

1994 年的分税制改革以分税合同为主，中央与地方税权边界比较清楚，税收激励作用比较明显，并且税收监督成本较小，在中央政府和地方政府各自拥有税种的大部分征管权和收益权情况下，1994—2001 年，中央财政收入比重和地方财政收入比重基本保持稳定。2002 年后，由于《所得税分享方案》的出台，中央政府从地方政府那里取得了一部分所得税收入，这使中央财政收入的比重又开始上升。

综合分析，图2中中央和地方财政收入比重发生趋势性变化时刻，也正是财政预算管理体制出现重大改革的时刻，中央政府和地方政府关于税收分权的契约形式改变，无疑是中央和地方财政收入比重发生改变的重要原因（吕冰洋，2009）。

（二）积极影响之二：税收分权契约促进激烈经济竞争

1. 张五常的发现

分税制改革是一个重新划分政府间税权边界的改革，我们知道，在市场交易中，产权明晰才能达到市场效率最大化，我们可以把政府间的合作和分配比拟市场交易，只有明晰政府间的权力边界，政府的行政效率提高才是可能的。正如市场界定产权是通过价格机制，而价格的发现是通过交易双方讨价还价完成的一样，政府间界定税权边界也是通过上下级政府间充分讨价还价完成的。我们运用税收分权理论，剖析我国无处不在的税收分权契约，会发现正是这些契约推动中国长期经济增长。

张五常（2009）敏锐地发现了这一点，在《中国的经济制度》中，他写道：

“一九九四年全面引进的产品增值税，又再火上加油。那是佃农分成。我早期的论著指出，在佃农制度下，地主关心农户的操作履行比固定租金为甚，因为地主的收入如何要看佃农的工作表现。一个鲜明的例子可以示范县与县之间的热烈竞争。那是购物商场。一个县可以视作一个庞大的购物商场，由一家企业管理。租用这商场的客户可比作县的投资者。商场租客交一个固定的最低租金（等于投资者付一个固定的地价），加一个分成租金（等于政府收的增值税），而我们知道因为有分成，商场的大业主会小心地选择租客，多方面给租客提供服务。也正如商场给予有号召力的客户不少优惠条件，县对有号召力的投资者也提供不少优惠了。如果整个国家满是这样的购物商场，做类同的生意但每个商场是独立经营的，他们竞争的激烈可以断言。

比起上述假设的购物商场，县的制度对鼓励竞争犹有过之。这是因为县要对上层作交代或报告。上层不仅鼓励竞争——他们强迫这竞争的出现。说到底，75%的增值税是上层收的。这是层层承包促进竞争激烈性的原因。”

张五常认为他的分析破解了中国经济制度之谜。在张五常开创的佃农理论中，证明了分成合同是一种有效率的契约形式。但是正如我们提出的，税收分权契约与土地契约既有类似性，也有较大的差异。最大差异在于地主不可能让渡所有权给佃农，从而通过分耕土地获得收益最大化。而在税收分权中，却是可以采用分税合同达到税收收益最大化。我们沿着张五常的思路，进一步详细剖析税收分权契约的经济影响。

2. 政府与企业的分成合同作用

图 3 显示了分税制下各种形式的税收分权合同。地方政府（一般是县级政府）在向投资者征税时，实际上是采取了多种收益划分合同组合：企业所得税是按固定税率针对投资者利润征税，营业税是按固定税率针对投资者的毛收入征税，增值税是按固定税率针对投资者的生产增值额征税，因此这三种税均可视作是分成合同，只不过分成的对象有差异。

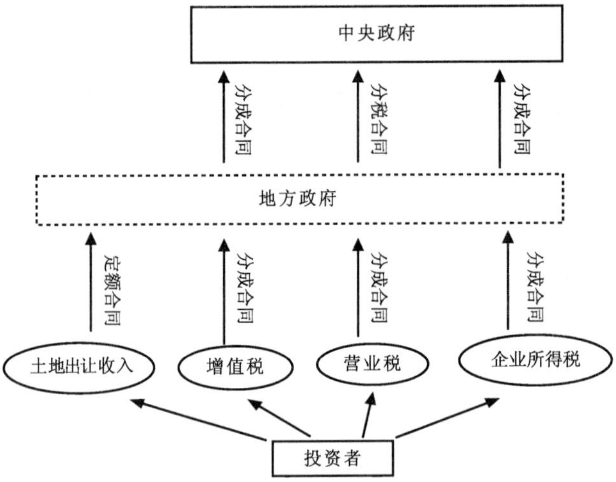

图 3　分税制下各种形式税收分权合同

但是由于税率由税法确定，因此这些分成合同的分成比例却是固定的。按照佃农理论，分成合同的分成比例只有可以调整的情况下才是有效率的，对此，张五常（2009）质疑道："这里提到的增值税，是分成租金，却是全国用上同一的税率。怎可以有经济效率呢？如果没有，中国的经济怎可以在这分成安排下加速增长？"他进一步发现，是土地在其中发挥了调节分成租金作用。地方政府可以通过调整对投资者征收的土地出让收入、为投资者提供各种服务（如平整土地、帮助拆迁、提供公共服务）等来调节"租金"分成比例。以土地出让收入为例，投资者交纳的土地出让收入是一次性的，相当于向地方政府签订的定额合同，而由于定额是可以在讨价还价基础上调整的，因此定额合同与分成合同一起，使分成合同成了分成比例实际上可灵活调整的合同。

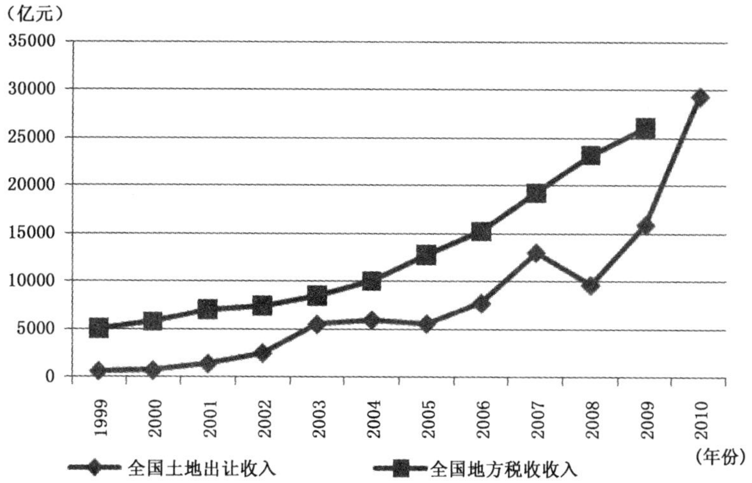

图 4　1999—2010 年全国地方税收收入与全国土地出让收入比较

那么，土地出让收入规模是否足以与税收匹配，形成一个投资者与地方政府之间可调整的分成合同呢？图 4 显示，进入 21 世纪以来，随着中国工业化和城市化进程的提速，土地出让收入迅速增长，在许多地区，土地出让收入成为地方政府预算外收入的重要来源。很多地方政府成立土地储备中心，垄断城市土地一级市场，通过限制商住用地的供应并以"招拍挂"的竞争性方式出让土地来取得出让金收入。周飞舟（2006）认为，近 10 年来，城市建成区扩张、地方基础设施建设扩大、土地开发出让和转让高潮的出现，均是地方政府在分税制约束下主动寻求的一些行为模式，土地出让金已成为地方政府"第二财政"。由于土地出让收入的庞大规模，已足以使地方政府利用土地出让收入的可调整的定额合同性质，与税收的分成合同结合，使地方政府可以根据当地经济状况与投资者灵活谈判收益分成比例，由此提高了政府与企业合作效率，进而推动了经济增长。

3. 政府间分税合同和分成合同作用

分税制改革确立的地方主体税种是营业税、增值税和企业所得税，营业税收入基本归地方政府，因此它属于分税合同；增值税按 75∶25 比例在中央和地方政府之间分成，因此它属于分成合同；企业所得税原属于地方政府收入，2002 年《所得税收入分享方案》改革后，规定 2003 年后中央与地方政府的分成比例为 60∶40，因此它也属于分成合同。

尽管分成合同规定的分成比例是固定的，但是实际上各个地区上下级地方政府之间存在着各种各样税收分权合同，分成比例实际是可变的。以县级政府为例，分享的增值税可能还要与地市级政府分成，地市级政府税收收入可能还要与省级政府分成，而这些分成比例不是全国统一规定的，往往是上下级政府之间讨价还价的结果。因此它仍会达到一个有效率的契约安排。

在我们的理论分析中，说明了对促进税收收入增长而言，分税合同和分成合同优于定额合同。在税率固定的情况下，税收收入增长意味着相关产业发展，因此分税合同和分成合同的实施，又会推动相关产业发展。从经济现实中我们也容易证明这一点，如房地产业交纳的税收主要是营业税，该税全归地方政府所有，因此地方政府竭力推动房地产业快速发展；工业在制造环节交纳的增值税多，地方政府也千方百计吸引工业到本地投资。因此，我们认为，分税制改革后中国经济保持长期高速增长，尽管有多种力量推动，但清晰而又灵活的税收分权制度的作用是不容忽视的。

（三）消极影响之一：地方政府二元财政结构的形成

1. 地方政府收费偏好的形成

1994 年税制改革的直接动因是中央财力在承包制下的连年锐减，因而分税制改革在初始设计时，就采取了明显偏向于中央的做法，即具有再次集权的性质。地方税税种数量虽然不少，但真正能组织收入的税种太少。税收管理权限高度集中于中央，地方政府无权根据本地情况进行调整。现行的分税制存在的地方税体系薄弱及税收管理权高度集中，造成地方政府财力得不到保证，很多地方财政入不敷出或维持在低水平的收支平衡上，影响了地方经济，特别是西部地区经济的发展。

地方政府提供地方性公共产品来源是税收，当地方政府的税收来源受到限制，不仅会影响地方政府对地方性公共产品的提供，从而对该地方的经济发展造成公共设施上的瓶颈，而且会因此扭曲地方政府的行为，促使其以其他非规范的方式筹集资金，形成地方政府收费偏好，进一步影响地方经济的发展。

地方政府税收之外的收入来源主要是非税收入和土地出让金。非税收入项目主要是行政事业性收费、政府性基金、罚款和罚没收入、公共资产和资源收入（如国有资产经营收益和国有资产资源转让收入）。1994 年分税制改革后，地方政府“乱收费、乱摊派、乱罚款”现象迅速增加，严重影响国民经济的发展。为此，政府从上世纪 90 年代中后期开始，清理整顿“三乱”情况。1996 年国务院做出了《关于加强预算外资金管理的决定》，1997 年国务院做出了《关于治理向企业乱收费、乱罚款和各种摊派等问题的决定》，再次重申了收费的审批管理政策，逐渐规范和取缔地方政府的收费项目，非税收入的相对规模开始逐渐下降。从表 14 中可看出，我国非税收入与税收收入的比最高值为 1996 年 0.636，之后逐年下降，到 2009 年降为 0.262。但是就总量看，非税收入规模增长也十分惊人，1994 年为 1953.8 亿元，到 2009 年达到 15596.7 亿元。

表 14　分税制改革以来我国税收与非税收入比较　单位：亿元

年份	各项税收	非税收入	土地出让收入	非税收入/税收收入	土地出让收入/税收收入
1994	5126.9	1953.8		0.381	
1995	6038	2610.7		0.432	
1996	6909.8	4391.5		0.636	
1997	8234	3243.1		0.394	
1998	9262.8	3695.4		0.399	
1999	10682.6	4146.7	514	0.388	0.048
2000	12581.5	4640.2	596	0.369	0.047
2001	15301.4	5384.7	1296	0.352	0.085
2002	17636.5	5746.2	2417	0.326	0.137
2003	20017.3	6264.7	5421	0.313	0.271
2004	24165.7	6930	5894	0.287	0.244
2005	28778.5	8414.9	5505	0.292	0.191
2006	34804.4	10363.7	7677	0.298	0.221
2007	45622	12520.1	13000	0.274	0.285
2008	54223.8	13723.8	9600	0.253	0.177
2009	59521.6	15596.7	15910	0.262	0.267
2010	73202		29397		0.402

资源来源：根据历年《中国财政年鉴》整理，1999—2006 年土地出让收入引自李涛（2006），其他年份数据来自国土资源部网站。

通过中央政府的大力整顿，地方政府“三乱”情况得到一定程度的遏制，地方政府非税收入与税收收入的比重呈下降趋势。但是地方政府很快找到替代财源，那就是国有土地出让收入。在 1999 年住房体制改革以前，土地出让收入对地方财政的影响并不大，地方政府对工业用地和商业用地一般采取少收，甚至不收土地出让收入的政策，以达到招商引资的目的（李扬、殷剑峰，2007）。随着商品住宅市场的发展，土地出让收入的规模迅速膨胀，由于土地出让收入不进入地方财政预算，逐渐成为一些地方政府的“第二财政”，到 2010 年已达 29397 亿元之巨，土地出让收入与税收收入的比高达 0.402。土地出让收入主要归地方政府所有，高昂的土地出让收入为地方政府带来不菲的财源，人们形象地将地方财政对土地出让收入的依赖称为“土地财政”。

2. 二元财政结构的危害

分税制之后地方政府之所以大面积出现以非税收入和土地出让收入取得财政资金现象，其原因是多方面的，其中不乏政府机构的膨胀导致的行政性开支增加，公民缺乏对政府行为有效的监督机制而导致政府行政权力的滥用等等。但我们不能忽视的一个重要原因就是在地方税无法满足地方政府组织财政收入的需要，而中央对地方的转移支付不能到位的情况下，地方政府只有将目光转向非税收入和土地出让收入。因此我们可以说，地方政府的这种以费代税的行为是现时不完善分税制条件下的无奈选择。

二元财政结构的形成尽管一时满足了地方财政支出需要，但是它也产生许多很大的危害影响：第一，损害税本，侵蚀税基，降低了规范的财政收入水平，削弱了财政的调控能力。第二，对于纳税人来说，交费与交税都表现为财富的支出，加重了纳税人的负担。第三，收费由于政出各门，因而资金管理混乱，使用效率较低，而且可能助长乱收费，以公谋私的腐败现象。第四，地方政府对土地财政依赖使土地使用成本越来越高，带来土地调控政策难以落实、失地农民拆迁补偿不足、房价高企等诸多复杂的社会经济问题。

（四）消极影响之二：地区财力差距扩大

现行税收分权体系将增值税、企业所得税和个人所得税三大主体税种作为共享税，如果不考虑转移支付，地方财政的收入支柱是营业税和增值税、企业所得税和个人所得税分成收入。在这种税收收益权安排下，会逐渐扩大地区财力初次分配的差距。

1. 地区税收收入地位变动

我们用中国 31 个省、自治区和直辖市的税收收入规模的变异系数来说明税收收入差距，变异系数是样本标准差与平均值的比，是通常反映不平等程度的指标，见图 5。

图 5 显示，1995—2008 年各省税收收入规模的变异系数由 0.833 上升到 1.053，处于不断上升趋势，说明各地区税源差距在扩大。根据测算，从 1997 年到 2008 年，各省增值税收入规模变异系数由 0.833 上升到 1.076，企业所得税由 1.0 上升到 1.426，营业税由 1.094 略微下降到 1.026。增值税对应的税基以制造业为主，各省增值税收入规模变异系数扩大一定程度上

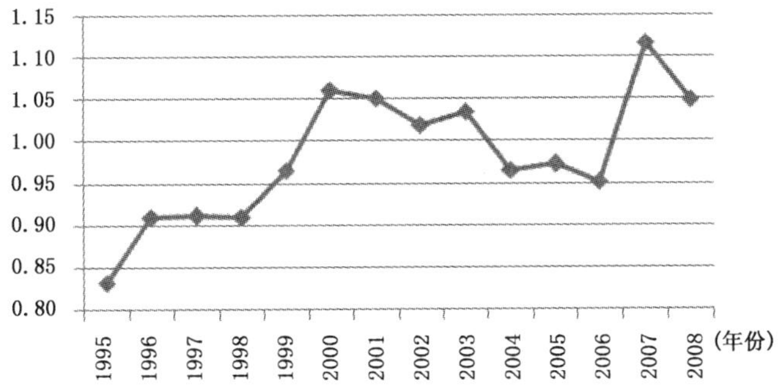

图5　各省税收收入规模的变异系数

说明各省制造业规模差距在扩大。企业所得税对应的税基是企业利润，因此各省企业所得税收入规模变异系数扩大一定程度上说明各省企业盈利能力差距在扩大。

2. 企业所得税税收地区转移的影响

税收的地区转移指的是税源地区和纳税实现地区不一致。这种现象的出现是由税制结构特点和特定税收征管权设定共同造成的，当出现税收的地区转移时，税收逐渐由欠发达区域向发达区域和中心城市集中，这样发展下去，区域之间、城乡之间财力差距越拉越大，后果十分严重。当前我国税收发生地区转移的主要税种是增值税、企业所得税、消费税和营业税。消费税是中央独享税，税收转移对地方财力没有影响，营业税税收转移主要发生在应税的经营地和注册地背离上，税收转移半径较小，对地区财力差距影响不大。增值税和企业所得税是地方政府重要的共享税种，这两种税都出现大量税收地区转移现象，对地区财力差距的扩大产生很大的影响。

对企业所得以法人为单位课征法人税，对没有法人资格的分公司由总公司合并纳税，这是各国企业所得税征管的主要做法。我国企业汇总纳税主要适用于三种情况：一是分支机构被认定为非独立核算机构，从而由总机构合并纳税；二是符合规定条件的连锁经营企业分支机构，由总机构合并纳税；三是经国务院批准成立的企业集团，由其核心企业对其100%资产控股的企业实行统一合并纳税。在这种情况下，完全没有考虑到分支机构或非核心企业所在地政府的税收归属权益。尽管后期出台的税收政策规定非独立核算分支机构所在地政府应按非独立核算分支机构经营收入、职工人数和资产总额三个因素在相关地区间分配税额，但是实践当中按这种方式分配税收的企业数量很少。

如果把各地区的营业盈余视作企业总盈利所得，那么企业所得税除以营业盈余可以粗略对应于企业所得税平均税率，我们发现，2007 年北京市和上海市企业所得税的平均税率分别为 0.711 和 0.205，而其他地区平均税率为 0.064，很明显，集团纳税对税收集中起到了很大作用。

3. 增值税税收转移对地区财力差距的影响

增值税作为共享税，客观上起到了扩大地区经济和财力差距的作用，原因在于增值税征税环节使得税源发生区域转移。在商品进入零售环节之前，增值税都在商品出厂环节征收，但是商品消费地却在其他地区。根据商品税的税负转嫁原理，增值税的税收负担主要由消费者承担，这使增值税的真正缴纳者是全国各地消费者，但是税收却集中在商品生产地缴纳，从而发生了税源的区域转移。

从现实来看，商品生产集中地普遍位于东部经济相对发达地区，这样东部地区获得的增值税往往来自其他地区，扩大了地区之间的财力差距。1995—2008 年，经济发展水平较高的东部地区，增值税增长倍数往往达到两位数，如广东省和浙江省增值税分别增长了 16.3 和 13.5 倍，而经济发展水平较低的中西部地区，增值税增长倍数普遍是个位数，如湖南、云南、甘肃等地增值税分别增长 5.6、4.5 和 5.4 倍。

同时，增值税的税收返还方法也起到了扩大地区财力差距作用。税收返还数额的计算方法是：以 1994 年中央对地方的税收返还为基数，以后各地区增值税每增长 1%，中央对地方的税收返还增长 0.3%，由于东部地区增值税增长较快，使东部地区增值税获得的增值税税收返还也大大高于中西部地区。

在世界多数国家，企业所得税采用企业集团汇总纳税，和增值税采用发票抵扣办法征税是常见的做法，不可避免地存在税收地区转移问题。但是只要将这两种税作为中央税，它不会引起扩大地区财力差距作用。我国把这两种税作为共享税，并且是地方政府的重要财力支柱，在这种情况下，随着市场经济发展，两税增长会扩大地区财力差距。

（五）消极影响之三：锁定粗放型经济增长方式

1. 增值税刺激产能过剩

转换经济增长方式是最近几十年来我国政府设定的主要任务之一。从上个世纪 80 年代初起，我国政府就提出了经济增长方式的转换问题。而 1987 年党的《十三大报告》更是把这个问题写入了官方文件之中。之所以要转变经济增长方式，是因为我国经济增长存在着技术进步对经济增长贡献率低、经济效益低、资源配置效率低、经济运行质量低等问题，依据这样的判断，我国学术界和政界的主流观点就是，我国经济增长方式转换的目标就是实现经济增长方式从粗放型（外延式）到集约型（内涵式）的转化。为了实现经济增长方式的转换，我国学术界做出了广泛深入的研究，提出了各种各样的政策建议，我国政府也实施了各种各样的政策，做出了各种各样的尝试，付出了巨大的努力。但直到现在，20 年过去了，经济增长方式仍然没有转换过来，经济增长方式的转换依然是我国学术界和政界关注的焦点问题之一。

为什么经济增长方式的转变这么难呢？经济学界有各种各样的解释，如经济体制改革不到位、政府职能安排不合理、技术进步率低、要素价格体系不合理等（林毅夫，苏剑，2007）。我们认为，现行税收分权体系刺激了地方政府为增加税收收入，而采取了一系列外延式经济增长方式。

增值税是地方政府第二大税收收入来源，中央政府与地方政府税收分成比例是 75：25。我国在 2008 年前采用的是生产型增值税，生产型增值税以销售收入减除中间性产品价值的余额为课税增值额，其税基相当于国民生产总值；而消费型增值税以销售收入减除投入生产的中间性产品价值和同期购入的固定资产全部价值为课税增值额，其税基相当于全部消费品的价值。生产型增值税与消费型增值税的主要差别是前者对购入固定资产的已纳税款不予抵扣，即对固定资产折旧存在重复征税问题，这会使增值税增长速度成倍于固定资产投资速度增长。2008 年后我国对增值税制度进行改革，允许抵扣购入的设备进项税款，但是建筑固定资产的进项税款不能抵扣，并不是真正意义上的消费型增值税。我国每年设备投资约占全部固定资产投资的比重约为 1/4，因此即使允许抵扣设备进项税款，增值税重复征税程度仍然很高，工业投资对增值税增长至关重要。

在财力紧张的地区，地方政府为了增加财政收入，一般倾力培植增值税税源，主要办法是通过招商引资方式吸引工业企业落户。对生产企业而言，增值税是在出厂环节征收，作为纳税人的生产企业经营地固定，生产环节商品增值率也高，这样，吸引企业投资对地方政府的好处是，既会给地方政府带来一笔可观的税收收入，也会拉动当地 GDP 增长，而这两者均是当前政绩考核机制中政府官员最为看重的。而生产环节的增值税作为价外税，又容易发生税收转嫁，税收增长部分会转嫁给下一环节（如商品批发环节），对当地经济影响很小。

然而，当地方政府普遍认为吸引工业企业落户可促使税收和 GDP 增长时，转变经济增长方式对地方政府难以产生足够的吸引力，大规模投资很容易导致产能过剩现象的发生。当前，我国汽车、造船、电解铝等行业产能过剩现象已经非常严重，在地方政府对经济增长具有强力推动作用的背景下，如不调整增值税政策，仅靠产业政策来控制和引导产业发展方向恐怕难以达到理想效果。

2. 营业税刺激房地产业畸形发展

在1994税制设计中，为保证地方财力需要，税制中保留了营业税，它的收入归地方政府所有。增值税和营业税都属于间接税，它们并存的后果是对一些税目存在重复征税行为，由此刺激地方政府促进某些高税行业的发展，从而引发了一系列经济问题。营业税重复征税机制表现有两个。

第一是营业税与增值税重复征税的影响。在欧洲国家，增值税征税对象范围包括生产、批发、零售以及服务等所有交易活动，而我国1994年采用的增值税设计没有把所有服务交易都列入征税范围，只列入加工和修理修配服务，大多数服务交易属于营业税计征范围。营业税的税基是销售劳务和销售财产收入，进项税不能抵扣，换句话说，营业税税制设计强化了对生产投入的重复征税问题。这种情况主要体现在营业税九大税目中对交通运输业（税率3%）、建筑业（税率3%）、销售不动产（税率5%）的征税上，这三种服务生产投入的费用大。营业税和增值税并存的后果是，政府在对这些行业的生产投入征收了一次增值税后，又对它们的销售收入征收了一次营业税，即对生产投入存在双重征税问题。

第二是营业税税目间重复征税的影响。在营业税九大税目中，建筑业和销售不动产业属于两个不同税目，这样会对建筑收入存在双重征税问题。比如，房地产商建设一个价值1亿元住宅小区对外销售，房地产公司需交纳销售不动产营业税500万元（税率5%）。同时，假定房地产公司需付给建筑公司建设支出8千万，那么建筑公司又需交纳建筑业营业税240万元（税率3%）。由于对建筑收入的双重征税，会使房地产业营业税增幅高于GDP增幅。

从以上分析可以看出，营业税重复征税机制主要体现在房地产行业上，因此，刺激房地产业发展就成为地方政府的合理选择。近年来，中国经济的“房地产化”现象日益严重，房地产业已成为许多中心城市的支柱产业，对地方税收的贡献率逐年提高。据国家税务总局公布的资料显示，“十五”期间，房地产业税收年均增长达41.4%，是三大产业中比重上升最快的行业。2008年，来自房地产业营业税占营业税总收入的22.5%，充分显示了房地产业发展对地方税收重要支持作用。

然而，在房地产业快速发展和税收迅猛增长的同时，居民的基本住房需求并未得到很好的解决。一些地方政府较为看重房地产业所具有的产业的发展功能，特别是在城市化进程中，各地政府不仅没有重视房地产所承担的社会服务功能，反而用政府的各种力量推动房价上涨，以此牟取相关税收利益和推动经济增长。

从产业性质上看，房地产业属于消费型产业，形不成经济的核心竞争力，过多的资金和资源过度地追逐房地产，将使制造业升级缺乏资金、技术和人力资源等方面的支持，从而使重化工业竞争力的提高面临巨大障碍，影响产业结构调整。目前我国房地产业的发展还没有脱离高能耗粗放发展的老路，很多地方为了发展经济，搞廉价批地、建高尔夫球场、别墅群等房地产开发活动，大量土地、资金、劳动力与生产资料投入房地产市场，使工业生产本来较为紧缺的资金、土地资源等更为稀缺，而房地产市场本身因供给过剩使得大量土地与楼房闲置，造成资源浪费与误置。房地产的发展应该是工业化和城市化的一种结果，在工业化完成之前过度发展房地产，将是一种资源浪费，更重要的是会对提高产业竞争力造成明显的障碍（史玲，2008）。

六、税收分权和地方税系的框架设计

（一）税收立法权和征管权规范思路

我国目前实行的是以政府为主导的社会主义市场经济，从我国实际情况看，当前及今后处于向市场目标迈进的关键时期，需要在全国范围内，从税收方面创造市场公平竞争的宏观环境，这样，国家税收（包括地方税）的基本政策及其重要法规必须由中央制定，不可能像有的联邦制国家那样，将地方税立法权全部或大部分放到地方。但也应看到，我国是一个大国，各地自然条件和经济发展水平很不均衡，财政能力和税源情况也有很大差别，在这种情况下，过度强调中央集权不利于调动地方政府积极性。因此，从总体上看，我国税收分权应采取“中央集权为主、地方分权为辅”的模式，为实现这一模式，我国现有的税权划分格局应从以下几个方面完善。

1. 制定《税收基本法》，规范税收立法权

税收立法权在不同机关、不同层级政府间应如何划分，划分的基本原则和具体内容是什么，税收立法权应如何运作，对税收立法权的行使应如何进

行监督等一系列重大原则问题，应由宪法或宪法文件做出统一、具体、明确的规定，并以此指导和制约立法的实践。我国应尽早出台《税收基本法》，它是规范国家税收问题的宪法性文件，在国家的税收法律体系中占据主导地位，具有最高的法律效力，是全部税收立法的来源和依据。它明确国家可以对哪些行为、财产进行征税，如何征税及税权在不同机关、不同层级政府间如何分配等基本问题。国外的税收立法实践表明，以税收基本法形式规定税收立法权等税收基本问题，与宪法形式相比具有同样的法律和社会效果，如日本、韩国、俄罗斯等国就采取了税收基本法这一形式。我国《税收基本法》早在1995年就被正式列入全国人大立法计划，应尽早付之立法实践（许善达，2003）。

2. 税收立法权仍要保持集中

税收立法权划分是税权划分的起点，为了保证全国政令统一、维护全国统一市场和企业平等竞争，中央税、共享税和全国统一实行的地方税，其税收立法权集中在中央，不得向地方分散。

有研究者认为，为有利于地方政府因地制宜地采取税收政策，解决全国统一立法难以适应地区之间实际差异较大的情况，可适当赋予地方政府税收立法权，如地方税收法规的制定、公布实施、解释、税种的开征和停征、税目和税率的调整等。我们认为，在当前地区之间经济竞争激烈、财政预算管理尚不是十分规范的情况下，下放税收立法权极有可能加剧地区之间恶性税收竞争，或者引发地方政府预算管理更多问题。并且，前面关于税收分权的激励作用分析表明，税收分权的效率高低主要取决于税收征管权和收益权的划分，税收立法权划分的影响不大。因此，我们认为，未来税收分权体系仍需保持税收立法权集中。如果某些税种区域性特征明显，不适合全国统一立法，或者地方政府需要根据工作实际调整税目和税率，那么也需要报全国人大常委会和国务院备案审核。

3. 合理划分税收管理权限，加强工作协调

首先，通过法律明确国税、地税的税收征收管理权限，明确哪些工作应该由哪个税务机关负责，哪些权限由哪个税务机关行使。对一些随国税附征的地方税和收费应该明确由国税代征，减少企业不必要的负责。

其次，为提高征税效率，减少征管漏洞，国税、地税机关必须进行信息交流，加强合作。例如，建立联合办公日制度，定期研究和处理对共同纳税人的征管问题；建立信息传递交流制度，实现两部门信息资源共享；对重大稽查案件可以同步入场、同步稽查；有条件的地方应该尽早合并征管大厅，节约办税成本；建立共同的税法宣传组织工作机构，提高税法宣传教育的声势和力度。

4. 弱化税收计划的刚性和指令性

应注意到，在各级政府施政目标严重依赖税收收入的情况下，目前完全取消税收计划是不可能的，特别是在我国尚缺乏一套行之有效的认定“应收尽收”的标准和能够约束税务机关行为的制度的情况下，尤其不能轻言取消税收计划。我们要逐步减轻税收计划对税务机关征管的干扰，重视税收计划的预测性、指导性，建立以考核征管质量为主的指标体系，使税收执法建立在实事求是和依法行政的基础上，尽可能确保税收征管行为依法、公正、廉洁和高效。对此，可从以下几个方面入手：加强权力机关和公众对财政预算的监督，财政部门无权对预算进行调整；税收增长指导性计划由该地区的上级政府根据地区经济发展状况编制，税务机关所在地区的地方政府无权下达税收计划；税务部门在实行人事垂直管理后，在经费、党团组织等方面也要实行垂直管理；税收征管质量考核应以登记率、申报率、申报准确率、入库率、欠税增减率、滞纳金加收率和处罚率等为主要内容，冲淡完成税收计划“一好遮百丑”的影响。

（二）地方税系的建设思路

要解决现行税收分权体系导致的地方“二元财政结构”问题、地方财力差距拉大问题、经济增长方式锁定问题，根本上要从重建和完善地方税系入手解决。为此，这里提出地方税系的建设思路。

1. 地方税系建设的法律保障

为完善地方税体系，我国应建立以税收基本法为统帅和指导的、门类齐全、结构合理、层次分明、相互配合、协调一致、便于操作的由各类地方税收法规组成的地方税收法律体系，以保障中央税与地方税的持续、稳定、健康、协调的同步增长。这主要包括两方面的内容。

第一，《税收基本法》的立法构想。《税收基本法》作为我国税务行政的母法，其立法应在宪法原则的规定下，就税收基本法的立法原则、解释、保障，税务机构的组织形式，国地税务机构的设置规划、管理办法，中央税与地方税的界定标准，地方政府税权合理规范，税务机构的基本权利和义务，纳税人的基本权利和义务及其他国家机关协调保障予以明确规定。

第二，建立《地方税通则》。《地方税通则》是地方税法律体系的总法，它是以《税收基本法》和地方法如《民族区域自治法》为基础，就地方政府对地方税收应有的立法权、解释权、征收权、管理权、税收调整权、减免权以税务稽查、司法、监督管理等权限，运用法律形式使之固定化、规范化，以维护税收活动的稳定性和连续性，明确地方职责，确保地方利益。与此同时，《地方税通则》还应明确地方税务机构的设置、人员的配备、税务机关的地位、作用、权限、税务人员的培训、待遇等要求，明确税务司法工作的范围、税务检察室的职能和要求。

2. 通过开征零售税带动整个商品税系的改革

完善地方税收体系的一个重要方面是确立地方税的主体税种。国外实行分税制的国家十分注重这一点，各级政府一般都有自己的主体税种作为其财政收入的主要来源。当前我国分税制体制及现行地方税收体系的缺陷，恰恰在于虽然划归地方的税种不少，但主体税种不明确，收入规模也偏低，未能较好地保障地方经常性支出的需要，不利于充分调动地方积极性。目前地方财政收入的一个重要组成部分是增值税分成收入，其实，国外增值税很少有划归中央地方共享税的情况。即使有一些国家将增值税划到了共享税，也是将其作为中央（联邦）对地方的转移支付来处理的。我国把增值税作为共享税，虽然保证了地方政府财力需要，但是引发了经济增长方式难以转变、地区之间财力差距拉大、恶性税收竞争等问题。

根据我国的经济发展水平和当前的税制结构，可在借鉴 Keen 和 Smith (1998) 提出 VIVAT 增值税模式基础上，开征零售税，近期内以零售税和营业税为地方主体税种，远期以零售税和房产税为地方主体税种。改革方案为，在商品进入零售环节之前，增值税全额作为中央税；在商品进入零售环节之后，取消增值税，按商品价格的一定比例征收零售税，并将零售税全额作为地方税。这种做法的好处有三点：一在零售环节之前的增值税全额作为中央税，地方政府就不会为了吸引税源而盲目推动扩大企业投资，产能过剩局面会得到缓解；二是地区财力差距会缩小；三是地方政府也不会为了吸引税源而采取各种变相的税收优惠政策。零售税（sales tax）是对经销商征收的一种间接消费税，它对所有商品的购买按同一税率征税。目前世界上以美国为代表的少数国家开征这种税。

开征零售税的优点在于：一是税收与商品销售额直接挂钩，地方政府为扩大税源，会采取鼓励当地居民消费措施，这对扩大内需作用明显；二是零售税不存在进项增值税抵扣问题，可以避免在多档增值税率下存在的税款“高征低扣”、“低扣高征”等现象，保证了税负公平；三是零售税可以根据国家政策需要，灵活采取多档税率，如从公平目标考虑，可以对药品、食品等生活必需品实行低税率或者免税。

我们现在通过测算来确定零售税税率。2009 年国内增值税 18819.77 亿元，则地方政府获得的增值税收入为 4565.26 亿元。如果开征零售税，增值税收入全部上划给中央，为保证地方政府财力平衡，必须使新征零售税总额等于地方政府获得的增值税收入。2009 年社会消费品零售总额 132678.4 亿元，若要保证 4704.94 的地方政府增值税收入，零售税税率应设为 3.5%。我们建议，零售税开征与增值税改革同时进行。增值税改革的方向是扩大征收范围，将营业税中的交通运输业和建筑业并入增值税征收范围。交通运输业和建筑业的营业税占全国营业税收入的 29%，随着增值税扩大征收范围，地方财政收入会相应减少。2009 年全国营业税收入为 9014 亿元，交通运输业和建筑业的营业税约为 2638 亿元。为保证地方财力需要，零售税税率设为 5% 较为合适，这样，按 2009 年社会消费品零售总额计算，地方政府可取得的零售税收入为 6633.92 亿元，基本填补了增值税变为中央税和增值税扩围后的地方财政缺口。

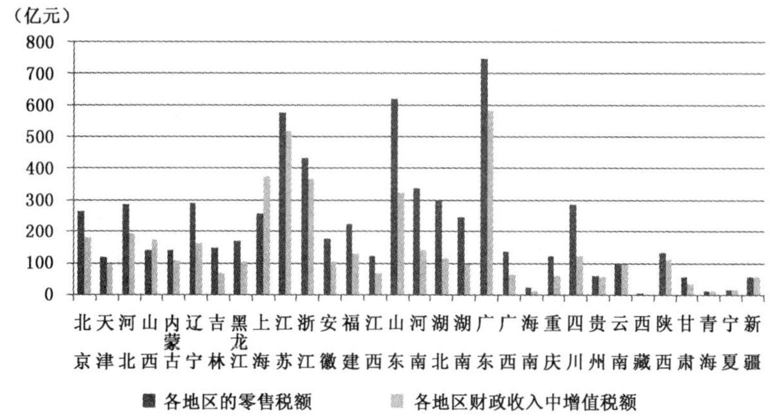

图 6　各地区财政收入增值税额与零售税额（设想）比较

《中国统计年鉴》统计了 2009 年各地区社会消费品零售总额，假定开征零售税以社会消费品零售总额作为税基，税率为 5%，那么可以推算出各地区可征的零售税总额。图 6 比较了各地区财政收入中增值税额与零售税额，可以看出，设想的零售税额足以弥补各地区损失的增值税。

那么，零售税能起到缩小地区财力差距的作用吗？我们比较一下各地区零售税额与增值税额的变异系数，发现前者为 0.836，后者为 0.963，说明开征零售税的确起到缩小地区财力差距的作用。

开征零售税后，势必加重居民生活负担，为此，应将现行增值税税率由 17% 调低为 13%，并将营业税中的交通运输业和建筑业税目并入增值税征

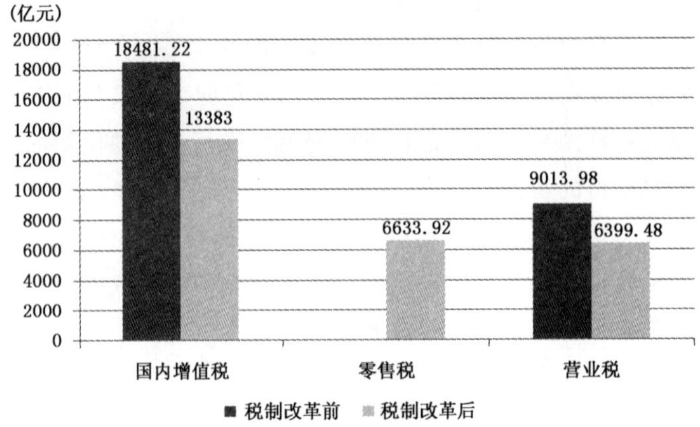

图 7　税制改革前与改革后三大主体税种税收收入比较

税范围，然后将增值税作为中央独享税。图 7 比较了税制改革前与改革后三大主体税种税收收入，税制改革前，国内增值税和营业税税收收入总计为 27495.2 亿元，税制改革后，三大主体税种税收收入为 27165.4 亿元，可以看出两者基本相当，对地方政府财力和国家整体财力不会造成很大的影响。况且，现行增值税纳税人有大量的小规模纳税人，小规模纳税人的税基为销售收入，适用税率为 3%，这部分增值税收入不会发生改变，即税制改革后三大主体税种税收收入比设想的还要高些。

3. 房产税开征要遵从法定主义原则

房地产行业是一个十分特殊的行业，一是房地产及其上下游产业在国民经济中占很大的比重；二是由于传统观念的影响，老百姓对房产有很强的需求，房地产行业发展的好坏还可能带来一些社会问题。我国现行房地产行业有关税费很多，许多收费项目不尽合理，需要进行规范，而涉及到的税种主要有在流通环节收取的营业税、土地增值税、耕地占用税、契税、印花税，在保有、使用环节收取的房产税。可以看出，以土地出让金为主的税费主要集中在房地产的开发、销售、流通环节，在现阶段产生了推高房价的消极作用，带来了一些经济、社会问题。为此，借鉴西方发达国家开征房地产税的经验，降低房地产流通环节的税费，改革房产税，适当提高保有环节的税收是规范房地产行业健康发展的必由之路。

房产税是一项直接针对居民财产征收的税收，涉及民众切身利益，社会影响较大。要想让房产税成为地方政府的主体税种，开征房产税的同时要做好两件事：一是严格遵循税收法定主义原则，税收方案理应付诸民众讨论，充分吸纳民意，税基和税率的确定，必须由人大制定条款或经人大常委会审议；二是开征房产税要与地方财政预算制度改革联系起来，重点在促进财政预算的公开透明，并加强财政预算执行的监督。这样，在民众的广泛参与下，房产税开征才能取得全民共识，财政资金才能更好地为公共服务，民众的财富剥夺感才不会强烈。

参考文献

1. 郭庆旺、赵志耘：《公共经济学》，高等教育出版社 2006 年版。

2. 高培勇：《中国税收持续高速增长之谜》，《经济研究》，2006 年第 12 期。

3. 林毅夫、苏剑：《论我国经济增长方式的转换》，《管理世界》，2007 年第 11 期。

4. 吕冰洋、郭庆旺：《中国税收高速增长的源泉：税收能力和税收努力框架下的分析》，《中国社会科学》，2011 年第 3 期。

5. 吕冰洋：《政府间税收分权的契约性质和配置选择》，《经济研究》，2009 年第 6 期。

6. 许善达：《中国税权研究》，中国税务出版社 2003 年版。

7. 史玲：《对我国房地产业税收增长的思考——基于江苏省房地产业税收增长的研究》，《税务与经济》，2008 年第 5 期。

8. 赵长庆：《论税权》，《政法论坛》，1998 年第 1 期。

9. 张五常著、易宪容译：《佃农理论——应用于亚洲的农业和台湾的土地改革》，商务印书馆 2000 年版。

10. 张五常：《中国的经济制度》，中信出版社 2009 年版。

11. 周飞舟：《分税制十年：制度及其影响》，《中国社会科学》，2006 年第 6 期。

12. 李扬、殷剑峰：《中国高储蓄率问题探究——1992—2003 年中国资金流量表的分析》，《经济研究》，2007 年第 6 期。

13. Ambrosiano, Maria Flavia and Massimo Bordignon, "Normative Versus Positive Theories of Revenue Assignments in Federations" in Ehtisham Ahmad and Giorgio Brosio (eds). The Handbook of Fiscal Federalism, London: Elgar, 2006.

14. Anwar Shah (1994), The Reform of Intergovernment Fiscal Relations in Developing and Emerging Market Economies, Policy And Research Series, pp. 19, the World Bank.

15. Bird, R. M. and Gendron, P., "Dual VATs and Cross-border Trade:

Two Problems, One Solution?" International Tax and Public Finance, 1998, 5 (3): 429 -442.

16. Bird, R. M. And Gendron, P., "CVAT, VIVAT, and Dual VAT: vertical 'Sharing' and Interstate Trade", International Tax and Public Finance, 2000, 7, 753 -761.

17. Bird, R. M. and Gendron, P., "Is VAT the Best Way to Impose a General Consumption Tax in Developing Countries?" Bulletin for International Taxation, 2006, 60 (7): 287 -296.

18. Bird, R. M. and Gendron, P., The VAT in Developing and Transitional Countries (Cambridge: Cambridge University Press), 2007.

19. Boadway, Robin, Sandra Roberts and Anwar Shah, "Fiscal Federalism Dimensions of Tax Reform in Developing Countries" Policy Research Working Paper 1385, World Bank. Cooter, Robert, 1994.

20. Breton, A., "Competitive Governments: An Economic Theory of Politics and Public Finance, Cambridge", New York: Cambridge University Press.

21. Brennan, G. and Buchanan, J., "The Power to Tax: Analytical Foundations of a Fiscal Constitution", Cambridge: Cambridge University Press, 1980.

22. Cheung, S. N. S, 1969, "The Theory of Share Tenancy: With Special Application to Asian Agriculture and the First Phase of Taiwan Land Reform", University of Chicago Press.

23. Ebel, R. D. and Taliercio, R., "Subnational Tax Policy Design and Administration in Transition and Developing Economies", Paper presented at the International Symposium on Fiscal Decentralization in Asia revisited, 5 - 6 November, Hitotsubashi University, Kunitachi, Tokyo, 2004.

24. Martinez - Vazquez, J. and Timofeev, A., "Choosing between Centralized and Decentralized Models of Tax Administration", Andrew Young School of Policy Studies, Working Paper 05 -02, 2005, Georgia State University.

25. Mikesell, "International Experiences with Administration of Local Taxes: A Review of Practices and Issues", Paper prepared for the World Bank Thematic Group on Taxation and Tax Policy, Washington, DC: World Bank, 2003.

26. Yilmaz, S., "On the measurement and impact of fiscal decentralization".

27. Edwards, J. S. S. and Keen, M., "Tax competition and Leviathan", European Economic Review, 1996, 40, 113 -134.

28. Eswaran M. and Ashok Kotwal, "A Theory of Contractual Structure in Ag-

riculture", *The American Economic Review*, 1985, Vol. 75, No. 3.

29. Feld, L. P. and Schnneider, F., "State and Local Taxation", in R. Liesenfeld, J. F. Richard, N. J. Smelser and P. B. Baltes (eds), International Encyclopedia of the Social and Behavioral Sciences, 2001, Oxford: Elsevier, p. Bd12.

30. Hettich, W. and Winer, S. L., Democratic Choice and Taxation: A Theoretical and Empirical Analysis, Cambridge: Cambridge University Press, 2000.

31. Keen, M. and Smith, S., "The Future of the Value Added Tax in the European Union", Economic Policy, 1998, 23, 375 - 471.

32. Keen, M., "VIVAT, CVAT, and all that: New Forms of Value - added Tax for Federal Systems", International Monetary Fund, WP/00/83, Washington, DC, 2000.

33. King, D. N., Fiscal Tiers: The Economics of Multilevel Government, London, Allen&Unwin, 1984.

34. Levin, Jonathan, 1991, "Measuring the Role of Subnational Governments," in Public Finance with Several Levels of Government: Proceedings of the Forty - Sixth Congress of the International Institute of Public Finance, Brussels, 1990, edited by Remy Prudhomme, Public Finance, 1991, pp. 21 - 36.

35. Mclure, C. E. Jr, "Implementing Subnational Value Added Taxes on Internal Trade: the Compensating VAT (CVAT)", International Tax and Public Finance, 2000, 7, 723 - 740.

36. Musgrave, R. A., "The Theory of Public Finance: A Study in Public Economy", New York: McGraw - Hill, 1959.

37. Norregaard J, "Tax Assignment" in Ter Minissian (Ed) Fiscal Federalism in Theory and Practice, International Monetary Fund, Washington DC, 1997 at p. 52.

38. Oates, W. E., Fiscal Federalism, New York: Harcourt Brace Jovanovich, 1972.

39. OECD, Taxing Powers of States and Local Government, OECD Tax Policy Studies, 1999, No. 1.

40. Persson, T. and Tabellini, G., Political Economics: Explaining Economic Policy, Cambridge, MA: MIT Press, 2000.

41. Sengupta, K., "Limited Liability, Moral Hazard and Share Tenancy," Journal of Development Economics, 1997, 52, pp. 393 - 407.

42. Seligman, E. R. A. , 1895, Reprint 1923,"Essays in Taxation", New York: Macmillan.

43. Winer, S. L. , "On the Reassignment of Fiscal Powers in a Federal State", in G. Galeotti, P. Salmon and R. Wintrobe (eds), Competition and Struture: The Political Economy of Collective Decisions, New York: Cambridge University Press, 2000, PP. 150 - 173.

古典经济学派财税理论述评①

曾康华　马海涛*

内容摘要： 古典经济学派的财税理论在西方财税理论发展史上占有十分重要的地位，尤其是亚当·斯密的财税理论，构建了财政学的基本分析框架，对现代财政学的形成影响很大。本文探究古典经济学派财税理论形成的渊源，古典经济学派财税理论的发展轨迹，对几位主要古典经济学家的财税理论的演变进行对比分析，对古典经济学派的财税理论进行评价，最后得出结论。

关 键 词： 古典经济学派　财税理论　述评

Abstract: In the developing history of western fiscal and tax theory, a significant position has been held by the fiscal and tax theory of classical economic school, particularly, that of Adam Smith, which builds the basic analytical framework for finance and leaves great influence upon modern finance's formation. This paper evaluates the fiscal and tax theory of classical economic school, by exploring its origin and development track, and presents a contrasting analysis upon the evolution of few major

---

* 曾康华，中央财经大学财政学院教授、经济学博士。研究方向：宏观经济、财税理论和计量经济；马海涛，中央财经大学财政学院教授、经济学博士、博士生导师。研究方向：财税理论与政策、财政管理。通讯地址：北京市海淀区学院南路 39 号中央财经大学财政学院，邮政编码：100081，联系电话：13691316072，13801126657，62288603（办），84962679（家），电子信箱：zengkanghua2007@126.com 或 mahaitao0511@163.com。

① 本文是中央财经大学“211 工程”三期重点学科建设项目阶段性研究成果。

classical economists' fiscal and tax theories. In the end, we will summarize this paper to several conclusions.

Key Words: classical economic school; fiscal and tax theory; review

一、古典经济学派财税理论形成的渊源

考察西方财税理论的发展史，可追溯到公元前的古希腊时代。古希腊是现代西方文明的发祥地，也是经贸活动的聚集处，西方各种早期的财税思想在此汇聚。古希腊的哲学家色诺芬[①]写作的《雅典的收入》一书，就专门论述了财税理论问题，这可能是西方国家学者论述财税问题最早的著作。从公元前 4 世纪左右一直到中世纪，在长达近 2000 年的人类历史发展进程中，西方财税理论没有从经济理论中分离出来，而经济理论又包括在哲学或神学当中。所以，在作者所阅读的介绍西方经济理论著作里，鲜见这一时期专门介绍西方财税理论的著作。

到了重商主义[②]时期，由于欧洲国家生产力水平的提高，物质财富获得了极大地增长，商品货币经济也迅速发展。在这一大背景下，有关财税理论也得到相应发展，逐渐形成了以“贸易顺差”为核心的重商主义财税观。

（一）古典经济学派财税理论渊源之一：重商主义的财税理论

重商主义是西方最初的、比较系统的经济理论体系，它试图对处于萌芽状态的资本主义生产方式进行理论上的阐述，由于当时商业资本在社会经济生活中发挥着主导作用，自然，重商主义者摆脱不了这个大前提来论述财税理论。

---

① 色诺芬（公元前 430—355 年），是古希腊著名的哲学家和历史学家。他在经济方面的论著有《经济论》和《雅典的收入》。色诺芬写作《雅典的收入》的具体时间不详。色诺芬：《经济论 雅典的收入》，商务印书馆 1997 年版，第 1—2 页。

② 重商主义是反映商业资本利益的一种经济观点，经历了早期和晚期两个阶段。早期重商主义时期，西欧国家自然经济居统治地位，对外贸易尚未充分展开。晚期重商主义者极力主张通过扩大对外贸易，努力使一国对外贸易保持顺差，以增加国家的财富。曾康华：《西方财税理论研究》，中国财政经济出版社 2007 年版，第 9 页。

重商主义者强调通过对外贸易增加一国的财政收入，主张建立强大的国防来保护一国对外贸易发展与繁荣。认为为了维护一国对外贸易的顺差，国家必须实行有利于促进出口贸易的保护关税政策，主要是对出口产品课以轻税，对进口产品课以重税。这一时期盛行保护关税政策，成为重商主义者最重要的财税政策主张。

可见，重商主义的财税理论以“贸易顺差”为核心来展开，但因生产力发展因素的制约，在欧洲国家资本主义制度建立之前，经济学还没有形成为一门独立的科学。所以，重商主义财税理论也没有从经济学中分离出来。

（二）古典经济学派财税理论渊源之二：重农学派的财税理论

随着生产力的发展，生产资本在社会经济生活中的地位日益突出。于是，代表生产资本利益的重农学派应运而生。重农学派的财税理论主要由魁奈[①]建立，而魁奈的财税理论又是建立在他的经济理论基础之上，他认为国家财政收入的来源只能是农业，国家要谨慎而合理使用财政收入。如果说重商主义的财税观是一种贸易财税观的话，那么，重农学派的财税观则是一种农业财税观。所以，从根本上说，是一定时期社会经济发展水平决定了一定时期的财税理论观。

虽然重农学派的经济理论对欧洲国家产生过一定影响，但由于该学说诞生在法国，是法国经济学家为了振兴法国经济，尤其是法国农业的发展所形成的理论。自然，重农学派侧重从促进农业发展的角度来研究财税理论，把农业看成是财富的唯一来源，也是财政收入的唯一来源。在财政支出的问题上，主张辩证地处理增收节支的关系，不主张政府举借公债。在重农学派盛行时期，法国的经济学家们主要论述是国家财政收入问题，较少论及财政支出问题，而且他们把财政问题置于农业生产活动中去考察。

（三）古典经济学派财税理论渊源之三：古典经济学派的经济理论

古典经济学派的财税理论是伴随着古典经济学派的产生而产生的，古典经济学派是欧洲资本主义，主要是英国资本主义上升时期，适应当时欧洲社会经济发展要求的经济学说。它的萌芽产生于17世纪的中叶，完成于19世纪初，是在重商主义之后出现的新的资本主义经济理论体系。

---

① 重农主义学派的创始人和最主要的代表人物，法国著名经济学家。

配第是古典经济学派的主要创始人，他在其论著中把经济理论的研究对象从流通领域转向生产领域，而且配第的著作几乎对当时所有的经济问题都进行了研究，对创立古典经济学派奠定了坚实的基础。1776 年亚当·斯密所著的《国民财富的性质和原因的研究》（以下简称《国富论》）一书，在这本书中，斯密为古典经济学派的理论体系勾勒出一副近乎完美的架构，古典经济学派的财税理论也就是在这一架构下成型的。

二、古典经济学派财税理论的发展轨迹

我们对古典经济学派财税理论的发展轨迹作整体考察，即对古典经济学派几个主要代表人物研究财税理论的情况进行分析，具体情况见表 1。

威廉·配第的经济理论构建了古典经济学派理论体系的雏形，而他的财税理论构成其经济理论的最重要的组成部分。17 世纪中叶，威廉·配第开始研究财税问题，他在 1662 年出版了《赋税论》，集中分析和探讨的就是国家财政收支问题。并提出“土地是财富之母，劳动是财富之父”的观点，反映了劳动创造财富，劳动创造价值的本质，是古典经济学派最基本的经济思想。

威廉·配第生活的时代正是重商主义向古典经济学派过渡的时期，这使威廉·配第的财税理论夹杂着重商主义的色彩。但不能不承认，他对财税理论的阐述勾勒出古典经济学派财税理论的轮廓。因此，威廉·配第也是古典经济学派财税理论的主要创始人。

威廉·配第研究财税问题的一个突出特点就是实证分析，他对财税问题进行实证分析时，尽管还处于探索阶段，凭借的数据多为估计，既没有现代的统计方法的运用，更没有数学模型的建立，但他的这种研究方法，至少可以说开创了实证分析的先河。就连他自己也说①，他的这种研究方法可能是前人没有尝试过的。

与威廉·配第同时代和之后的一些经济学家，像泰特莱·诺思（1641—1692）、约翰·洛克（1632—1704）和大卫·休谟（1711—1776）等人，他们从不同的角度阐释、传承和发展了威廉·配第的财税理论，却没有超越威廉·配第财税理论的分析架构。突破威廉·配第的财税理论分析架构，创立财政学体系的人是亚当·斯密，标志是亚当·斯密在 1776 年出版

① ［英］威廉·配第：《配第经济著作选集—政治算术》，商务印书馆 1997 年版，第 8 页。

的《国富论》，他从古典经济学中分离出财政学的基本架构。因此，亚当·斯密被称为“财政学之父”。

李嘉图在古典经济学家中是一位奇才，因为他没有受到过良好的教育，却成为他那个时代最著名的经济学家。1799 年，李嘉图偶然接触到亚当·斯密的《国富论》，从此步入研究政治经济学的殿堂。他在 1817 年出版《政治经济学及赋税原理》一书，该书以严谨的逻辑、透彻地分析、缜密的论证和完备的体系而著称。因此，李嘉图被称为古典经济学的集大成者，他在该书中充分诠释了威廉·配第和亚当·斯密的财税理论。

表 1　　几个主要古典经济学家的基本情况

项目	威廉·配第	亚当·斯密	李嘉图	西斯蒙第	穆勒	庇古
生卒年代及寿命	1623—1685 年，62 岁	1723—1790 年，67 岁	1772—1823 年，51 岁	1773—1842 年，69 岁	1806—1873 年，67 岁	1877—1959 年，82 岁
所受教育及职业经历	大学学历，船员、私人教师、商人、军人、医生、大学教授、议员	大学学历，私人教师、大学教授、自由研究者	中学学历，证券交易员、自由研究者、议员、社会活动家	大学学历，银行职员、农民、自由研究者	自学，公司职员、自由研究者、议员	大学学历，大学讲师、大学教授
代表作及发表时间	《赋税论》1662 年	《国富论》1776 年	《政治经济学及赋税原理》1817 年	《政治经济学新原理》1819 年	《政治经济学原理》1848 年	《福利经济学》1920 年
代表作字数及研究财税理论的比重	55776 字，100%	600000 字，28.9%	242592 字，33.2%	344064 字，12.5%	716696 字，19.2%	541632 字，18.6%
研究方法	规范分析、实证分析	规范分析	规范分析	规范分析	规范分析	规范分析
学术地位	古典经济学主要创始人、“政治经济学之父”	古典经济学主要代表、“财政学之父”	古典经济学的集大成者	有别于英国古典经济学家的古典经济学家	19 世纪中叶英国最著名的经济学家	福利经济学的创始人

说明：本表是作者根据几个主要古典经济学家的代表作的情况进行整理和统计的，按每页 27 行，每行 28 字计算出来的，不足 1 页的，按实际行数计算。事实上，这几位古典经济学家关于财税理论的论述不仅仅局限在其代表作中，作者进行这样的整理和统计也只是反映这几个主要古典经济学家研究财税理论的基本情况。

西斯蒙第被称为是维护小资产阶级利益的经济学家。他早年信奉英国古典经济学派的观点，后受法国大革命和欧洲社会经济深刻变化的影响，开始研究英国产业和古典经济学说的变化情况，逐渐引起了他对古典经济学说认识上的变化，到后来怀疑和反对英国古典经济学派的学说。西斯蒙第的财税理论并没有多少创新，最具特色的部分是对政府干预理论进行了比较充分的论述。①

穆勒在《政治经济学原理》中关于财税理论的论述，许多观点具有开拓意义，尤其是他关于政府职能和政府干预的论述，发展和充实了自威廉·配第以来英国古典经济学派的财税理论。

庇古是英国20世纪初期著名经济学家，是英国古典经济学派后期的主要代表之一。他的财税理论独具匠心，对财政学的最大贡献，就是从增进社会福利的角度，去研究财税理论。因此，他的财税理论被称为福利财税观。

三、主要古典经济学家财税理论的比较

（一）古典经济学家关于若干财税理论观点的对比分析

我们对几位主要古典经济学家的财税理论观点进行对比分析，这些理论集中在税收原则、公债、地租税、利润税、什一税、关税、政府干预理论、财政支出等方面。

1. 税收原则（见表2）

威廉·配第最早论述税收原则，但正如经济史学家们认为的那样，他没有系统地论述税收原则，只是在论述某一个具体的税种时，才隐约地反映出他的税收原则观。而且从他的著作来看，他在《赋税论》和《政治算术》中都对税收原则有过论述，但他关于税收原则的论述主要还是在《政治算术》中为多。

亚当·斯密关于税收原则的观点最为系统和全面，他从平等、确实、便利和最小征收费用四个方面详细论述了税收原则，这一观点依然是当今世界

① ［法］西斯蒙第：《政治经济学新原理》，商务印书馆1964年版，第247—273页和第460—466页。

各国制定税收制度所要遵循的基本原则，他的精辟论述，至今依然闪烁着理论智慧的光芒。

西斯蒙第主要从轻税和促进社会福利两个方面进行论述税收原则。他认为，人们讨厌税收，所以，他特别主张政府征税一定要轻，不要侵蚀资本，不要损害社会福利。并且从这一观点出发，提出税收要按照收入多少比例承担，要按受益原则纳税，最适宜征税的对象是收入等观点。

穆勒的税收原则观没有什么新意，他特别推崇亚当·斯密关于税收原则的基本观点，并认为，亚当·斯密的税收四原则已经非常完备，无需做什么补充，只是穆勒特别强调公平原则，他花了大量篇幅全面地阐释了税收的公平原则。

庇古关于税收原则的基本观点与前几位古典经济学家有很大的不同。在西方财税理论发展过程中，在税收原则的论述上，形成了客观学说和主观学说两大阵营。显然，前几位古典经济学家应该属于客观学说阵营中的人，而庇古则是属于主观学说阵营中的人。庇古以基数效用论作为理论的基础，把效用和福利联系起来，用效用的大小来衡量福利水平，认为政府征税是人们的福利牺牲，是一种负效用，这种负效用应当是越小越好。并且他认为对所得课税比对商品课税更容易贯彻最小牺牲原则。

表2　　古典经济学家关于税收原则的观点

内容	威廉·配第	亚当·斯密	西斯蒙第	穆勒	庇古
税收原则	强调征税必须公平；征税不要侵蚀资本；税收要具有调节功能；征税要适度；征税要便利	税收要体现平等、确实、便利和最小征收费用原则	轻税；征税要有利于增进社会福利；税收要按照收入多少比例承担；按受益原则纳税；最适宜征税的对象是收入	非常赞同亚当·斯密关于税收原则的基本观点；强调公平原则	征税以最小牺牲为原则；对所得课税比对商品课税更容易贯彻最小牺牲原则

说明：这是作者根据这几位古典经济学家的代表作中相关内容归纳整理。他们在代表作中专门对税收原则进行了论述，没有列举的其他古典经济学家则没有在代表作中专门论述税收原则。

2. 公债（见表3）

一方面，亚当·斯密从自由放任的观点出发，不主张发行公债，因为发行公债会影响人们的储蓄，进而侵蚀资本；另一方面，他认为在非常时期，政府发行公债不失为一种筹集财政收入的手段。西斯蒙第也是不主张政府发行公债的，这一观点与亚当·斯密相同，西斯蒙第分析公债的弊端有其独特的地方，即他分析了公债的代际负担问题。穆勒可能是对公债持反对观点最强烈的一位古典经济学家，他和亚当·斯密分析公债的弊端有相似之处，即公债侵蚀资本和伤害产业。不过，在穆勒生活的时代，欧洲各国发行公债是司空见惯的事情，穆勒只能是正视现实，但他主张，人们只能用非生产性的资金购买公债，在偿还公债的问题上，主张用财政盈余或遗产税来偿还公债，而不是通过征税来偿还。到了庇古时代，各国发行公债已经是一个非常普遍的事情了，而且各国都是把公债作为一种调节经济的手段来运用。所以，庇古对公债的发行持一种赞同的态度。但在公债的用途上，庇古主张公债不能用于经常性和非生产性开支，也不能用于教育和社会福利开支，只能用于突发事件中的支出。

表 3　　　　古典经济学家关于公债的观点

内 容	亚当·斯密	西斯蒙第	穆勒	庇古
公 债	政府迫于战时借债，公债的产生发展与生产力密切相关，与国家所处的境况相关，公债要适度，要考虑还款能力，公债不要侵蚀资本，发行公债损害人们储蓄能力	政府要节约开支，不主张政府发行公债，政府发行公债是迫于战争，政府发行公债会增加人们的负担，而且会引起代际负担	政府发行公债侵蚀资本，公债制度是一种最坏的制度，非生产性资金适合购买公债，不适宜用普遍征税来偿还公债，主张用财政盈余或遗产税来偿还公债	公债有益论者，主张政府在出现突发事件中发行公债，公债是调节经济运行的手段，公债的负担由当代人负担，公债不能用于经常性和非生产性开支，也不能用于教育和社会福利开支

说明：这是作者根据这几位古典经济学家的代表作中相关内容归纳整理。他们在代表作中专门对公债进行了论述，没有列举的其他古典经济学家则没有在代表作中专门论述公债。

3. 地租税（见表 4）

亚当·斯密生活的时代，正是英国工业革命风起云涌之时，但英国农业仍居主导地位，亚当·斯密自然非常关注地租税，他论述地租税始终按他确立的税收四原则来展开。他认为，地租税如果采取定额征收的话，开始核定定额比较客观，税负比较合理，但到后来，因生产改良，土地产品提高了，地租税的这种征收方法就不太公平了，尽管如此，地租税最符合确实、便利和最小征收费用原则。

李嘉图对地租税的观点与亚当·斯密有很大差别，尽管李嘉图非常赞同亚当·斯密的税收四原则，但李嘉图用他独特的级差地租理论来分析地租税，如果土地不缴纳地租，就不存在地租税，按照他的这一理论，最低等级的土地没有地租，自然也就没有地租税了。李嘉图还分析了地租税的转嫁问题，他认为地租税只影响地租，负担落在地主身上。

表 4 古典经济学家关于地租税的观点

内容	亚当·斯密	李嘉图	穆勒
地租税	加在土地上的赋税就是地租税，按定额方法征税开始比较公平，后面就不公平了，但最符合确实、便利和最小征收费用原则，定额方法征税有利于地主不利于君主，对地主自耕地要减免税收	坚持级差地租理论；地租源于土地产品的价格，不缴纳地租，就不缴纳地租税；地租税只影响地租，负担落在地主身上	地租税不能转嫁，由地主负担；地租税侵蚀地租，会影响地主改良土地

说明：这是作者根据这几位古典经济学家的代表作中相关内容归纳整理。他们在代表作中对地租税进行了论述，没有列举的其他古典经济学家则没有在代表作中论述地租税。

穆勒也比较重视地租税转嫁问题，他认为地租税不能转嫁，由地主负担。从这个角度出发，由于地主承担了地租税，地主从土地上获得的利润就会减少，必然影响到地主向土地投入资本进行改良土地。可见，穆勒对地租税的分析侧重在地租税的转嫁，地租税对地主和耕地者的影响上。

4. 利润税（见表5）

亚当·斯密对利润税的分析，从界定利润税概念开始，说明亚当·斯密分析经济问题具有严密的逻辑性。他认为，利润税是对资本收入的课税，不会侵害资本，利润不适宜作为征税对象。如果征收利润税，造成资本的侵蚀，是不可取的。从亚当·斯密的观点中可以清晰地看出，他非常关注资本，认为一切侵害资本的做法不足取，不管是税收还是公债。他还认为，即使征收利润税，也应当用较低的税率进行征收。

李嘉图则从征收利润税对产品价格的影响进行分析。他认为，如果货币不征税，其他商品征税，或货币不征税，货币价值不变，对各行业利润征税，会引起价格上升。

穆勒则从转嫁的角度来论述利润税，他认为，利润税的负担落在纳税人身上，不能转嫁到其他人身上，因为按照穆勒的理解，利润税是一种直接税，直接税是不容易转嫁的。再者，穆勒分析了利润税对人们的行为的影响。他认为，利润税的征收会减少人们的收益，这种收益的减少既然不能通过其他的方式来获得补偿，那就只能通过内部吸收，由此就可能会激发人们的发明创造和对生产技术进行改良，因为这样做，可以降低税收对生产者利润的影响。

表 5　　古典经济学家关于利润税的观点

内 容	亚当·斯密	李嘉图	穆勒
利润税	利润税是对资本收入的课税；利润不适宜作为征税对象；对利息征税不引起利息率提高，对货币利息不适宜征税；征利润税时税率不能高；对资本征税会危及产业；对资本的利息征税比对利润征税要好	利润税征税不当的话会促使水平价格上升；货币不征税，其他商品征税，或货币不征税，货币价值不变，对各行业利润征税，会引起价格上升	利润税的负担落在纳税人身上；利润税可能会激发人们的发明创造；利润税可能会对生产起到改良作用

说明：这是作者根据这几位古典经济学家的代表作中相关内容归纳整理。他们在代表作中都专门对利润税进行了论述，没有列举的其他古典经济学家则没有在代表作中专门论述利润税。

5. 什一税（见表 6）

威廉·配第认为，什一税就是十分之一税。什一税可以对物征税，也可以对收入征税；可以用实物缴纳，也可以用货币缴纳。

李嘉图则认为，什一税是课加在土地总产品的税，负担落在消费者身上。什一税不仅能影响到土地的改良，而且能影响到农产品的价格。因为不管是优等土地产品，还是劣等土地产品，都按一定比例征收什一税，则什一税是一种均等的税。既然什一税是课加在土地总产品的税，那么，这种税的负担就必然通过涨价转嫁出去。他还认为，什一税不会影响地主的货币地租，但会影响谷物地租。对于什一税来说，因为它是课加在总产品上的税，税收随总产品的增加而增加，落在净产品或净收入的税收就会越来越重。什一税可能对本国的地主造成伤害。要使什一税存在，又要做到公平，最好的办法就对进口的农产品课以同国内农产品一样的税收。

西斯蒙第则认为，对土地实物征什一税，因在土地上生产的实物具有明显的季节性，决定了什一税的征收也具有季节性。他认为，税负落在消费者身上需有前提条件，这个前提条件就是发生在农业歉收年，在农业丰收年是不可能把税负转嫁到消费者身上的。西斯蒙第认为，什一税是从农业的收入和流动资本中征收，它对农业生产产生不利影响，因而是一种不合理和不平等的税收。赋税只应从其他行业的收入中征收。人们在肥沃的土地上耕种小麦，如遇丰收年，可以补偿一切垫支，如果在贫瘠的土地上耕种小麦，如遇歉收年，甚至全部收入都不够支付这些垫支。况且在任何情况下，什一税都不能少征，它总是对穷人最为不利，对最需要受到保护的人征的也最多。所以，什一税是一种最不公平的税。

表 6　古典经济学家关于什一税的观点

内 容	威廉·配第	李嘉图	西斯蒙第
什一税	什一税就是十分之一税，可以对物征税，也可以对收入征税；可以用实物缴纳，也可以用货币缴纳；什一税与劳动和人口密切相关	什一税是课加在土地总产品的税；税负落在消费者身上；什一税不影响货币地租，影响谷物地租；什一税可能对地主造成伤害	按照土地实物征税叫什一税；什一税季节性强；税负落在消费者身上需有前提条件；什一税若对农业的收入和流动资本征收会对生产不利

说明：这是作者根据这几位古典经济学家的代表作中相关内容归纳整理。他们在代表作中专门对什一税进行了论述，没有列举的其他古典经济学家则没有在代表作中专门论述什一税。

6. 关税（见表 7）

威廉·配第的关税观带有浓郁的重商主义色彩，他主张关税应起到奖出限入的作用，关税的这种保护功能能够促进本国产业的发展。但威廉·配第也注意到了关税的弊端，如存在国内使用原料不经济、生产成本高和诱使走私等。

西斯蒙第则认为，关税实际上损害了国内消费者的利益，国家之间也会因关税而彼此孤立。

穆勒不主张通过关税保护本国产业，因为关税的负担一部分落在外国人身上，一部分落在本国人身上；他主张实行非保护性关税政策。

可见，威廉·配第、西斯蒙第和穆勒都认识到了关税的保护功能，但对于保护关税的态度却是迥然不同，穆勒对保护关税持反对观点，西斯蒙第对关税的观点具有两面性，威廉·配第则赞同保护关税制度。

表 7　古典经济学家关于关税的观点

内 容	威廉·配第	西斯蒙第	穆勒
关税	关税是对输入或输出君主领土的货物所征收的一种税；关税有保护功能；关税存在不经济、成本高、诱使走私等弊端	关税具有保护本国产业的功能；关税会导致生产成本高，损害消费者利益，国家之间彼此孤立	不主张通过关税保护本国产业；进口关税的负担一部分落在外国人身上，一部分落在本国人身上；要实行非保护性关税政策

说明：这是作者根据这几位古典经济学家的代表作中相关内容归纳整理。他们在代表作中专门对关税都进行了论述，没有列举的其他古典经济学家则没有在代表作中专门论述关税。

7. 政府干预理论（见表 8）

西斯蒙第对英国古典经济学派自由放任的观点提出了批评，他认为，一国社会发展和财富的生产不需要政府干预的说法是绝对不正确的，如果对社会发展和财富生产的完全自由放任，则会引起社会受到某种程度的压迫和使人们遭受痛苦。如果政府能把人们对财富的欲望适当地调节和控制，政府会变成一个理性的政府，社会也会更加和谐。

西斯蒙第主张，在尊重个人最大自由的情况下，政府要维护全体人民的利益；政府干预会使社会更加和谐；政府赋予专卖权会产生垄断，不利于产业的发展。

穆勒也认为，对国民经济运行和社会发展问题采取完全自由放任的态度是行不通的，可见，穆勒对亚当·斯密的观点有了根本性的改变，但穆勒始终强调政府干预的前提，那就是首先要充分考虑个人的自由和能力，凡是能够通过个人解决好的问题都应该由个人去解决，政府绝对不应干预，只有个人不愿做或不能做的事情，政府才有干预的必要。为此，他特别强调政府干预时要弄清楚对象，如果以错误理论进行干预会有害于经济，认为政府干预社会经济事务必须要有正确的理论来指导。

庇古的政府干预理论，已经不只是局限于对应该不应该进行干预进行讨论了，而是研究政府究竟该如何干预的问题。他认为，对价格管制可以有效改善供给，优化资源配置；政府干预能够促进产业的发展；政府对垄断的控制，有利于竞争。

表 8　　古典经济学家关于政府干预理论的观点

内容	西斯蒙第	穆勒	庇古
政府干预理论	主张政府干预；在尊重个人最大自由的情况下，政府要维护全体人民的利益；政府干预会使社会更加和谐；政府赋予专卖权会产生垄断，不利于产业的发展	完全放任自由是行不通的；政府干预时要弄清楚对象，以错误理论进行干预会有害经济	对价格管制可以有效改善供给，优化资源配置；政府干预能够促进产业的发展；政府对垄断的控制，有利于竞争

说明：这是作者根据这几位古典经济学家的代表作中相关内容归纳整理。他们在代表作中专门对政府干预理论进行了论述，没有列举的其他古典经济学家则没有在代表作中专门论述政府干预理论。

8. 财政支出（见表 9）

威廉·配第认为，财政支出是增进经济福利的重要工具，它有利于资源的优化配置，财政支出也是调节经济运行的手段。可见，威廉·配第对财政支出的观点主要体现在经济功能上。

亚当·斯密比较侧重对财政支出的具体内容进行分析，由此引申出他对财政支出的基本观点。

庇古则从增进社会福利的角度，来阐述财政支出的效应，并认为，财政支出是促进国民收入均等化，对经济进行干预的手段。

值得强调的是，威廉·配第和亚当·斯密在具体论述财政支出的内容上，都把国防费的开支列在各项财政支出之首，可见，在他们看来，维护一个国家的安全，是财政的首要职责。

表 9　　　　古典经济学家关于财政支出的观点

内 容	威廉·配第	亚当·斯密	庇古
财政支出	财政支出是促进经济福利的重要工具；利于资源优化配置；财政支出是调节经济的手段	国防费开支在于保护人们不受别国的伤害；司法费维护公正；公共工程费有利于社会发展；君主的开支是维持君主的尊严	促进社会福利要通过财政支出来实现；财政是促进国民收入均等化、对经济进行干预的手段

说明：这是作者根据这几位古典经济学家的代表作中相关内容归纳整理。他们在代表作中专门对财政支出进行了论述，没有列举的其他古典经济学家则没有在代表作中专门论述财政支出问题。

四、古典经济学派财税理论评价

古典经济学派在 18 世纪上半叶趋于成型，之后经过工业革命时期，直到 20 世纪 30 年代才开始衰落。在这近两个世纪中，西方国家的社会经济发展比以往任何一个时期都要快，由于生产力的迅速发展，这一时期的财税理论向广度和深度拓展。“现代政治经济学的创始人”威廉·配第就对财政收入的各种形式进行了研究，尤其是对赋税问题的探讨较为深入。同时，他对财政支出也进行了悉心的考察，极大地丰富了财税理论。但在对待公债的问题上，威廉·配第的著作里仅仅是把政府借债作为政府零星的筹款方法略加提及，没有深入研究。显然，国家公债问题并没有引起他的重视。所以，他的财税理论缺乏财政收支对比的深度分析，也即没有探讨财政收支平衡问题。对于财税理论的这一空缺是由亚当·斯密补上的。

亚当·斯密在 1776 年出版的《国富论》，构建了财政学的基本分析框架。亚当·斯密对财政收入、财政支出、税收原则、各种赋税以及公债等问题都进行了深入地论述，尤其是他把财税理论从经济理论中分离开来研究，并形成了财政学体系，是他对财税理论做出的最大贡献。但 1970 年诺贝尔经济学奖获得者萨缪尔森认为，在此后 100 多年时间里，并没有多少创新的财税理论充实到亚当·斯密构建的财政学体系的基本框架里，他甚至说：

“60 年以前，讲述财政的经济学教科书读起来几乎与亚当·斯密时代的相同。从 1776 年到 1929 年没有多少明显的进步。”① 显然，这与事实不符。实际上，从亚当·斯密时代起，到现在为止，财税理论不仅获得了发展，而且财政学体系也发生了很大程度的变化。

正因亚当·斯密构建了财政学体系的基本框架，财政学才从政治经济学中分离出来而成为一门独立的科学。从这个角度上看，亚当·斯密关于财税理论的学说和分析框架具有划时代的意义。尽管亚当·斯密持有古典经济学派的财政观，比如，他认为平衡预算就是最好的预算、最小的政府就是最好的政府、反对政府发行公债等观点让现代的人们不敢苟同，但他的财政观影响了那个时代西方国家的政策制定，其影响力之大前所未有。

亚当·斯密对公债的利弊进行了专门的论述，可以视为他对财政收支平衡问题的首创性研究。如果把亚当·斯密的公债论基本上看作是“公债有害论”的话，那么，此后的经济学家对公债的看法，又出现了“公债有利论”和“公债利弊兼有论”两种观点。可以说，都是在亚当·斯密关于公债理论基础上的一种自然延伸。

亚当·斯密首次对赋税原则做了系统的研究，以致当今关于税收原则的研究也只是在亚当·斯密关于税收四原则的基础上来展开的。

依笔者之见，古典经济学的集大成者李嘉图对财税理论的贡献主要表现在两个方面：（1）对税收转嫁问题的研究。（2）对公债理论的拓展。对前一个问题而言，李嘉图得出的结论过于宽泛：几乎所有的税收都可以转嫁，俨然是一个“绝对转嫁论者”。就后一个问题的论述，李嘉图在其著作中隐蔽地提出了所谓“李嘉图对等定律”，遗憾的是，李嘉图没有对这一问题进行深入地阐述，使他的这一伏笔留给了后来的经济学家们不同的诠释，客观上极大地丰富了人们对公债与税收问题的认识。

李嘉图对政府补贴问题也提出了自己的看法，他对这一问题的论述依然是放在一国的对外贸易中来进行的。可以看出，李嘉图的政府补贴论带有浓郁重商主义色彩。

19 世纪 30 年代以后，随着资本主义经济的发展，古典经济理论趋于成熟，由此古典经济学说朝两个方向发展：一方面，西方经济学家继承了古典经济学的庸俗成分，演化成庸俗经济学理论，并且使这一学说开始占据西方经济学的主导地位；另一方面，马克思继承了李嘉图的劳动价值论，从而创建了马克思政治经济学。

---

① ［美］保罗·A·萨缪尔森、威廉·D·诺德豪斯：《经济学（第 12 版）》，中国发展出版社 1992 年版，第 569 页。

穆勒对财税理论的主要贡献表现在政府必要职能和选择职能、直接税和间接税的划分、政府适度干预论以及政府公债利弊兼有论等方面，应当说，穆勒的财税理论有许多创新之处，对财税问题的论述更深入、更全面，他的这些财税理论不仅丰富了人们对财税理论的认识，而且为现代财税理论奠定了基础。

如果说在英国经济学家庇古所处时代以前的经济学家对财税理论的论述，是从财税理论本身以及财税理论与经济运行之间的关系来研究和拓展的话，那么，福利经济学的创始人庇古却从整个社会如何增进福利水平的角度来论述财税理论问题，可以说开辟了研究财税理论的“新领域”。他认为国家财政分配的目的，是增加社会的福利；认为评价国家财政分配是否发挥了良好的效果，就要考察是否增进了整个社会的福利水平。同时，庇古也深受19世纪经济学上“边际”和“效用”等概念的影响，在他的财税理论中，引进了“效用价值观”和边际分析方法研究财税问题，从方法论看，有了新的开拓。

政府干预理论兴起于19世纪初，当产业革命的进程到19世纪的时候，英国城市化的步伐也加快了，大量农村人口涌入城市，一些社会问题也随之出现，比如，失业问题，农村人口涌入城市带来的公共卫生、教育、住房等问题，引起了英国朝野的普遍关注。古典经济学派的完全自由放任的思想受到了来自实践的挑战，人们对政府不干预的主张提出了质疑，于是，从19世纪初起，一场围绕着政府应当干预还是不干预社会经济生活的争论在英国展开，这场大争论的直接结果就是1817年英国议会通过的《济贫法》修正案。

西斯蒙第不赞同英国古典经济学派自由放任的理论：最自由的竞争，决定着工业的最有利的发展。在古典经济学家中，西斯蒙第是较早论述政府干预理论的人。

早期古典经济学家不主张政府干预，尤其是亚当·斯密及以前的古典经济学家十分推崇市场机制的作用，认为人们以自身利益的最大化做出行为选择，最符合自然法则，也最能增进人们的福利和促进经济的增长，反对政府干预经济运行。但到了19世纪，随着欧洲各国社会经济的发展，人们对教育不公、失业问题、贫困现象、公共卫生突发事件、公共基础设施不足以及经济波动等的抱怨越来越多，这也引发了欧洲各国政府对社会经济事务进行普遍地干预。正是在这一背景下，穆勒从理论上对政府的职能进行了界定，并在此基础上，对以错误理论为依据的政府干预进行了理论分析，同时，对政府应当干预的事务进行比较深入的研究。

庇古主张政府应当积极干预社会经济发展事务，他从国家对竞争价格的管制，国家对供给的管制等方面分析了政府干预的方式和利弊，从而形成了后期古典经济学家独具特色的政府干预理论。

五、结　　论

本文通过对古典经济学派财税理论发展变化的考察，基本结论是：

第一，古典经济学派创立了财政学体系，这是对财税理论发展的最大贡献。如果把威廉·配第创立政治经济学分析框架，视为经济学说发展史上具有里程碑意义的话。那么，亚当·斯密把财政学分析体系从政治经济学中分离出来，在财税学说发展史上同样具有里程碑的意义。

第二，税收原则臻于完善。亚当·斯密系统地论述了税收四原则，直到今天，仍然是世界各国建立税制和改革税制所要遵循的基本原则，尽管当今社会在诠释亚当·斯密的四原则时，归结为公平和效率原则，但这只是亚当·斯密税收四原则理论的现代表述，其思想精髓源自亚当·斯密的税收四原则。

第三，政府干预理论的兴起。实际上，主张政府干预经济运行的思想，在重商主义时期就已经出现，但重商主义所倡导的政府干预，仅在对外贸易的具体问题上提出政策主张，并没有形成系统的理论。到了19世纪上半叶，英国工业革命进入尾声，由于工业化进程所出现的一系列社会经济问题，仅靠市场机制难除其弊，人们自然把眼光转向政府。于是，关于政府是否应当干预社会经济活动以及如何干预、在哪些领域进行干预，展开了大讨论，政府干预理论开始逐渐形成。

总之，古典经济学派的财税理论由威廉·配第创始，经亚当·斯密发展，到李嘉图集大成，再由西斯蒙第、穆勒和庇古的发展和完善，形成一个比较完整的财税理论体系，对现代财税理论的形成和发展产生了重要影响，堪称财税理论发展史上的一朵奇葩。

参考文献

1. ［英］威廉·配第：《配第经济著作选集》，商务印书馆1997年版。

2. ［英］亚当·斯密：《国民财富的性质和原因的研究》，商务印书馆1972年版。

3. ［英］李嘉图：《政治经济学及赋税原理》，商务印书馆1997年版。

4. [法] 魁奈：《魁奈经济著作选集》，商务印书馆 1997 年版。

5. [法] 萨伊：《政治经济学概论》，商务印书馆 1995 年版。

6. [英] 庇古：《福利经济学》，商务印书馆 2006 年版。

7. [英] 穆勒：《政治经济学原理》，商务印书馆 1997 年版。

8. [英] 坎南编：《亚当·斯密关于法律、警察、岁入及军备的演讲》，商务印书馆 1962 年版。

9. [法] 保尔·芒图：《十八世纪产业革命》，商务印书馆 1983 年版。

10. 曾康华：《古典经济学派财税理论研究》，经济科学出版社 2009 年版。

中国地方政府规模的决定因素与演进规律研究

郭庆旺　贾俊雪*

内容摘要：本文在认真总结国内外已有研究的基础上，结合我国社会主义市场经济发展、财政和行政管理体制变革的时空特点，从财政分权和地方政府治理视角出发对我国地方政府规模的内生决定因素、发展演进规律进行了系统研究。研究表明，财政竞争机制在我国地方政府规模演变中发挥了重要作用，对我国地方政府支出规模产生扩张效应。1994年分税制改革明显改变了地方政府间策略互动行为模式，有效扭转了地区间过度竞争的不利局面，对我国地方政府支出规模产生紧缩性影响。纵向政府级次减少和辖区政府数量增加对县级地方政府支出规模均具有显著的负效应。财政支出分权对县级地方政府支出规模具有显著的正效应，财政收入分权则具有显著的负效应，这种非对称性影响在2002年所得税分享改革以来以及在东部地区均相对较弱，表明公共池机制在我国地方政府规模演变中同样发挥了重要作用。财政分权特别是财政收入分权对县级地方政府支出规模的影响，在一定程度上与政府组织结构有关。

关键词：地方政府规模　财政分权　地方政府治理　财

---

* 郭庆旺，中国人民大学财政金融学院教授。贾俊雪，中国人民大学财政金融学院副教授。通讯地址：北京市中关村大街59号，100872。E-mail：qwguo@263.net；junxuejia@sina.com。

政竞争机制　公共池机制

Abstract: This research examines the determinants and general rules of the evolution of local government expenditure size from views of the intergovernmental fiscal relationships and the local government administration structure. We find that the intergovernmental competition has positive effects on local government expenditure size, while the tax sharing reform in 1994 has significantly changed strategic behaviors of local government resulting in a decrease in local government expenditure size. On the other hand, the hierarchical levels of governments have an expanding effect on local government expenditure size, while the number of jurisdictions has a constraining effect on it. We also find that expenditure decentralization leads to a larger local government, and revenue decentralization is associated with a smaller local government. It is further found that the effects of the two type of decentralization on local government expenditure size are to a certain extent conditioned by the features of fiscal decentralization and the government structure.

Key Words: intergovernmental fiscal relationships; local government administration structure; local government expenditure size

一、引　言

1978 年改革开放以来，伴随着市场化经济改革的逐步深化，我国政府间财政关系也发生了巨大变化，中央集权式的财政管理模式被打破，地方政府在政府纵向结构中的地位和作用日益增强，[①] 成为地区经济乃至全国经济发展的一个重要推动力量（Ma，1997；Lin and Liu，2000；Jin，Qian and Weingast，2001；朱恒鹏，2004）。与此同时，一些深层次的矛盾也逐步显现且日益严重，成为我国经济社会可持续发展面临的主要挑战。突出表现在，政府间财政关系尚未完全理顺，地方政府规模和结构存在明显缺陷，财政资源配置效率低下：一方面存在着大量“面子工程”和“政绩工程”，财政资源浪费严重；另一方面县乡基层政府普遍财力匮乏、负债严重，对我国财政安全和基层政权稳定造成严重威胁，关乎国计民生的教育、医疗卫生等基础公共服务水平低下，农村基础设施建设严重不足，城乡和地区间收入差距持续扩大，成为制约我国经济社会协调发展的主要“瓶颈”（贾康、白景明，2002；黄佩华等，2003；殷德生，2004；乔宝云、范剑勇、冯兴元，2005；Zhang，2005；OECD，2006；王永钦等，2007）。此外，地方政府效率普遍低下，由地方政府主导的地区间竞争越演越烈，导致地方保护主义盛行、违规税收优惠和土地占用事件频发，严重干扰了我国正常的经济和社会秩序，对宏观经济的健康运行造成巨大冲击（周黎安，2004；白重恩等，2004；沈坤荣、付文林，2006；郭庆旺、贾俊雪，2006a）。十六大以来，党中央和国务院确定了构建社会主义和谐社会的宏伟目标。在新的历史发展时期，深入刻画我国地方政府规模演进的一般规律及其经济影响，探求完善地方政府的激励和约束机制的有效途径，实现地方政府规模优化，已成为学术界的一个重要研究课题。

影响政府规模和结构的因素很多，涉及到经济、社会和政治等诸多方面。具体到地方政府规模，政府间财政关系及其制度安排以及行政管理体制在其演进变化过程中发挥着重要作用。事实上，国际学术界对于这方面的研究由来已久，业已形成了较为完整的理论体系和相对成熟的研究方法。尽管考虑到我国经济社会的现实情况和自身特点，这些理论和研究方法并不能完全适用于我国，但显然对我国地方政府规模和结构演进规律研究具有很好的借鉴意义。

因此，本文在认真总结国内外已有研究的基础上，对我国地方政府规模进行深入、系统地研究。当然，本文并非要面面俱到，而是力图结合我国社会主义市场经济发展、财政和行政管理体制变革的时空特点，揭示我国地方政府规模的内生决定因素、发展演进规律。为此，主要从政府间财政关系和

---

① 如果从能实际配置资源的财政支出来看，地方本级财政支出占全国财政总支出比重已从1978年的52.6%一路上升到2010年82.2%。2010年数据是根据财政部公布的全国财政预算执行情况的数据计算而得，（http：//gks. mof. gov. cn/zhengfuxinxi/tongjishuju/201101/t20110120_ 421479. html）。

地方政府治理视角出发，首先构建一个整合分析框架，刻画我国地方政府规模的内在逻辑机理，在此基础上分别从省级和县级地方政府两个视角出发，着重考察财政分权和政府组织结构对我国地方政府规模的影响及其作用机制。

二、文献综述

地方政府规模优化一直是学术界关注的热点问题。多年来，经济学家们一直试图更好地揭示地方政府规模的决定因素，探究地方政府规模演变的一般规律，促使地方政府提高效率，转变职能，更好地实现地方政府规模优化。本节旨在通过对国内外相关研究成果的综述，为全文奠定良好的文献基础。

（一）国外研究成果综述

长期以来，政府规模的决定因素一直是学术界关注的一个重要主题。概括起来，政治学家和经济学家主要强调经济、社会和政治因素通过影响公共服务需求和供给来影响政府规模。① 在经济因素方面，主要强调经济发展水平、收入分配状况、经济开放程度以及经济管理体制所产生的影响；在社会因素方面，主要强调人口规模和结构、民族构成以及文化传统等因素的重要作用；在政治因素方面，则主要致力于考察民主政治和政府腐败等因素的影响。具体到地方政府而言，除了上述一般意义上的经济、社会和政治因素以外，学术界还特别强调政府间财政关系及其制度安排以及政府组织结构的影响。

1. 一般经济、社会和政治因素

19 世纪 80 年代以来，世界主要国家的财政支出规模呈现出持续增加的共同变化趋势。以部分经济发达国家为例，财政支出比率从 1880 年的平均 10% 左右提高到 1980 年的平均 40% 多，翻了两番，或者说 50 年翻一番。这引起了政治学家和经济学家们的广泛关注。政治学家和经济学家们从各个方

---

① 明尼苏达大学农业与应用经济学系的 Trueblood 和 Honadle（1994）曾专门撰文，从人口、经济、管理、法律、政治等角度，回顾了有关地方政府规模影响因素的研究成果。

面包括经济、社会和政治视角出发寻找这些变化的原因，形成了许多富有见地的解释。

就经济因素而言，早在19世纪80年代，德国经济学家瓦格纳在考察了英国产业革命和美、法、德、日等国的工业化状况之后就曾指出，在工业化进程中，随着人均国民生产总值的提高，社会公众对公共服务的需求将急剧增加，导致财政支出比率相应提高。Bird（1971）称之为“瓦格纳法则”（Wagner's law）。此后，大量研究考察了经济发展水平对政府支出规模的影响（Courakis et al.，1993；Easterly an Rebelo，1993；Bairam，1995；Chletsos and Kollias，1997；Biswal et al.，1999；Kolluri et al.，2000；Heshmati，2001；Ardagna，2004）。Meltzer and Richard（1981）以及Krussel and Rios - Rull（1999）进一步指出，除了经济发展水平外，一个国家的收入与财富分配状况也会通过影响整个社会的公共服务偏好从而对政府规模产生重要影响。20世纪80年代以来，伴随着全球化进程的加快，一些研究开始关注经济开放对政府规模的影响，认为经济开放度的提高将导致一国经济更容易受到外部冲击的影响，从而促使本国政府通过增加财政支出规模来抵御外部风险（Cameron，1978；Alesina and Wacziarg，1998；Rodrik，1998）。除此之外，一些研究还特别强调了预算规则、财政稳固（fiscal consolidation）以及经济体制等因素对政府规模的重要影响（Poterba，1994，1996；Lowery et al.，1998；Alt et al.，2002；Sanz and Velázquez，2002）。

从根本上讲，公共服务的数量决定了政府规模和结构，而人口等社会因素会直接影响到公共服务的需求和提供成本，因而对政府规模具有重要影响。Alesina and Wacziarg（1998）指出，人口规模增加可以带来规模经济效应从而有助于降低公共服务提供成本，避免政府规模膨胀，但同时也会加剧公共服务偏好的异质性从而带来较大的财政支出压力。而且，由于一些政府支出项目如教育支出和社会养老保障支出往往是针对于某些特定年龄段的群体，因此人口年龄结构对政府规模同样具有重要影响（Borcherding and Deacon，1972；Biswal et al.，1999；Visco，2001）。此外，种族和民族构成也会对整个社会公共服务偏好的异质性以及政府再分配项目的决策进而对政府规模产生重要影响（Easterly and Levine，1997；Alesina，Baqir and Easterly，1999；Alesina et al.，2003）。

需要特别指出的是，长期以来，经济学家特别是政治学家们一直试图从政治经济学的视角出发考察各种政治因素对政府规模的影响，以更好地揭示政府规模变化的一般经验规律。依据公共选择学派的观点，自利性的政府官员总是有强烈动机去追求预算和机构规模的最大化，从而使政府规模存在着强烈的内在扩张性（Niakanen，1971；Brennan and Buchanan，1980），而投票权（voting）和集会权等民主政治权利将会直接影响到选民的公共服务偏好，以及政府决策过程从而对政府规模产生重要影响（Benabou，1996；Lijphart，1997；Lott and Kenny，1999）。比如，Prohll 和 Schneider（2009）就认为，在地方政府层面，直接民主制对公共部门的增长具有显著的负效应，也就是说，直接民主制对地方政府规模的扩张具有抑制作用。不过，Mulligan，Gali and Sala－i－Martin（2002，2004）指出，并没有明显的证据表明，民主政治权利会对政府规模产生显著影响。近年来，一些研究还特别关注不同的选举规则（如多数票和比例票规则）和政治体制（如总统制和议会制）通过影响政治决策过程（Persson，Roland and Tabellini，1998；Austen－Smith，2000；Milesi－Feretti，Peroti and Rostagno，2002），以及政府官员腐败通过影响财政资源配置效率（Mauro，1998；Gupta et al.，2001）从而对政府规模产生重要影响。

最近，美国佐治亚州立大学的一位博士研究生——Juan Luis Gómez Reino（2010），从地方服务提供的角度，分析了辖区（基层地方政府）的最优规模。他认为，分析最优辖区规模的标准的经济学框架即奥茨（Oates，1972）的标准经济理论，没有考虑人们对政治问责制（political accountability）的偏好。他借鉴 Baleiras（2001）、Alesina 和 Spolaore（2003）的方法构建的理论模型表明，一旦考虑到这种偏好，提供地方公共物品的辖区的最优规模要比标准理论模型下的小。他用 197 个国家的样本对此进行了实证分析，验证了这一假设。实证结果表明，政治问责制的偏好导致辖区规模变小，表现为辖区数量增加，每个辖区的平均人口数量下降。

2. 财政分权及其制度安排

具体到地方政府规模而言，除了上述一般意义上的经济、社会和政治因素以外，政府间财政关系及其制度安排的影响也备受关注，成为重要的研究视角。[①] 不过，尽管已有文献进行了大量卓有成效的研究，关于财政分权及其制度安排对地方政府规模的影响，目前还远并未形成一致看法。

从规范理论角度来看，一般认为，地方政府具有信息优势，更了解本地区居民偏好和公共服务提供成本，且赋予地方政府更大的财政自主权也有助于强化地区间竞争和公众政治参与从而有助于约束地方政府行为，因此财政

---

① 最近，Liberati 和 Sacchi（2010）针对财政分权与地方政府规模之间关系的实证研究成果进行了详细回顾，特别是他们分别从现有文献对分权假说（Decentralisation Hypothesis，DH）、沃利斯假说（Wallis Hypothesis，WH）、利维坦假说（Leviathan Hypothesis，LH）、分拆假说（Fragmentation Hypothesis，FH）、合谋假说（Collusion Hypothesis，CH）以及财政错觉假说（Fiscal Illusion Hypothesis，FIH）的检验角度分门别类地系统梳理了相关研究成果。

分权可以促使地方政府提高效率、转变职能，有效遏制规模膨胀（Tiebout，1956；Oates，1972；Brennan and Buchanan，1980；Qian and Roland，1998）。但也有人认为，提高财政分权程度会导致中央政府以下各级地方政府的财政支出水平上升（Wallis，1991）。具体来说，由于分权化的公共物品提供更加适合地方居民偏好，导致地方公共物品的需求增加，继而导致地方财政支出水平提高（Shadbegian，1999）；另一方面，政府效率提高也会导致公共服务需求增加，且公共服务若具有较大的规模经济效应，以及地方政府更加依赖于公共池资源（common - pool resource）如政府间转移支付，那么财政分权也会导致政府规模增加（Weingast，Shepsle and Johnson ，1981；Oates，1985；Stein，1999；Rodden，2003；Persson and Tabellini，1994，2000）。

尽管关于财政分权对地方政府规模的影响还存在着争议，学术界普遍强调财政竞争机制和标尺竞争（yardstick competition）机制在其中发挥的重要作用。对于财政竞争机制而言，目前主要有两派观点，但都认为财政竞争会对地方政府规模产生向下压力。[①] 其中，公共选择学派认为地方政府本质上是利维坦（Leviathan）的，追求自身规模最大化，因而财政竞争有助于约束地方政府行为，促使其更加关注本地区居民偏好，提高支出效率，有利于社会福利水平的提高（Brennan and Buchanan，1980）。传统公共经济学派则认为过度激化的财政竞争将迫使追求公共利益最大化的地方政府采取避高就低（race to bottom）的竞争策略，从而导致无效率低水平的政府支出规模，进而阻碍了社会福利水平的提高（Wilson，1986；Zodrow and Mieszkowski，1986；Keen and Marchand，1997；Borck at el.，2006）。

不过需要指出，无论是公共选择学派还是传统公共经济学派更多强调的是财政收入分权以及税收竞争对地方政府规模产生的向下压力，对于财政支出竞争则通常认为其会导致地方政府规模膨胀。而且，一旦地方政府拥有的财力和事权并不匹配，从而出现了较为严重的纵向财政失衡时，地方政府预算约束将会软化并且更加依赖于公共池资源（common - pool resource）如政府间转移支付从而引发财政成本外溢即公共池问题（Weingast，Shepsle and Johnson ，1981）。此时，财政收支分权引发的财政竞争机制进而对地方政府行为的激励和约束作用将会出现偏离，从而导致地方政府规模膨胀（Stein，1999；Rodden，2003）。这种公共池机制也正是政治经济学文献所强调的财政分权及其制度安排，对地方政府规模影响的重要作用机理。

对于标尺竞争机制而言，政治经济学家们主要强调信息外溢性和民主政治制度对地方政府自利性行为的重要影响，即由于地方政府的财政行为存在

---

① 关于财政竞争的文献综述，请参阅 Wilson（1996）。

着信息外溢性，公众往往会以其他地区的政府行为表现作为本地区政府绩效的评判标准，从而产生一种标尺效应，使本地区政府在制定财政政策时，不得不考虑其他地区政府（特别是相邻地区政府）行为，因而有助于约束地方政府自利性行为，避免地方政府规模膨胀（Salmon，1987；Besley and Case，1995）。不过，需要指出的是，尽管财政竞争和标尺竞争理论的侧重点有所不同，但都是强调地方政府间策略互动行为（strategic interaction）对地方政府规模的重要影响。事实上，Brueckner（2003）将财政竞争机制和标尺竞争机制统称为外溢效应机制，即由于财政政策在地区间存在着外溢性，导致地方政府行为间存在着策略互动，从而对地方政府规模产生影响。不同的是，财政竞争机制更多强调的是争夺流动性资源所导致的地方政府间的行为策略互动，而标尺竞争机制则主要强调信息外溢带来的选举压力从而导致的地方政府间行为策略互动。

此外，还有一些经济学家们特别强调了实验联邦主义（laboratory federalism）的重要性，认为分权化的政府体系提供了一个良好的政策实验平台，有助于规避公共政策失败带来的不利影响，从而鼓励地方政府进行政策和制度创新（Oates，1999；Schnellenbach，2003）。Weingast（1995）进一步指出，财政分权的这一创新机制有利于约束地方政府行为，产生更加贴近和符合市场要求的公共政策，从而形成所谓的“市场保护的联邦主义（market - preserving federalism）”。依据市场保护的联邦主义的观点，地方政府规模将倾向于较小（Qian and Roland，1998）。

除了上述影响机制以外，现有的财政分权理论还特别强调财政分权的制度安排，特别是政府间转移支付制度对地方政府行为进而对地方政府规模的重要影响。政府间财政转移支付制度作为财政分权体制的重要组成部分，主要目的在于解决外部性、促进财政均衡化以及维持有效的税收体系（Oates，1999）。不过，近年来，越来越多的文献开始强调政府间财政转移支付对地方政府行为的激励和约束作用，将其视为地方政府治理的一个重要手段。大量关于财政竞争的研究文献主张利用庇古式（Pigouvian）政府间转移支付政策来矫正地方政府的扭曲性竞争行为，激励地方政府增加财政收支规模，促进社会福利水平的提高（Zodrow and Mieszkowski，1986；Smart，1998；Dahiby，2002；Koethenbuerger，2002；Riou，2006）。不过，Bordignon，Cerniglia and Revelli（2001）以及 Bucovetsky and Smart（2006）指出，由于政府间财政转移支付会在一定程度上弱化地方政府的约束机制，而且由于成本外溢带来的公共池效应以及存在着信息不对称问题，政府间财政转移支付往往蕴藏着巨大的道德风险，从而不利于地方政府行为理性，导致地方政府规模膨胀。尽管存在着明显争议，学术界普遍认为政府间财政转移支付对地方政府行为进而对地方政府规模的影响，主要取决于财政转移支付的形式、资金分配时对公平和效率的权衡以及政治因素的影响（Wang，2005；Buettner，2006；Egger，Kothenburger and Smart，2006）。

由此可见，从理论层面上看，财政分权及其制度安排对地方政府行为进而对地方政府规模的影响及其作用机理较为复杂。目前，学术界还无法就财政分权及其制度安排对地方政府规模的影响给出一个非常明晰、确定的理论预测。这促使学术界开始更多地转向实证研究，以试图从先验层面澄清财政分权及其制度安排对地方政府规模的影响及其作用机理。

就财政分权影响的实证研究而言，Oates（1985）进行了开创性的工作。Oates（1985）分别以美国42个州和43个国家的横截面数据为基础考察了财政分权对地方政府规模的影响，发现财政分权对地方政府规模具有显著的正影响，即“利维坦假设”并不成立。此后，学术界将此类研究称为“寻找利维坦（searching for Leviathan）”。Forbes and Zampelli（1989）以美国345个县级地方政府数据为基础，同样发现财政分权对地方政府规模具有显著的正影响。Marlow（1988）则以美国1946—1985年间的时序数据为基础，考察了财政分权对政府规模的影响，发现财政分权对政府规模具有显著的抑制作用，从而验证了“利维坦假设”。Grossman（1989）同样以美国为样本进行了实证研究，并特别强调了政府间财政转移支付的重要作用，得到的结论是财政分权导致地方政府规模扩张，其主要原因在于政府间财政转移支付导致地方政府预算约束软化。Ehdaie（1994）则以跨国横截面数据为基础进行了实证研究，强调了财权与事权匹配在决定地方政府规模变化中的重要性。他的研究表明，财政分权对地方政府规模具有显著的负影响，但这种负影响完全被政府间财政转移支付的正影响所抵消。

Stein（1999）以20个拉美国家和一些OECD国家的横截面数据为基础，就财政分权对地方政府规模的影响进行了实证研究，发现对于20个拉美国家而言，财政分权对地方政府规模具有显著的扩张效应。Jin and Zou（2002）以32个发达和发展中国家的面板数据为基础，将财政分权细分为财政支出分权和财政收入分权，发现不同类型的财政分权对地方政府规模的影响不同——财政支出分权对地方政府规模具有显著的扩张效应，赋予地方政府更大的收入自主权则有助于更好地遏制地方政府规模膨胀。Fiva（2006）同样将财政分权划分为财政支出分权和财政收入分权，并对18个OECD国家的财政收入分权数据进行了改进，得到了与Jin and Zou（2002）一致的结论。同时，Fiva（2006）还发现财政收支分权对地方政府规模的非对称性影响主要源于财政收支分权对地方政府支出结构的非对称性影响——财政收入分权导致政府转移性支出规模下降，财政支出分权则带来政府消费性支出规模的扩张——并由此判断“利维坦假设”并不成立。Rodden（2003）以29个国家的面板数据为基础，着重检验了公共池效应，发现财政分权对政府规模的影响在很大程度上取决于财政分权的特点：若地方政府更加依赖于公共池资源即政府间财政转移支付，那么财政分权将导致地方政府规模增加，相反，财政分权会遏制地方政府规模膨胀。Feld，Kirchgassner and Schaltegger（2003）以1980—1998年间瑞士各州的面板数据为基础考察财政分权对地方政府规模的影响，并识别了各种影响机制。他们的研究发现，税收成本外溢对地方政府规模具有扩张效应，而税收竞争则有助于遏制地方政府规模膨胀。①

此外，大量文献还致力于识别地方政府间策略互动行为对地方政府规模的影响，以检验财政竞争机制和标尺竞争机制在决定地方政府规模中的重要作用。Case，Rosen and Hines（1993）以美国各州的数据为基础，利用空间计量模型通过估算地方政府财政支出反应函数，发现地方政府支出存在着显著的正向相互影响，即财政支出竞争对地方政府规模具有显著的正影响。后来的大量研究利用空间计量模型也得到相似的结论（Baicker，2005；Ermini and Santolini，2007）此外，关于地方福利支出竞争的研究也发现，地方福利支出竞争往往呈现出明显的避高就低的模式，从而对地方福利性支出规模产生了显著的负影响（Fiva and Rattsø，2007；Dahlberg and Edmark，2008）。

就标尺竞争的实证研究而言，已有文献普遍发现标尺竞争机制确实会对地方政府的无效率行为产生约束作用。Besley and Case（1995）在估算地区税负反应函数的基础上，通过考察选民对本辖区政府支持率与邻近辖区税收政策的关系，指出标尺竞争机制是美国州政府在税收政策方面策略互动行为的主要原因，有助于遏制地方政府规模的过度膨胀。Revelli（2005）则在地方福利支出反应函数中引入制度变革时间哑变量，发现标尺竞争机制在英国地方政府间策略互动行为的形成中同样发挥了重要作用，并对地方政府福利支出规模产生了显著的负效应。Schaltegger and Küttel（2002）以瑞士地方政府为样本，考察了地方政府在财政支出和财政收入方面的策略互动，发现地方政府在财政支出和财政收入方面存在着明显的模仿性，其中直接选举制度和财政自主权的增加有助于削弱这种政策模仿，从而验证了标尺竞争机制有助于遏制地方政府策略互动行为带来的地方政府规模膨胀。Bordignon，Cerniglia and Revelli（2003）基于意大利地方政府数据进行的实证分析表明，标尺竞争是影响地方政府行为的一个重要机制，当地方政府面临选举并且不

① 关于财政分权对政府支出规模影响的实证研究的详细介绍，请参阅 Oates（1999）、Jin and Zou（2002）和 Feld et al（2003）。

确定是否能够再次当选时，该地区的税率与周边地区税率呈正相关关系，但当官员面临任期到期或在连任选举时支持率超过一半时，该地区的税率则与周边地区税率无关。Elhorst and Fréret（2009）则以法国1992—2000年间地方政府数据为基础，利用两情势空间德宾面板数据模型（Two - Regimes Spatial Durbin Panel Data Models）发现，标尺竞争机制有助于约束地方政府行为，遏制地方政府规模的过度膨胀。

除了上述研究以外，学术界还普遍从实证层面考察了政府间财政转移支付对地方政府行为进而对地方政府规模的影响。一方面，大量研究表明，政府间财政转移支付会对地方政府自有财力支出产生排挤效应，从而导致地方政府规模下降。Stine（1994）基于美国1978—1988年间宾夕法尼亚州66个县级面板数据的研究表明，财政转移支付对地方政府自有财力支出具有显著的非对称性影响，其中联邦政府给予的财政转移支付增加导致县级地方政府自有财力支出，进而财政总支出更大幅度的减少，州政府给予的财政转移支付增加对县级地方政府自有财力支出的影响并不显著。以秘鲁市级地方政府数据为基础，Aragon and Gayoso（2005）发现政府间财政转移支付对地方财政努力进而对地方自有财力支出具有负影响，而且这种排挤效应随着地方政府支出规模的增加而递减。Knight（2002）则在利用工具变量法仔细校正了财政转移支付的内生性问题后，发现财政转移支付对地方自有财力支出具有显著的排挤效应，所谓的“粘蝇纸效应（flypaper effect）”并不存在。

不过，也有一些研究发现政府间财政转移支付会在一定程度上弱化地区间财政竞争，从而导致地方政府支出规模增加，即存在着“粘蝇纸效应”。Gamkar and Oates（1996）利用美国州和地方政府的时间序列数据，考察了地方政府支出规模对联邦财政转移支付增加或缩减的反应，发现地方政府支出规模对联邦财政转移支付的反应是对称的，财政支出随着转移支付的减少（增加）而减少（增加），且增减的幅度大致相同从而验证了“粘蝇纸效应”。Buettner（2004）以德国城市的面板数据为基础，利用数值模拟和空间计量模型考察了政府间财政转移支付对地方税收政策的影响，得到的结论是政府间财政转移支付会激励地方政府提高税率水平，进而有助于遏制地区间过度的税收竞争，从而导致地方政府规模增加。Egger，Kothenburger and Smart（2006）同样以德国地区城市面板数据为基础，采用自然实验（nature experiments）的方法考察了政府间财政转移支付对地方税收政策的短期和长期影响，得到的结论是政府间财政转移支付对地方政府行为短期内具有显著的正向激励作用，有助于改变地区间避高就低的竞争模式，促使地方福利性支出规模增加，但长期影响微弱。此外，也有研究指出，政府间财政转移支付对地方政府支出结构也具有重要影响。Zou（1994）考察美国联邦政府财政转移支付对地方政府投资性支出与经常性支出规模的影响，发现联邦政府配套补助的暂时性增加会刺激地方政府投资性支出的增加，但财政转移支付的永久性增加对地方政府投资性支出的影响并不明确。

3. 政府组织结构

尽管财政分权理论并没有明确地指出政府组织结构（包括横向辖区政府数量和纵向政府级次）对地方政府行为进而对地方政府规模和结构的影响，但暗含的一个重要观点是强调地方政府的多样性，认为这一方面有助于地方政府更好地了解本地区居民偏好和公共服务成本信息；另一方面也有助于强化地区间竞争从而约束地方政府自利性行为，因而有助于提高公共服务效率，实现地方政府规模优化（Tiebout，1956；Oates，1972；Brennan and Buchanan，1980）。

但是，也有学者指出，政府合并更有利于地方政府规模优化。Fields（1983）指出，合并后的政府相较于小政府而言更具优势——可以减少机构重复、公共服务外溢效应以及政策协调成本，同时政府决策也更容易被辖区居民所了解。Hocman，Pines and Thisse（1995）则认为，不同类型的地方公共物品覆盖的区域往往存在着很大的重叠性，因此地理空间构成了地方政府一个独特的制度环境，减少辖区政府数量有助于更好地实现地方公共服务优化。Gilbert and Pichard（1996）构建一个不完全信息条件下的最优辖区分权模型，指出辖区数量变化通过影响成本信息和外溢效应对最优地方公共物品数量产生两种截然相反的影响，因而辖区政府数量并非越多越好也非越少越好，而是存在着一个最优水平。①

除了上述影响机制以外，大量政治经济文献还特别强调公共池机制在政府组织结构对地方政府行为进而对地方政府规模和结构影响中的重要性，认为由于存在着公共池问题（即公共物品提供成本可以通过公共池渠道转嫁给其他辖区居民），辖区政府数量增加将导致地方政府规模过度膨胀，因此主张减少辖区政府数量。② Weingast，Kenneth and Christopher（1981）最早正式考察了公共池问题对地方政府规模的影响。他们认为，由于地区财政成本可以通过公共池渠道外溢给其他地区，因此地方议会在审议和决定公共投资政策时往往倾向增加本辖区的公共项目，因此辖区政府数量越多，地方政

---

① 除了考察政府组织结构对地方政府规模的影响以外，一些研究还特别考察了政府组织结构的决定因素。Nelson（1990）以美国城市地方政府数据为基础，探究了居民偏好异质性、地方政府制度和环境因素对地方政府辖区规模和组织结构的影响。

② Hirschman（1970）指出，政府组织结构变动并非一个单纯的经济问题——政府合并通常意味着政府组织结构更加依赖于非市场力量，而多样性则意味着市场力量占据了主导地位。

府规模越大。Baron（1991）进一步指出，在政党联盟的民主政治体制下，立法机构交易同样会带来公共池问题，从而导致地方政府规模的过度膨胀。Persson，Roland and Tabellini（1997，1998，2000）在 Ferejohn（1989）和 Baron（1991）的研究基础上进一步就公共池问题以及民主政治体制的影响进行了全面深入的研究。他们指出，不同的民主政治体制对公共池效应进而对地方政府规模具有不同的影响：在议会制（parliamentary systems）下，由于联合政府中各个政党代表都拥有对预算立法的表决权，因而更容易导致地方政府规模膨胀；在总统制下（presidential systems），权力分离有助于约束政府行为从而导致较小的政府规模。[①] 还有一些研究着重考察了政府级次对公共池效应进而对地方政府规模的影响。Brennan and Buchanan（1980）以及 Shadbegian（1999）指出，不同级次政府之间往往更容易形成合谋从而弱化了财政分权的约束力，加剧了公共池问题，因此政府级次越多，地方政府规模倾向于越大。

就实证层面而言，已有研究主要是以美国等发达国家为样本，还鲜有关于发展中国家的研究。Lyons and Lowery（1989）在美国选取了两个具有典型性的地区（一个地区拥有众多规模较小的政府，另一地区只有一个联合政府）进行调查研究，发现拥有众多小政府的地区居民对地方公共服务的满意度明显低于只有一个联合政府的地区居民。Oates（1985）基于美国各州数据的研究表明，辖区地方政府数量对州政府规模并未产生显著影响。不过，Forbes and Zampelli（1989）指出，美国各州间的人口流动性明显小于州内部的人口流动性，因此 Oates（1985）以州作为研究对象并不能很好地控制住地区间竞争的影响，从而导致估算结果存在着明显偏差。为此，Forbes and Zampelli（1989）利用美国县级地方政府数据进行了实证研究，发现县级地方政府数量对政府规模具有显著的正影响，从而验证了公共池假设。Inman and Fitts（1990）则以 1795—1998 年间美国的联邦政府收支数据为基础，对公共池机制进行了检验，发现辖区地方政府数量增加将导致较大的政府规模。Alt and Lowry（1994）以 1968—1987 年间美国州政府的数据为基础，考察了民主政治体制对地方政府规模的影响，得到的结论是政党控制、政府分治等体制性因素对地方政府规模均具有重要影响。Gilligan and Matsusaka（2001）同样以美国各州数据为基础就立法机构规模对地方政府规模的影响进行了实证研究，得到的结论是较大规模的立法机构倾向于导致地方政府规模膨胀。Baqir（2002）基于美国 1980—1990 年间 1420 个城市地方

---

① 关于民主政治对公共池效应进而对地方政府规模影响的详细文献介绍，请参阅 Baqir（2002）。

政府数据的研究表明，较大的分区将导致较大的地方政府规模，而且这一结论总体上受地方选举模式以及地方政府权力分割形式的影响不大。Kontopoulos and Perotti（1999）则以20个OECD国家1960—1995年间的面板数据为基础，详细考察了联合政府中政党数量对地方政府规模的影响，得到的结论是联合政府中政党数量在20世纪70年代和80年代初对地方政府规模增长产生了显著的正效应。

不过，也有一些研究得到完全相反的结论。Zax（1989）以美国3022个县为样本进行了实证研究，发现辖区政府数量增加带来的财政竞争效应较公共池效应而言更为突出，因此县级地方政府的辖区面积越大，政府规模越大，乡镇数量增加倾向导致乡镇政府规模下降。Eberts and Gronberg（1990）基于美国218个城市数据的研究也表明，辖区政府数目增加将导致较小的政府收支规模。

（二）国内研究成果综述

目前，在我国地方政府规模决定因素的研究中，除了少数一些学者考察了外部风险、政府腐败以及财政政策调整等因素的影响以外（杨灿明、孙群力，2008；周黎安、陶婧，2009；郭庆旺、贾俊雪，2006b），受国外已有研究的影响，国内学术界同样将财政分权及其制度安排以及地方治理结构作为重要的研究出发点。

1. 财政分权及其制度安排的影响

目前，国内学术界主要是从省级政府视角出发考察财政分权及其制度安排对我国地方政府规模的影响。胡书东（2001）以我国1986—1997年间省份数据为基础考察了财政分权对地方政府规模的影响，得到的结论是财政分权对我国地方政府规模具有显著的扩张效应。孙群力（2009）基于我国28个省份1978—2004年间面板数据的研究也得到了相似的结论。方红生、张军（2009）以我国省份数据为基础，利用面板数据模型和Probit模型对我国地方政府的财政扩张性行为进行了深入剖析，认为财政分权化改革以及相关约束制度的缺失是导致我国地方政府规模膨胀的主要原因。

此外，还有一些研究致力于识别我国地方政府间财政竞争模式，以揭示财政竞争机制对我国地方政府规模的影响。沈坤荣、付文林（2006）以1992年和2003年中国省级数据为基础，运用空间滞后模型对中国各省、直辖市税收竞争进行实证检验，得到的结论是中国各省、直辖市税收竞争反应函数斜率为负，表明省份地方政府在税收竞争中采取的是差异化竞争策略，从而对地方政府财政收支规模产生了明显的向下压力。王守坤、任保平（2008）以1978—2006年间我国省份面板数据为基础，借助工具变量法（2SLS）校正了内生性问题，发现我国省份政府间存在显著的财政策略性行为，且策略性反应函数向右上方倾斜。同时，东中西部省份间财政策略性反应的特征明显不同，呈现出跨区差异与俱乐部效应，而财政竞争机制在其中发挥了主要作用。郭庆旺、贾俊雪（2009a）将地方政府支出分成维持性、经济性和社会性等三类支出，认为财政竞争机制对地方政府总支出规模和维持性支出具有显著的紧缩效应，对经济性支出和社会性支出具有显著的扩张效应，但在不同的财政分权改革阶段有所不同。

目前，国内学术界关于政府间转移支付对地方规模影响的研究还相对较少。乔宝云、范剑勇、彭骥鸣（2006）以我国1994—2002年间省份数据为基础考察了政府间财政转移支付对地方财政努力的影响，得到的结论是我国现行的财政转移支付制度对地方政府的财政努力进而对地方政府支出规模具有显著的抑制作用。李永友、沈玉平（2009）以我国省份数据为基础考察了中央财政转移支付对地方财政收支规模的影响，得到的结论是中央财政转移支付对地方政府支出规模具有显著的扩张效应，其中专项转移支付的影响更为突出，地区间财政竞争进一步加剧了这种扩张性影响，而经济开放程度的提高则有助于遏制这种扩张性影响。

2. 政府组织结构的影响

多年来，国内公共管理学界对我国政府机构改革、优化政府组织结构进行了大量研究，特别是从规范角度所做的分析得到比较一致的结论：政府组织结构优化会使政府机构得以精简，政府效能得以提高，从而降低行政成本（薄贵利，2007；孙学玉、伍开昌，2004；石佑启，杨治坤，2010；史记，2001）。近年来，地方政府治理结构对地方政府行为进而对地方政府规模的影响也受到了国内财政学界的普遍关注。王小龙（2004）指出，从激励的角度来讲，政府工作效率在很大程度上取决于政府治理结构的安排及其与政府官员激励目标是否具有激励相容性，即治理结构的设计能否有效激励和约束政府官员从而促使其自利性行为能够更加符合公共利益。贾康、白景明（2002）认为目前我国的政府级次过多，大大降低了在分税制框架下将税种在各级政府之间进行重新划分和调整的可行性，因而主张减少政府级次以压缩财政级次，使政府职责与财权不匹配问题能够在合理化、法制化的框架内加以解决，促使地方政府规模优化，实现真正的财政解困。王小龙（2006）则认为减少政府级次虽然在一定程度上有助于县乡基层政府财政解困，但会扭曲政府改革的总体目标，带来较高的社会成本。为此，王小龙（2006）

提出一个旨在优化调整基层政府辖区的横向政府改革方案，主张通过对省级以下各级政府辖区范围进行调整，尤其是通过对相互毗邻的各县辖区范围进行重新划分，合并规模较小的乡镇来提高地方政府效率，从而遏制政府规模过度膨胀，更好地实现县乡基层政府财政解困。

比较而言，目前国内关于这方面的实证研究还非常缺乏。郭庆旺、贾俊雪（2010）构建了一个最优地方政府支出规模的理论模型，详细剖析了财政分权和政府组织结构对地方政府支出规模的影响机理，并在此基础上利用1997—2005年间我国县级面板数据进行了实证分析。他们的研究表明，纵向政府级次减少和辖区政府数量增加对县级地方政府支出规模均具有显著的负效应，“撤乡并镇”改革对县级地方政府支出规模具有显著的滞后负效应；财政支出分权对县级地方政府支出规模具有显著的正效应，财政收入分权则具有显著的负效应；财政收支分权对县级地方政府支出规模的非对称性影响自2002年所得税分享改革以来以及在东部地区均相对较弱；财政分权特别是财政收入分权对县级地方政府支出规模的影响在一定程度上取决于政府组织结构特点。Zhang et al.（2004）则就中国村民自治行为对地方政府收支结构的影响进行了深入研究，指出选举制度对村财政收入规模不存在显著的影响，但却明显地导致直接税税负从个人转向企业，并且有助于增加财政透明度，减少挥霍浪费政府支出的机会主义行为，从而有利于公共支出的有效分配。同时，他们还指出农村税费改革导致村级政府失去了财政收入自主权，从而对基层政府支出规模产生扭曲性影响。

以上的文献综述表明，国际学术界关于地方政府规模优化业已形成了很多较为完整的理论体系和相对成熟的研究方法，为我们的研究提供了很好的理论与方法借鉴。当然，鉴于我国政治、社会和经济的现实情况和自身特点，这些理论与方法并不完全适用于我国。另一方面，国内已有研究在揭示我国地方政府规模和结构演进规律以及优化方面也进行了很好的尝试，但总体上尚不够全面和深入，而且大多是从省级视角出发，缺乏基于大样本数据更为微观化的研究。因此，无法很好地揭示财政分权和地方政府治理结构对不同级次地方政府行为模式、特征及其经济效应的作用差异，无法深刻揭示我国地方政府规模演进的内在逻辑机理及其存在的问题，也就无法就如何更好地实现我国地方政府规模优化提出具有针对性的建议。

有鉴于此，本文将在国内外已有研究的基础上，分别从省级和县级地方政府视角出发对我国地方政府规模演进规律做深入研究，以期能够更加全面和深刻地揭示我国地方政府规模演进的一般经验规律及其经济影响，提出有利于经济社会长期可持续发展的地方政府规模优化调整措施。

三、一个整合分析框架

1978 年改革开放以来，伴随着经济体制改革的逐步深化，我国地方政府规模也发生了巨大变化。那么，这些变化呈现出怎样的趋势和特征？所体现出的地方政府行为模式又有怎样的变化？背后的逻辑机理又是什么？诸如此类的问题正是本节所要探讨的。为此，本节首先分别从省级和县级地方政府视角出发考察我国地方政府规模的演进趋势与变化特点，然后简要回顾我国财政分权改革的历程，从中探究我国财政管理体制变迁与地方政府规模演进的内在联系，进而以财政分权理论和地方政府治理理论为依据，构建我国地方政府规模演进规律的一个整合分析框架，重点阐述财政管理体制变迁和政府组织结构变革带来的激励和约束机制及其对地方政府行为模式的影响，刻画我国地方政府规模发展、变化的内在逻辑，提出核心理论命题。

（一）地方政府规模和结构演进趋势

目前，我国实行的是五级政府架构，即中央政府、省级、地（市）级、县级和乡镇地方政府。其中，县级地方政府作为基层地方政府，承担着大量经济和社会管理事务，在整个地方政府中扮演着非常重要的角色。为此，本节分别从省级和县级两个视角出发，考察我国地方政府规模的演进趋势和变化特点。

鉴于重庆在 1997 年才成为直辖市，因此我们将重庆市并入四川省一并加以考虑。同时，鉴于西藏自治区的数据缺失严重，我们没有考虑西藏自治区的情况。为了简化起见，我们将省、直辖市和自治区统称为省。数据主要来源于历年《中国统计年鉴》、各省《统计年鉴》和《新中国六十周年统计资料汇编》。县级数据主要来源于《全国地市县财政统计资料》，该数据集涵盖了全国 31 个省、自治区和直辖市 2800 多个县、县级市和市辖区 1993—2005 年间的经济和财政统计数据。但该数据集缺少 1997 年以前的 GDP 数据，因此我们选取的样本期为 1997—2005 年间。同样由于数据问题，我们没有考虑西藏自治区的情况。鉴于市辖区与县和县级市的可比性较差，因此我们没有考虑市辖区（Shih and Zhang，2004；Zhang，2006）。此外，在样本期内，我国县级地方政府的行政区划发生了较大变化。为此，我们以 2005 年行政区划为标准剔除那些业已变更为市辖区的县和县级市，并依据各地区行政区划沿革资料，对各个县和县级市的行政隶属关系进行调整。最终，我们使用的是全国 30 个省、自治区和直辖市 1938 个县和县级市 1997—2005 年间的非平衡面板数据。

1. 省级视角

我们以 1978—2008 年间我国 29 个省份面板数据为基础考察我国省级地方政府规模的变化趋势和特点，我们用政府支出比率度量政府规模。考虑到我国尚存在一部分预算外支出，因此我们也考虑用预算内外支出比率来刻画政府规模。表 1 给出了不同时期我国省份政府支出比率的统计描述。为了更好地揭示我国省级地方政府规模的演进趋势，我们也给出 1978 年、1986 年、1994 年和 2006 年预算内支出比率和预算内外支出比率的核密度图 1。

表 1　我国省级地方政府支出规模的统计描述（%）

统计	1978—2008 年间		1978—1986 年间		1986—1994 年间		1995—2008 年间	
	预算内支出比率	预算内外支出比率	预算内支出比率	预算内外支出比率	预算内支出比率	预算内外支出比率	预算内支出比率	预算内外支出比率
均值	14.4	18.8	16.1	—	13.5	21.8	14.1	16.6
标准差	6.35	6.76	7.88	—	5.24	7.47	5.85	5.18
最大值	44.5	46.1	44.5	—	34.8	46.1	37.8	36.8
最小值	4.92	7.85	5.87	—	4.93	7.85	4.92	7.87

注：由于数据限制，预算内外支出比率的样本期设定为 1986—2006 年间。

由表 1 可以看出，1978—2008 年间，我国省级地方政府预算内支出比率均值为 14.4%，标准差为 6.35，意味着我国省级地方政府规模呈现出较大的差异性，其中最大规模为宁夏自治区 1978 年的 44.5%，最小规模为江苏省 1995 年的 4.92%。当我们进一步考虑了预算外支出以后，省级地方政府支出比率的均值为 18.8%，最大值为 46.1%，最小值为 7.85%。从动态角度来看，1978 年以来，我国省级地方政府规模呈现出较为明显的变化：20 世纪 90 年代中期以前地方政府规模呈现出持续下降的态势（1978—1986 年间，预算内支出比率为 16.1%；1986—1994 年间，预算内支出比率和预算内外支出比率分别为 13.5% 和 21.8%）；此后，省份政府规模有所增加（1995—2008 年间，预算内支出比率和预算内外支出比率分别为 14.1% 和 16.6%）。

1978 年以来我国省级地方政府规模的变化特点可以从核密度图 1 得到更为清晰的认识。事实上，由图 1 可以看出，改革开放以来我国省级地方政府规模的变化大体上可划分为两个阶段：1978—1994 年间，省级地方政府

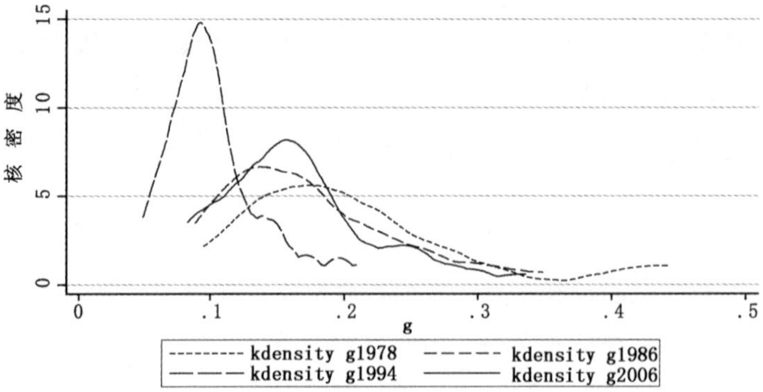

(a)政府支出规模

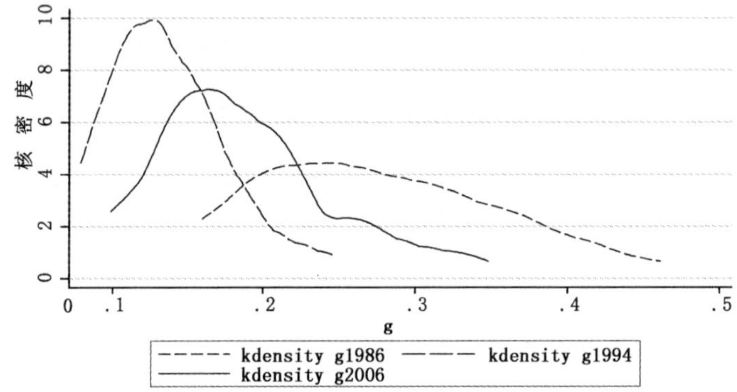

(b)政府支出规模（含预算外）

图1　我国省级地方政府支出规模的核密度图（Epanechnikov 核函数）

支出规模呈现出持续下降的态势，其中以1986—1994年间表现得尤为突出，体现核密度图呈现出持续向左偏移的趋势，而且波峰高度在持续增加，表明我国省级政府规模呈现出较为明显的趋同态势；1994年以后，省级政府规模呈现出持续增加的态势，表现在核密度图持续向右偏移，但波峰高度出现了明显下降，意味着省份间的差异也有所增加。在考虑了预算外支出以后，情况并没有什么明显不同：1986—1994年间呈现出明显下降态势，此后有所增加且差异性也有所增大。这意味着，从省级视角来看，我国地方政府规模自改革开放特别是20世纪80年代中期以来呈现出持续下降的态势，并一直持续到20世纪90年代中期，此后呈现出持续增加的态势。

由此可见，20世纪80年代中期和20世纪90年代中期分别构成了我国省级地方政府规模变化两个非常重要的时间窗口，而这两个时间窗口恰恰也正是我国财政管理体制变革的重要时间点——1986年我国实行了财政承包制改革，1994年实施了分税制改革——昭示着我国财政分权化改革是导致我国地方政府规模变化的一个重要体制性动因。

2. 县级视角

作为我国的基层政权，县级地方政府承担了大量的支出事务，在我国经济社会发展中发挥着非常重要的作用。因此，县级地方政府规模的变化对于我们认识和把握我国地方政府规模演进趋势及其内在的逻辑机理至关重要。为此，我们进一步考察我国县级地方政府规模的演进趋势和变化特征。表2给出不同时期我国县级地方政府预算内支出比率。图2给出了1997年、2001年和2005年我国县级地方政府预算内支出比率的核密度图。①

表2　我国县级地方政府支出规模（预算内支出比率）的统计描述（%）

统计	1997—2005年间	1997—2001年间	2002—2005年间
均值	12.82	11.08	14.98
标准差	11.21	9.78	12.45
最大值	162.2	162.2	112.4
最小值	0.89	0.89	2.01

由表2可以看出，1997—2005年间我国县级地方政府预算内支出比率的均值为12.82%，标准差为11.21%，意味着我国县级地方政府承担着较为沉重的支出事务（占到整个地方政府的90%左右），而且支出规模表现出非常突出的差异性，最大规模为云南省思茅市西盟佤族自治县1997年的162.2%，最小为黑龙江省大兴安岭地区漠河县1998年的0.89%。具体到两个子样本期，情况有所不同，但差异并不明显：1997—2001年间，预算内支出比率的均值为11.08%；2002—2005年间，预算内支出比率的均值为14.98%。进一步，由核密度图2可以看出，1997年以来，我国县级地方政府支出规模呈现出持续增加的态势，其中在1997—2001年间表现得尤为突出，但差异性明显有所增大，体现在核密度图呈现出持续向右偏移，且波峰高度持续下降。2002年所得税分享改革以来，财政支出规模虽有所增加但幅度较小，且县级地方政府间的差异性总体变化不大。

综上所述，伴随着我国财政管理体制变迁，我国地方政府规模呈现出不同的变化趋势和特点：20世纪80年代财政承包制改革以来，政府规模呈现出明显下降态势；1994年分税制改革以来政府规模出现了较为明显的增加势头，不同级次地方政府规模和结构的变化趋势总体上具有较好的一致性，但也呈现出一定的差异性：较省和地市级地方政府而言，县级地方政府承担

① 我们在计算核密度时采用的是Epanechnikov核函数，同时，为了使核密度图更清晰地捕捉到县级地方政府支出规模演进特点，我们将财政支出比率限定在区间［0，0.6］内。

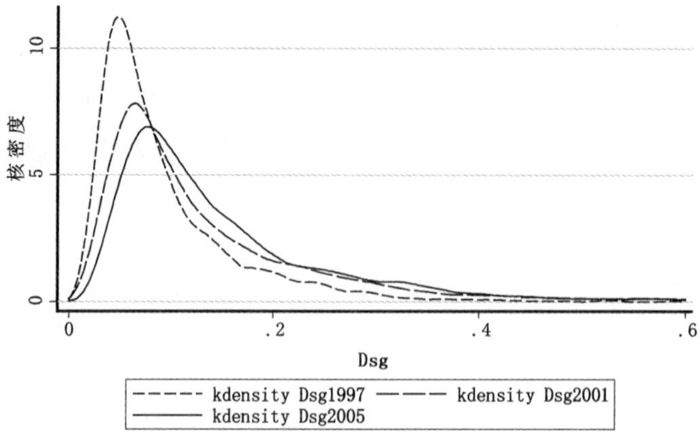

图 2　我国县级地方政府规模的核密度图（Epanechnikov 核函数）

着较重的支出事务，并且近年来表现得更为突出。

（二）财政管理体制的演进发展历程

前文的分析表明，改革开放以来，我国地方政府规模演进的一个突出的特点是变化的时间窗口与我国财政分权化改革历程非常吻合。一个非常自然的想法是财政分权化改革在我国地方政府规模发展变化中起到了重要作用。因此，在正式给出中国地方政府规模演进规律的整合分析框架之前，有必要对我国财政分权化改革历程进行一下简要回顾。

1. 中央与地方财政关系的历史演进

1978 年改革开放以来，我国财政管理体制经历了两次重大变革。一是 20 世纪 80 年代中期的财政承包制改革，这次改革基本延续了我国 20 世纪 70 年代末以来放权让利的做法。尽管具体形式采取了收入递增包干、总额分成、总额分成加增长分成、上解额递增包干、定额上解、定额补助等不同形式，但基本做法是中央政府与地方政府在一定时期内按照协商好的一定比例或一定额度进行收入分成，总体上确定了地方政府“剩余占有者”的地位，使额外增长的收入大部分归地方政府支配，具有很强的分权特色，致使中央财政在整个财政分配中处于明显的不利地位。另一方面，财政承包制在处理中央与地方财政关系上具有很强的随意性，表现出很强的行政指令与讨价还价特征，缺乏很好的制度规范性和稳定性。

二是 1994 年分税制改革，作为新中国成立以来规模最大、调整力度最强、影响最为深远的一轮财税体制改革，这次改革以扭转中央财政在整个财政收入分配中的不利地位为出发点，具有较为明显的财政集权特色。1994

年分税制改革改变了财政包干制形成的中央与地方财政分配格局，摈弃了财政包干制“一对一”谈判处理中央与地方财政关系的模式，通过财权与事权的统一划分从制度层面上规范了中央与地方财政关系。此后，我国财政管理体制总体上处于较为稳定的状态，只是在2002年进行了一次相对较大的税权划分改革——所得税分享改革。2002年实施的所得税分享改革将以前按企业隶属关系划分中央和地方所得税的办法改为中央与地方按统一比例分享，2002年中央分享比例为50%，2003年进一步提高到60%。为了确保各地区财政收入的稳定建立了所得税基数返还制度，并将中央财政因所得税分享改革增加的收入用于增加一般性转移支付。

表3　　政府间财政收支分权态势（1978—2006年）

责任安排 / 时期	1978—1985年	1986—1993年	1994—2006年
总支出	分权化	强分权化	弱集权化
其中：经济性支出	集权化	弱分权化	强分权化
社会性支出	集权化	分权化	弱分权化
维持性支出	弱集权化	集权化	强集权化
总收入	强集权化	强分权化	强集权化

伴随着财税体制变革，我国政府间财政收支责任安排也发生了明显变化。表3给出了不同时期我国中央与地方在收支责任划分以及在经济性支出、社会性支出和维持性支出责任划分上的变化情况。图3（a）给出了我国29个省份1978年、1985年、1993年和2005年财政收支分权的核密度图，图3（b）给出了我国29个省份1978年、1985年、1993年和2005年经济性支出分权、社会性支出分权和维持性支出分权的核密度图。[①]

由图3（a）可以看出，1978—1993年间，我国财政支出分权的核密度曲线呈现出不断向右偏移的态势，其中1985—1993年间表现得尤为突出，这意味着此间我国地方政府承担的公共支出事务较多。事实上在这一时期，我国财政支出呈现出强分权化的特点（见表3）。1994年分税制改革以来，

① 我们用省份人均财政总支出÷（省份人均财政总支出＋人均中央财政总支出）来度量财政支出分权，用省份人均财政总收入÷（省份人均财政总收入＋人均中央财政总收入）来度量财政收入分权，用省份人均财政基本建设支出÷（省份人均财政基本建设支出＋人均中央财政基本建设支出）来度量财政生产性支出分权，用省份人均财政科教文卫支出÷（省份人均财政科教文卫支出＋人均中央财政科教文卫支出）来度量财政社会性支出分权，用省份人均行政管理支出÷（省份人均行政管理支出＋人均中央行政管理支出）来度量财政维持性支出分权（Zhang and Zou，1998；张晏、龚六堂，2005；贾俊雪、郭庆旺、刘晓路，2006）。

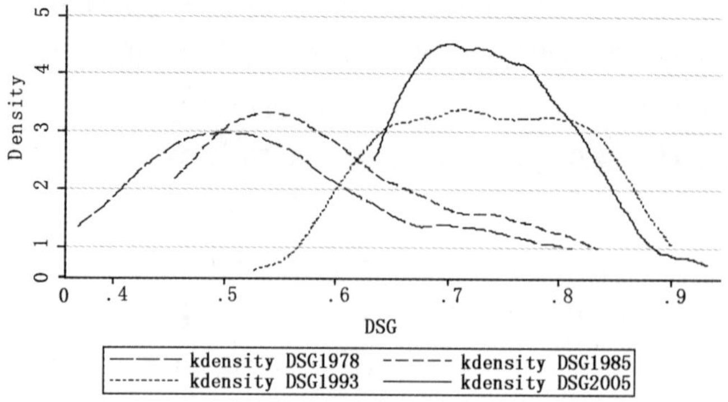

(a)财政支出分权

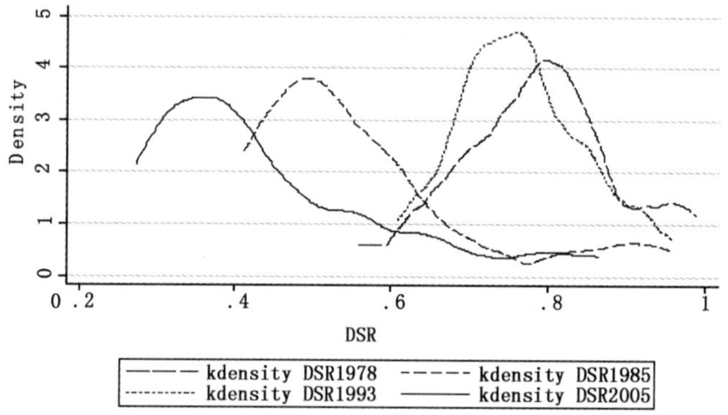

(b)财政收入分权

图 3 我国财政收支分权的核密度图（Epanechnikov 核函数）

这种事权下放的势头明显趋缓，并在一定程度上出现了集权化趋势，体现在 2005 年核密度曲线较 1993 年而言，波峰出现了一定程度的向左偏移且高度有较大幅度的提高。另一方面，与此形成鲜明对比的是，1978—1985 年间，我国财政收入分权则呈现出大幅集权化态势，1985 年以后这种趋势发生了明显逆转，地方政府在财政收入分配中明显居于主导地位，1994 年分税制改革以来则重新呈现出集权化趋势且力度很大（见图 3（b））。由此可见，除了 1985—1993 年间我国财政收支分权总体上保持了较为一致的变化态势外，其余时间都处于明显的不匹配状态，整个样本期内二者的相关系数仅为 0.272。

进一步，由表 3 和图 4 可以看出，改革开放以来我国中央与地方政府在不同支出项目上的责任划分也发生了明显变化：经济性支出责任安排在 1978—1985 年间呈现出不断集权化的趋势，此后发生根本性变化，地方政府越来越多地承担起经济建设事务，其中又以 1994 年分税制改革以来表现得最为突出（见图 4（a））；社会性支出责任安排与经济性支出责任安排的变化趋势总体上较为一致，不同的是 1994 年分税制改革以来的分权化势头明显趋缓，但地方政府仍承担了 90% 左右的社会性支出事务（见图 4（b））；与上述两种支出责任安排不同，改革开放以来，维持性支出责任一直呈现出明显的集权化态势，1994 年以来表现得更为突出。

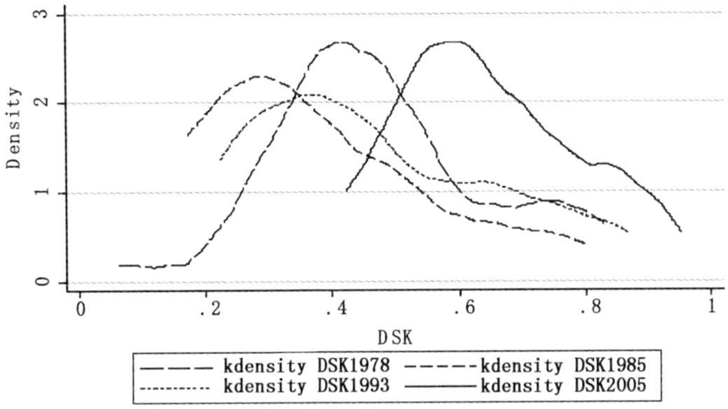

(a)经济性支出分权

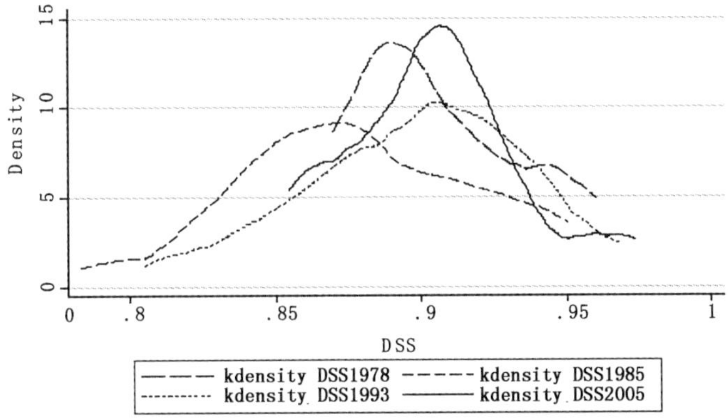

(b)社会性支出分权

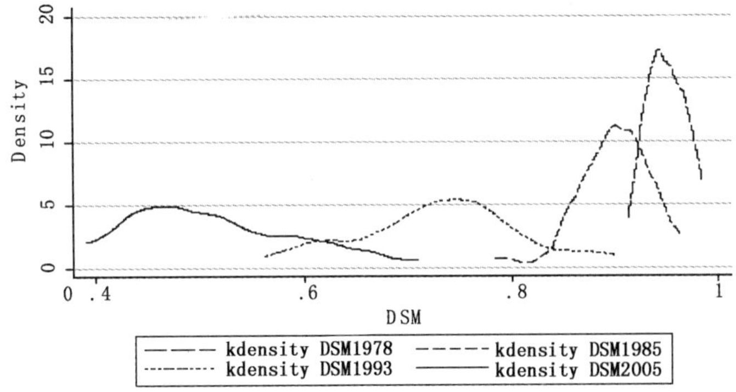

(c)维持性支出分权

图 4　各支出项目分权的核密度图（Epanechnikov 核函数）

2. 省以下地方政府间财政关系的历史演进

1994年分税制改革从制度上规范了中央与地方政府间财政关系，但并没有明确规定省以下财政管理体制。省以下各级政府基本上是比照中央与地方政府间财政关系的制度框架，陆续实行了分税制财政管理体制，但在财政收支责任安排的具体做法上还存在较大差异。

各地在省以下收入责任安排方面基本上采取了税种分成和总额分成两种做法，但具体分成形式多样、差别很大。在支出责任安排上，各地结合本地区实际情况做出一些原则性规定，但由于缺乏明确的、可操作的法律依据，具体做法同样存在较大差异。不过总体而言，我国省以下财政收支责任安排呈现出一个共同特点，即财政收入权利层层上移，支出责任则层层下放。这使县级基层政府普遍承担着较重的公共支出事务，但拥有的财力十分有限。这一点可以从我国县级地方政府财政收支分权水平的核密度图5和图6得到更为清晰的认识。[①]

1997—2001年间我国县级地方政府财政支出分权水平出现较为明显的下降，体现在2001年核密度曲线较1997年而言，波峰出现明显向左偏移，这与1994年分税制改革以来全国财政支出呈现出集权化的大趋势是一致的（贾俊雪、郭庆旺，2008）。但不同的是，2002年以来县级地方政府承担的支出事务呈现出明显增加态势，2005年财政支出分权基本上达到了1997年的水平。与此形成鲜明对照的是，1997—2005年间，我国县级地方政府财政收入分权水平一直呈现出持续下降态势，其中1997—2001年间表现得尤为突出。由此可见，1997—2005年间，我国县级地方政府拥有的财权和事权处于明显不匹配状态。事实上，县级地方政府平均承担了我国35.1%的公共支出事务，但拥有的财政收入份额仅为18.2%，财政收支分权二者的相关系数仅为0.545。

此外，值得注意的是，为了有效化解县乡基层政府面临的财政困境，更好地促进我国县域经济社会发展，近年来，我国政府在省以下财政管理体制方面进行了一系列创新性改革实践探索，其中以“省直管县”财政管理体制改革最具代表性[②]。“省直管县”财政管理体制改革旨在通过减少财政管

---

① 考虑到县级地方政府财政管理体制上的差异，我们分别利用人均县级财政收入（支出）÷（人均县级财政收入（支出）+人均中央财政收入（支出）+人均省份本级财政收入（支出）+人均地市本级财政收入（支出））和人均县级财政收入（支出）÷（人均县级财政收入（支出）+人均中央财政收入（支出）+人均省份本级财政收入（支出））来测度地市管县和省管县财政管理体制下各个县级地方政府的财政收支分权水平。

② 除了“省直管县”财政管理体制改革以外，近年来，我国还进行了“乡财县管”财政管理体制创新。由于缺乏改革进程的详细资料，本章没有考虑“乡财县管”财政管理体制创新的影响。

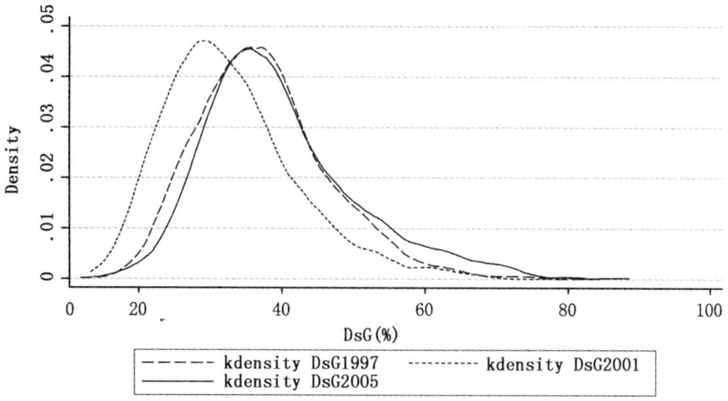

图 5 县级地方政府财政支出分权的核密度图

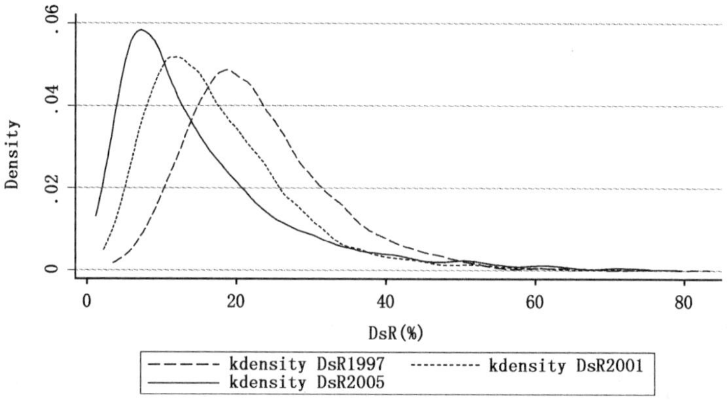

图 6 县级地方政府财政收入分权的核密度图

理级次、扩大县级财政管理权限，促进县级地方政府提高行政效率，优化支出结构，将有限的财力更多投向经济建设和社会性公共服务方面以更好地实现县域经济社会的自主发展（贾康、白景明，2002；谢旭人，2008）。

我国采取的是 5 级政府架构（即中央政府、省级政府、地市级政府、县级政府和乡镇政府），县级政府在行政上归地市级政府管辖。因此，县级地方政府在设置之初，基本上采取的是地市管县财政管理体制（即财政收支责任划分、省以下财政转移支付和预算资金调度方面首先由省级政府直接对地市级政府，县级财政由地市级财政直接管理）。不过，北京等 4 个直辖市所辖的全部县级地方政府、海南省三亚市和海口市以外的县级地方政府以及河南省济源市、湖南省仙桃市、天门市、潜江市、神农架林区和新疆石河子市等在行政上由省级政府直接管辖，因而一直采取的是省直管县财政管理体制（即财政收支责任划分、省以下财政转移支付和预算资金调度方面，都是由省级财政直接对县级财政）。2002 年以来，我国进一步在浙江等部分省区逐步推行“省直管县”财政管理体制改革。截至 2005 年，浙江、安徽、湖北、黑龙江、福建、海南、宁夏、吉林和广西等 9 省份的全部县级地方政府，以及河北、山西、江西、河南 4 省份的辛集市、河津市、兴国县、邓州市等 72 个县级地方政府都实行了“省直管县”财政管理体制。图 7 给出了 1997—2005 年间我国县级地方政府采取省直管县财政管理体制的数量及其占全部县级地方政府样本数量的比重。

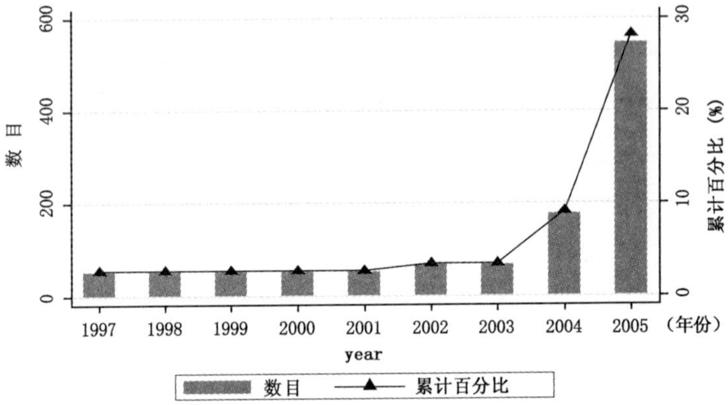

图 7　采取省直管县财政管理体制的县级地方政府数量

图 7 显示，1997—2001 年间，我国采取省直管县财政管理体制的县级地方政府数量一直为 53 个（比重为 2.73%）。2002 年随着“省直管县”财政管理体制改革的实施，数量增加到 68 个（比重为 3.51%）。此后，随着改革逐步深入，数量呈现出大幅增加的态势，2005 年达到 548 个（比重为 28.28%）。①

3. 政府间财政转移支付制度的历史演进

伴随着我国财政分权化改革，作为财政分权体制的一个重要组成部分，我国政府间财政转移支付制度也发生显著变化。

20 世纪 80 年代中期至 20 世纪 90 年代中期财政承包制改革期间，中央与地方在收入划分上主要采取的是收入递增包干、总额分成、总额分成加增长分成、上解递增包干和定额上解等形式。相应的中央转移支付主要包括定额补助（对民族地区等给予定额补助，在一定时期内金额不变）、中央补助（对地方固定收入、固定比例分成收入、调剂收入全部留给地方仍无法满足

① 我国的县级市在名义采取的是省直辖行政管理体制，但实际上往往采取的是地市代管模式。关于我国省以下财政管理体制以及“省直管县”财政管理体制改革的详细介绍，请参阅李萍（2006）和谢旭人（2008）。

地方支出的部分，中央按差额进行补助）和专项补助（中央安排资金对特大自然灾害、特大防汛和支援经济不发达地区进行补助）等三种形式。不过，由于财政包干制改革确定了地方政府在财政分配中的优势地位，中央财政主要依赖于地方的上解收入，因此中央财力匮乏，给予地方政府的财政转移支付金额非常有限。

1994 年分税制改革确定了中央政府在财政分配中的主导地位，但也带来较为严重的地方财政失衡问题。为了解决地方财政失衡，中央政府建立现行的中央财政转移支付制度。效仿中央政府的做法，各省结合自身实际情况，以中央财政转移支付资金为基础，通过进一步集中财力逐步建立了省以下财政转移支付制度。目前，我国中央和省以下转移支付主要由三个部分构成：第一部分是税收返还，属传统财政体制的延续，旨在维持地方政府既得利益、保护地方政府积极性，具体包括两税返还、所得税基数返还、成品油价格和税费改革税收返还；第二部分是一般性转移支付（原财力性转移支付），旨在缓解地方财力紧张、促进地方政府基本公共服务能力的均等化，包括均衡性转移支付（原一般性转移支付）、调整工资转移支付、民族地区转移支付、农村税费改革转移支付等；第三部分是专项转移支付，这部分专款专用，旨在实现中央的特定政策目标，包括一般预算专项拨款、国债补助等，重点用于教育、医疗卫生、社会保障、支农等公共服务领域。表 4 和表 5 分别给出了我国中央与省以下财政转移支付总额及其具体构成的情况。

由表 4 可以看出，1994 年以来我国中央财政转移支付呈现出持续快速增加的态势，从 1994 年的 2389.1 亿元增加到 2008 年的 22290.8 亿元，增加了近 10 倍，占地方财政支出的比重总体上较为稳定，一直保持在 50% 左右。另一方面，转移支付结构日趋合理：税收返还占财政转移支付总额的比重不断大幅下降，从 1994 年的 75.3% 下降到 2008 年的 18.6%；专项转移支付比重从 1994 年的 15.1% 增加到 43.4%，成为中央财政转移支付最为重要的一种形式；财力性转移支付的重要性也在快速增加，比重从 1994 年的 4.14% 大幅提高到 2008 年的 37.8%。

表 4　　　　1994—2008 年间中央财政转移支付及其构成

	财政转移支付总额（占财政支出比重）	税收返还（占支付总额比重）	专项转移支付（占支付总额比重）	财力性转移支付（占支付总额比重）
1994	2389.1（59.2）	1799（75.3）	361（15.1）	99（4.14）
1995	2534.06（52.5）	1867（73.7）	375（14.8）	133（5.25）
1996	2722.52（47.1）	1949（71.6）	489（18）	161（5.91）
1997	2856.7（42.6）	2012（70.4）	518（18.1）	199（6.97）

续表

	财政转移支付总额（占财政支出比重）	税收返还（占支付总额比重）	专项转移支付（占支付总额比重）	财力性转移支付（占支付总额比重）
1998	3321.54（43.3）	2083（62.7）	878（26.4）	210（6.32）
1999	4086.61（45.2）	2121（51.9）	1424（34.8）	364（8.91）
2000	4665.31（45）	2207（47.3）	1613（34.6）	620（13.3）
2001	6001.95（45.7）	2309（38.5）	2200（36.7）	1176（19.6）
2002	7351.77（48.1）	3007（40.9）	2401（32.7）	1623（22.1）
2003	8261.41（47.9）	3425（41.5）	2598（31.4）	1914（23.2）
2004	10407.96（50.5）	3609（34.7）	3423（32.9）	2605（25）
2005	11484.02（45.7）	3757（32.7）	3529（30.7）	3812（33.2）
2006	13501.45（44.4）	3930（29.1）	4732（35）	4412（32.7）
2007	18137.89（47.3）	4146（22.9）	6898（38）	7093（39.1）
2008	22990.76（46.7）	4282（18.6）	9967（43.4）	8696（37.8）

注：数据来源于历年中央政府财政决算报告。

表 5　　　　2000—2005 年间我国省以下财政转移支付及其构成

年度/地方政府 \ 财政转移支付		财政转移支付总额占财政支出比重	税收返还占支付总额比重	专项转移支付占支付总额比重	财力性转移支付占支付总额比重	一般性转移支付占支付总额比重
2000	地市县政府	3356.61(45.39)	1530.83(45.61)	876.19(26.1)	949.59(28.29)	138.93(4.14)
	县级政府	1917.63(45.67)	699.45(36.47)	565.89(29.51)	652.3(34.02)	112.71(5.88)
2001	地市县政府	4392.65(47.65)	1591.44(36.23)	1133.46(25.8)	1667.76(37.97)	202.38(4.61)
	县级政府	2644.05(50.33)	713.95(27)	704.52(26.65)	1225.57(46.35)	165.35(6.25)
2002	地市县政府	5750.15(52.51)	2329.01(40.5)	1309.31(22.77)	2111.83(36.73)	315.72(5.49)
	县级政府	3595.75(56.96)	1124.29(31.27)	849.89(23.64)	1621.57(45.1)	239.87(6.67)
2003	地市县政府	6599.74(52.07)	2603.63(39.45)	1492.07(22.61)	2504.04(37.94)	392.04(5.94)
	县级政府	4248.24(57.71)	1259.87(29.66)	979.03(23.05)	2009.34(47.3)	309.06(7.28)
2004	地市县政府	8215.83(53.87)	2999.34(36.51)	1899.7(23.1)	3316.79(40.37)	676.31(8.23)
	县级政府	5423.85(60.74)	1416.33(26.11)	1318.89(24.32)	2688.63(49.57)	574.01(10.58)
2005	地市县政府	9287.21(49.54)	2979.33(32.08)	2273.16(24.48)	4034.72(43.44)	1010.08(10.88)
	县级政府	6485.88(58.67)	1531.77(23.62)	1644.79(25.36)	3309.32(51.02)	883.71(13.63)

注：数据来源于《全国地市县财政统计资料》。

由表 5 可以进一步看出，2000—2005 年间，我国省以下财政转移支付总额呈现出快速增加的态势，地市县各级政府对财政转移支付的依赖程度明显有所增加（省以下财政转移支付总额由 3356.61 亿元增加到 9287.21 亿元，占地市县财政总支出的比重由45.39%增加到49.54%）。省以下税收返还、专项转移支付和财力性转移支付同样呈现出持续增加的态势，其中财力性转移支付的增加幅度尤为突出（三者分别从1530.83亿元、876.19亿元和949.59亿元增加到2979.33亿元、2273.16亿元和4034.72亿元），相对重要性则出现了明显变化，税收返还的重要性有所下降，财力性转移支付的重要性明显增强，而专项转移支付的重要性没有什么明显变化（税收返还占财政转移支付总额的比重从45.61%大幅减少到32.08%，财力性转移支付比重由28.29%大幅增加到43.44%，而专项转移支付比重总体变化不大）。

此外，表5表明，用于县级地方政府的财政转移支付与整个省以下财政转移支付的变化格局保持了较好的一致性，并且省以下财政转移支付特别是专项和财力性转移支付对县级地方政府的支持力度更为突出：2000—2005年间，县级地方政府财政转移支付总额及其占县级地方政府财政总支出和省以下财政转移支付总额的比重分别从1917.63亿元、45.67%和57.13%，增加到6485.88亿元、58.67%和69.84%，县级地方政府税收返还、专项转移支付和财力性转移支付占省以下税收返还、专项转移支付和财力性转移支付的比重分别由45.69%、65.59%和68.69%提高到51.41%、72.36%和82.02%。需要指出的是，尽管我国省以下一般性转移支付在2000—2005年间出现了较大幅度的增加，但规模仍然明显偏小：2005年，省以下一般性转移支付为1010.08亿元，占财政转移支付总额的比重仅为10.88%，其中用于县级地方政府的一般性转移支付为883.71亿元，比重为13.63%。

由此可见，1994年以来我国政府间转移支付制度得到了长足发展，地方政府对财政转移支付具有很强的依赖性。另一方面，我国政府间转移支付的结构仍不够合理，税收返还等体制遗留问题依然突出，规定用途的专项转移支付规模明显过高，用于均等化目的的一般性转移支付规模偏小，不利于培育地方政府自主发展经济能力，这些问题在县级地方政府方面表现得更为突出。

（三）一个分析框架

在全面考察了我国地方政府规模演进趋势以及我国政府间财政关系演进历程的基础上，本小节以财政分权理论和地方政府治理理论为依据，构建我国地方政府规模和结构演进规律的一个整合分析框架，探究财政分权和地方政府组织结构对我国地方政府规模和结构的影响机理，刻画我国地方政府规模和结构发展、变化的内在逻辑，提出核心理论命题。

早期的财政分权理论在刻画财政分权对地方政府支出规模的影响时，主要从福利经济学的视角出发，强调信息不对称性问题，认为由于地方政府具有信息优势，更了解本地区居民偏好和公共服务提供成本，因而财政分权程度提高有助于更好地实现公共物品的最优提供进而地方政府支出规模的优化（Tiebout，1956；Oates，1972）。但另一方面，地方政府效率的提高也会引致居民公共服务需求增加，或者是公共服务具有较大的规模经济效应，财政分权也会导致地方政府支出规模增加（Tanzi，1996；Stein，1999）。

与早期财政分权主要强调信息不对称带来的需求和供给机制不同，现代财政分权理论则更多地强调的是财政分权带来激励和约束机制，在影响地方政府职能定位和行为模式中的重要性。现代财政竞争理论认为财政竞争将有助于约束地方政府的自利性行为，遏制地方政府支出膨胀（Brennan and Buchanan，1980）。但这一机制更多的是依靠财政收入分权发挥作用的，因而在很大程度上取决于一国财政分权的特性——如果财政支出分权和财政收入分权存在着明显的不匹配即存在着明显的财政失衡，那么这一机制将会被严重弱化，原因主要在于财政纵向失衡弱化了地方政府的预算约束，导致财政收支分权对地方政府的激励和约束机制出现了明显分离（Jin and Zou，2002；Rodden，2003；Fiva，2006）。另一方面，关于政府支出规模的大量政治经济学文献指出，公共池（common - pool）效应也是财政分权影响地方政府职能定位与行为模式进而影响地方政府规模和结构的重要机制。财政纵向失衡的存在需要上级政府的财政转移支付加以矫正，这构成了地方政府的公共池资源。由于地方政府可以很容易通过公共池资源将本地区的财政负担转嫁给其他辖区居民，这种财政外部性将弱化地方政府的预算约束，促使地方政府增加支出规模（Weingast et al.，1981；Baqir，2002；Persson et al.，1997，1998，2000）。

此外，大量关于财政竞争的研究文献主张利用庇古式（Pigouvian）政府间转移支付政策来矫正地方政府的扭曲性竞争行为，激励地方政府增加财政收支规模，更好地实现结构优化，从而促进社会福利水平的提高（Wilson，1988；Zodrow and Mieszkowski，1986；Smart，1998；Koethenbuerger，2002；Dahiby，2002；Riou，2006）。不过，也有文献指出，由于政府间财政转移支付会在一定程度上弱化地方政府的约束机制，而且由于成本外溢带来的公共池效应，政府间财政转移支付可能蕴藏着巨大的道德风险问题，从而不利于地方政府行为的理性，导致地方政府结构扭曲和规模膨胀（Bordignon et al.，2001；Bucovetsky and Smart，2006）。尽管存在着争议，但一般认为政府间财政转移支付主要通过影响财政竞争和公共池机制对地方政府行为产生影响，具体影响主要取决于财政转移支付的形式以及具体的资金配置方式（Wang，2005；Buettner，2006；Egger，Kothenburger and Smart，2006）。

除了财政分权及其制度安排以外，大量文献还特别强调地方政府组织结构包括辖区政府数量和政府级次所带来的行政性分权对地方政府行为的重要影响。正如 Hocman，Pines and Thisse（1995）指出的，不同类型的地方公共物品覆盖的区域往往存在着很大的重叠性，因此地理空间构成了地方政府一个独特的制度环境，减少辖区政府数量有助于更好地实现地方公共服务优化。这种影响主要通过两个渠道发挥作用：一是通过影响偏好和成本信息不对称性直接发挥作用。辖区政府数量以及纵向政府级次的多少往往决定了辖区规模大小，从而影响地方政府对辖区居民的偏好信息和公共服务提供成本信息了解和把握的精准程度，这直接影响到公共服务的最优提供和最优政府支出规模。另一渠道是通过影响财政竞争机制和公共池机制来发挥作用。辖区政府数量一方面会导致财政竞争加剧，另一方面也会进一步导致财政成本转嫁变得更加容易从而加剧公共池效应，进而对地方政府行为产生深刻影响（Weingast et al.，1981；Baqir，2002；Persson et al.，1997，1998，2000）。纵向政府级次则可能进一步加剧财政纵向失衡从而通过财政竞争机制和公共池机制对地方政府行为产生重要影响。

由此可见，财政分权理论在考察财政分权及其制度安排对地方政府行为进而对地方政府规模的影响时，主要强调财政竞争机制和公共池机制的重要作用。另一方面，地方政府治理理论则强调政府组织结构变化通过偏好、成本信息机制对地方政府行为进而对地方政府规模和结构的直接影响机制，以及通过影响财政竞争机制和公共池机制对地方政府行为进而对地方政府规模和结构的间接影响机制。

具体到我国，正如前文所指出的，1978 年以来，在不同的财政分权化改革阶段，我国财政收支分权状况存在着明显差异：1986—1993 年间的财政承包制期间，我国呈现出强分权状态，而且财政收支分权总体上较为匹配，但在其他时期特别是 1994 年分税制改革以来，呈现出一定程度上的集权态势，财政收支分权的不匹配状况显著加剧，存在着较为突出的财政纵向失衡问题。这意味着，财政收支分权带来的财政竞争和公共池效应进而对我国地方政府规模和结构的影响将有所不同。事实上，由 1978—2006 年间我国财政收支分权与地方政府规模的散点图（见图 8）可以看出，财政收支分权对我国地方政府规模具有明显的非对称性影响，其中财政支出分权与地方政府规模呈现出明显的同向变动特点，而财政收入分权与地方政府规模则表现出一定程度上反向变动特点。此外，正如前文所指出的，我国地方政府对政府间财政转移支付的依赖程度较高，而且我国政府间财政转移支付以规定用途的专项转移支付为主，因而对地区间财政竞争将会产生抑制作用。有鉴于此，我们提出如下命题 1。

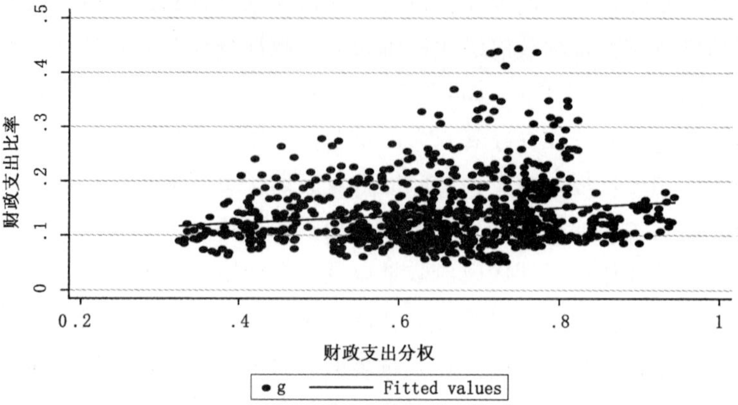

(a) 财政支出分权与地方政府规模

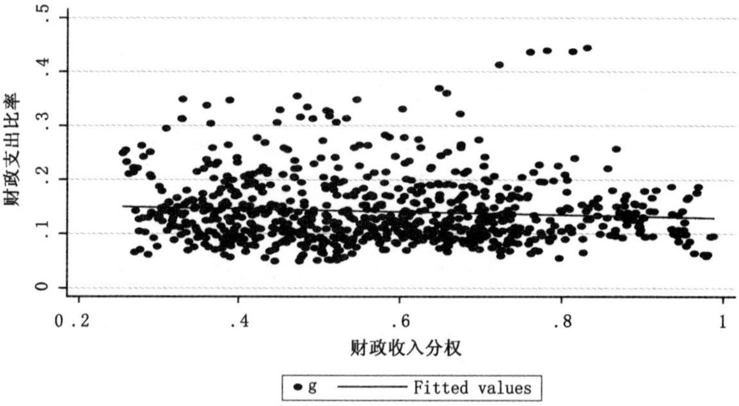

(b) 财政收入分权与地方政府规模

图 8　我国省级地方政府财政收支分权与地方政府规模的散点图

命题 1：财政分权及其引发的财政竞争机制在决定我国地方政府规模演进中发挥了重要作用，财政收支分权的影响呈现出明显的非对称性，财政竞争机制的作用在不同的财政管理体制下存在着明显差异。

另一方面，改革开放特别是近十多年来，作为一项重要的制度改革，我国政府组织结构也发生了显著变化。就横向辖区政府数量而言，一些县级行政单位被撤并，同时也涌现出一批新的县级行政单位（1995 年，我国有 2143 个县级政府包括 706 个市辖区、427 个县级市、1010 个县和民族自治县；2009 年，县级政府增加到 2858 个，其中包括 855 个市辖区、367 个县级市、1464 个县和 117 个民族自治县）。而且，1997 年以来我国实施了大规模的“撤乡并镇”改革。这些变化显然会通过偏好和成本信息渠道特别是财政竞争和公共池机制对我国地方政府规模和结构产生深刻影响。就纵向政府级次而言，尽管我国目前实行的是五级政府架构，但北京等 4 个直辖市的所有县级地方政府、海南省三亚市和海口市所辖县级行政单位以外的所有县和县级市以及河南省济源市、湖北省仙桃等市和新疆石河子市一直采取的是省直辖行政管理体制，即对这些县级地方政府而言，政府总级次为 4 级。正如前文所指出的，2002 年我们实施了以减少财政级次为核心内容省直管县财政管理体制创新。这些改革都会通过减少不同级次政府在财政转移支付分配政策方面存在着的偏差，进而对地方政府规模和结构产生重要影响。此外，政府组织结构也会通过影响财政竞争特别是公共池机制从而构成财政分权对地方政府规模和结构影响的一个重要制度环境。因此，我们提出如下命题 2。

命题 2：政府组织结构包括纵向政府级次和辖区政府数量对我国地方政府规模同样具有重要影响，信息和公共池效应在其中扮演了重要作用。同时，政府组织结构也构成财政分权对地方政府规模影响的一个重要制度环境。

四、财政竞争机制与地方政府规模

上一部分构建了我国地方政府规模演进规律的一个整合分析框架，重点阐述了财政分权和政府组织结构对我国地方政府规模的影响机理，提出了一些核心命题。在接下来的两部分，我们将分别从省级地方政府和县级地方政府的视角出发，以我国现实数据为基础，考察我国地方政府规模的决定因素，重点探究财政分权和政府组织结构对我国地方政府规模和结构的影响及其作用机理，对上一部分提出的核心命题进行检验，深入揭示我国地方政府规模和结构演进的一般经验规律和内在逻辑机理。本部分从省级视角出发，以我国省级面板数据为基础，首先运用空间计量模型就我国地方政府间策略互动行为模式、形成机制及其对地方政府规模和结构的影响作实证研究，揭示财政竞争机制在我国地方政府规模演进中的作用。

地方政府间策略互动行为（strategic interaction）一直是公共经济学的一个重要研究主题。目前主要有三类理论用于刻画地方政府间策略互动行为的形成机制：第一类是财政政策外溢效应机制（spillover effect mechanism），主要刻画的是地方政府间策略互动行为的直接形成机制，即财政政策的辖区外溢效应会直接改变其他辖区政府偏好，从而导致地方政府行为具有明显的空间相依性（spatial independence）（Wilson，1996）。第二类是财政竞争机制（fiscal competition mechanism），最早可追溯到 Tiebout（1956），强调地方政府在地区竞争中通过财政手段争夺有利于本地区社会经济发展的稀缺资源，从而表现为行为上的策略互动（Wilson，1999；Brueckner，2000）。第三类是标尺竞争机制（yardstick competition mechanism），主要侧重于信息外溢性和政治体制对地方政府行为的影响，即由于存在信息外溢性，公众往往会以其他地区政府行为表现作为本地区政府绩效的评判标准，从而产生一种标尺效应，使本地区政府在制定财政政策时，不得不考虑其他地区政府（特别是相邻地区政府）行为（Salmon，1987；Besley and Case，1995）。

受上述理论研究的推动，越来越多的学者开始从实证角度考察地方政府间策略互动行为。目前的主要做法是利用空间计量模型估算地区税负（或财政支出）反应函数，检验地区税负（或财政支出）是否存在显著的相互影响，从而识别地方政府间是否存在着策略互动行为（Case et al.，1993；Borck et al.，2006）。但这种方法往往不能很好地揭示出地方政府间策略互动行为的形成机制，还需要一些额外检验以识别主要是哪一种机制在发挥作用（Brueckner，2003）。Besley and Case（1995）在估算地区税负反应函数的基础上，通过考察选民对本辖区政府支持率与邻近辖区税收政策的关系，指出标尺竞争机制是美国州政府在税收政策方面策略互动行为的主要原因。Revelli（2004）在地方财政支出反应函数中引入制度变革时间哑变量，发现标尺竞争机制在英国地方政府间策略互动行为的形成中发挥了重要作用。Baicker（2005）则指出，更为全面地考察不同空间权重矩阵设定对地方政府间策略互动行为的影响，有助于识别主要是哪一种机制在发挥作用。①

近年来，国内学者对于我国地方政府间财政竞争模式及其对我国地方政府规模和结构的影响也进行了较为深入的研究。沈坤荣、付文林（2006）以 1992 年和 2003 年中国省级数据为基础，运用空间滞后模型对中国省际间的税收竞争行为进行实证检验，得到的结论是，中国省际间税收竞争反应函数斜率为负，表明省级地方政府在税收竞争中采取的是差异化竞争策略，从而对地方政府财政收支规模产生了明显的向下压力。王守坤、任保平（2008）以 1978—2006 年间我国省份面板数据为基础，借助工具变量法（2SLS）校正了内生性问题，发现我国省级政府间存在显著的财政策略性行为，且策略性反应函数向右上方倾斜。同时，东中西部省份之间财政策略性反应特征不同，呈现出跨区差异与俱乐部效应，其中主要是财政竞争机制发挥了主要作用。

---

① 关于政府间策略互动行为研究的详细文献综述，请参阅 Brueckner（2003）和 Revelli（2005）。

本部分以我国 29 个省份 1986—2006 年间的现实数据为基础，利用空间计量模型估算省级财政支出政策反应函数，探究我国省级政府间策略互动行为模式、形成机制及其对省级地方政府规模的影响。[①] 数据主要来源于《新中国五十五年统计资料汇编（1949—2004）》以及历年的《中国统计年鉴》和各省《统计年鉴》。与已有研究成果相比，本部分研究具有以下三个方面的特色。

第一，以往研究主要关注于 1994 年分税制改革以来我国地方政府间的策略互动行为，本部分则详细考察了 20 世纪 80 年代中期以来我国地方政府间策略互动行为及其跨时差异，这有助于深刻揭示财政管理体制变革对我国地方政府间策略互动行为模式进而对我国地方政府规模的影响。

第二，以往研究往往忽略了对地方政府间策略互动行为形成机制的深入剖析，本部分则通过考察不同空间权重矩阵设定（即省份特征空间权重矩阵包括地理相邻和人均产出空间权重矩阵，以及资源流动空间权重矩阵包括人口流动和 FDI 空间权重矩阵）对地方政府间策略互动行为的影响，以更好地识别地方政府间策略互动行为的形成机制和影响因素，从而检验财政竞争机制在决定我国地方政府规模演进中的重要作用。

第三，在估算地方政府财政支出反应函数时，由于引入了空间滞后项以及存在着共同冲击所导致的扰动项的空间相关性，一般方法得到估算结果将是有偏和非一致的。为此，我们采用空间广义矩估计（Spatial GMM）以更好地校正上述两种空间相关性所带来的估算偏差。

（一）财政竞争机制的识别及其对地方政府规模的影响

遵循已有研究的普遍做法，我们考虑如下形式的省级财政支出政策反应函数：

$$LG = \rho WLG + X\beta + \varepsilon \quad (1)$$

其中，LG 为省级财政支出向量，我们不仅考虑财政总支出包括预算内和预算外支出。所有财政支出变量均利用省份人口和商品价格指数折算为 1978 年为基期的人均实际值，并取自然对数。W 为空间权重矩阵，WLG 为省级财政支出向量的空间滞后项，ρ 为影响系数，反映了省级财政支出政策的相互影响。ρ 显著不为 0，意味着省级政府间存在着策略互动行为：$\rho > 0$ 表明省级政府采取的是互补性策略，$\rho < 0$ 表明省级政府采取的是替代性策略。X

① 由于重庆成为直辖市时间较短，我们将重庆市的数据加入四川省来考虑，而且由于数据问题，我们也没有考虑西藏自治区。

为控制变量向量，ε 为误差项，方差为 σ_{ε}^2。

空间权重矩阵 W 度量了不同地区社会经济联系的紧密程度，反映了对于某一地区而言其他地区的重要性。我们采取先验设定的方法（Case et al.，1993；Baicker，2005；Revelli，2005；Borck et al.，2006），并依据不同研究目的，考虑两类空间权重矩阵。第一类空间权重矩阵主要从省份特征入手，目的在于识别哪些特征对于我国省级政府间策略互动行为更为重要，具体包括：(1) 地理相邻空间权重矩阵，即依据两个省份是否拥有共同边界来设定空间权重矩阵，以考察地理因素的重要性。具体构造是，第 i 个省份和第 j 个省份若拥有共同边界，则空间权重 w_{ij} 取值为 1，否则取值为 0。(2) 人均产出空间权重矩阵，即依据省份人均产出水平的相近程度设定空间权重矩阵，以考察经济发展水平的重要性。具体构造是，空间权重 $w_{ij} = 1/|Ry_i - Ry_j|$，Ry_i 和 Ry_j 为样本期内第 i 个省份和第 j 个省份人均产出均值。

第二类空间权重矩阵主要从经济资源流动的角度入手，目的在于识别我国省级政府间策略互动行为的形成机制。鉴于财政竞争的主要目的在于吸引经济资源，因此我们可以依据这类空间权重矩阵模型的估算结果来识别财政竞争机制在我国省级政府间策略互动行为的形成中是否发挥了重要作用，具体包括：(1) 人口流动空间权重矩阵，即依据省际间人口流动规模设定空间权重矩阵，以考察劳动力资源流动的重要性。具体构造是，空间权重 $w_{ij} = PM_{ij}$，其中 PM_{ij} 为样本期内第 i 个省份和第 j 个省份之间的人口流动包括流入和流出总规模。(2) FDI 空间权重矩阵，即依据省份外商直接投资（FDI）金额与产出比值的相近程度设定空间权重矩阵，以考察资本流动的重要性。具体构造是，空间权重 $w_{ij} = 1/|Fdir_i - Fdir_j|$，其中 $Fdir_i$ 为样本期内第 i 个省份外商直接投资（FDI）金额与产出比值的均值。① 具体估算中，我们将空间权重矩阵进行标准化处理，使矩阵每行元素的总和等于 1。

对于控制变量 X，我们主要依据已有研究和中国现实加以设定。一般而言，政府规模主要取决于人口规模和民族构成等因素导致的公共服务提供成

① 由于我们采取的面板数据，因此我们构造的空间权重既包含时间维度也包含横截面主体维度，具体而言有 $W = M \otimes I$。其中，$\otimes$ 为距阵的克罗内克乘积，M 为对角元为 0 的 29×29 横截面主体维度的距阵，它的元素为 w_{ij}。I 为 $T \times T$ 的时间维度的单位矩阵，T 为样本期。此外，目前我国还缺乏人口和劳动力省际间流动的详细数据，《中国第四次人口普查资料》（1990）和《中国第五次人口普查资料》（2000）提供了 1985—1990 年间和 1995—2000 年间按现住地、5 年前常住地分的省际迁移人口数据。我们以此为基础构建人口流动空间相邻权重矩阵。此外，利用省际间资本流动规模来设定空间权重矩阵应更为理想，但我国目前缺乏相关数据。鉴于吸引外资是我国地方政府发展地区经济的一个重要手段，且只有那些引资能力较为接近的省份才会处于同一竞争层面，因此我们用 FDI 与产出比值的相近程度来构造空间权重矩阵。

本差异以及经济和社会发展带来的公共服务需求（Courakis et al.，1993；Alesina and Wacziarg，1998；Heshmati，2001；Ardagna，2004）。此外，还有大量研究表明，政府规模与经济开放程度密切相关（Rodrik，1998；杨灿明、孙群力，2008）。因此，我们引入人均实际产出（以 1978 年为基期，并取自然对数）、人口密度（取自然对数）、少数民族人口比重和省份进出口总额与产出比值来捕捉上述因素对我国省级政府支出规模的影响。在我国，地方政府规模的发展变化除了与上述一般因素有关以外，更为重要的是经济转型和财政管理体制变革带来的地方政府职能、激励约束机制以及行为模式转变的影响。因此，我们进一步引入非公有制企业职工比重、财政分权和财政分权分税制改革时间哑变量以捕捉市场化进程和财政管理体制演进对我国省级财政支出规模和结构的影响。同时，鉴于我国存在较为突出的财政纵向失衡，即各级政府的事权与财权不匹配问题，我们将财政分权区分为财政支出分权和财政收入分权并同时纳入回归方程。①

在具体估算中，我们需要考虑两个技术问题：（1）空间滞后项 WLG 的内生性问题。由模型（1）可知，$G=(I-\rho W)^{-1}X\beta+(I-\rho W)^{-1}\varepsilon$（I 为单位矩阵），故有 $E((WG)\varepsilon')=W(I-\rho W)^{-1}\sigma_{\varepsilon}^{2}\neq0$，即空间滞后项与误差项之间存在着相关性。（2）误差项空间自相关问题。现实经济中，地方财政支出政策会受到一些共同冲击如整个国家财政政策变化的影响，这会导致模型（1）中的扰动项 ε 具有空间自相关性，即 $\varepsilon=\lambda W\varepsilon+\upsilon$，其中 λ 为空间自相关系数，υ 为独立同分布的误差项。这两种形式的空间相关性问题都会导致 OLS 回归结果是有偏和非一致的（Anselin，1988）。事实上，由 Moran I 空间相关性和 LM 空间误差相关性检验可知，各模型在样本期内基本上都存在着两种形式的空间相关性，因此我们采用空间广义矩估计（Spatial GMM）加以校正（Anselin，1988；LeSage，1997）。同时，为了消除可能存在的解释变量内生性问题，我们对控制变量均采用滞后 1 期值。表 6 给出我国省级财政支出（包括预算内支出和预算外支出）反应函数的具体检验和估算结果。

---

① 我们用省份人均预算内支出 ÷（省份人均预算内支出 + 人均中央预算内支出）来度量财政支出分权水平，用省份人均预算内收入 ÷（省份人均预算内收入 + 人均中央预算内收入）来度量财政收入分权水平（Zhang and Zou，1998；张晏、龚六堂，2005；贾俊雪、郭庆旺，2008）。在整个样本期内，财政支出分权与财政收入分权的相关系数为 0.573。财政支出和财政收入分权分税制改革时间哑变量的构造是 1994 年以前为财政支出和财政收入分权变量乘以 0，1994 年及其后为财政支出和财政收入分权变量乘以 1。此外，我们也尝试加入预算外收支来度量财政收支分权，得到的结果并没有什么明显差异。

表 6　　　　省级财政支出反应函数的估算结果

	预算内支出				预算外支出			
解释变量	模型 1a	模型 1b	模型 1c	模型 1d	模型 2a	模型 2b	模型 2c	模型 2d
常数项	-0.838 (0.117)***	-1.031 (0.158)***	-0.785 (0.115)***	-0.864 (0.173)***	-0.603 (0.242)***	-1.075 (0.29)***	-0.662 (0.024)***	-1.195 (0.299)***
预算内支出的空间滞后项	0.151 (0.02)***	0.103 (0.027)***	0.206 (0.034)***	-0.0004 (0.004)	0.412 (0.055)***	0.393 (0.052)***	0.457 (0.065)***	0.410 (0.052)***
人均产出（取自然对数）	0.674 (0.042)***	0.667 (0.042)***	0.683 (0.044)***	0.682 (0.044)***	0.251 (0.064)***	0.307 (0.063)***	0.207 (0.069)***	0.289 (0.064)***
人口密度（取自然对数）	-0.021 (0.013)*	-0.014 (0.013)	-0.023 (0.014)*	-0.013 (0.013)	0.076 (0.018)***	0.076 (0.018)***	0.104 (0.02)***	0.091 (0.018)***
少数民族人口比重	0.008 (0.001)***	0.007 (0.001)***	0.008 (0.001)***	0.007 (0.001)***	-0.001 (0.01)	-0.001 (0.001)	-0.001 (0.001)	-0.0005 (0.001)
非公有制企业职工比重	0.021 (0.005)***	0.025 (0.002)***	0.023 (0.002)***	0.024 (0.002)***	0.006 (0.002)***	0.010 (0.003)***	0.009 (0.002)***	0.011 (0.002)***
经济开放度	-0.002 (0.001)***	-0.003 (0.001)***	-0.002 (0.001)***	-0.003 (0.001)***	-0.001 (0.001)	-0.002 (0.0001)**	-0.001 (0.001)	-0.001 (0.005)*
财政支出分权	0.023 (0.003)***	0.028 (0.003)***	0.021 (0.003)***	0.031 (0.003)***	0.024 (0.004)***	0.026 (0.004)***	0.031 (0.004)***	0.03 (0.004)***
财政收入分权	-0.013 (0.002)***	-0.015 (0.002)***	-0.013 (0.002)***	-0.015 (0.002)***	-0.009 (0.003)***	-0.012 (0.003)***	-0.014 (0.003)***	-0.014 (0.003)***
财政支出分权分税制改革时间哑变量	-0.008 (0.002)***	-0.008 (0.002)***	-0.007 (0.002)***	-0.008 (0.002)***	-0.014 (0.003)***	-0.018 (0.003)***	-0.017 (0.003)***	-0.02 (0.003)***
财政收入分权分税制改革时间哑变量	0.004 (0.002)*	0.003 (0.002)	0.003 (0.002)	0.003 (0.002)	0.011 (0.004)***	0.013 (0.004)***	0.012 (0.004)**	0.014 (0.004)***
空间误差自相关系数	0.384 (0.037)***	0.224 (0.04)***	0.492 (0.036)***	-0.176 (0.07)***	0.108 (0.049)***	-0.083 (0.007)***	0.252 (0.023)***	-0.077 (0.051)
Moran I 空间相关性检验	18.7***	9.8***	18.6***	7.9***	14.3***	5.81***	14.9***	5.88***

续表

	预算内支出				预算外支出			
解释变量	模型 1a	模型 1b	模型 1c	模型 1d	模型 2a	模型 2b	模型 2c	模型 2d
LM 空间误差相关性检验	790.5***	831.1***	694.0**	71.2***	868.2***	54.6***	528.9***	6.35
有效样本数	609	609	609	609	609	609	609	609
R^2	0.950	0.921	0.940	0.914	0.744	0.674	0.726	0.67

注：模型 a、模型 b、模型 c 和模型 d 分别采用地理相邻空间权重矩阵、人均产出空间权重矩阵、人口流动空间权重矩阵和 FDI 空间权重矩阵。*、** 和 *** 分别代表在 10%、5% 和 1% 的置信水平上显著，小括号中数字为标准差。

由表 6 中可以看出在校正了空间相关性带来的估算偏差后，预算内支出空间滞后项的影响系数和统计显著性均出现明显变化：在地理相邻、人均产出和人口流动空间权重矩阵模型中，预算内支出空间滞后项的影响系数均为正值（大小在 0.103—0.206 之间），且具有很好的统计显著性，其中地理相邻和人口流动空间权重矩阵模型中，预算内支出的相互影响更为突出；在 FDI 空间权重矩阵模型中，预算内支出空间滞后项的影响系数虽为负值，但并不具有统计显著性。这表明，1986—2006 年间，我国省级政府在预算内支出的使用上存在显著的策略互动行为，且主要采取的是互补性策略，意味着我国省级政府在预算内支出方面的策略互动对预算内支出规模具有显著的正影响。劳动力资源流动是影响我国省级预算内支出策略互动的一个重要因素，意味着财政竞争机制在预算内支出策略互动的形成中发挥了重要作用。而且，这种预算内支出竞争在地理相邻省份之间表现得更为突出，在经济发展水平相近省份之间则相对较弱。

与预算内支出相似，预算外支出空间滞后项在各模型中的影响系数也均为正值，且具有很好的统计显著性，表明我国省级政府在预算外支出的使用上同样采取的是互补性竞争策略，从而对预算外支出规模产生了扩张性影响（见表 7）。但与预算内支出相比，预算外支出的正向相互影响力度更大（影响系数在 0.393—0.457 之间）。此外，对比不同空间权重矩阵模型的估算结果，可以看出省级预算外支出竞争不仅突出表现在对劳动力资源的争夺上，外资因素的影响同样也十分显著，而且在地理相邻和经济发展水平相近省份之间均表现得十分突出。由此可见，改革开放以来，我国省级政府更多地是以预算外支出作为竞争手段以吸引有利于本地区经济发展的稀缺资源。究其原因，主要在于我国的财政分权本质上是一种中央政府委任制框架，因而很大程度上限制了省级政府预算内支出的自主权，致使省级政府更多地借助于预算外支出来实现其竞争策略，这也是预算外支出膨胀的一个主要动因。

对于控制变量而言，由表6可以看出，财政分权对我国省级预算内和预算外支出均具有显著影响，并且这些影响具有明显的非对称性：财政支出分权对预算内和预算外支出具有显著的正影响，财政收入分权则具有显著的负影响。究其原因，主要在于财政纵向失衡弱化了地方政府的预算约束，导致财政收支分权对地方政府的激励和约束机制出现了明显分离（Jin and Zou，2002；Rodden，2003；Fiva，2006）。1994年分税制改革以来，情况则发生明显改变：财政支出分权对预算内支出和预算外支出均具有显著的负影响，财政收入分权对预算外支出具有显著的正影响，对预算内支出具有正影响但并不显著。

（二）财政竞争对地方政府规模影响的跨时差异

改革开放以来，我国财政管理体制经历了两次重大变革，即20世纪80年代中期的财政承包制改革和1994年的分税制改革：财政承包制改革确定了地方政府“剩余占有者”的地位，使额外增长的税收大部分归地方政府支配；1994年分税制改革的主要目的在于扭转中央财政在财政收入分配中的不利地位，具有较为明显的集权特色。那么，这两次重大的体制变革对我国地方政府间策略互动行为模式具有怎样的影响？进而对财政竞争机制在决定我国地方政府规模和结构演进中的作用具有怎样的影响。显然，澄清这一问题将有助于我们更好地认识和理解我国财政管理体制变革对地方政府行为进而对地方政府规模和结构的影响。为此，本部分进一步利用空间计量模型估算1986—1993年间和1994—2006年间两个子样本期内省级预算内支出和预算外支出反应函数，以考察我国地方政府间策略互动行为及其对地方政府规模影响的跨时差异。表7给出主要估算结果和检验结果。

表7　不同时期省级财政支出和各类支出项目反应函数的空间GMM估算结果

	1986—1993年间				1994—2006年间			
	地理相邻权重	人均产出相邻权重	人口流动相邻权重	FDI相邻权重	地理相邻权重	人均产出相邻权重	人口流动相邻权重	FDI相邻权重
预算内支出的空间滞后项	0.404 (0.05)***	0.148 (0.06)***	0.419 (0.07)***	0.123 (0.05)***	-0.004 (0.03)	-0.001 (0.03)	0.049 (0.04)	0.004 (0.04)

续表

	1986—1993 年间				1994—2006 年间			
	地理相邻权重	人均产出相邻权重	人口流动相邻权重	FDI 相邻权重	地理相邻权重	人均产出相邻权重	人口流动相邻权重	FDI 相邻权重
Moran I 空间相关检验	3.54***	4.72***	4.76***	0.18	14.6***	9.98***	17.1***	7.3***
LM 空间误差相关检验	57.6***	44.8***	85.2***	0.02	337.7***	119.5***	502.7***	66.7***
预算外支出的空间滞后项	0.608 (0.09)***	0.431 (0.08)***	0.509 (0.09)***	0.267 (0.07)***	0.072 (0.06)	0.122 (0.05)**	0.175 (0.07)***	0.145 (0.05)***
Moran I 空间相关检验	0.21	3.18***	0.67	0.94	13.0***	7.53***	14.7***	3.75***
LM 空间误差相关检验	0.16	13.7***	0.13	0.94	460.0***	91.1***	569.4***	16.9***

注：模型 a、模型 b、模型 c 和模型 d 分别采用地理相邻空间权重矩阵、人均产出空间权重矩阵、人口流动空间权重矩阵和 FDI 空间权重矩阵。*、** 和 *** 分别代表在 10%、5% 和 1% 的置信水平上显著，小括号中数字为标准差。限于篇幅，略去控制变量的估算结果。

由表 7 可以看出，1986—1993 年间，我国省级预算内支出和预算外支出都存在显著的正向相互影响，且在地理相邻和人口流动空间权重矩阵模型中体现得尤为突出，意味着这一阶段我国省份特别是地理相邻省份之间主要采取的是互补性支出竞争策略，并突出表现为对劳动力资源的争夺，外资因素的影响则相对较弱。究其原因，很可能在于我国的对外开放战略是一种渐进式推进战略，20 世纪 90 年代中期以前主要是以沿海地区为战略重点，分阶段、分层次地逐步推进（吴敬琏，2003），因此这一时期地方政府在吸引外资方面更多的是受国家整体开放战略的影响，自主竞争的空间较为有限。另一方面，还可能在于财政承包制改革使地方政府在税收政策方面拥有较大的自主权，因此可以更多的是借助于税收竞争手段来吸引外资，从而制约了财政支出竞争手段的运用（郭庆旺、赵志耘，2006）。而这一时期，虽然我国人口流动还存在着诸多障碍，但引进人才已成为各地区发展经济的一个重要策略，由于税收手段在这方面的作用较为有限，因而地方政府更多的是利用财政支出手段来实现这一竞争策略。此外，表 7 的估算结果还表明，这一时期，预算外支出在我国省份间支出竞争中发挥着重要作用。

1994 年分税制改革以来，我国省级政府间策略互动行为模式发生了明显改变：省级预算内支出既存在着正向相互影响，也存在着反向相互影响，但这些影响均不具有统计显著性，表明 1994 年以来我国省级政府在预算内支出的使用上并不存在明显的策略互动行为，即这一时期财政竞争机制对于我国地方政府预算内支出规模并不存在着显著影响；省级政府在预算外支出的使用上仍采取的是互补性竞争策略，但竞争力度明显减弱，外资因素的影响则明显增强。上述分析表明，财政管理体制变革对我国地方政府间策略互动行为模式进而对地方政府支出规模产生了巨大影响。财政承包制改革赋予了地方政府很大的财政自主权，但缺乏很好的制度规范性和稳定性，导致地方政府竞争性支出行为的扭曲，不利于地方政府规模优化。1994 年分税制改革对我国地区间财政支出竞争则起到了明显的弱化作用，从而削弱了财政竞争机制对我国地方政府支出规模的扭曲性影响。究其原因，在于 1994 年分税制改革通过扭转中央财政在整个财政收入分配的不利地位，明显改变了 20 世纪 80 年代中期以来我国财政支出过度分权的态势，从而有效遏制了地方政府间过度竞争的局面。

综合本部分的研究可以看出，（1）1986—2006 年间，我国地方政府在财政总支出（包括预算内和预算外支出）方面总体上存在显著的策略互动行为，财政竞争机制在其中发挥了重要作用。这表明，财政竞争机制在我国地方政府规模演变中发挥了重要作用，对我国地方政府支出规模产生扩张效应。（2）1994 年分税制改革明显改变了地方政府间策略互动行为模式，有效扭转了地区间过度竞争的不利局面，从而对我国地方政府支出规模产生紧缩性影响。（3）财政收支分权对我国省级预算内和外支出具有显著非对称性影响：财政支出分权对预算内和预算外支出具有显著的正影响，财政收入分权则具有显著的负影响。（4）1994 年分税制改革以来，情况发生明显改变——财政支出分权对预算内支出和预算外支出均具有显著的负影响，财政收入分权对预算外支出具有显著的正影响，对预算内支出同样具有正影响但并不显著。上述结论很好地验证了命题 1。

五、公共池机制与地方政府规模

上一部分从省级视角出发，考察了财政竞争机制在决定我国地方政府规模方面的重要作用。本部分进一步从县级视角出发，以 1997—2005 年间我国县级面板数据为基础，运用静态面板模型和动态面板模型，考察财政分权和政府组织结构对我国地方政府规模的影响，重点探究公共池机制在决定地方政府规模中的重要作用，并对命题 2 进行检验。

财政分权对地方政府规模的影响一直是公共经济学的一个重要研究主题。一般认为，地方政府具有信息优势，更了解本地区居民偏好和公共服务提供成本，且赋予地方政府更大的财政自主权也有助于强化地区间竞争和公众政治参与从而有助于约束地方政府行为，因此财政分权可以促使地方政府提高效率，有效遏制支出规模膨胀（Tiebout，1956；Oates，1972；Brennan and Buchanan，1980；Qian and Roland，1998）。另一方面，政府效率提高会导致公共服务需求增加，且公共服务若具有较大的规模经济效应，或地方政府更加依赖于公共池资源（common－pool resource）如政府间转移支付，那么财政分权也会导致政府支出规模增加（Oates，1985；Stein，1999；Rodden，2003）。

就实证层面而言，自 Oates（1985）进行了开创性研究以来，学术界对这一问题进行了大量研究，但尚未给出一致结论。Oates（1985）以 43 个国家的横截面数据为基础考察了财政分权对地方政府规模的影响，发现财政分权对地方政府规模具有显著的正影响，即利维斯坦假设并不成立。此后，学术界将此类研究称为“寻找利维斯坦（searching for Leviathan）”。Marlow（1988）以美国 1946—1985 年间的时序数据为基础，考察了财政分权对政府规模的影响，发现财政分权对政府规模具有显著的抑制作用，从而验证了公共池假设。Grossman（1989）同样以美国为样本进行了实证研究，但特别强调了政府间财政转移支付的重要作用，得到的结论是财政分权导致地方政府规模扩张，并将原因主要归结于政府间财政转移支付导致的地方政府预算约束软化。Ehdaie（1994）则以跨国横截面数据为基础进行了研究，强调了财政收支分权匹配在决定地方政府规模中的重要性，他的研究发现财政分权对地方政府规模具有显著的负影响，但这种负影响完全被政府间财政转移支付的正影响所抵消。在最近的研究中，Stein（1999）以 20 个拉美国家和一些 OECD 国家的横截面数据为基础就财政分权对地方政府规模的影响进行了实证研究，发现对于 20 个拉美国家而言，财政分权对政府支出规模具有显著的扩张效应。Jin and Zou（2002）以 32 个发达和发展中国家的面板数据为基础，将财政分权细分为财政支出分权和财政收入分权，发现不同类型的财政分权对地方政府规模的影响不同，支出分权对地方政府规模具有显著的扩张效应，赋予地方政府更大的收入自主权则有助于更好地遏制地方政府规模膨胀。Fiva（2006）同样将财政分权划分为财政支出分权和财政收入分权，并对 18 个 OECD 国家的财政收入分权数据进行了改进，得到了与 Jin and Zou（2002）一致的结论。同时，Fiva（2006）还发现财政收支分权对地方政府规模的非对称性影响，主要源于财政收支分权对地方政府支出结构的非对称性影响：财政收入分权导致地方转移性支出规模下降，财政支出分权则带来政府消费性支出规模的扩张。Rodden（2003）以 29 个国家的面板数据为基础，着重检验了公共池效应，发现财政分权对政府规模的影响在很大程度上取决于财政分权的特点：若地方政府更加依赖于公共池资源即政府间财政转移支付，那么财政分权将导致地方政府规模增加，相反，财政分权会遏制地方政府规模膨胀。

不过，上述研究普遍暗含着政府组织结构（包括辖区数量和政府级次）是一成不变的假设，从而忽略了行政性分权的影响。事实上，过去的数十年间，在俄罗斯和中国这样的经济转型国家，政府组织结构作为一项重要的制度改革均发生了显著变化。一个突出的做法是遵循财政联邦主义的基本主张，强调地方政府的多样性（Tiebout，1956；Oates，1972）。但正如 Hocman，Pines and Thisse（1995）指出的，不同类型的地方公共物品覆盖的区域往往存在着很大的重叠性，因此地理空间构成了地方政府一个独特的制度环境，减少辖区政府数量有助于更好地实现地方公共服务优化。此外，大量关于政府支出的政治经济学文献认为，由于存在着公共池问题（即公共物品提供成本可以通过公共池渠道转嫁给其他辖区居民），辖区政府数量增加将导致政府规模过度膨胀，因此也主张减少辖区政府数量（Weingast et al.，1981；Baqir，2002）。不过，目前这方面的研究主要致力于考察地方民主政治体制对公共池机制进而对地方政府规模的影响。Baqir（2002）基于美国 1980—1990 年间 1420 个城市地方政府数据的研究表明，较大的分区将导致较大的地方政府规模，而且这一结论总体受地方的选举模式以及地方政府权力分割形式的影响不大。Kontopoulos and Perotti（1999）则以 20 个 OECD 国家 1960—1995 年间的面板数据为基础，详细考察了联合政府中政党数量对地方政府规模的影响，得到的结论是联合政府中政党数量在 20 世纪 70 年代对地方政府规模增长产生了显著的扩张效应。Persson，Roland，and Tabellini（1997，1998，2000）在 Ferejohn（1989）和 Baron（1991）的研究基础上进一步就公共池问题以及民主政治体制的影响进行了全面深入的研究。他们指出，不同的民主政治体制对公共池效应进而对地方政府规模具有不同的影响：在议会制（parliamentary systems）下，由于联合政府中各个政党代表都拥有对预算立法的表决权，因而更容易导致地方政府规模膨胀；在总统制下（presidential systems），权力分离有助于约束政府行为从而导致较小的政府规模。

本部分以我国1997—2005年间30个省份1938个县和县级市的面板数据为基础，就财政分权与政府组织结构（包括辖区数量和政府级次）对地方政府支出规模的影响进行系统的实证分析。与以往文献主要致力于考察地方民主政治体制对公共池问题的影响不同，本部分通过强调不同级次政府间分配政策差异的重要性，为深入认识公共池效应提供了一个新的视角。现实生活中，很多发展中国家的政治体制与西方的民主政治体制并不完全相同。而且，在一个多级政府框架下，中央政府给予基层地方政府的转移支付通常要经过更高级次地方政府的再分配，而这些更高级次地方政府与中央政府往往具有不同的政策目标，从而导致转移支付分配政策偏差，进而通过公共池渠道对地方政府支出行为产生额外的扭曲性影响。因此，政府级次及其导致的不同级次政府间分配政策差异同样是影响公共池机制一个重要体制性因素。

另一方面，改革开放以来，伴随着市场化经济改革的逐步深化，我国政府间财政关系发生了巨大变化，中央集权式的财政管理模式被打破。与此同时，政府组织结构也发生了较为明显的变化——一些县级行政单位被撤并，同时也涌现出一批新的县级行政单位。这为我们的实证研究提供了良好基础，且大样本县级面板数据的应用也有助于得到更为丰富可靠的结论。[①] 具体而言，我们不仅估算了一个静态面板数据模型，且考虑到县级地方政府支出规模变化很可能具有很强的持续性，因此还特别估算了一个动态面板数据模型。为了更好地校正内生性问题，我们利用2SLS以及异方差和自相关有效的两步广义矩估计（HAC-GMM）估算了静态面板数据模型，利用Arellano和Bover（1995）和Blundell和Bond（1998）提出的系统广义矩估计（System GMM）估算了动态面板数据模型。

（一）计量模型

本部分首先依据已有研究文献以及中国现实情况选择变量并给出计量模型设定。

1. 政府组织结构变量

在考察政府组织对地方政府规模和结构的影响时，已有文献从政治、经济视角出发，主要是强调辖区政府数量的重要作用（Tiebout，1956；Oates，

① 基于相似的县级面板数据，Shih和Zhang（2004）考察我国政府间转移支付存在的问题，Tsui（2005）考察了地区间财政差异，Zhang（2006）探究了财政分权的经济影响。

1972；Brennan and Buchanan，1980；Hochman et al.，1995；Gilbert and Pichard，1996；Weingast et al.，1981；Persson et al.，2000；Baqir，2002）。但在一个多级政府框架下，政府级次不仅会对地方政府辖区范围造成影响，进而通过偏好和成本信息机制影响地方政府规模，而且还会对财政转移支付分配政策产生偏差性影响，进而通过公共池机制对地方政府规模产生影响。因此，我们同时考虑政府级次和辖区政府数量。对于政府级次而言，目前，我国主要采取的是5级政府架构，县级地方政府一般而言处于第5级。不过，北京等4个直辖市的所有县级地方政府、海南省三亚市和海口市所辖县级行政单位以外的所有县和县级市以及河南省济源市、湖北省仙桃等市和新疆石河子市一直采取的是省直辖行政管理体制，即对这些县级地方政府而言，政府总级次为4级。因此，我们引入省直辖行政管理体制哑变量（即采取省直辖行政管理体制的县级地方政府取值为1，其余取值为0），以捕捉政府级次对地方政府支出规模的影响。对于辖区地方政府数量，我们用隶属于同一上级政府的辖区县级地方政府数量加以度量。此外，由于我们考察的县级地方政府支出包含了乡镇政府支出在内，因此我们引入万人拥有的乡镇数量以捕捉1997年以来“撤乡并镇”改革的影响。

2. 财政分权变量

最近的一些研究发现，财政支出分权和财政收入分权对政府支出规模具有显著的非对称性影响，意味着区分财政支出分权和财政收入分权对于更好地揭示财政分权对政府支出规模的影响机理是非常重要的（Stein，1999；Jin and Zou，2002；Fiva，2006）。因此，我们在实证研究中同时引入财政收入分权和财政支出分权。[①] 此外，正如前文所指出的，公共池效应是财政分权影响地方政府支出规模的一个重要机制。因此，结合我国财政分权的具体实践，我们构造变量以检验公共池效应。2002年，我国实施了所得税分享改革，所得税收入由中央与地方按统一比例分享，2002年中央分享比例为50%，2003年进一步提高到60%。为了确保各地区财政收入的稳定建立了所得税基数返还制度，并将中央财政因所得税分享改革增加的收入用于增加一般性转移支付。省以下各级政府也采取了类似的做法。这使县级地方政府

---

① 对于财政收支分权，借鉴已有文献的普遍做法（张晏、龚六堂，2005；贾俊雪、郭庆旺，2008），并考虑到县级地方政府财政管理体制上的差异，我们分别利用人均县级财政收入（支出）÷（人均县级财政收入（支出）+人均中央财政收入（支出）+人均省份本级财政收入（支出）+人均地市本级财政收入（支出））和人均县级财政收入（支出）÷（人均县级财政收入（支出）+人均中央财政收入（支出）+人均省份本级财政收入（支出））来测度地市管县和省管县财政管理体制下各个县级地方政府的财政收支分权水平。

自2002年以来对转移支付的依赖程度大幅增加：转移支付占县级地方政府支出的比重在1997—2001年间平均为48.4%，2002—2005年间大幅提高到68.7%。另一方面，相对于其他地区，东部地区的县级地方政府的自有财力较强，对转移支付的依赖程度较低：转移支付占东部地区县级地方政府支出的比重平均为51.2%，其他地区为60.4%。[①] 因此，我们引入财政收支分权2002年哑变量（即2002年以前为财政收支分权乘以0，2002年及其后乘以1）以及财政收支分权东部地区哑变量（即东部地区财政收支分权乘以1，其他地区乘以0）以检验公共池效应。

1994年分税制改革从制度上规范了中央与地方财政关系，但并没有明确规定省以下财政管理体制。目前，我国县级财政管理体制主要有两种模式即省直管县体制（财政收支责任划分、省以下财政转移支付和预算资金调度方面，都是由省级财政直接对县级财政）和地市管县体制（财政收支责任划分、省以下财政转移支付和预算资金调度方面首先由省级政府直接对地市级政府，县级财政由地市级财政直接管理）。2002年，我国开始逐步推行"省直管县"财政管理体制改革。截至2005年，浙江、安徽、湖北、黑龙江、福建、海南、宁夏、吉林和广西等9个省区的全部县级地方政府以及河北、山西、江西和河南等4个省份的辛集市、河津市、兴国县和邓州市等部分县级地方政府实行了"省直管县"财政管理体制。[②] 其他县级地方政府则一直实行的是地市管县财政管理体制。为了捕捉财政管理体制差异的影响，我们引入省直管财政管理体制哑变量（即采取省直管财政管理体制的取值为1，其余取值为0）。[③]

3. 控制变量

大量文献指出，影响地方政府支出规模的重要因素还包括居民偏好α_n、公共物品生产成本θ_n和税收扭曲程度λ（Gilbert and Pichard，1996；郭庆旺、贾俊雪，2010）。因此，我们在实证分析中需要控制这些变量的影响，以确保主要结论的稳健性。但这些变量均为非观测变量，无法直接给出度量。为此，我们借助其他观测变量来间接捕捉它们的影响。假设α_n、θ_n和

---

① 下文将详细介绍本部分所使用的数据。东部省份包括北京、天津、辽宁、河北、山东、江苏、浙江、福建、广东和河南。

② 关于我国省以下财政管理体制以及"省直管县"财政管理体制改革的详细介绍，请参阅李萍（2006）和谢旭人（2008）。

③ 那些采取省直辖行政管理体制的县级地方政府在财政管理体制上也属于省直管，但我们已经引入省直辖行政管理体制哑变量，因此这里没有包括这些县级地方政府。关于"省直管县"财政管理体制改革的详细介绍，请参阅谢旭人（2008）。

λ 可表示为：

$$\alpha_{nit} = a_1 y_{it} + \rho_{1i} + \nu_{1t} + \varepsilon_{1it}$$

$$\theta_{nit} = a_2 z_{it} + \rho_{2i} + \nu_{2t} + \varepsilon_{2it}$$

$$\lambda_{it} = a_3 d_{it} + \rho_{3i} + \nu_{3t} + \varepsilon_{3it}$$

其中，y_{it}、z_{it}和 d_{it}分别为影响 α_n、θ_n 和 λ 的可观测变量，a_k（$k=1, 2, 3$）为系数。ρ_{ki}（$k=1, 2, 3$）为个体效应，用以捕捉地理环境、资源禀赋和风俗习惯等地区异质性因素对 α_n、θ_n 和 λ 的影响。v_{kt}（$k=1, 2, 3$）为时间效应，用以捕捉共同冲击对 α_n、θ_n 和 λ 的影响。ε_{ki}（$k=1, 2, 3$）为误差项。

对于 y_{it}，我们主要考虑人均实际 GDP（以县级人口和省份商品价格指数将县级名义 GDP 折算为以 1978 年为基期的人均实际值）及其平方项和城镇化水平（用城镇人口占总人口的比重度量），以反映经济发展水平和城镇化进程对居民偏好的影响（Heshmati, 2001）。对于 z_{it}，我们主要考虑人口规模和人口密度，以捕捉规模经济效应对公共物品生产成本的影响（Baqir, 2002）；同时因财政供养人口也是影响公共服务提供成本的一个重要因素，故也考虑了财政供养人口规模（用财政供养人口占总人口的比重度量）（Shih and Zhang, 2004）。对于 d_{it}，因税收扭曲程度在很大程度上与税负水平有关，故在 d_{it}中包含了财政收入比率即财政收入占 GDP 的比值；又因为 2000 年以来，我国逐步实施了农村税费改革，[①] 通过规范农业税费以及农业税减免，从而有助于降低税收扭曲程度 λ，故在 d_{it}中还包含了农村税费改革哑变量（即进行税费改革的当年和此后取值为 1，其余的取值为 0）。当然，财政收入比率和农村税费改革哑变量也捕捉了财政收入变化对县级地方政府支出规模的影响。显然，上述变量无法囊括 α_n、θ_n 和 λ 的所有影响因素，因此模型可能存在着遗漏变量引发的内生性问题。在下面的计量分析中，我们将对这一问题进行仔细校正。

4. 计量模型设定

这样，我们构建如下形式的固定效应面板数据模型：

$$Gov_{it} = \beta Ds_{it} + \gamma Gns_{it} + \eta X_{it} + \rho_i + \nu_t + \varepsilon_{it} \tag{2}$$

---

① 2000 年，安徽省首先进行了农村税费改革试点。同年，河北、内蒙古和陕西等 8 省区也选择 34 个县市进行试点。2001 年，除了安徽和江苏实施全省试点外，其他省份将试点范围扩大到 102 个县市。2002 年，试点工作进一步推广到浙江、四川和上海等 18 个省市。2003 年，农村税费改革在全国全面铺开。这一阶段农村税费改革的主要内容为“三取消”、“一个逐步取消”、“两个调整”和“一项改革”。2004 年开始的农业税减免试点，直至 2006 年正式取消农业税则是农村税费改革的进一步深化。关于农村税费改革的详细介绍，请参见谢旭人（2008）。

其中，Gov_{it}为县级地方政府支出规模，用县级地方政府财政支出比率即占财政支出 GDP 的比值度量。Gns_{it}和 Ds_{it}为核心解释变量，Gns_{it}为政府组织结构变量包括省直辖行政管理体制哑变量、辖区县级地方政府数量和万人拥有的乡镇数量，Ds_{it}为财政分权变量包括财政收支分权、财政收支分权东部地区哑变量和 2002 时间哑变量以及省直管财政管理体制哑变量。X_{it}为控制变量，包括人均实际 GDP 及其平方项、城镇化水平、人口规模、人口密度、财政供养人口规模、财政收入比率和农村税费改革哑变量。$\rho_i = \sum_{k=1}^{3}\rho_{ki}$和 $\nu_t = \sum_{k=1}^{3}\nu_{kt}$分别为个体效应和时间效应，$\varepsilon_{it} = \sum_{k=1}^{3}\varepsilon_{kit}$为误差项。

(2) 式给出的固定效应面板数据模型是一个静态模型（记作模型 1），但县级地方政府支出变化很可能具有很强的持续性。现实生活中，地方政府对居民偏好的了解往往需要一个过程。另外，一些政府支出如行政管理费也具有很强的刚性，而且我国县级地方政府支出预算采用的是基数法编制（即以上一年度支出数额为基数来确定本年度支出数额）。这些都意味着，在计量分析中考虑县级地方政府支出规模的动态变化是十分必要的。因此，我们还考虑如下形式的动态面板数据模型（记作模型 2）：

$$Gov_{it} = \sum_{j=1}^{M}\alpha_j Gov_{it-j} + \beta Ds_{it} + \gamma Gns_{it} + \eta X_{it} + \rho_i + \nu_t + \varepsilon_{it} \quad (3)$$

其中，Gov_{it-j}为县级地方政府支出规模的滞后项，M 为最大滞后阶数。

（二）数据

我们使用的是全国县级面板数据，数据主要来源于《全国地市县财政统计资料》。该数据集涵盖了全国 31 个省、自治区和直辖市 2800 多个县、县级市和市辖区 1993—2005 年间的经济和财政统计数据。但该数据集缺少 1997 年以前的 GDP 数据，因此我们选取的样本期为 1997—2005 年间。由于数据问题，我们没有考虑西藏自治区的情况。鉴于市辖区与县和县级市的可比性较差，因此我们没有考虑市辖区（Shih and Zhang，2004；Zhang，2006）。此外，在样本期内，我国县级地方政府的行政区划发生了较大变化。为此，我们以 2005 年行政区划为标准剔除那些业已变更为市辖区的县和县级市，并依据各地区行政区划沿革资料，对各个县和县级市的行政隶属关系进行调整。同时，我们还依据《中国区域经济统计年鉴》和各省《统计年鉴》补充了辖区面积、人口和乡镇数量等数据。最终，我们使用的是全国 30 个省、自治区和直辖市 1938 个县和县级市 1997—2005 年间的非平衡面板数据。表 8 给出主要经济变量的统计描述。

表 8　　主要经济变量的统计描述

变　量	观测值个数	均值	标准差	最小值	最大值
县级财政支出比率（%）	17413	12.81	11.21	0.89	162.22
省直辖行政管理体制哑变量	17442	0.03	0.16	0	1
辖区县级地方政府数量	17425	10.79	5.89	1	46
万人拥有的乡镇数量	17433	0.61	0.67	0.09	8
财政支出分权（%）	17238	35.06	10.05	9.19	88.55
财政收入分权（%）	17238	18.16	10.41	1.21	83.41
省管县财政管理体制哑变量	17442	0.07	0.25	0	1
实际人均 GDP（元，1978 年为基期）	17414	1581.99	1458.18	104.2	29605.27
城镇化水平（城镇人口比重,%）	17119	17.88	12.51	0.27	95.83
人口规模（万）	17433	46.63	32.85	0.8	212.6
人口密度（人/平方公里）	17433	289.64	278.56	0.15	4698.8
财政供养人口比重（%）	17428	3.26	1.59	0.45	46.33
财政收入比率（%）	17413	4.13	2.21	0.46	43.91
农村税费改革哑变量	17442	0.43	0.49	0	1

就地方政府支出规模而言，第一，1997—2005 年间我国县级地方政府财政支出比率均值为 12.81%，标准差为 11.21（如表 8 所示），表明县级地方政府支出规模存在着较为显著的差异性。第二，1997 年以来，我国县级地方政府支出规模及其差异性均呈现出持续增加的态势，其中以 1997—2001 年间表现得尤为突出。

样本期内，我国政府组织结构也呈现出较为明显的变化，且存在着较大差异性。第一，1997—2005 年间，辖区县级地方政府数量均值为 10.79，标准差为 5.89，万人拥有的乡镇数量均值为 0.61，标准差为 0.67。第二，辖区县级地方政府数量从 1997 年的 10.14 增加到 2005 年的 11.05，万人拥有的乡镇数量从 0.67 减少到 0.54。不过，省直辖县级地方政府数量始终为 53 个。

就财政分权状况而言，第一，样本期内，我国县级地方政府拥有的财权和事权呈现出明显的不匹配状态——县级地方政府平均承担了 35.1% 的公共支出事务，但拥有财政收入份额仅仅为 18.2%（如表 8 所示），财政收支分权二者的相关系数仅为 0.55。第二，1997—2001 年间县级地方政府的财政支出分权水平出现较为明显的下降，2002 年以来则呈现出明显增加的态势，2005 年的财政支出分权基本上达到了 1997 年的水平。与此形成鲜明对照的是，1997—2005 年间，县级地方政府的财政收入分权水平则一直呈现出持续下降的态势，其中 1997—2001 年间表现得尤为突出。

（三）实证结果

我们首先给出静态模型的估算结果，然后给出动态面板数据模型的估算结果，并依据这些结果考察财政分权和政府组织结构对我国县级地方政府支出规模的影响。

1. 静态模型估算结果

表 9 给出了静态模型的估算结果，其中，模型 1a 和 1b 分别给出了 OLS 和固定效应面板数据模型的估算结果。正如前文所指出的，居民偏好、公共物品生产成本进而地方政府支出规模会受到地理环境等地区异质性因素和一些共同冲击的影响，这将导致 OLS 估算是有偏和非一致的。事实上，对比模型 1a 和 1b 可以看出，当我们控制了个体和时间固定效应后，估算结果出现了较大变化。不过，个体和时间固定效应的引入并不能完全解决内生性问题。原因在于，样本期内一些地区异质性因素也会发生明显改变，因此固定效应模型的估算结果会因遗漏变量问题而存在着明显偏差。为此，我们采用工具变量法进一步校正内生性问题。模型 1c 和 1d 分别给出了 2SLS 和 HAC - GMM 估算结果。在这两个模型中，我们将财政收支分权、人均 GDP 及其平方项、城镇化水平、人口规模、人口密度和财政供养人口设为内生变量，并以这些变量的滞后 1—2 期作为工具变量。① 这两个模型也包含了个体和时间固定效应，而且考虑到隶属于同一上级政府的各个县级地方政府之间可能存在着显著的相互影响从而导致估算偏差，我们也进行了 Cluster 校正②。

---

① 相应的 difference - in - Sargan 检验表明，我们不能拒绝上述变量为内生变量的假设。在条件同方差情况下，difference - in - Sargan 检验等同于 Hausman 内生性检验（Hayashi，2000）。

② 我们也尝试利用对数线性模型来捕捉政府组织结构和财政分权的非线性影响，得到基本结论是一致的。此外，我们已经在财政分权度量时考虑了省直管县财政管理体制对县级财政分权水平的影响，但考虑到这可能无法完全捕捉到省直管县财政管理体制对县级财政分权水平的全部影响，因此，我们也尝试在回归方程中引入省直管县财政管理体制变量与财政分权变量的乘积项，得到的基本结论是一致的。

表 9　财政分权、政府组织结构对地方政府规模影响的静态模型估算结果

解释变量	模型 1a (OLS)	模型 1b (Fixed Effects)	模型 1c (2SLS)	模型 1d (HAC - GMM)	模型 1e (HAC - GMM)
常数项	-2.426(0.29)***	0.862(0.85)			
辖区县级地方政府数量	-0.095(0.01)***	0.12(0.03)***	0.071(0.04)*	0.078(0.04)**	0.078(0.04)**
省直辖行政管理体制哑变量	0.804(0.3)***	-2.116(3.37)	-1.367(0.28)***	-1.272(0.28)***	-1.277(0.28)***
乡镇数量	3.36(0.09)***	-2.628(0.25)***	-2.49(0.57)***	-2.53(0.56)***	-2.577(0.58)***
财政支出分权	0.616(0.01)***	0.503(0.01)***	0.4(0.06)***	0.397(0.06)***	0.404(0.06)***
财政收入分权	-0.905(0.01)***	-0.625(0.01)***	-0.467(0.03)***	-0.456(0.03)***	-0.458(0.03)***
财政支出分权 2002 年时间哑变量	0.168(0.01)***	0.17(0)***	0.119(0.02)***	0.122(0.02)***	0.121(0.02)***
财政收入分权 2002 年时间哑变量	-0.263(0.01)***	-0.231(0.01)***	-0.15(0.02)***	-0.154(0.02)***	-0.152(0.02)***
财政支出分权东部地区哑变量	-0.342(0.01)***	-0.237(0.01)***	-0.078(0.02)***	-0.081(0.02)***	-0.087(0.02)***
财政收入分权东部地区哑变量	0.576(0.01)***	0.357(0.01)***	0.236(0.01)***	0.231(0.01)***	0.233(0.01)***
省直管县财政管理体制哑变量	-4.548(0.23)***	-3.606(0.16)***	-2.419(0.35)***	-2.396(0.32)***	-2.441(0.32)***
人均 GDP	-0.001(0)***	-0.001(0)***	-0.002(0)***	-0.002(0)***	-0.002(0)***
人均 GDP 平方项	0.73(0.05)***	0.635(0.04)***	0.621(0.14)***	0.685(0.13)***	0.688(0.13)***
城镇化进程	0.023(0)***	-0.034(0.01)***	-0.074(0.03)***	-0.061(0.02)**	-0.06(0.02)**
人口规模	-0.008(0)***	0.09(0.02)***	0.044(0.03)	0.042(0.03)	0.042(0.03)

续表

解释变量	模型 1a (OLS)	模型 1b (Fixed Effects)	模型 1c (2SLS)	模型 1d (HAC - GMM)	模型 1e (HAC - GMM)
人口密度	-0(0)**	-0.013(0)***	-0.013(0.01)**	-0.013(0.01)**	-0.012(0.01)**
财政供养人口规模	0.297(0.04)***	0.084(0.05)*	-0.316(0.41)	-0.135(0.4)	-0.119(0.4)
财政收入比率	2.134(0.03)***	1.746(0.03)***	1.33(0.1)***	1.34(0.09)***	1.354(0.1)***
农村税费改革哑变量	-2.077(0.17)***	-1.345(0.11)***	-0.803(0.12)***	-0.776(0.11)***	-0.779(0.11)***
Hansen 过度识别检验			13.63	13.63	13.32
样本数	16915	16915	12905	12905	12689
R^2	0.769	0.506	0.52	0.523	0.524

注：*、** 和 *** 分别表示在 10%、5% 和 1% 的置信度上显著，小括号中的数值为标准差，模型 1c—1e 中的标准差为 cluster 校正后的 Robust 标准差。实际人均 GDP 平方项的回归系数和标准差均 $\times 10^{-7}$。限于篇幅，略去了一步回归结果。

由 Hansen 过度识别检验可知，模型 1c 构造的工具变量总体上是有效的。辖区县级地方政府数量的回归系数为正，且具有很好的统计显著性。既然地方政府在短期内不可能很好地获取成本信息，因此这一结果总体上符合我们的理论预期。省直辖行政管理体制哑变量具有显著的负系数，表明相对于地市级政府管辖的县级地方政府而言，省直辖的县级地方政府总体上具有较小的支出规模。换言之，政府级次对县级地方政府支出规模具有显著的扩张效应。这一结果表明政府级次增加通过加剧分配政策偏差及其扭曲性影响，以及通过外溢效应和成本信息机制对地方政府支出规模产生的正效应表现更为突出。万人拥有的乡镇数量对县级地方政府支出规模具有显著的负效应，表明 1997 年以来的“撤乡并镇”改革在控制政府支出规模方面并未充分发挥作用。

财政支出分权对县级地方政府支出规模具有显著的正效应，财政收入分权则具有显著的负效应，这与已有研究结论保持了较好的一致性。已有研究通常将财政收支分权对地方政府支出规模的非对称性影响归因于财政纵向失衡带来的公共池问题（Fiva，2006；Jin and Zou，2002；Rodden，2003；Stein，1999）。这一论断可以从财政收支分权 2002 年时间哑变量和财政收支分权东部地区哑变量的估算结果得到进一步证实。财政支出分权 2002 年时间哑变量具有显著的正系数，财政收入分权 2002 年时间哑变量则具有显著的负系数，表明2002年以来财政分权的非对称性影响变得更为突出。另一方面，由财政收支分权东部地区哑变量的回归系数可知，财政分权的非对称性影响在东部地区明显较弱。既然2002年以来我国县级地方政府对转移支付的依赖程度明显增强（即财政纵向失衡明显加剧），而东部地区县级地方政府对转移支付的依赖程度较其他地区而言明显较弱，因此这些结论很好地验证了公共池假设。

省直管县财政管理体制哑变量的回归系数为负且具有很好的统计显著性，表明2002年以来实施的省直管县财政管理体制改革有助于遏制县级地方政府支出规模的过度膨胀。显然，削减财政级次也有助于减少不同级次政府分配政策偏差及其带来的扭曲性影响，这与减少政府级次的作用是一致的。因此，省直管县财政管理体制哑变量与省直辖行政管理体制哑变量的回归结果相符也从一个侧面表明，不同级次政府分配政策偏差及其扭曲性影响是政府级次影响地方政府支出规模的一个重要机制。

对于控制变量，模型1c的估算结果表明，人均GDP和城镇化进程对县级地方政府支出规模具有显著的负效应，这一结论与Wagner法则并不相符。人口密度的回归系数为负且具有很好的统计显著性，表明县级地方政府支出呈现出较为明显的规模经济效应。与我们的预期相符，财政收入比率对县级地方政府支出规模具有显著的正效应，农村税费改革则具有显著的负效应。对于模型1d，由Hansen过度识别检验可知，工具变量总体上是有效的。对比模型1c和1d可以看出，估算结果并不存在明显差异。最后，考虑到直辖市的县级地方政府具有一定特殊性，我们也尝试剔除北京等4个直辖市的所有县级地方政府数据，并在模型1e给出相应的HAC - GMM估算结果。可以看出，估算结果对于这样的处理总体上是稳健的。

2. 动态模型估算结果

表10给出了动态面板数据模型的估算结果。由于引入因变量时间滞后项，模型（3）式产生新的内生性问题。为此，我们采用Arellano和Bover（1995）以及Blundell和Bond（1998）提出的系统GMM进行估算。[①] 模型包含了滞后1期因变量、当期和滞后1期的解释变量以及个体和时间固定效应。我们同样将财政收支分权、人均GDP及其平方项、城镇化水平、人口规模、人口密度和财政供养人口设为内生变量，并进行了Cluster校正。表

---

① 由于两步系统GMM存在着较为严重的有限样本偏差，我们采取的是一步系统GMM。由于Sargen检验对于异方差和自相关是非稳健的，因此使用的是Hansen过度识别检验。我们也尝试利用Windmeijer有限样本校正的两步系统GMM进行估算，得到的结论没有什么明显差异。关于系统GMM的详细介绍，请参阅Arellano和Bover（1995）和Bond（2002）。

10 中的模型 2d 给出这种情况的具体估算结果。为了便于比对，我们也给出了其他设定情况下的估算结果。模型 2a、2b 和 2c 分别将所有解释变量设定为外生、前定和内生变量。由 Arellano - Bond 1 阶和 2 阶自相关检验可知，各模型残差项均存在显著的 1 阶自相关，但不存在显著的 2 阶自相关。进一步，由 Hansen 过度识别检验可以看出，模型 2a、2b 和 2c 存在着较为明显的设定偏误，意味着我们并不能将所有解释变量均视为外生、前定和内生变量。相反，Arellano - Bond 1 阶和 2 阶自相关检验以及 Hansen 过度识别检验表明，模型 2d 的设定总体较好。

表 10 财政分权、政府组织结构对地方政府规模影响的动态模型估算结果（系统 GMM）

解释变量	模型 2a	模型 2b	模型 2c	模型 2d	模型 2e
常数项	-0.459(0.41)	-0.261(0.3)	1.082(0.58)*	0.218(0.73)	0.163(0.75)
L1. 因变量	0.865(0.05)***	0.903(0.02)***	0.893(0.04)***	0.905(0.03)***	0.906(0.03)***
辖区县级地方政府数量	-0.045(0.03)	-0.018(0.03)	0.068(0.07)	-0.078(0.04)**	-0.084(0.04)**
L1. 辖区县级地方政府数量	0.033(0.03)	0.011(0.03)	-0.123(0.08)	0.046(0.04)	0.058(0.04)
省直辖行政管理体制哑变量	-0.457(0.17)***	-0.659(0.11)***	104(104)	-0.633(0.24)***	-0.594(0.27)**
L1. 省直辖行政管理体制哑变量	0.534(0.26)**	0.726(0.24)***	-103(104)	1.121(0.46)**	1.252(0.46)***
乡镇数量	-0.227(0.57)	0.487(0.5)	0.473(1.13)	-0.636(0.68)	-0.63(0.69)
L1. 乡镇数量	1.303(0.62)**	0.529(0.44)	1.405(1.14)	1.916(0.72)***	1.907(0.74)**
财政支出分权	0.72(0.07)***	0.683(0.06)***	0.636(0.09)***	0.713(0.09)***	0.725(0.09)***
L1. 财政支出分权	-0.543(0.04)***	-0.537(0.05)***	-0.491(0.06)***	-0.529(0.05)***	-0.541(0.05)***
财政收入分权	-0.532(0.07)***	-0.538(0.06)***	-0.321(0.11)***	-0.279(0.12)**	-0.285(0.12)**
L1. 财政收入分权	0.319(0.05)***	0.353(0.04)***	0.155(0.08)*	0.108(0.09)	0.113(0.09)

续表

解释变量	模型 2a	模型 2b	模型 2c	模型 2d	模型 2e
财政支出分权 2002 年时间哑变量	-0.053(0.02)***	-0.049(0.02)***	-0.057(0.02)**	-0.064(0.03)**	-0.066(0.03)***
L1. 财政支出分权 2002 年时间哑变量	-0.003(0.03)	-0.009(0.02)	-0.006(0.02)	-0.009(0.02)	-0.007(0.02)
财政收入分权 2002 年时间哑变量	0.078(0.03)***	0.05(0.03)*	0.063(0.04)*	0.071(0.04)*	0.074(0.04)*
L1. 财政收入分权 2002 年时间哑变量	-0.017(0.04)	0.004(0.04)	-0.007(0.03)	-0.004(0.03)	-0.006(0.03)
财政支出分权东部地区哑变量	-0.325(0.05)***	-0.254(0.04)***	-0.173(0.04)***	-0.321(0.06)***	-0.333(0.06)***
L1. 财政支出分权东部地区哑变量	0.274(0.04)***	0.212(0.04)***	0.158(0.04)***	0.291(0.05)***	0.302(0.05)***
财政收入分权东部地区哑变量	0.235(0.05)***	0.23(0.04)***	0.142(0.05)***	0.132(0.06)***	0.139(0.06)**
L1. 财政收入分权东部地区哑变量	-0.15(0.04)***	-0.159(0.03)***	-0.139(0.04)***	-0.119(0.05)***	-0.126(0.05)**
省直管县财政管理体制哑变量	-2.548(0.4)***	-2.441(0.33)***	-2.707(0.48)***	-2.86(0.43)***	-2.9(0.44)***
L1. 省直管县财政管理体制哑变量	1.801(0.26)***	2.028(0.24)***	2.18(0.41)***	1.939(0.36)***	1.963(0.35)***
人均 GDP	-0.005(0)***	-0.004(0)***	-0.004(0)***	-0.005(0)***	-0.005(0)***
L1. 人均 GDP	0.005(0)***	0.004(0)***	0.005(0)***	0.006(0)***	0.006(0)***

续表

解释变量	模型 2a	模型 2b	模型 2c	模型 2d	模型 2e
人均 GDP 的平方项	2.82(0.5)***	2.16(0.43)***	1.93(0.46)***	2.09(0.55)***	2.09(0.54)***
L1. 人均 GDP 的平方项	-3.79(0.6)***	-2.87(0.52)***	-2.65(0.64)***	-2.92(0.75)***	-2.9(0.73)***
城镇化进程	0.011(0.01)	0.011(0.01)	-0.038(0.02)*	-0.05(0.02)**	-0.049(0.02)**
L1. 城镇化进程	-0.013(0.01)	-0.011(0.01)	0.003(0.02)	0.01(0.02)	0.01(0.02)
人口规模	0.017(0.02)	0.044(0.02)**	-0.144(0.11)	-0.207(0.14)	-0.211(0.14)
L1. 人口规模	-0.019(0.02)	-0.045(0.02)**	0.136(0.11)	0.205(0.14)	0.208(0.14)
人口密度	-0.004(0)*	-0.005(0)***	0.003(0.01)	0.004(0.01)	0.004(0.01)
L1. 人口密度	0.004(0)*	0.005(0)**	-0.003(0.01)	-0.004(0.01)	-0.004(0.01)
财政供养人口规模	-0.239(0.15)	-0.206(0.17)	-0.473(0.22)**	-0.717(0.25)***	-0.727(0.26)***
L1. 财政供养人口规模	0.081(0.15)	0.049(0.17)	0.081(0.21)	0.264(0.19)	0.272(0.19)
财政收入比率	1.307(0.16)***	1.338(0.14)***	0.457(0.2)**	0.303(0.23)	0.311(0.22)
L1. 财政收入比率	-1.008(0.16)***	-1.08(0.13)***	-0.219(0.22)	-0.098(0.23)	-0.097(0.23)
农村税费改革哑变量	-0.458(0.22)**	-0.555(0.2)***	-0.52(0.29)*	-0.465(0.2)**	-0.484(0.2)**
L1. 农村税费改革哑变量	-0.336(0.16)**	-0.203(0.13)	-0.267(0.15)*	-0.412(0.2)***	-0.419(0.1)***
Arellano - Bond AR(1) 检验	-6.53***	-7.21***	-7.22***	-7.12***	-7.07***
Arellano - Bond AR(2) 检验	0.06	0.17	0.4	0.32	0.34

续表

解释变量	模型 2a	模型 2b	模型 2c	模型 2d	模型 2e
Hansen 过度识别检验	104 ***	520000 ***	47723.7 ***	303.9	301.3
样本数	14905	14905	14905	14905	14658

注：*、** 和 *** 分别表示在 10%、5% 和 1% 的置信度上显著，小括号中的数值为经过 cluster 校正后的 robust 标准差，实际人均 GDP 平方项的回归系数和标准差均 $\times 10^{-7}$。L1 为 1 阶滞后算子。

模型 2d 的估算结果显示，滞后 1 期因变量的回归系数具有很好的统计显著性，表明我国县级地方政府支出规模存在明显的路径依赖。0.905 的回归系数也较为合理，处于组内回归和 OLS 回归结果之间。[①] 省直辖行政管理体制哑变量的回归系数为负，且具有很好的统计显著性，这与静态模型的估算结果保持了较好的一致性。与静态模型不同，辖区县级地方政府数量对县级地方政府支出规模具有显著的负效应。从动态视角来看，地方政府获取成本信息的表现显然会有所改善，因此这一结果表明相对于外溢效应机制，成本信息机制对于认识辖区数量对地方政府支出规模的影响更为重要。[②] 万人拥有的乡镇数量的回归系数并不显著，但滞后 1 期的回归系数为正且具有很好的统计显著性，表明"撤乡并镇"改革对县级地方政府支出规模具有显著的滞后负效应。

省直管县财政管理体制哑变量具有显著的负系数，财政收支分权对县级地方政府支出规模具有显著的非对称性影响，且这种非对称性影响在东部地区表现得较弱，这些结论与静态模型的估算结果保持了较好的一致性。值得注意的是，当我们控制了县级地方政府支出规模的路径依赖后，财政分权的非对称性影响在 2002 年以来出现了一定程度上的弱化。鉴于 2002 年所得税分享改革以来，我国县级地方政府对转移支付的依赖性明显增强，这一结果多少有些令人奇怪。不过，正如已有文献所指出的，财政分权同样有助于减少分配政策差异的扭曲性影响，增强地方政府的责任感，从而通过公共池渠道对地方政府支出规模具有正向影响（郭庆旺、贾俊雪，2010）。因此，这

① Bond（2002）指出由于存在着内生性，因变量滞后 1 期影响系数的 OLS 回归会产生向上偏差，而基于去均值变换的组内估算则会产生向下偏差。这意味着因变量滞后 1 期影响系数的真实值应介于组内估算和 OLS 估算之间。对于模型（16）式，因变量滞后 1 期系数的 OLS 估算和组内估算分别为 0.930 和 0.649。

② 依据财政竞争文献的观点，辖区数量增加将有助于强化辖区间竞争，从而对地方政府支出规模产生向下压力。不过，由于我国县级地方政府拥有的财政自主权较为有限，因此财政竞争机制较弱。而且，我们也利用 Cluster 技术控制了那些隶属于同一上级政府的县级地方政府之间的相互影响，从而在很大程度上控制了财政竞争的影响。

一结果表明，在考虑了县级地方政府支出规模动态调整后，财政分权通过公共池渠道产生的正效应明显有所增强。

人均 GDP 及其平方项、城镇化水平和农村税费改革的估算结果与静态模型相似但影响力度明显有所减弱。财政供养人口规模对县级地方政府支出规模负效应的显著性明显有所增强，表明我国县级地方政府的财政供养人口总体上呈现出显著的规模经济效应。① 与静态模型相比，另一个较为明显的不同表现在财政收入比率对县级地方政府支出规模的影响并不显著。究其原因，很可能在于样本期内我国县级地方政府支出主要依赖于转移支付，自有财政收入占总支出的比重仅仅是 44.7%。最后，我们同样尝试剔除北京等直辖市的县级地方政府数据，并在模型 2e 给出相应的系统 GMM 估算结果。不过，估算结果并没有什么明显变化。

进一步，我们简要考察政府组织结构对财政分权的地方政府支出规模效应的影响。表 11 给出不同设定情况下的系统 GMM 估算结果，其中模型 3a 和 3b 分别引入财政收支分权与省直辖行政管理体制哑变量的交互项，以及财政收支分权与辖区县级地方政府数量的交互项，模型 3c 同时引入这些交互项，模型 3d 进一步剔除了北京等 4 个直辖市的县级地方政府数据。除了前文所考虑的内生变量外，模型 3b、3c 和 3d 还将财政收支分权与辖区县级地方政府数量的交互项设为内生变量。② 由 Arellano - Bond 1 阶和 2 阶自相关检验以及 Hansen 过度识别检验可以看出，各模型的设定总体较好。

表 11　　包含财政分权与政府组织结构交互项的动态模型估算结果（系统 GMM）

解释变量	模型 3a	模型 3b	模型 3c	模型 3d
常数项	2.533(0.71)***	2.421(0.7)***	2.434(0.69)***	2.699(0.74)***
L1. 因变量	0.875(0.04)***	0.879(0.03)***	0.879(0.03)***	0.881(0.03)***
辖区县级地方政府数量	-0.136(0.05)***	-0.153(0.05)***	-0.137(0.06)**	-0.083(0.08)
L1. 辖区县级地方政府数量	0.087(0.04)**	0.115(0.05)**	0.101(0.07)	0.029(0.09)
省直辖行政管理体制哑变量	-1.57(1.09)	-0.319(0.41)	-2.041(1.74)	-0.18(0.91)

① 这一估算结果与我们的直观预期（财政供养人口增加会加重县级地方政府财政负担从而导致支出规模膨胀）并不相符。原因很可能在于我国县级财政供养人口是由上级政府甚至是中央政府严格控制，而且近年来我国进行了力度较大的行政和事业单位改革，使样本期内县级财政供养人口规模并未出现明显增长，但承担的支出事务大幅增加，从而使县级财政供养人口呈现出明显的规模经济效应。

② 需要注意的是，由于交互项的引入，此时省直辖行政管理体制哑变量的回归系数与前文的估算结果并不具有很好的可比性。关于这方面的详细介绍，请参阅 Wooldridge（2003）。

续表

解释变量	模型 3a	模型 3b	模型 3c	模型 3d
L1. 省直辖行政管理体制哑变量	2.209(1.3)	0.847(0.54)	2.391(2.01)	0.139(1.33)
乡镇数量	-0.55(0.75)	-0.327(0.78)	-0.283(0.78)	-0.254(0.79)
L1. 乡镇数量	2.553(0.89)***	2.402(0.9)***	2.355(0.88)***	2.33(0.91)***
财政支出分权	0.608(0.08)***	0.6(0.08)***	0.605(0.08)***	0.608(0.08)***
L1. 财政支出分权	-0.504(0.06)***	-0.502(0.06)***	-0.508(0.06)***	-0.511(0.06)***
财政收入分权	-0.145(0.07)**	-0.158(0.07)***	-0.155(0.07)**	-0.156(0.07)**
L1. 财政收入分权	0.016(0.06)	0.028(0.06)	0.027(0.06)	0.032(0.06)
财政支出分权×省直辖行政管理体制哑变量	-0.048(0.13)	—	-0.029(0.27)	0.24(0.19)
L1. 财政支出分权×省直辖行政管理体制哑变量	0.066(0.13)	—	0.084(0.28)	-0.207(0.24)
财政收入分权×省直辖行政管理体制哑变量	-0.067(0.1)	—	-0.151(0.14)	-0.224(0.14)*
L1. 财政收入分权×省直辖行政管理体制哑变量	0.049(0.12)	—	0.122(0.17)	0.263(0.19)
财政支出分权×辖区县级地方政府数量	—	-0.004(0)	-0.001 (0.01)	0.011(0.01)
L1. 财政支出分权×辖区县级地方政府数量	—	0.001(0.01)	-0.002(0.01)	-0.015(0.02)
财政收入分权×辖区县级地方政府数量	—	0.013(0)***	0.013(0)***	0.005(0.01)
L1. 财政收入分权×辖区县级地方政府数量	—	-0.013(0)**	-0.012(0)**	-0.002(0.01)
省直管县财政管理体制哑变量	-3.057(0.58)***	-2.988(0.54)***	-3.022(0.57)***	-3.025(0.57)***
L1. 省直管县财政管理体制哑变量	2.339(0.41)***	2.306(0.4)***	2.33(0.41)***	2.305(0.4)***
人均 GDP	-0.005(0)***	-0.005(0)***	-0.005(0)***	-0.005(0)***
L1. 人均 GDP	0.006(0)***	0.006(0)***	0.005(0)***	0.005(0)***
人均 GDP 的平方项	2.32(0.67)***	2.27(0.65)***	2.24(0.64)***	2.22(0.63)***
L1. 人均 GDP 的平方项	-3.05(0.9)***	-2.99(0.86)***	-2.93(0.84)***	-2.88(0.82)***

续表

解释变量	模型 3a	模型 3b	模型 3c	模型 3d
城镇化进程	-0.07(0.02)***	-0.074(0.02)***	-0.072(0.02)***	-0.071(0.02)***
L1. 城镇化进程	0.029(0.02)	0.033(0.02)*	0.032(0.02)	0.033(0.02)
人口规模	-0.071(0.13)	0.004(0.13)	-0.007(0.13)	-0.052(0.15)
L1. 人口规模	0.064(0.13)	-0.009(0.13)	0.001(0.13)	-0.045(0.15)
人口密度	0.007(0.01)	0.007(0.01)	0.009(0.01)	0.013(0.01)
L1. 人口密度	-0.007(0.01)	-0.007(0.01)	-0.009(0.01)	-0.013(0.01)
财政供养人口规模	-0.76(0.3)***	-0.722(0.29)**	-0.728(0.3)**	-0.744(0.31)**
L1. 财政供养人口规模	0.275(0.17)	0.236(0.17)	0.236(0.17)	0.221(0.17)
财政收入比率	0.206(0.21)	0.234(0.21)	0.228(0.21)	0.242(0.21)
L1. 财政收入比率	0.006(0.21)	-0.008(0.21)	-0.003(0.21)	-0.022(0.2)
农村税费改革哑变量	-1.274(0.24)***	-1.283(0.25)***	-1.289(0.25)***	-1.289(0.25)***
L1. 农村税费改革哑变量	-0.625(0.15)***	-0.622(0.15)***	-0.622(0.16)***	-0.59(0.16)***
Arellano - Bond AR(1) 检验	-7.09 ***	-7.14 ***	-7.17 ***	-7.13 ***
Arellano - Bond AR(2) 检验	0.19	0.27	0.26	0.23
Hansen 过度识别检验	308.8	308.6	307.2	304.9
样本数	14905	14905	14905	14658

注：*、** 和 *** 分别表示在 10%、5% 和 1% 的置信度上显著，小括号中的数值为经过 cluster 校正后的 robust 标准差，实际人均 GDP 平方项的回归系数和标准差均 $\times 10^{-7}$。L1 为 1 阶滞后算子，“—”表示模型中不包含此变量。

由表 11 可以看出，财政收支分权与省直辖行政管理体制哑变量的回归系数均为负值，意味着政府级次减少有助于强化财政分权对地方政府支出规模膨胀的遏制作用，不过，这些影响并不具有统计显著性（见模型 3c）。当我们剔除了北京等直辖市的数据后，政府级次减少对财政收入分权的负效应具有显著强化作用（见模型 3d）。这与我们的理论预期相符，表明财政分权化改革应与政府的扁平化改革协调推进，这有利于更好地发挥财政分权，特别是财政收入分权对地方政府支出行为的约束作用。另一方面，财政收入分权与辖区县级地方政府数量的交互项具有显著的正系数（见模型 3c），表明辖区政府数量增加有助于强化财政收入分权对地方政府支出规模的正影响。换言之，当辖区政府数量较多时，财政收入分权对地方政府支出行为的约束作用较弱。这并不符合财政竞争文献的观点（即辖区政府数量增加有助于增强辖区间竞争从而强化财政分权对地方政府行为的约束作用)。但正如前文指出的，我国县级地方政府拥有的财政自主权较为有限，因此辖区间财政竞争机制较弱。而且，我们也利用 Cluster 技术控制了那些隶属于同一上级政府的县级地方政府之间的相互影响，从而在很大程度上控制了财政竞争的影响。不过，当我们将北京等直辖市县级地方政府数据剔除后，这一影响变得不再显著（见模型 3d)。

综合本部分的分析可以看出：（1）纵向政府级次减少和辖区政府数量增加对县级地方政府支出规模均具有显著的负效应，“撤乡并镇”改革对县级地方政府支出规模具有显著的滞后负效应。（2）财政支出分权对县级地方政府支出规模具有显著的正效应，财政收入分权则具有显著的负效应。财政收支分权对县级地方政府支出规模的非对称性的影响，在 2002 年所得税分享改革以来以及在东部地区均相对较弱，从而较好地验证公共池假设，即财政收支分权对地方政府规模的影响在很大程度取决于地方政府对公共池资源即政府间财政转移支付的依赖性。（3）财政分权特别是财政收入分权对县级地方政府支出规模的影响在一定程度上与政府组织结构有关：政府级次减少有助于强化财政分权对地方政府支出规模膨胀的遏制作用，辖区政府数量增加将会抑制财政收入分权对地方政府支出行为的约束作用。这些结论很好地验证了第 3 部分提出的命题 2。

六、结论及政策建议

本文在认真总结国内外已有研究的基础上，结合我国社会主义市场经济发展、财政和行政管理体制变革的时空特点，对我国地方政府规模的内生决定因素、发展演进规律进行深入、系统地研究。具体而言，我们主要从政府间财政关系和地方政府治理视角出发，首先构建一个整合分析框架，刻画我国地方政府规模的内在逻辑机理，在此基础上分别从省级和县级地方政府两个视角出发，着重考察财政分权和政府组织结构对我国地方政府规模的影响及其作用机制。

我们的研究表明：（1）1986—2006 年间，我国地方政府在财政总支出（包括预算内和预算外支出）方面总体上存在显著的策略互动行为，财政竞争机制在其中发挥了重要作用。这表明，财政竞争机制在我国地方政府规模演变中发挥了重要作用，对我国地方政府支出规模产生扩张效应。（2）1994年分税制改革明显改变了地方政府间策略互动行为模式，有效地扭转了地区间过度竞争的不利局面，从而对我国地方政府支出规模产生紧缩性影响。（3）财政收支分权对我国省级预算内和外支出具有显著非对称性影响：财政支出分权对预算内和预算外支出具有显著的正影响，财政收入分权则具有显著的负影响。（4）1994 年分税制改革以来，情况发生明显改变——财政支出分权对预算内支出和预算外支出均具有显著的负影响，财政收入分权对预算外支出具有显著的正影响，对预算内支出同样具有正影响但并不显著。上述结论很好地验证了第 3 部分提出的命题 1。（5）纵向政府级次减少和辖区政府数量增加对县级地方政府支出规模均具有显著的负效应，"撤乡并镇"改革对县级地方政府支出规模具有显著的滞后负效应。（6）财政支出分权对县级地方政府支出规模具有显著的正效应，财政收入分权则具有显著的负效应。财政收支分权对县级地方政府支出规模的非对称性影响，在 2002 年所得税分享改革以来以及在东部地区均相对较弱，从而较好地验证公共池假设即财政收支分权对地方政府规模的影响，在很大程度取决于地方政府对公共池资源即政府间财政转移支付的依赖性。（7）财政分权特别是财政收入分权对县级地方政府支出规模的影响，在一定程度上与政府组织结构有关：政府级次减少有助于强化财政分权对地方政府支出规模膨胀的遏制作用，辖区政府数量增加将会抑制财政收入分权对地方政府支出行为的约束作用。

上述结论对于规范我国地方政府行为，实现地方政府职能优化具有重要意义。就我们看来，中央政府应着重做好如下五方面的工作。（1）进一步完善我国财税管理体制，理顺政府间财政关系，将地区间财政竞争更好地纳入到制度框架内，促进地区间财政竞争更加规范、更加有序。（2）合理确定中央与地方政府收支责任安排，避免过度干预和限制地方政府的财政自主权，鼓励地区间开展良性竞争，以充分发挥财政竞争机制对地方政府的激励和约束作用，从而更好地实现地方政府支出规模优化。（3）继续有序推进我国政府组织结构改革，适当增加县级行政单位数量，大力推行以减少分配政策偏差及其扭曲性影响为核心内容的省直辖行政管理体制和省直管县财政管理体制改革。（4）进一步理顺省以下各级政府间财政关系，在财力分配上更多地向县乡基层政府倾斜，特别应采取有效措施增强县乡基层政府的财政自给能力，同时也应努力改变目前公共支出特别是社会性支出事务过多依赖于县乡基层政府的局面。（5）政府组织结构改革应与财政分权化改革统筹规划、协调推进，促使地方政府提高支出效率、转变职能，避免支出规模过度膨胀。

主要参考文献

1. 白重恩、杜颖鹃、陶志刚、仝月婷："地方保护主义及产业地区集中度的决定因素和变动趋势"，《经济研究》，2004 年第 4 期。

2. 薄贵利："论优化政府组织结构"，《中国行政管理》，2007 年第 5 期。

3. 方红生、张军："中国地方政府扩张偏向的财政行为：观察与解释"，《经济学（季刊)》，2009 年第 8 卷第 3 期。

4. 郭庆旺、贾俊雪："地方政府行为、投资冲动与宏观经济稳定"，《管理世界》，2006 年第 5 期。

5. 郭庆旺、贾俊雪："稳健财政政策的非凯恩斯效应及其可持续性"，《中国社会科学》，2006 年第 5 期。

6. 郭庆旺、贾俊雪："中央财政转移支付与地方公共服务提供"，《世界经济》，2008 年第 9 期。

7. 郭庆旺、贾俊雪："地方政府间策略互动行为、财政支出竞争与地区经济增长"，《管理世界》，2009 年第 10 期。

8. 郭庆旺、贾俊雪："财政分权、政府组织结构与地方政府支出规模"，《经济研究》，2010 年第 11 期。

9. 郭庆旺、贾俊雪、高立："中央财政转移支付与地区经济增长"，《世界经济》，2009 年第 12 期。

10. 胡书东：《经济发展中的中央与地方关系：中国财政制度变迁研究》，上海三联书店；上海人民出版社 2001 年版。

11. 贾俊雪、郭庆旺："政府间财政收支责任安排的地区经济增长效应"，《经济研究》，2008 年第 6 期。

12. 贾俊雪、郭庆旺、高立："中央财政转移支付、激励效应与地区间财政支出竞争"，《财贸经济》，2010 年第 11 期。

13. 李萍：《中国政府间财政关系图解》，中国财政经济出版社 2006 年版。

14. 李涛、周业安："中国地方政府间支出竞争研究"，《管理世界》，2009 年第 2 期。

15. 李永友、沈坤荣："辖区间竞争、策略性财政政策与 FDI 增长绩效的区域特征"，《经济研究》，2008 年第 5 期。

16. 乔宝云、范剑勇、冯兴元："中国的财政分权与小学义务教育"，《中国社会科学》，2005 年第 6 期。

17. 沈坤荣、付文林："税收竞争、地区博弈及其增长绩效"，《经济研究》，2006 年第 6 期。

18. 石佑启、杨治坤："论我国行政组织结构的优化"，《湖北民族学院学报（哲学社会科学版）》，2010 年第 1 期。

19. 史记："政府规模理念与我国政府机构改革"，《国家行政学院学报》，2001 年第 3 期。

20. 孙群力："地区差距，财政分权与中国地方政府规模"，《财贸经济》，2009 年第 7 期。

21. 孙学玉、伍开昌："当代中国行政结构扁平化的战略构想——以市管县体制为例"，《中国行政管理》，2004 年第 3 期。

22. 王小龙："县乡财政解困与政府改革：目标兼容与路径设计"，《财贸经济》，2006 年第 7 期。

23. 王永钦、张晏、章元、陈钊、陆铭："中国的大国发展道路——论分权式改革的得失"，《经济研究》，2007 年第 1 期。

24. 王守坤、任保平："中国省级政府间财政策略性反应的识别与解析：1978—2006"，《管理世界》，2008 年第 11 期。

25. 吴敬琏：《当代中国经济改革》，上海远东出版社 2003 年版。

26. 谢旭人：《中国财政改革三十年》，中国财政经济出版社 2008 年版。

27. 杨灿明、孙群力："外部风险对中国地方政府规模的影响"，《经济研究》，2008 年第 9 期。

28. 张晏、龚六堂："分税制改革、财政分权与中国经济增长"，《经济学》（季刊），2005 年第 1 期。

29. 周黎安："晋升博弈中政府官员的激励和合作"，《经济研究》，2004 年第 6 期。

30. 周黎安、陶婧："政府规模，市场化与地区腐败问题研究"，《经济研究》，2009 年第 5 期。

31. Alesina, A. , R. Baqir, and W. Easterly, 1999, "Public Goods and Ethnic Divisions", *Quarterly Journal of Economics* 114, 1214 - 1284.

32. Alesina, A. , A. Devleeschauwer, W. Easterly, S. Kurlat, and R. Wacziarg, 2003, "Fractionalization", *Journal of Economic Growth* 8, 155 - 194.

33. Alesina, A. and Spolaore, E. , 2003, *The size of nations*, MIT Press.

34. Alesina, A. , and R. Wacziarg, 1998, "Openness, Country Size and Government", *Journal of Public Economics* 69, 305 - 321.

35. Alt, J. E. , D. D. Lassen, and D. Skilling, 2002, "Fiscal Transparency, Gubernatorial Popularity, and the Scale of Government: Evidence from the

State", State Politics and Policy Quarterly 2, 230 – 250.

36. Aragon, F., and V. Gayoso, 2005, "Intergovernmental transfer and fiscal effort in peruvian local governments", Working Paper, London School of Economics and Political Science.

37. Arellano, M., and S. Bond, 1991, "Some Tests of Specification for Panel Data: Monte Carlo Evidence and an Application to Employment Equations", *Review of Economic Studies* 58, 277 – 297.

38. Arellano, M., and O. Bover., 1995, "Another Look at the Instrumental Variable Estimation of Error – Components Models", *Journal of Econometrics* 68, 29 – 51.

39. Baicker, K., 2005, "The Spillover Effects of State Spending", *Journal of Public Economics* 89, 529 – 544.

40. Bairam, E., 1995, "Level of Aggregation, Variable Elasticity and Wagner's Law", Economics Letters 48, 341 – 344.

41. Baleiras, R., 2001, "To fragment or to consolidate jurisdictions: the optimal arquitecture of government", *Working Paper*, Universidade Nova de Lisboa.

42. Baqir, R., 2002, "Districting and Government Overspending", *Journal of Political Economy* 110, 1318 – 1354.

43. Baron, D. P., 1991, "Majoritarian Incentives, Pork Barrel Programs, and Procedural Control." *American Journal of Political Science* 35, 57 – 90.

44. Besley T., and A. Case, 1995, "Incumbent Behaviour: Vote Seeking, Tax Setting and Yardstick Competition", *American Economic Review* 85, 25 – 45.

45. Bird, R. M., 1971, "Wagner's Law of Expanding State Activity", *Public Finance* 26, 1 – 26.

46. Biswal, B., U. Dhawan, and H. Lee, 1999, "Testing Wagner versus Keynes using Disaggregated Public Expenditure Data for Canada", *Applied Economics* 31, 1283 – 1291.

47. Blundell, R., and S. Bond., 1998, "Initial Conditions and Moment Restrictions in Dynamic Panel Data Models", *Journal of Econometrics* 87, 115 – 143.

48. Bond, S., 2002, "Dynamic Panel Data Models: A Guide to Micro Data Methods and Practice", *Working Paper* 09/02, Institute for Fiscal Studies, London.

49. Borcherding, T. E., and R. T. Deacon, 1972, "The Demand for the

Services of Non - Federal Governments", *American Economic Review* 62, 891 - 901.

50. Bordignon, M., F. Cerniglia and F. Revelli, 2003, "In Search of Yardstick Competition: A Spatial Analysis of Italian Municipal Property Tax Setting", *Journal of Urban Economics* 54, 199 - 217.

51. Brennan, G. and J. Buchanan, 1980, *The Power to Tax*, Cambridge, Cambridge University Press.

52. Brueckner, J. K., 2000, "Welfare Reform and the Race to the Bottom: Theory and Evidence", *Southern Economic Journal* 66, 505 - 525.

53. Brueckner J. K., 2003, "Strategic Interaction among Local Governments: An Overview of Empirical Studies", *International Regional Science Review* 26, 175 - 188.

54. Bucovetsky, S., and M. Smart, 2006, "The Efficiency Consequences of Local Revenue Equalization: Tax Competition and Tax Distortions", *Journal of Public Economic Theory* 8, 119 - 144.

55. Buettner, T., 2004, "The Incentive Effect of Fiscal Equalization Transfers on Tax Policy", Working Paper.

56. Cameron, D., 1978, "The Expansion of the Public Economy: A Comparative Analysis", *American Political Science Review* 72, 1243 - 1261.

57. Case, A. C., H. S. Rosen and J. C. Hines, 1993, "Budget Spillovers and Fiscal Policy Interdependence: Evidence from the States", *Journal of Public Economics* 52, 285 - 307.

58. Chletsos, M. and C. Kollias, 1997, "Testing Wagner's Law using Disaggregates Public Expenditure Data in the Case of Greece: 1958 - 93", *Applied Economics* 29, 371 - 377.

59. Courakis, A., F. Moura - Roque, and G. Tridimas, 1993, "Public Expenditure Growth in Greece and Portugal: Wagner's Law and Beyond", Applied Economics 25, 125 - 134.

60. Dahlby, B., 2002, "The Incentive Effects of Fiscal Equalization", In: Boothe, P., (ed.): *Equalization: Welfare Trap or Helping Hand?*, Halifax.

61. Dahlberg, M., and K. Edmark, 2008, "Is There a 'Race - to - the - Bottom' in the Setting of Welfare Benefit Levels? Evidence from a Policy Intervention", *Journal of Public Economics* 92, 1193 - 1209.

62. Eberts, R. W. and T. J. Gronberg, 1990, "Structure, Conduct, and Performance in the Local Public Sector", *National Tax Journal* 43, 165 - 173.

63. Egger, P. , M. Kothenburger, and M. Smart, 2006, "Do Fiscal Transfers Alleviate Business Tax Competition? Evidence from Germany", *CESifo Working Paper.*

64. Ehdaie, J. , 1994, "Fiscal Decentralization and the Size of the Government: An Extension with Evidence from Cross – Country Data", Policy Research Department Working Paper, the World Bank.

65. Elhorst, J. and S. Fréret, 2009, "Evidence of Political Yardstick Competition in France Using a Two – regime Spatial Durbin Model with Fixed Effects", *Journal of Regional Science* 49, 931 – 951.

66. Ermini, B. , and R. Santolini, 2007, "Horizontal Interaction on Local Councils' Expenditures: Evidence from Italy", Working Paper.

67. Feld, L. , P. , G. Kirchgässner, and C. A. Schaltegger, 2003, "Decentralized Taxation and the Size of Government: Evidence from Swiss State and Local Governments", CESifo Working Paper No. 1087.

68. Fiva, J. H. , 2006, "New Evidence on the Impact of Fiscal Decentralization on the Size and Composition of Government Spending", *Public Finance Analysis* 62, 250 – 280.

69. Fiva, J. H. and J. Rattso, 2006, "Welfare Competition in Norway: Norms and Expenditures", *European Journal Economy* 22, 202 – 222.

70. Fiva, J. H. , and J. Rattsø, 2007, "Local Choice of Property Taxation: Evidence from Norway", *Public Choice* 132, 457 – 470.

71. Forbes, K. F. , and E. M. Zampelli, 1989, "Is Leviathan a Mythical Beast?", *American Economic Review* 79, 568 – 577.

72. Gamkar, S. , and W. Oates, 1996, "Asymmetries in the Response to Increase and Decreases in Intergovernmental Grants: Some Empirical Findings", *National Tax Journal* 49, 501 – 512.

73. Gilbert, G. , and P. Picard, 1996, "Incentives and Optimal Size of Local Jurisdictions", *European Economic Review* 40, 19 – 41.

74. Gilligan, T. W. , and J. G. Matsusaka, 2001, "Deviations from Constituent Interests: The Role of Legislative Structure and Political Parties in the States", *Economic Inquiry* 33, 383 – 401.

75. Grossman, P. J. , 1989, "Fiscal Decentralization and Government Size: An Extension", *Public Choice* 62, 63 – 69.

76. Gupta, S. M. L. , and R. Sharan, 2001, "Corruption and Military Spending", *European Journal of Political Economy* 17, 749 – 777.

77. Heshmati, A., 2001, "On the Causality between GDP and Health Care Expenditure in the Augmented Solow Growth Models", Swedish Working Paper Series in Economics and Finance 423.

78. Hines, J., and R. Thaler, 1995, "The flypaper effect", *Journal of Economic Perspectives* 9, 217 - 226.

79. Hirschman, A. O., 1970, *Exit, Voice, and Loyalty: Responses to Decline in Firms, Organizations, and States*, Harvard University Press.

80. Hocman, O., D. Pines and J - F. Thisse, 1995, "On the Optimal Structure of Local Governments", *American Economic Review* 85, 1224 - 1240.

81. Inman, R. P., and M. A. Fitts, 1990, "Political Institutions and Fiscal Policy: Evidence from the U. S. Historical Record." *Journal of Law, Economics and Organization* 6, 79 - 132.

82. Jin, J., and Zou, Heng - fu, 2002, "How Does Fiscal Decentralization Affect Aggregate, National, and Subnational Government Size?", *Journal of Urban Economics* 52, 270 - 293.

83. Knight, B., 2002, "Endogenous Federal Grants and Crowd - out of State Government Spending: Theory and Evidence from the Federal Highway Aid Program", *American Economic Review* 92, 71 - 92.

84. Kontopoulos, Y., and R. Perotti, 1999, "Government Fragmentation and Fiscal Policy Outcomes: Evidence from OECD Countries", In *Fiscal Institutions and Fiscal Performance*, edited by J. M. Poterba and J. von Hagen, Chicago: University of Chicago Press.

85. Krussel, P., and J. V. Rios - Rull, 1999, "On the Size of US Government: Political Economy in the Neoclassical Growth Model", *American Economic Review* 89, 1156 - 1181.

86. Liberati, P. and Sacchi, A., 2010, "Tax Decentralisation and Local Government Size", *Working Paper*, no. 123, Università Roma Tre.

87. Lijphart, A., 1997, "Unequal Participation: Democracy's Unresolved Dilemma", Presidential Address, *American Political Science Association* 1996 *American Political Science Review* 91, 1 - 14.

88. Lyons, W. E., and D. Lowery, 1989, "Governmental Fragmentation vs. Consolidation: Five Public Choice Myths about Creating Informed, Involved, and Happy Citizens", *Public Administration Review* 49, 533 - 543.

89. Marlow, M. L., 1988, "Fiscal Decentralization and Government Size", *Public Choice* 56, 259 - 269.

90. Mauro, P. , 1998, "Corruption and the Composition of Government Expenditure", *Journal of Public Economics* 69, 263 – 279.

91. Milesi – Ferretti, G. , R. Perotti, and M. Rostagno, 2002, "Electoral Systems and Public Spending", *Quarterly Journal of Economics* 117, 609 – 657.

92. Mulligan, C. , R. Gil, and X. Sala – i – Martin, 2004, "Do Democracies Have Different Public Policies than Non – Democracies?", *Journal of Economic Perspectives* 18, 51 – 74.

93. Musgrave, R. A. , 1959, *The Theory of Public Finance*, McGraw Hill Book Company, Inc.

94. Niskanen, W. A. , 1971, *Bureaucracy and Representative Government*, Aldine Atherton.

95. Nelson, M. A. , 1990, "Decentralization of the Subnational Public Sector: An Empirical Analysis of the determinants of Local Government Structure", *Southern Economic Journal* 57, 443 – 457.

96. Oates, W. E. , 1972, *Fiscal Federalism*, NY: Harcourt Brace Jovanovich.

97. Oates, W. E. , 1985, "Searching for Leviathan: An Empirical Study", *American Economic Review* 75, 748 – 757.

98. Oates, W. E. , 1999, "An Essay on Fiscal Federalism", *Journal of Economic Literature* 37, 1120 – 1149.

99. OECD, 2006, *Challenges for China's Public Spending: Toward Greater Effectiveness and Equity*, OECD.

100. Persson, T. , G. Roland, and G. Tabellini, 1997, "Separation of Powers and Political Accountability." *Quarterly Journal of Economic* 112, 1163 – 1202.

101. Persson, T. , G. Roland, and G. Tabellini, 1998, "Towards Micropolitical Foundations of Public Finance." *European Economics Review* 42, 685 – 694.

102. Persson, T. , G. Roland, and G. Tabellini, 2000, "Comparative Politics and Public Finance." *Journal of Political Economy* 108, 1121 – 1161.

103. Poterba, J. M. , 1996, "Budget Institutions and Fiscal Policy in the U. S. States", *American Economic Review* 86, 395 – 400.

104. Prohl, S. and F. Schneider, 2009, "Does Decentralization Reduce Government Size? A Quantitative Study of the Decentralization Hypothesis", *Public Finance Review* 37, 639 – 664.

105. Qian, Yingyi and G. Roland, 1998, "Federalism and the Soft Budget